蔣経国回想録

蔣経国かく奮斗せり

青木俊一郎

東洋書院

蒋経国　半身像

帰国した蒋経国と父親蒋介石の
重慶に於ける記念写真

蒋経国少年と
意気軒昂たる蒋介石

台湾に到着後の蒋経国と蒋介石

老年の蒋経国と
蒋方良夫妻

中年の蒋経国と
蒋方良夫妻

奉化の生家で
中国式の婚礼を行った
蒋経国と蒋方良

蒋経国生母の毛福梅と
蒋経国夫妻

1947 年、蒋介石と
宋美齢夫人との一家全体寫眞

1950年代の蔣経国、
日常の実務処理をする中で子供達と楽しむひと時

蒋経国が宋美齢と
蒋介石の葬儀に参列している状況

1986年10月7日、「ワシントンポスト紙」の発行者グラムス女史のインタビューを受けた時の写真。
この時に台湾が間もなく戒厳令を解除する旨を漏らした。その時の通訳を担当したしたのが馬英九。後の国民党総裁。
後に回顧して述べた「私は通訳の責任を負うたが、一字一句慎重に英文に翻訳した、私自身は全身に電流が貫通したように感じて、私は自分に告げた。「我々は正に台湾の歴史を書きかえようとしていると」

蒋経国が最後に１回台湾の「双十節」を主宰した場面

蒋《しょう》経《けい》国《こく》回想録

まえがき

私は１９６０年代後半、台湾で仕事をしていた頃、よく「蒋経国は素晴らしい」と云う庶民の声を耳にしていた。たまたま『蒋経国回憶録』という書籍を入手して、是非翻訳し、多くの方々に彼の誠意を尽くした人生を知っていただきたいと思い筆をとった次第である。

青木俊一郎　記

蒋経国は１９１０年4月29日に父蒋介石と母毛福梅の間に長男として浙江省寧波市奉化県渓口鎮で生まれた。この誕生地は山河に囲まれた比較的豊かで文化レベルも高かった。蒋介石は頭脳明晰で理解力もすぐれているところから親族の支援を得て14歳の時（１９０１年）日本の東京の軍事専門学校に留学し、10年間軍事、政治経済、理工関係の修学に努め同級生を睥睨させる優等生であった。この間清を倒し漢人による中国を作る目的の秘密結社に出入りし、孫文と知り合っていた。辛亥革命の寸前帰国、孫文の「中華民国」結成に助力した。１９１２年10月10日（双十節）に新生「中華民国」が成立した。孫文は南京で1カ月だけ初代総統に就任したが、革命勢力内の勢力争いで直隷派の袁世凱が北京で総統になった。その間第一次世界大戦が発生し、中国国内も派閥争いが止まらず１９２４年になって初めて第一次国共合作がスタートした。中華民国大総統の孫文が主導する国民党が設立した黄埔軍官学校の校長にソ連視察から帰って来た蒋介石が任命され、共産党からは周恩来が政治部主任になった。1925年3月孫文が逝去し、孫文の主張した「三民主義」の実践は蒋介石に委ねられた。

正にその年1925年11月蒋経国は15歳でソ連邦留学生団50人の団員の一人としてモスクワの孫逸仙大学で留学生活を開始した。ソ連邦の留学生受け入れスケジュールに基づき大学での学習は順調に進んだが、実地訓練コースになると革命成功後まだ8年しか経っていないソ連の国作りの理想と現実の政治経済の進行状況は全く「天と地」の大きな差異があった。

過酷な農業組合の作業や重型機械工場の現場で経営改革に従事し労働者として真面目に忍耐強く取り組んだ。中共からモスクワに派遣された駐在者の嫌がらせで中国に出した手紙も全く本国へは到着していなかった。時が経つにつれ、まるで留学生変じて人質状態になってしまった。

蒋経国はソ連邦設立の「マルクス・レーニン主義に基づく理想的な社会主義国家を作る」という意気込みに共感し、ソ連の政治経済状況の変化に合わせて留学生としての学生活動を行い、正式にソ連の共産党員になった。その後政府政策の変更により農工の実務作業を主体的に行った状況が他の誰にも書けない実録となっている。そして共産党内部のイデオロギー論争があり、彼はトロキストの敗北によりソ連の軍人政治家ヨシク・スターリン　ソビエト社会主義連邦共産党書記長の独占化に置かれ、人民を差別化して軍事独裁国家になってしまったことに対して大いなる矛盾を感じた。

それでも最大の収穫はワラル重型機械工場で仕事をしていた時の唯一の部下、未婚の友人ファイナと出会えたことであった。彼女は貴族の末裔であった父母が早逝し、姉に育てられて1933年労働者技術学校を卒業しこの工場に入った。彼の仕事を2年間手伝う中で、相愛の仲になり、1935年結婚しその年末長男が生まれた。日本の軍閥が東北から南下を拡大したことに対し1936年張学良が蒋介石に迫り、西安事変を起こして2度目の国共合作が成立した。そのニュースがモスクワに入って蒋経国一家3名の帰国が認められ1937年3月、12年ぶりに帰国することができた。妻も蒋方良という中国名を持ち、良妻賢母で3男1女の子供達を育て、蒋経国を支え中国人として88歳まで長命を保った。

蒋経国のもう1つの収穫はロシア語が上達し1945年スターリンと直接対話したことで、その中からスターリンがモンゴルを領有して日本の復興を警戒していることとアメリカとの敵対関係を強調していることを確認した。又1948年にロシアの東北からの撤退交渉中に中共に先手を取られた経過も興味深く記録されている。

蒋経国は帰国後国民党党員として上海に拠点を置き、帰国教育を受けており、その中で父親の家庭教育が微に入り細に亘って書信を以て行われたことは自分の後を継がせるという意向をもって行われたと思われる。

1940年9月7日から21日まで貢県（現在の江西省）で183名の受講者に教育責任者とし

て軍事訓練をスパルタ式教育で実施した状況を詳しく報告している。一人一人の状態に気を配りながら愛情をこめて訓練する蔣経国の姿に感動する一節である。その後も蔣経国は江西省第4行政監督視察専門員として勤務した時の南康県王後安県長と上猶県王継春県長の献身的なリーダーシップの実践ぶりはページ数の関係で翻訳を省略している。

1941年夏、蔣経国は国民政府中央の「西北慰撫団」の一員として祖国「西北慰撫団」に参加して慰撫視察を行った。日程は敢えて明記されていないが、陝西、甘粛、青海、寧夏、綏遠、チベット、蒙古、新疆等の雑居している漢、満、蒙古、回、蔵各民族の同胞が互いに親しみ互いに真面目に暮らしている状況を視察し、各民族の融和と経済的な繁栄を計って行かねばならない事を痛感している。

1945年9月日本の無条件降伏により国民党と共産党は一時和睦して蔣介石と毛沢東が重慶で会談し中国の政治問題を平和的に解決する為に1946年1月に政治協商会議を開催し、連立の新政府を設立することに合意した。然るに3月になって国民党中央委員会がこの決定を拒否してしまった。国民党はアメリカの援助を頼んで、共産党の全滅と国民党の独裁を企んだ。両党の対立は激化し、アメリカのマーシャル元帥の調停も虚しく1946年7月から内戦が開始された。1947年9月から共産軍の総反撃により1948年1月には全満州を占領され、やがて北京、天津へと進撃し、4月には南京、上海を占領した。

この間蔣経国は国民政府外交特派員として長春に於いてソ連赤軍と東北の接収管理について交

渉を行った。11月14日共産党はいわゆる「東北9省人民代表大会」を開催し、「東北人民自治政府」を成立する決定を行った。これに対し蔣経国は東北人民の感情を懸念したが、ソ連赤軍と中共の連盟に屈せざるを得なくなってしまった。

国民党軍は南京を撤退し重慶、四川、雲南を残すばかりになったが、１９４９年10月１日毛沢東が天安門上で中華人民共和国成立を世界に宣言した。

国民党軍は残留地も破棄せざるを得なくなり、蔣経国の回想録で強調されている金門島、澎湖列島を死守して中華民国の首都を台北に移転した。この両島を確保できたことは台湾自身にとっても日本、アメリカにとっても海境線を維持できたことで大きな意味をもつことができている。

当初政府の移管や内省人と新たに大陸から台湾に流入してきた外省人との軋轢も次第に落ち着き、１９６０年代に筆者自身が2年間現地駐在した日系合弁製造会社の経営もうなぎ上りに発展し、地方での蔣経国副総裁の評判も非常に好く、民間の農漁業や製造業も順調に発展していた。特に１９６０年代になって台湾の経済発展は目覚ましく、１次産業の農業、漁業は蔣経国の積極的な地方巡察で台湾のどこに行っても住民が溌溂と働いており農民も漁民も親しく接して自給自足は勿論のこと、バナナや茶をはじめとして輸出による外貨獲得にも貢献した。２次産業も外資導入が盛んになり、オートバイ、自動車、化学製品、電器製品等国内需要も活発で、アメリカ、日本への輸出も拡大した。３次産業も豊富な観光資源で日本人を先頭に欧米の観光客も増え新しいホテルや温泉などの施設も充実し、観光費用も比較的廉価で今に至るも大いに潤っている。輸出入を支える船舶業や航空事業も大いに伸びた。

一方発足したばかりに中華人民共和国は朝鮮戦争の北朝鮮支援や中国の特色のある社会主義体制の確立に手間取り、大躍進の失敗、文化革命の混乱等々で台湾との折衝も後回しになった。１９７０年代になると私はインドネシア勤務になったが台湾の農協ツアーが日本人より多くバリ島に多数現れるようになった。

この間蔣経国は父親の指導の下で、自己啓発に努めた。帰国後、中国固有の道徳、政治、文化、哲学の偉大さを実際の仕事の中で生かした。特に父親以外に身近な陰の指導役を果たしてくれた固有の世界観を持つ教養人呉稚暉氏に師事し、彼の死後海葬するまで尽くしたことには彼の律儀な人間性に感動した。蔣介石が2年半の闘病後逝去し、１カ月の守霊を誠心誠意努める中で、独りで夜半静かに座り自分がやり遂げなければならないことは台湾の真の民主化をいかに図るかということであった。そして１９７５年のクリスマスに愛妻と共に父親の霊に誓った決意が自分を犠牲にしても真に台湾を民主化することであった。

その目標を具体的に達成する戦略は、１９７３年に発表した10項目の産業基盤の整備と重化学工業振興の目的として多額の資金と技術力を要するが近代的国家として発展するために国家計画として10項目の国家プロジェクトを発表した。各項目毎に責任者を任命しそれぞれ具体的計画を作成実行して、２期８年の総統期間内に建設が実行され、国家的技術力の向上と台湾人民の利便性を向上し経済効果を上げた。その10大プロジェクトは次の通りである。

1、南北高速道路の建設。
2、西部部縦貫鉄道の電化。
3、北回り鉄道の敷設。
4、桃園国際空港の敷設。
5、台中港の築港。
6、中国鉄鋼の建設。
7、中国造船の建設。
8、石油化学プラントの建設。
9、蘇澳港の拡張。
10、原子力発電所設置。

又電子工業の将来を目指して、ホンハイやエイサー創業者とその仲間達の奮闘で町工場から発展していったのに対し、半導体は政府が主導し、育成した点で大きく異なる。

半導体開発は１９７４年に経済部傘下の工業技術研究センターを設立し、新台市に１４０万ヘクタールの大規模な半導体を研究開発する民間企業を設立し、人と技術をそっくり移転させるプロジェクトを実施した。電子工業研究所の「超大型集積回路（ＶＬＳＩ）技術開発計画」を事業化する段階で工研院院長張忠謀がアメリカのテキサス・インスツルメンツ（ＴＩ）の上級副社長を務めていた実績を生かし、新会社をファウンドリー（半導体受託会社）という事業形態に専念し、１９８７年に設立し、現在に至るまでも世界のトップ企業として成長している。

これらの目に見える成果を台湾の人々が積み上げた偉大な成果であると評価し、「自分は40年間台湾に暮らして台湾人である。そして中国人である」と述べて、一般大衆も素直に認めていた。民主化に向けての過程も慎重に少しづつ軌道修正を図り、暴走する特務機関の抑止、民進党の結党容認と一歩づつ進め、１９８７年には戒厳令を解除し一般人の中国大陸への親族見舞いを許可した。糖尿病の進行を辛抱してぎりぎり一杯まで民主憲政を推進した。

次のステップは自分の後継者を探すことであった。台湾の民主化を促進するためには自分の家族は絶対に後継者にしないと公言し、人材を求めた。探し当てたのはアメリカに行った時にコーネル大学で農業経済を研究していた李登輝であった。彼は22歳まで日本が台湾統治をしていたために日本人であった。京都大学で農業問題を研究した後一旦台湾に帰りアメリカへ留学していた。蒋経国は李登輝に自分の後を継いで台湾の民主化を進めて欲しいと切望した。二人とも宗教はキリスト教であった。因みに蒋介石も宋美齢と結婚後クリスチャンになっていた。

李登輝も蒋経国の熱意に応えて蒋経国が１９８８年1月13日、77歳で逝去した後、台湾生まれの初めての総統に昇格し、１９８８年から２０００年、12年に及ぶ総統時代」には1滴の血も流さなかった。日本人の武士道精神と最も対照的なのが中国の論語である」と語っている。また一方では李登輝は「蒋経国は私の中に非常に日本的なところを評価したと思う。国民党といっても一枚岩ではないから、誰もが権力闘争の中にいる。蒋経国の周りにも少しでも上のポストを狙う連中がいるからだ」政治の世界の生臭い話であるが、日本留学10年の父親に鍛えられた蒋経国が李登輝の日本的な処にひかれたということは日本人の私にもよくわかる気がする。

李登輝は12年間総統を務め蔣経国に託された台湾の民主化を着々と進めた。１９８６年から台湾の民主政治では国民党と民進党の2党制が成立し、定着してきた。総統選挙と立法委員選挙が4年に1度行われてきた。

最近の話題は２０１９年国民党内の総統候補予備選挙に敗北した鴻海集団の大実業家郭台銘が語った次の言葉が印象的であった。「称賛される奇跡の経済発展を創造し、両岸の平和交流を開いた蔣経国先生に感謝しなければならない。その経国先生が今の状況を知ったら民心から遠く離れた国民党に心を痛められているであろう」(「東亜六二八号」引用)

4度目となる２０２０年1月の総選挙は民進党の蔡英文が香港の一国二制度をめぐっての半年に亘る学生・市民デモの影響を受け、再選された。

中華人民共和国習近平の台湾に対する一国二制度の呼びかけにも、民進党の蔡英文総統は「台湾はあくまで独立した民主主義主権国」としての立場を堅持している。

最後に蔣経国が77歳の生涯を通じ、親孝行、家族への愛情、幅広い人々との好ましい関係、清廉潔白を貫き通したことを強調したいと思う。蔣経国の死後、妻の方良に「時間があるから世界旅行でもしたらいかが?」と友人が誘うと「私にそんなお金がどこにあるの?」と切り返したさわやかなやり取りに感服した。

以上読者がこの蔣経国回想録を読まれるに当たり参考にしていただければ幸甚である。

本書は２０１１年４月　北京東方出版社より出版された簡体字版「蒋経国回億録」の翻訳および解説書である。

● 目 次 ●

まえがき　10

第一章　私のソ連に於ける生活　27

一、孫逸仙（孫文）大学　28
二、モスクワ保養所　36
三、赤軍　41
四、レーニン市（現ペトログラード）の学校　48
五、黒海の傍に於いて　58
六、参観団　63
七、デナマ電気工場　66
八、シコフ農村　73
九、ウラ山上　79
十、第二次経済計画　84

十一、新年　89
十二、新聞社　92
十三、新しいモスクワ　95
十四、私がソ連にいた日々　97
十五、１９４５年スターリンとの談判の回想　127

第二章　貢州訓練班　141

一、みなで兵隊に行こう　142
二、鉄人の錬磨　145
三、力が有る者だけが初めて勝利することができる　148
四、太陽、空気、水　149
五、難路を歩き、困難な事を行う　152
六、自由な空気を呼吸する　155
七、最高峰に突き当たる　158
八、皆が民間に行く　161
九、歩くほど力がつく　168
十、裸足で歩き裸足で踏む　172
十一、粥を啜り飯を食べない　175
十二、同舟風雨で章水を渡る　178

十三、前面に災難があろうとも振り返らない　181
十四、緊張、興奮、努力　184
十五、歯の根をくいしばり、苦難の道を歩こう　187

第三章　西北見聞録　偉大なる西北　193

一、西北は我々民族の故郷である　194
二、重慶から成都まで飛行機で到着　196
三、秦嶺を飛び越えて長安に着く　199
四、我々の国防前線1潼関　202
五、洛陽の牡丹は天下に甲たり　207
六、西蘭公路の上に於いて　209
七、中国の回廊で行進する　215
八、金張掖、銀武威　217
九、中華民族の大団円　218
十、勇壮な嘉峪関　222
十一、敦煌に行く　225
十二、新しい青海　231
十三、偉大なる科学工程　自流井戸　236
十四、民族の故郷に帰って来た　238

第四章　ソ連と東北問題を接収管理する問題　241
一、出国してロシア留学20周年　244
二、日本人が東北を統制していた時　249

第五章　危急存亡の秋　271
一、激流勇退国のために忍耐する　272
二、山林泉石の間を逍遥する　292
三、よく忍耐して計画をやりとげる　306
四、前進退くな退くな前進　317
五、困難をものともせずに努力を重ねる　333
六、復興革命の建設　347
七、一触即発に向かって邁進する　358
八、雨風が揺れ動き荒れ狂う波を押し留める　365
九、逆境を耐え忍び危機を克服する　374
十、人情は繰り返し人生は多難である　382
十一、成功か失敗かを顧みず党を守り国を防衛する　391

第六章　上海経済を監督指導する　417

一、1件の国家の大事　418
二、検査会議に出席する　424
三、食料はすでに問題を発生していた　440
四、杭州から上海へ一家団欒　457

第七章　家庭教育と霊枢を守る　461

一、私が受けた家庭教育　462
二、一分毎の時間の中で　477
三、父の霊を守る1カ月の記　478
四、父の霊の前で礼を行った後　485
五、永遠と自然は同じように存在する　494

第八章　忘れ難い1年　503

一、元旦父親に向かって新年の挨拶を行う　506
二、媽祖の古廟を参観する　510
三、上半年は比較的平穏であった　512
四、ベトナムダナン港陥落　513

五、身は蔣氏の後継者になる 516
六、ある人が警告してくれた 518
七、父親が13歳の時 520
八、慈湖東廊で座った 524
九、電器展覧会を参観する 527
十、今年は多事の秋になった 529
十一、個人の小さな私の存在 530

第一章　私のソ連に於ける生活

1925～1927年

一、孫逸仙（孫文）大学

●1925年12月3日

「胸を前に屈め、両手を腰に当て、呼吸を開始する」赤の広場の大時計が7時を鳴らすと、クレムリン宮殿の上空の空の色が朝焼けの紅色になり、40数名の中国の男女の青年はモスクワ大教会の前できっちり並び、朝の体操をする。これは孫逸仙大学の労働大学生が行う毎日の第一課であった。

モスクワの12月の気候は、すでに非常に寒く、地上の雪はもう1m強の厚さになっていた。今朝の温度計は摂氏マイナス39度を指し、街頭の電線は白色になっており、みな一種の「ガガ」という音を出していた。路上を往来する人びとはすべて俯いて何か緊急の事情があるかのように非常に速く走っていた。我々中国人は皆冬でも陽光が出る日は必ず暖かいと思っているが、意外にもモスクワでは完全に反対であった。今日は太陽が早く出てきたので、天気は特に寒かった。2週間前朝の体操に出かけた後、寝室に帰ると、鼻が突然白く変わっており、両手はともに痛くかじかんだ。現在はだんだんと凍えるのに慣れ、気候は寒いが、しかし早朝の寒冷な空気は非常に清々しくなった。その為、一日、朝体操に行かなかったら、他でもなく気持ちが不愉快になった。

20分の朝体操の後、学生はすぐに学校に帰る。この時、学校の前の歩行者はしだいに人数が増えてきていた。一群の労働者は非常に速くモスクワ川対岸の砂糖菓子工場に向かっている人達であった。カバンを脇に抱えた大学生がモスクワ大学の方角へ速足で歩いていて大河のようであった。無用の人は一人も歩いていなかった。この時の街道は、あたかも一筋の急流のようであった。その後から一大隊の赤軍が荘厳な軍歌を歌いながら学校の校門を通り過ぎた。これは私が初めて見た赤軍であり、彼らの精神は非常に勇壮であった。当時知識の無かった私は、すぐ大変不思議に思ってロシア人の友人に尋ねた。「なぜ赤軍が着ている衣服と帽子は赤色ではないのですか?」私の友人は私に告げた。「……我々ソ連は自分の赤軍は主義から言うならば、共産主義の旗は赤色であり、我が国軍は共産主義のために奮闘するので、赤軍と称しているのです」私は友人の説明を聞き、ソ連に対する認識が幼稚であり、非常に恥ずかしかった。

今日私は第4号寝室の当番であった。我々の寝室の中には12のベッドが有った。ベッド、枕、シーツ、みな学校から支給され毎週2回交換する。各学生はベッドの他、さらに一つの小机、その他の物件、及び個人用に細々した物品は全て貯蔵室に置いておく。毎朝起床後、部屋を掃除する。当番の責任は寝室の中の清掃清潔を検査監督として責任を持つことにある。ロシア人は冬夏を問わず、皆水で洗顔する。そして洗顔容器を用いず皆水道の蛇口の下で洗顔する。その為始まった時には、多くの学生が慣れなかった。

8時が朝食である。どの学生も一冊の食事帳を持っている。毎日食券は朝昼夕と分けられている。だれもが食券を使って食事交換場で食事を受け取る。メニューには優劣はなく、完全に同じものである。今朝の朝食はパン、マーガリン、ソーセージとスクランブルエッグであった。食堂の中の配置は大変綺麗である。生け花の他、壁には孫文総理とレーニンの遺影が掛けられていた。両側には中国語とロシア語で書かれた「中国革命の成功万歳」という2枚のスローガンが掛けられていた。朝食を食べた後、我々は1時間の空いた時間があり、新聞を読んだり、自習した。我々の教室のストーブの傍らに、1人の労働者が居り、彼はそこで数学の本を読んでいた。毎日彼は薪炭を運ぶ仕事をしていた。最初の頃私は彼が知識の無い苦役の労働者であろうと思っていたが、今日彼と話をしてみて、初めて彼がモスクワ大学の学生で、イウナフという名前であると知った。以前は金属工場の労働者で、去年工場学校を卒業後、モスクワ大学化学科の1年生であるが、しかし毎月の収入は20ルーブル支給されるだけであるため、維持するには大変困難である。それで生活を維持するために毎日外で数時間のアルバイトをしている。これは当時のロシア人の大学生の一般的な状況であった。イウナフは同時に私に語った。「以前進学できるのは、金持ちの子弟だけでしたが、現在は労働者もみな学習するチャンスがあります。当然、我々の国家はまだ非常に貧しい、だから我々も非常に苦しい。しかし人々は我々の国家には明るい前途があることを知っており、また皆非常に楽観的であります。現在我々モスクワ大学の学生の89％は労働者です。これはみな将来人民のため幸福を創造するための人達です。一人の人間には必ず忍耐力が必要です、忍耐力が無ければ何事も成就しません。苦痛を知らなければ、どんな仕事もやり遂げることができません」

その後、私は彼に朝食を食べているかどうか尋ねた。彼は袋の中から一つの黒パンと二つのジャガイモを出してきて私に言った。「これが私の朝食です」私は大変恥ずかしかった。私は外国人で、一銭のお金も使わず、彼らの国内でこんなに好い物を食べることができており、彼ら自国の大学生が、このように苦労している。彼は又言った。「あなた方は中国の革命青年です。我々にとってあなた方は唯一の希望であり、非常に速く中国民族を解放されることがお出来になることです」私は又彼に彼の将来生涯の目標を尋ねた。彼は言った「私は将来1人の軍器の発明家になりたいと思っております」授業開始のベルが鳴って、我々の談話はここで終わった（しかし後に私は毎日イウナフとすべての時事問題を話し合い、この機会を通じてロシア語を学習し、我々は親友同士になった）。

今日の第1課は社会科学であった。一昨日の社会科学課の時に、教員が私を指名して、今日の授業で報告をすることになった。タイトルは、「人類社会の発展」であった。

「今日私がこれから同級生の皆さんに報告しますのは人類は、衣、食、住の製造が無い状態で生存してきました。しかし工具、機器と材料ができた後、初めて、物品を作り出すことができてきました」

「工具、機器、材料は科学上生産工具と呼ばれています。原始社会時代の唯一の生産工具は棍棒と石をつなぎ合わせて石斧、石槍となりました。工具はかわらず簡単であり、もし各個人がすさまじい自然力に対抗したければ、必ずそれをやっつけるために、人々はだんだん集合し始めます」

「原始社会の範囲はあまり大きくありませんが、血統相続の宗族は当時社会の基礎であります。植物を収穫し、魚を取り、狩猟することは当時の社会の主要な生産でありました。原始社会の中では、人口は非常に少なく、生産工具は非常に未発達でした」

「生産工具は、社会的に人力が互いに集合して、科学上では生産力と称します。人的労働力は、人類社会の生産力の主要な成分です」

「原始社会時代には、工具が未発達の為に、人々が得る生産物はただ消費に十分なだけで、少しも蓄積される余剰分はありませんでした。後に人類は次第に生産工具が改良され、所得される生産物は、これに従って増加し、社会生産力も増加しました。社会が進化したため工業に関わることは複雑になる、一人が兼任し、勢いだけでは不可能になり、男女分業が開始されました。外で魚を捕り狩猟するのは男であり、女は家で食事を作り、服を縫います。後には各種族が住む場所が異なり、各地には各地の特産品が有ります。たとえば甲地は魚が多く、乙地は牧畜が多い、そこで余剰物品の相互交換が始まりました。これは即ち社会上の分業の開始です。同時に各人が自分が製造した生産工具を自分の私有品とした。これが他ならぬ私有財産制度の起源であります。以前戦争で勝って捕らえた捕虜はみな完全に焼き殺しましたが、その頃はもともとあまり使い道がなかったのです。後に生産方法が改良されたために、戦争に勝った側は捕虜を利用して作業をさせ、彼ら自身は座して食するようになりました。そこで2つの階級ができました一主人と奴隷です。これが後に社会搾取階級と被搾取階級に分かれ、圧迫階級と被圧迫階級の軋轢が始まりました……」

第2課は経済地理、第3課はロシア語であった。午後3時に昼食であり、昼食を食べ終わると、モスクワはすでに暗くなっていた。食後半時間休息があった。私と数人の学生は街に出て、買い物をした。モスクワには大きな商店は無く、街中みな小商人の店舗であった。商店は国家と商人が別々に開いていた。私は一人のロシア人の友人に尋ねた。「あなた方は無産階級の専制国家であり、商人と資本家には反対しています。なぜまだ私有の商業が存在しているのですか？」彼は私に説明した。「革命の後、我々は軍事共産主義を実行しています。すべての商業工業は国営です、全ての私有資本は完全に公用にしています。しかし革命時期の中で、経済破壊は非常にきびしく、もし国家資本だけに任せてしまうだけなら、経済が回復し始めるのには非常に困難なのです、従って我が国の共産党は新経済政策を実行することを決定し、できるだけ国家商工業には、同時に私有の資本を許可しているのです。しかし調節する権力は、完全に国家に集中しています。これは決して永久に私有資本を我が国の発展に許すことは無く、一時的に彼らを利用するのです。将来すべての国民経済が回復後、我が国の政府が自然に無理なく私有資本を完全に消滅させます。多くの人が新経済政策は我が国の無産階級が資産階級に譲歩したと考えていますがこれは間違っており、過渡的な一つの政策なのです」国家商店で我々は4件の商品を買った。商店の店員は鉛筆と剥ぎ取り式帳面を使って、しばらくの間計算して総額を算出した。私の友人胡さんは傍らで言った。「我々の中国商人の算盤は速いものですね！」私のロシアの友人は中国語が分かっており、胡さんの話を職員に聴かせた。後に職員は我々に語った。「私は鍛冶屋なのです。今まで商売をしたことはありません。我々の党部は他でもなく私をここへ派遣して学習するようにしました。苦労する事さえできれば根気ができるのです。今日は計算が遅すぎたけれども、明日はすぐに速くできますよ。今国家は弱いけれども、明日は強くなることができるのです。一番大切なことは国家の全体の算盤が間違わないことです」又私は彼自身は商業職員になりたかったか否か尋ねた、彼は私に答えて言った。「私の祖父、父親は鍛冶屋でした。私が鍛冶屋であった時、96ルーブルでしたが、今は毎月58ルーブルだけを受け取ることができます。しかしあなた方は知るべきです。我々共産党員はみな完全に党の派遣指示を受けますので、絶対に個人の利益を前提としてはならず、もし人々がみな自分のことだけ考えていたら、どんなことも成し遂げることができません。もし党が私に兵隊になるように命じるなら、私は兵隊にならないわけにはいかないのです。党が私に農作業をするように要求すれば、私は農作業にいかざるを得ないのです」彼は話し終えるとなごやかにこちらに向かいにこっと笑って、一言「さようなら」と言った。街から学校に帰ると、すでに4時になっていた。今日は4時から6時まで予定表によれば革命博物館の参観であった。教員の指導の下に我々は一緒に電車の駅に行き、革命博物館に行く準備をした。電車の中の人はみな親切に我々を中に入れてくれた。一人若い労働者が私に席を譲ってくれようとした。彼は言った。「あなた方はお客さんです。我々は地元の者です」私は通訳を通して彼に告げた。「我々はみな平等です。どうかお気遣いなく」電車の中には一人の軍官がいた。彼は一人の老婆が入って来るのを見て、すぐ立ち上がり彼女を座らせて、切符を買ってあげた。15分も経たないうちに、我々の目的地にすぐ着いた。革命博物館は、2階建てで黄色の大きなビルであり、前庭には一箇所の小さな花園があった。学生と赤軍は無料であり、その他の参観者は15カペイカ、毎日ほとんど千人以上が参観している。革命博物館の内容はロシアの歴史に基づき時期毎に区分されている。

1、ロシアの農奴制度
2、ラーレンとボカチフの二人が指導する農民大暴動
3、土地制度の改良
4、ロシア資本主義の発展開始
5、ロシアマルクス主義の組織の結成
6、1905年第一次革命
7、ボルシェビキ党の組織
8、1910年の革命潮流高漲
9、1917年の2月革命
10、1917年の10月革命
11、国内戦争

各人が革命博物館を参観した後、ロシア革命についてほぼ全体的な認識を得ることができた。学校に帰ってから、我々の組長が1つの小グループを編成し、「中国の革命と我々の任務」について討論を継続した。この会議は夕食後も続いて、やっと終了した。今日夕食後に孫逸仙大学とモスクワ大学が親睦会を開催した。政治問題の外に、双方は互いに代表が歓迎の辞を述べ演芸会が行われた。私は孫逸仙大学の壁新聞「赤壁」の編集員であり、夜中の12時半までかかって、やっと翌日の「赤壁」の編集を終えた。今日は私が「革命には先に革心が必要」と書いた。

二、モスクワ保養所

●1926年7月20日

「ダラスオキ駅に到着しました」タラスオキはモスクワから70㎞離れた小寒村である。汽車はこの駅で1分間だけ停車する。我々は皆順番通り急いで下車した。昨日孫逸仙大学は夏休みが始まり、学校の管理委員の決定に従い、学生全員が1カ月休養所で休養しなければならない。ソ連の各都市附近及び観光地内には保養所と療養院が設立されており、労働者が身体を鍛錬し、疾病を治療することになっており、ソ連人は健康を製造する工場と称している。ダラスオキはモスクワ区内百カ所の保養所の1つである。保養所は汽車の駅からまだ5㎞ある。我々は隊伍を組んで目的地に向かって歩行前進した。保養所の正門には1つのスローガンが掛けられていた。それには「我々の友人—中国の革命青年を歓迎します」と書かれていた。我々が保養所に入った時、1大隊の男女がそこで列を作って我々に敬礼した。これは保養所内で働いている労働者であった。

軽食を食べた後、保養所の職員とすぐ病院に行って身体検査を受けた。

病院内の一人の老医師は非常に詳細に私の全身を一遍に検査した。その結果、彼は穏やかに私に告げた「あなたの身体はまずまず好いですが、今は読書を減らすべきです。運動量を増やすこと、水、日光、空気は我々人類の最良の友人です、あなたがそれらと好い友人になってほしいものです」医師は私に1枚の書付を渡し、私に如何なる疾病も無いことを証明してくれた。この証明書を持参すればベッドも、食事券も、下着も、運動衣等、誰もが使用する物品を受け取ることができ、すべてが保養所から発給される。

これらの必要物品を受け取った後、一人の職員が我々を率いてすべての保養室を参観させてくれた。前面には一筋の小川が流れており、水泳も、ボートを漕ぐこともできる。保養所には22カ所の建物があり、大多数はみな松林の中にあり、建物はすべて古いものであり、職員は我々に説明した。

「革命以前はここはみなモスクワの資本家の大商人の避暑地でした。今はみな国有となり、労働者は幸せを享受することになっております！　これは我々ロシアの革命家が流血した結果なのです。以前はこのような多くの建物の中で、このように素晴らしい風景の中で、ただ30～40人の金持ちの搾取者が快適な生活を過ごすことができていたのですが、現在保養所の中で、8百人の労働者が休養しているのです！」保養所内にはさらに2カ所の非常に大きなグランドがある中ではサッカー場、テニスコート、バスケットボールコートがあった。我々がグランドに着いた時40～50人の男女の若者がそこで運動をしていたが、彼らは我々を見ると礼をして挨拶をした。グランドの左側は一カ所非常に大きな大きな新しい建物があった。これは他ならぬ食堂であってその中のすべての設備は非常に美しかった。グランドの右側は2階建ての大きな建物であった。これは他でもないクラブであり、その中に17カ所の大小の小部屋があった。チェス室、新聞閲覧室、無線電室、写真撮影室、音楽室、図書館等である。クラブ内のすべての器具は非常に好いものであった。聞くところによればこの建物はモスクワの電気工場所有者の別荘であったそうである。

クラブから遠くない処に野外劇場が有った。川の傍に一箇所の船着き場があり、川の中には50～60艘の小舟があった。どの建物の前にも、小さな花園があった。私は職員に尋ねた「保養所の中の部屋は差があるのですか？」彼は説明した「部屋は古いものですので、もし比較するなら、必ず優劣が有ります」私は又尋ねた。彼は言った「我々の保養所の中では、あなた方の職位が如何ようあれ、平等にしております。我々の部屋割りは先に来られた方を優先します」我々の部屋は順番に分配され、先に入ったものから順番に好い部屋に入室した。

参観が終わった後、職員は我々を食堂に案内し、各人は決められた座席に座り、各テーブル12人で、その中の一人がテーブル長に推薦された。食事の際には声を出すことは禁じられた。食堂の中で当番の医師は秩序を維持することになっていた。もし不満足なことがある場合は、必ずテーブル長を通じて、当番医師に報告されねばならなかった。多くの中国学生は初めはこのような規則には根本的に不慣れであったが、後にはだんだんと習慣になれることができた。保養所の食事の質量は、学校より非常に素晴らしいものであった。昼食の後は昼寝の時間であり、我々はすぐ寝室に行き休息した。我々が住む部屋には4台のベッドが有った。我々の部屋の壁と一切の用具の色彩は白色に統一され、光線は充分満ち足りていた。窓の前には小花園があった。1時間後起床のベルが鳴った。起床後、みなは食堂に行きおやつを食べた。4時には全員がクラブの講堂に集合した。保養所の主任が我々に保養所の規則を報告した。

「生活の団体化は我々保養所の最高原則です。我々の主要な目的は労働者の健康を回復し、鍛錬することです。しかし同時に民衆が規則を遵守する習慣を教育することであり、団結の利益を優先し、民衆に生活の科学化を得さしめることにあります。衣食住は人類生活の基本であり、人に先に衣食住から教えなければなりません。我々の規則を破壊する者は誰でも、他ならず団体の利益に違反することになります。保養所の規律の厳格さは軍隊の規律と全く同じです。休息できない人は、きっと好い仕事ができません。できるだけ力を尽くして働き、時間通り休息する、これが我々のスローガンです」

「今日我々の保養所で休養している人は合計８３２人であり、その中５８４人が労働者であり、58人が農民、43人が職員、１４７人が学生です。労働者は我々国家の主人公です。一人が働いた後、働くことを継続するために、必ず休息の時間が必要であり体力を回復しなければばせん。従って、我が国の法律に基づき、労働者は毎週１日の休息を得なければなりません。毎年２週間或いは1カ月の休息を得ることができます」

「我々の保養所の中では、一日中一刻の空いた時間も無かったと言うことができます」

「6時半起床、7時朝の体操、8時朝食、9時から11時娯楽、12時昼食、1時から3時昼寝、３時おやつ、4時から6時体育、7時夕食、8時から10時娯楽、11時就寝……」

報告を聴いてから、私はすぐ図書館へ行って本を借りた。図書館の中で、一人の老年の労働者に出会った。彼は今年52歳であり、煙草工場の労働者であった。彼は私に保養所の感想を尋ねた。私は答えた。「大変素晴らしいです」彼は又私に言った。「あなた方のこの多くの幸福は、全て革命者の鮮血で換えられたものですよ！　新しい生命を創造するには、必ず旧い制度を破壊しなければなりません。破壊の手段を用いなければ、生命を犠牲にしたくなければ、今日のソ連は無かったのです。我々はやはりきっと資本家の下で、帝国主義の圧迫の下にあったでしょう。しかし犠牲を破壊するにはどんな計画が値打ちがあるのでしょうか。革命前、私は一人の労働者で、毎日11時間仕事をしなければ得られる給料では自分を扶養することはできませんでした。私の2歳の子供は医薬費が無く病死しました。今私は毎日8時間だけ働き、将来毎日の作業時間は7時間に減るでしょう。労働者の医療費はみな無料です。年老いて仕事ができなければ、国家の年金を受けることができます。毎年1カ月の休養があります。今年我々の労働組合は私のために資金を出してくれ、ここへ保養に送ってくれました」

私が丁度この老労働者と話しあっている時に、一人の友人がグランドで団体ゲームをするように私を呼んだ。私と話をしていた老友は、年齢が老いているけれども、しかし精神は非常に好く、彼も又我々と一緒にゲームに入った。ゲームに参加したのは全部で70～80人であった。その中の大半はロシア人であった。最初我々は非常に遠慮がちであったが、後にお互いに知り合った後は、我々を完全に自分達と同じように感じていた。彼らのこの世界人平等の精神は人類の皮膚の色や民族を区別せず、完全に平等な態度で待遇していたことは本当に敬服した。とりわけ我々が到る所で軽蔑されている中国人としてはさらにもっと深く感服させられた。保養所の主任も後でやって来て我々とゲームをした。ロシア人の中の一人に40歳前後の男性が居り、非常に楽しそうにグランドの中でゲームをし、皆と一緒に楽しんで笑い合っていた。後に1人が私に告げた「彼はモスクワ省ソビエトの副主席ですよ」我々はこの話を聞いて、こんなハイクラスのトップが一体普通の平民と一緒にゲームを楽しむことができるものだろうかと皆不思議に思った。ロシア人は答えた「我々は仕事をする時はトップと部下は非常にはっきりと分かれていますが、休息の時には我々皆は兄弟なのです」

後で我々は花園の中で保養所の医師と会い、彼は我々にタラスオキ保養所の歴史を語った。「3年前我々の保養所は50人しか保養することができませんでしたが、去年は人数が470人に増え、今年は830人になりました。5年後にはタラスオキを保養市に改造し、同時に5千人余りを吸収する。これは我々の計画ですが、私はきっと実現できると信じています。何となれば我々の国はきっと日々発展していきます。我々はただ前途を見ているだけです。我々のスローガンは今日の事業は昨日より好く、明日する事業は今日より好くなり、今日の生活程度は昨日より高く、明日の生活程度は今日より高くなります」

クラブの大ホールに集合した。今日のパーティの娯楽はモスクワの各劇場の有名な役者の実演であり、みなは全員大変満足した。夕食のベルがなった。

夕食後我々の部屋は灯が消えて、睡眠の時間がやって来た。

三、赤軍

●1927年6月4日

歩兵、工兵、砲兵、騎兵……一隊一隊が練兵場で整列しており、練兵場の3面はすべて軍隊であった。第4面は一つの高いスタンドであり、上部には人民がいっぱい並んでいた。今日はモスクワ軍区野営の開幕日であり、ここで閲兵儀式が挙行される。この日各機関はすべて代表が出席し検閲に参加した。私は学校に推挙されて出席した。野営はモスクワから70km以内の範囲内で、一つの松林の中である。軍隊は営長及び党代表が巡閲を完了後、営長がすぐ台に上がり演説し、その後さらに労働者と農民の二人の代表が挨拶を行った。

閲兵儀式が完了後、我々は5隊に分かれ各隊は25人となり、軍官が野営内部の参観を引率した。野営の中は共に2師団の人馬である。兵士と官長が棲むのは露天のテントである。各テントには11人が棲むことができ、班を単位としている。テントの中はただ木板をしいて寝床とし、他には何もない。各兵士は2枚の毛布と物品はだいたい同じようなものであるが、官長のテントにはただ5組の寝床と一つの椅子があり、1連隊毎に1クラブがあり、彼らはこれを「レーニンコーナー」と称している。その中には書籍、新聞、及び各種の娯楽組織がある。例えばチェスチーム、サッカーチーム、カメラチーム、演劇チーム等のようである。「レーニンコーナー」の4面の壁には多くの宣伝品、及びスローガンが張られている。主要なスローガンは「赤軍は人民の学校」、「工農赤軍は労働者の友」……さらに一つの「レーニンコーナー」に掛けられている多くの中国人民を写した写真の上には「これは我々の友人」と書かれていた。「レーニンコーナー」の全ての仕事は直接連隊部の指導者の指導を受ける。

連隊毎に「レーニンコーナー」委員会の組織があり、赤軍全体会議の中で選挙で決められ、彼は全ての宣伝業務を担当する。連隊毎に浴室、洗面所、機械室の設備がある。連隊は赤軍の中の訓練指導の主要な単位である。各団は一つの大きなクラブであり、団の中の全ての宣伝業務はみなここに集中している。クラブの業務は主任がもっぱらその責任を負い、直接団党代表の指導を受ける。野営中では全部で6個の大クラブがあり、6箇所のグランドがある。各一営ごとに厨房、食堂がある。聞くところによれば野営中の全ての建築はすべて兵士軍官自身が造成する。野営中の全ての設備と建築は充分に整理整頓清潔を徹底しなければならない。参観後我々一行は食堂に入り昼食を取る。我々が食べる食事は兵士と同じものである。最初は肉のスープであった。2番目は牛肉のステーキ、3番目は油で魚を焼いたもの、4番目は甘いジャムであった。私は尋ねた。「皆さんは平常いつもこんな素晴らしい料理を食べているのですか？　それとも今日だけこのように特別な好い料理なのですか？」彼は同じ席の兵士に向かって言った。「もし毎日このように食べていなかったら、ご覧なさい、誰がこんな身体になれるものですか！」野営中に出会う兵士は、確かにみな身体が強壮であった。昼食の後、野営の毎日には1時間の休息がある。

彼らの休息の時間には、我々と営長のピダルオフは野営生活の情況を話し合った。彼は語った。「赤軍は毎年3カ月の夏季訓練があります。この時期に最も主要な過程は野外演習であり、体格訓練であり、射撃を練習します。軍隊は毎日5時30分起床、6時から7時朝食、8時から9時政治課、9時から12時野外演習、12時から14時昼食と休息、14時から16時射撃、16時から18時社会労働服務（農民の農耕種植えと収穫、或いは農民との共同生産作業）、18時から20時クラブ業務作業に参加し、点呼後すぐに睡眠します。毎日曜日は休息日です。この日の日中兵士は野営の中の規定された場所で彼らの親友と会うことができます。野営の中には一つの大きい赤旗があり、各種の成績が最も好い連部のみがこの赤旗を得ることができます。従って、最初の日から広大な赤旗取得運動が始まります。訓練の成績は第2週に一度公表されます」

「野営中の赤軍の社会階級区分の大多数は農民（75％）であり、その他の区分は労働者であります。これは工農利益の連合の団結を基礎としています」

「農民は大多数を占めていますが、しかし指導権はやはり労働者階級の手中に在ります。農民は労働者の友人ですが、彼らの経済環境はプチブル（小私有資産家）です。彼らの思想は統一されていません。彼らの行動は規律的ではありません。必ず指導者が必要であり、それにより農民は初めて革命の大道を進むことができ、検査及び監視する責任を負っています。各々が、革命の力になるのです。我々ロシア革命の指導者は、他ならぬ労働者階級と共産党であり、我々の軍隊の中もまたこのようです。我々共産党は軍隊の中ですなわち唯一の指導者です。どの軍も、師団、旅団、団中央も皆共産党の代表であり、彼らの権力は軍官と同じであります。軍部の命令はもし党代表の署名がなければ有効ではありません。連部の中には政治指導員制度があります。彼の任務は完全に党の代表と同じであります。軍官の社会階級区分が変更されたために（過去には多くが軍官が旧軍官でありましたが、現在は大部分が工農出身である）政治認識が動揺せず、無産階級思想が統一されていますので、党代表は軍隊の精神訓練に専心しています。近い将来、赤軍は党代表制を取り消し政治活動の助手に改められています。各軍、師、旅、団、連長は共に一専門に政治活動の助手になります。共産党は軍隊の中の組織であり、連部を以て単位となります。各連部には党支部委員会が有ります。彼は党員大会で選出されたものです。各師は師党部委員会があります。団師党委は全て代表大会で選出されます。師党部は直接軍区党部直接軍区の党部執行委員会の指導を受けます。連師部は毎週1度全体会議を行い、団部全体党員大会は毎月1度行われます。師部代表は毎年2度です。党大会は非公開の区別があり、公開会議では、非党員及び共産主義青年団の団員が共に参加することができます。非公開会議の場合には、ただ党員だけが参加できます。すべての訓練計画、及び新しい政治問題はまず最初に党支部会議で討論され内部の完全な同意、了解がされなければなりません。士兵或いは軍官を問わず、もし、してはならない行為が発見されれば、党会の討論批判を経て、処罰方法が決定され、すべての党員をして、軍隊の中の先進者にならねばなりません。各部の重要な任務は、共産党員が何事にも自ら手本を示すべきであります。これは党活動の重要なスローガンであります。軍事化、ソビエト化（革命根拠地政権組織）、国際化、これは我々の軍隊の中の政治活動3つの主要なスローガンなのです……」

営長の説明が終わった後、我々は彼に多くの問題を質問した。

1、質問、赤軍兵士と軍官はみな誰もが選挙権が有るのですか?

返答：有ります。すべての兵士と軍官は普通の人民と同様に選挙と被選挙権が有ります。我々の一師の中では、1名の兵士がソ連中央執行委員であり、3名の兵士はモスクワ省ソビエトの委員です。彼等はみな積極的に政府のそれぞれの活動に参加しております。

2、質問、兵士と士官の待遇は如何ですか？

返答：どの兵士も衣食住が軍隊から支給される外に、毎月小遣い費として7ルーブルを支給されます。軍官は等級により異なった金額を受給します。連長は毎月約100ルーブル、営長は毎月130ルーブル、団長は260ルーブル、師長は毎月320ルーブル、軍長は毎月480ルーブルです。給料以外には、その他の収入はありません。軍官の軍服はみな軍隊より支給されます。

3、質問、ソ連人民の軍事奉仕制は如何ですか？

返答：どの男子公民も、一般に満21歳後、労働者はすべて、みな軍隊に入り奉仕しなければなりません。歩兵奉仕期間は2年、工兵は3年、海空軍は4年です。一般家庭の一人っ子或いは各機関の工場が必要とする人材は、正式に軍隊に入らず、地方軍に編入することができます。地方軍に入る者は、2年内には、毎日仕事が終わった後、軍事訓練を2時間受けなければなりません。公民はそれぞれみな軍事証書1冊を持っております。

4、質問、軍隊の中にはどれだけの共産党員がいるのですか？

返答：我々1師中の兵士軍官の20％が共産党員です。一般的に本党の綱領及び本党の規律を遵守することを誓約すればみな入党できます。しかし我々が現在重要視しているのは党員の質であり、決して数量の増加ではありません。

5、質問、兵士軍官がもしみな党員であるなら、彼らの党内の権限は違うところが有るのですか？

返答：軍隊の中にはそれぞれの階級があり、それぞれの権限があります。しかし党内では完全に平等です。党の利益は彼らが相互に発生する関係の唯一の基準です。多くの支部の書記はみな士兵です。

6、質問、赤軍の中の軍官はどのように養成するのですか？

返答：それぞれ団の中に一つ下のクラスの軍官学校が有ります。一般的に奉仕期間を満了し軍隊を退出したくない人がこの学校に入ります。学期は3年、卒業後は小隊長に昇格できます。また歩兵、工兵、砲兵も各専門学校に入ることができます。このような学校は中級の軍官を養成しています。これ以外にも、重要都市の中で軍事専門高級研究院があります。

7、質問、軍官の社会階級区分は如何ですか？

返答：本師中の軍官は73％が労働者、25％が農民であり、２％がその他です。その中の多くはツアー軍隊の旧軍官で、現在は赤軍の中で忠実に勤務しています。

8、質問、赤軍士兵の教育レベルは如何ですか？

返答：多数が軍隊に入った時は、文盲でした。この大多数は農民であります。一般の労働者はみな専門知識があります。我々は軍隊の中に普通知識課が有り、どの兵士にも中学合格可能な教育レベルを達成することにしています。同時に特に生産専門人材（電気労働者、自動車運転手、無線電管理員など）を育成することに注意しています。要するに、我々は士兵に軍事訓練をするだけでなく、同時に彼らに職業専門知識を得させようとしているのです。

営長との話し合いが終わった後、我々は共同して団体ゲームに参加した。ゲームに参加した兵士、軍官は傍で見ていると、全く誰が兵士で、誰が軍官なのか分けることができなかった。彼らはみな同様に穏やかで同様に楽しんでいた。この時に、私はやっと軍官が私に説明した話を思い出した。

「勤務をしている時は、私は官長で、兵士は私に服従しています。しかし休息の時には我々はみな親友なのです」

群衆のゲームは終わった。空はすでに暗くなった。我々は彼らに別れを告げ、モスクワに帰った。一人の兵士が私の手を握って言った。「中国の労働者が、非常に早く自由と解放を獲得され、明日の世界がすべて労働者のものになることを希望します。さようなら！」

我々はすでにすぐ汽車の駅についていた。はるか遠くから野営の中の歌声を聴くことができた。「汽車は前に進んでいく、公社に向かって……」

四、レーニン市（現ペトログラード）の学校

●１９２８年10月３日

今日の第１課は軍隊の中の政治活動であった。第２課は戦術であった。その他は自習時間で

あった。政治活動の1課は教員による講話であった。タイトルは「軍事時期中の政治活動」であった。

「赤軍の官長はすべての物資力を活用して敵に勝つ方法を考えるだけでなく、同時に政治と精神の各方面の条件を活用して敵を制止することです。赤軍の中の政治活動は党の活動と軍事活動の2種があります。党の活動対象は党員群衆です。軍事政治活動の対象は非党員群衆です。党政2機関の政治活動は示すことが相互に関係を生じなければなりません。執行する政治路線は同じであります。政治機関の主要な任務は非党員群衆が共産党に絶対的に傾倒するようにすべきです。党部の活動は党員群衆がすべての行動上みな身を以て範を示すことができるようにすることです。軍官は戦闘方法を決定する時に、戦闘それ自体に注意するべきであり、人民と軍隊の中のすべての政治条件に気を配らなければなりません。戦闘方法を決定する時に、党代表は党部を召集し、政治部と軍官は共同で政治環境を討論し、政治戦闘活動全体の計画を決定し、戦闘の勝利を保障します。政治部は戦闘の中で次の項目を徹底的に実施します。

軍官に政治環境を報告すること。党政2部に戦闘任務を解説すること。兵士全体と軍官に対し広範な宣伝を行い、彼ら全員に戦闘任務及び政治目的を明らかにすること。嫌疑の有る兵士と軍官を監視し、逃亡兵を防止する方法を講じること。党員の分配に注意し、どこでも党の影響を行き渡らすこと。後方部隊の活動を調査すること。民衆の中の活動を組織すること。敵軍の中での活動を組織すること。

政治部の自分の軍隊に対する活動は、戦闘がまだ開始される前に実行されるべきであり、いつでもどこでも一切の新しい悪現象の発生に注意すべきであり、最も早い方法でそれを消滅するべきです、従って政治部の活動者は必ず群衆と関係を持たなければなりません。彼らと苦労を共にすること。戦闘がまだ開始される前に、政治部は必ず方法を講じて敵の政治感情を偵察し、合わせて敵軍に対し扇動活動を行います。

民衆の中での主要な活動は次の通りです。

人民ができるだけ軍隊を支援する方法を講じること。人民の物質力を活用すること。都市或いは農村の中の秘密機関に在っては、もし軍隊がやむを得ず敗北してしまい撤退しても、秘密機関は残って敵を攻撃し、偵察活動を行うこと。戦闘が進行している時、政治部は非常に早急に戦場におけるすべての新しい変動を見積もらねばなりませんでした。この時期の主要な活動は、官長と党政2部の幹部が身を以て範を示し、勇敢に前進することでありました。

戦闘がまだ始まる前に、早急にあらかじめ戦闘完結後の活動要領を決定することでありました。

党員及び青年団員が今回の戦闘中死傷する人数を統計し、合わせてこの補充する方法を講じること。

今回の戦闘の経験を総括すること。

傷病兵を慰め、死亡兵士を処理し、死傷軍官及び兵士の家庭に死傷状況を通報すること。

全体の兵士に対して秘密保持の必要性を説明すること。

部隊に対し政治報告を新しく作ること。

新しく来た補充兵士に宣伝活動を行うこと。

志願軍を募集すること。

部隊の物品必要数を充足せしめること。

敵軍と人民に対して宣伝と組織活動を行うこと。

政治部は多くの書面報告を作成し更に指導に来る必要は無く、更に命令を多発する必要はないこと……」


今日の戦闘課は「兵営の侵攻」であり、教員から説明されるタイトルの内容は次の通りである。

（A）学習の目的

1、第1道防御線上の歩兵営の配置と突撃計画を決定すること。

2、砲兵と連絡すること。

（B）相手の敵軍はポーランドの軍隊であり、敵方の行動はポーランド歩兵操典による。団の参謀部はバイグダシン村の中である。

1、敵軍第81団の防御線は小河の西岸に在り、東はマドス村に到り、西はタピス村に到る。敵軍の防御線上、各種の防御工事を見ることができ、8月16日夜敵軍の一部分が他の場所に移される。

2、我が軍の第14師団が8月19日早朝総進攻し、敵陣に突撃する。アールク小河からフォライイェ村に到る、突撃の目的はターフピン市を占領することである。我が団の右側は39団、左側は41団である。

A、第2営（第4連を除く他）の侵攻目的はボウリク村を占領すること。第2砲兵は連営作戦を助ける。本団の目的はアールク区を占領することに在り、同時に41団の後ろには42団を支援する、かつまた敵の反抗を防止する。第14砲兵団の第1第2の両連は我が団の作戦を助けることである。

B、第1営の侵攻目的はカダルフ村とバイグアルフ以東の小森林を占領する。

C、第3営は第1営の後方に配置され、第2部の為に力をためる。侵攻目的はバイルオフジセンス2村を占領する進攻する時、砲兵第1連の戦いを助ける。

D、第2営第4連は予備軍とする。ダリンク以西の小さい林中に駐留する。

E、砲兵は発砲と進軍を開始する時間は改めて通報する。

F、指揮所はビエスク村の後方の小山の上にある。いずれの学生代表第1営営長は突撃計画を機関銃及び砲兵の任務は、歩兵連を配置し歩兵は地図上に並べ、突撃以前営部の機関銃及び砲部の位置は何処に。

教員はタイトルの内容報告を完了した後、我々は各自自習室に帰り戦闘状況を研究し、作戦計画の作製を開始する。

我々に戦術を教える教員はかってツアー軍隊の大軍官であった。私は以前しばしば彼と彼本人の問題を話し合った。彼は一人の貴族の男子であり、かって陸軍大学を卒業し、世界大戦の時に、彼は第8軍軍長であった（常に勝利したことにより、後に軍長に昇格した）。プロレタリア革命が開始され、彼は他ならずコサック騎兵を率いて赤軍に包囲され撃滅されてしまった。彼自身は赤軍に拘置された。赤軍は彼を殺さなかっただけでなく、その上彼に赤軍の顧問になることを要求した。何故なら当時赤軍の中にはまったく軍事人材がいなかった。その中の官長はみな労働者農民であった。彼は赤軍で7カ月顧問になった。常に赤軍の監視の下に、一歩の自由も無かった。後に彼は、訓練を受けておらず、軍事知識も無い官長、兵器弾薬も食料も無い軍隊が勝ち戦をすることができたことが、大変不思議に思えた。ある日、彼は党の代表に尋ねた。「あなた方が勝ち戦をした秘訣はどこにあるのですか？」党の代表はいとも簡単に彼に答えた。「ヒューマニズムを重視することが我々が勝ち戦をする秘訣なのですよ！」初めの頃はどうしようもないと思ったが、しかし後にだんだんと赤軍の戦争を手伝いたいと自覚し始めた。彼は赤軍の政治精神の各方面の影響を受けて、他でもなく完全に赤軍に投降した。後に彼は赤軍第19軍の軍長になった。しかしある戦闘の時に、彼は相手の白軍（反革命軍）の中の師長が彼の弟であることを知り得て、そこで又動揺し始めた。ある一夜、彼はこっそり白軍の中に逃げ込んだ。一週間後、彼の弟の部隊も又赤軍に殲滅させられて、彼は又、赤軍に拘置された。今回赤軍は彼を後方に送り入獄させ、2年半獄中で過ごした。出獄後、他ならず彼を軍事教員にした。しかし彼には兵隊を付けさせなかった。私はある時彼に尋ねた。「あなたは現在共産主義に傾倒しますか？」彼は言った。「この問題は非常に答え難いです。しかし誰かがソビエト政権をひっくり返そうとしても、それは完全に夢想です！」
午後2冊のゲリラ戦の参考書を読んだ。読後、以下の要点を記す。
1、ゲリラ隊の人数の多少は、任務の軽重、敵側の力量の多少、及び地勢の異なりを以て決定する。しかし、ゲリラ隊の人数過多は無条件に有害であり、無益である。
2、出発の前に、ゲリラ隊長はできる限り詳細な命令を行い、及び任務を明瞭にしなければならない。同時に戦区軍政の詳しい状況、及びその他ゲリラ隊が所在する地方の情況を知っておくべきである。
3、動作は敏捷にし、如何なる前線に送る軍需品も帯同してはならない。
4、ゲリラ隊がもし敵陣を突き抜けるか敵側の後方に入る任務がある場合、動作開始前の数時間内に決定し、すぐ予定の地点に全力を集中しなければならない。そして同時に1小隊が反対方向に動作を開始し、敵側の注意力を分散させ、自分は断固として予定の突撃地点に前進する。
5、敏捷な行動が初めてゲリラ隊が勝利を得る根本条件である。できる限り敵側との戦闘を避けること。敵側との攻撃を妨害する。
6、隠蔽はゲリラ隊の戦闘の主要な条件である。
①機密保持、デマを飛ばすこと。
②意表を突く道を選ぶこと。
③小隊を配属しどこでも敵を示威する。
④夜間行軍。
（a）ゲリラ隊の主力は絶対に分散してはならない。

（b）ゲリラ一定地点を占領後、すぐに力量を2部分に分けること。第1部分は幾つかの小隊に分け、各処に向けて進撃、捜索、破壊を継続すること。第2部分は予備軍として留まること。
（c）如何なる条件の下でも、進撃の時には必ず同時に2処を作り突撃すること。1処は実在のもの、もう1処は虚作のものである。
（d）破壊の目的がすでに達成された場合は、ゲリラ隊は即この地点を遠く離れなければならない。

今日は16時から18時までボルオの海兵工場で実習を行う。
19時より共産党支部の全体公開会議が開かれ、集体農庄問題をする。レーニン市党部書記が報告する。

「資本主義の発展は、次第に小私資産者が破壊されている。しかし各国は農民が有り、彼らは小私有資産者である。分かるように農民は労働者であり決して無産階級ではない。工場労働者階級は社会主義の為に闘争できるが、決して労働農民群衆の苦痛に気を配ることはできない。無産階級の前面には一つの問題がある。この多くの農民群衆は工場労働者階級の同盟者になることができないのではないか？　我々の敵は農民が生まれつき団体に反対であり、組織に反対であり、社会主義に反対であることである。しかし我々はそうではないと認識している。農民は決して一つの階級ではない。その中には雇われ農民、貧農、中農、富農の区別がある。雇われ農民は財産が無い。彼らは農村の中の無産階級である。貧農は少しは財産が有るけれども、しかし大多数は自分の労働力を売って生存を求めている。貧農雇われは、全て地主富農の敵である。彼らの経済利益は工場労働者階級に接近している。従って国内戦争中に於いて、貧農雇われはすべて工場労働階級を支援し、同・戦線上で搾取者と抑圧者に反対した」

「富農は村中の資本家であり、彼らは貧農雇われ農の敵である。また他でもなく工場労働者階級の敵である。それゆえに国内戦争中で富農はすべて白軍を助け、赤軍に反対した」

「中農は家産及び白分の労働とで生存できており、政治上から論ずれば貧富2営類の中間であり、中農の傾向は、常に動揺して定まらなかった。誰が彼等を適切に指導できるのか、誰が本当に彼等の経済利益を増加してくれるのか。彼らは即ち誰とでも一緒にやっていくことができる」

「第1に、現在革命は成功した。農民はロシアの人口の大多数を占めて保存し、中農を富農に変え、貧農を中農に変える。しかしこの道は通じない。何となれば私有制度がもし存在すれば、必ず搾取圧迫があり、ずっと貧農雇われ農民を消滅することはできない。全く農民群衆の苦痛を消滅することはできない。

第2は、農村経済を集体化し、同時に富農階級を消滅することである。富農は搾取者であり、およそ皆の労働に頼って生存する者はみな我々ソビエト政権と共存できない。同時に富農は農民群衆の中のごく少数である。従って本党は富農を消滅することをスローガンに提示した。これは他ならず富農の私有財産を没収して公有にすることであり、彼らを国家労働機関に送り仕事をしても同時に集体化を進行する。農村経済集体化は3種の形式がある。

①土地共同耕作社、②集体経済、③公社である。

土地共同耕作社は、社員の生産工具を公有にすることではなく、耕作田植えと収穫時に共同で労働するだけである。作業が完了すると、元通り各人に還す。集体経済は則ち社員の生産工具を必要時公有にするだけで、毎に、一定の作業その他は私有財産である。家屋、菜園、鶏羊等々は元通り私有である。生産品は必ず労働力に基づき分配し、各人は年齢男女の別に基づき、1労働日数量質を規定し、労働の多さで生産品を多く得ることができる。及び公社は私有財産を公有とし、労働の多少に関わらず。人口平均で生産品を分配する。しかし当面我々は極力土地共同耕作社と集体経済2制度を提唱する。公社は当面の農業発展にきっと有害無益であるので、農民の入社は彼らの自己志願を出さねばならず、強制すべきではない。

我々政府は法律を規定し、集体経済及び土地共同耕作社社員により多くの利益を得られ、それにより租税を軽減し、無料で機器を供給したい等々である。我々は農民に対して広範な宣伝をするべきであって、彼らに農業集体化を明瞭にし彼らの大道を解放することである」

22時半、報告の後、参加者より多くの問題を質問し、かつまた詳細に討論しやっと終了した。散会後、歩いて街を散歩した。我々の学校はニフォ河岸にあり、対面にはピダ拝仏城、左側は共和大橋、右側にはピダ半島がある。レーニン市中の夜景には特別な味わいがある。レーニン市大学、共和国橋、冬宮、トラッキイー橋を通って学校に帰った。これは私が毎日散歩している路線であった。寝室に帰った時すでに23時半であった。

五、黒海の傍に於いて

●1929年8月21日

クリム半島ですでに3日過ごした。8月17日夜レーニン市から汽車に乗って、モスカに着いた。2日目モスカで乗り換え、ウクラン、ピリガバを経由して直接一つのフェイオウダ都市フェイオウダシに到着し、再び自動車に乗りオウドシ村に着いた。オウドシは一つの韃靼民族の農村であり、ここから韃靼農民の馬車に乗って、直接目的地に着いた。私の今回の旅行目的地は黒海の傍の一つの保養所である。ロシアに来て以来、レーニンとモスクワの2都市とその周辺しか行っておらず、それ以外には他の都市に行ったことがなかった。今回の行程はきわめて長く、多くの地方に出かけて、地方の風俗を実地で視察することができる。モスクワからクルム半島への沿路は、ロシア国内戦争の時期に、すべて戦争の重要地点であった。アルウオアル、クアルスク、チアリクフ、ルオシーフォイエ辺に行くと、戦争時期の破壊と犠牲の巨大さを回想する如き各都市であり、特にビリカパ区域である。これら多くの区域はロシア国内戦争史を研究する時に、常に出会う処である。現在このような多くの区域を視察することは有意義なことであると考えた。同時に私は3冊のロシア国内戦争史を携えてきた。戦争時から、現在は交通工業建築各方面ですでに回復しただけでなく、尚且つ多くの新しい成果がある。各駅の周辺に常に石碑を見たが、これらはすべて革命烈士の墓であった。

今日は5時に起床し、寝室で幾つかの本や新聞を読んだ後、海だ。海面は非常に平静で、あたかも一枚のじゅうたんのようであった。早朝の海風は身体に吹き当たって非常に気持ちがよかった。太陽がだんだん高く上がって、海水は非常に温かくなり、水につかっていると上がりたく無かったが、医者が私には10分間だけしか許可してくれなかった。海岸では遊泳する人が次第に増えてきた。

最近私はどんな原因か分からなかったが、騒がしさを避けており、人が多い場所に行くことを気にして、安静な個人生活を望んでいた。それで人がだんだんと増えてきたので、海岸を離れて、寝室に帰り、一人で本を読んだ。

7時に朝食を食べた。朝食は非常に豊富であった。保養所の中には全部で１５０人いた。食堂は新築であったが、しかし85人分の座席しか無いので、毎回の食事は2回に分けられており、毎回は一定の時間が定められ、各人は決った席にすわり、秩序がきちんと整っていた。もし身体や調子が好くない人は、医者の検査により、無料で追加される、毎日朝昼晩3食の外、おやつもあった。

昨日我々は一つの旅行団を組織し、黒海の海岸沿いの各地の風景を訪れることを決定した。

今日は朝食後一隻の小さな汽船に乗ってスダクに向かって出発した。我々はすでにスダク、イェアルダ、シイェンチャオ四つの場所を通ったが、沿岸の風景はみな非常に好かった。従ってスダクで我々はトルコの古城と韃靼人民クラブを参観した。この地方には、合計23カ所の労働保養所が有る。新しい赤軍保養所が建築中であった。スダクは紫葡萄を最も多く産出する場所であり、それ故葡萄の値段が非常に安かった。

我々が訪問する2番目の場所はイエアルダであった。クレム半島上の一大都市で、家屋はすべてヨーロッパ式で、市内は非常ににぎやかであった。ここは革命以前に、ロシアの大資本家がいて、大地主と貴族が休養する場所であった。聞くところによればここには多くの別荘があり、今は労働休養所に変わっている。街から5㎞以内の処に一大植物園があり、範囲は非常に大きく、その中の中国植物は最も高貴なものであり入手することが最も難しいものであった。イエアルダの右側には1カ所の皇居があり、建築は極めて壮大で、現在は農民の療養院になっていた。その中には1300の農民農婦がいた。皇帝の非常に多くの用具は、みな療養する農民達が楽しんで使用していた。昔の皇帝の舞踏場が即現在は農民の食堂に変わっていた。一人の老農民が皇帝の椅子に座り新聞を読んでおり、彼は自分が一人の主人になったように感じていた。

イエアルダで昼食を取り、13時に乗船してクワルフへ向かって出発した。途中でシエンチャオを参観した。これは1箇所の山上の城であった。クアルーフの景色はイエアルダより素晴らしかった。城の中も又皇居と大花園であった。2箇所の大岩石は別々に独立して立っており、我々はみな上に行って写真をとった。クアエウシーフの皇居も現在は博物館に変えられている。

我々自身の保養所に帰ると、すでに午後6時になっていた。夕食を食べた後、本来であればゲームパーティが予定されていたが、私はあまりに賑やかすぎると感じて参加せずに、一人の友人と約束して、後方の山上に散歩した。月光の下で歩くと、大変気持ちが好かった。

私の友人の名前はニコラ・ウエイカタアルフと云い、哲学教授であった。左手だけしかなかった。我々が知り合ってすでに2年がたっていたが、しかし、今まで何故左手しかないのか知らなかった。今日一緒に散歩して、彼は自分の過去の経歴を話し始めた。

「私はユダヤ人なのです。ウクライナで生まれました。2人の兄達と1人の妹がいました。父親は革靴製造職人であり、上の兄は金物製造工場の中で仕事をし、下の兄は大工でした。私が小学校を卒業した後、お金が無かったために、続けて進学することはできず、すぐ農村の中で一人の富農の為に牛や羊を飼育しました。10月革命の後、2人の兄達は共産党に加入しました。後に都市は白軍に占領されてしまった。上の兄は市内で秘密革命機関を組織していたが、結果は機関は破壊された。2人の兄達は逮捕され、後に又私の家族全部が逮捕され、2人の兄達が死刑と判決されたばかりではなく、その上私の父母を殺すことになった。彼らが刑を執行される時に、私と妹もまた刑場に護送され、私は自分の目で父母、兄達が処刑されるのを強制的に目撃させられた。あなたはこれがどんなに残酷な行為であるか考えてみてください。私達はこれを見た後ほとんど発狂しそうでした。しかし私は歯をくいしばり兄達と父母の為に仇を討つことを決意しました。6日間が過ぎて、私と妹は市外へ逃げ出し、赤軍の所在場所を聞きました。この時私は21歳、妹は15歳でした。その後、すぐ赤軍部隊を探し当て、私達は自分の経歴を説明しました。赤軍の官長はすぐに私達を軍隊の中で、仕事をするよう残してくれました。

私は偵察隊に編入されました。私は以前何回も非常に危険な仕事をしてきました。後に我々の市内で赤軍が占領した後、私は赤軍に着いて市内に入りましたが5日も経たない内に、白軍が又我々に向かって進撃し、その結果市内は又敵の手に落ちてしまいました。赤軍は撤退後私に市内で止まり秘密業務を行うことを決めました。ある時、我々が秘密会議をしていた時、突然家屋が憲兵に包囲され、我々はみな逮捕されました。白軍は軍事法廷で先に我々の手足をすべて切り、その後耳鼻も切り落とすことに決定しました。我々が逮捕された全部で7人の中、5人の手足がみなすでに切り落とされ、私の右手を切り下ろした時、突然市外で砲声が聞こえ、一人が大声で叫びました。『赤軍はもう市中に入って来た！』刑場の白軍は逃げ出して残ろうとしませんでした。10分も経たない内に、我々の軍隊は既に我々が所在する場所に着いて、我々を病院に送り込みました。私の一つの手と両足は幸いにも保留することができました。最も気の毒なのは我々の前に刑を受けた5人の同志達であり、彼らの苦痛は想像を絶するものでした。数日経って、彼らはみな前後して死亡しました。私は退院後、政治部で仕事をしました。国内戦争が終わると、我々の政府はモスクワで一つの赤色教授研究院を設立しました。私はこの学校に派遣され、学校の中で5年哲学を研究しました。卒業後各学校ですぐ教員の仕事を担当しました。私は以前牧童でした。そして今哲学教授です。人々は我が国のロシア共産党員はあまり人を愛さないと批評しましたが、実際は我々の全ての行動はみな人を愛することから出ています。私達が愛するのは貧苦の人民であり、我々が彼らを愛する故に、彼らを救わなければなりません。今日の世界は不平等な世界です。根本的に全民を愛することは問題外であります。もし資本家が労働者を可愛がるなら、それでは何故各種方法を用いて労働者をいじめ、労働者に苦痛を加えるのか？　他でもなく我々は資本家を好きになりたいと思う。しかし資本家はどうしても我々を好きになってくれない。何か方法はないのか？　それ故に本当の平等、自由に到達したいならば、ただ革命武力の手段で圧迫階級の残酷行動に反対する。さらに我々が革命時期中に非常に厳しい破壊を行った事を批判しました。彼らは破壊がすなわち創造の母であることを知らなかったのです。もしあなたに大きなできものができ、手術もせずに、苦痛を受けるなら、ずっと医者が好くないと思うだろう、社会もまたこのようであります……」

散歩しながら、心中を打ち明ける話をして、大変早く、2時間が過ぎた。海辺の気候は日中は常に暑いが、夜になるとすぐ寒くなる。我々は着ているものがみな薄物のシャツであり、全身が非常に寒くなったので走って休養所に帰った。ゲームパーティはすでに終わっていた。

私はウエイカダアルフの経歴は非常に価値があり、特に彼が話した「過去私は牛とヒツジを飼育する牧夫でありましたが、今私は哲学教授です」この2句がなかなか価値があった。過ぎ去った4日間と、更に20日間は此処で休養できる。

六、参観団

●1920年6月21日

私の病気はおおかたモスクワ病院で9日間入院した。一昨日初めて自分で食事をし始めた。昨日は初めて自分で洗顔し、今日は初めて起床し快癒した。医師が語る処によれば、私が入院して最初の3日間は、全く人事不省で、体温は常に38度と39度半であった。ここから見て私の病状の深刻さを推測することができる。

病中格別にふさぎ込んでいた。私は入院後、3日間だけはロシアの友人が常に見舞いに来てくれたが、しかし中国人だけは来てくれず、心中もっと不愉快になっていた。何人かの中国人は、口先では私と非常に打ち解けて親しかったが、一人も見舞いに来てくれなかった。多分彼らは私がきっと死ぬと思っていた。ああ！　もし私がここで死ねば、誰も私の葬儀に出てきてくれないのではないかと思い、心中さらに不愉快になった。

私は今回参観団がモスクワに帰った最初の日にすぐ病気になった、病気には路上でかかった。我々が参観した場所は、ワイガオジアスオとウクライナであった。我々は多くの新工場、新農場と新発電所を見た。タンハパンルオシフの附近で、ヨーロッパ最大の国家農場を見た。そこが植える田地は千二百ロシア平米の面積があった、全て耕運機で耕作していた。一種の新しい機器（カンムポンイン）は同時に刈り、挽く2種類の作業をしてしまう。何となれば作面積の広大さと労働者の過剰な多さによるもので、それ故に毎日飛行機を使って文書と新聞を送っている。労働者が住むのは、みな小さな洋式の家屋である。毎朝作業場に往く時には、みな自動車で送る。農場の中にはクラブ、映画館、病院、学校、公園等々の設備が有る。一人の年老いた労働者が私に話してくれた。「私の祖父、父親と私自身は以前は農奴でした。父親は地主に殴り殺されました。兄は飢え死にしました。私は父母が田畑で苦しい労働をしている時に生まれました。私の長男は、地主の話を聴かなかったので、彼らに殺されました。これは過去の苦しい生活でした。しかし今はどうですか？　国家が我々に一軒の新しい小洋式家屋をくれました。私の妻は病人を看護しています。私の長女は去年モスクワの大学を卒業し、今はバイグー市の中央病院で医者になっています。これはみな我々が血を流した結果です」

地域はもともと綿花を産出していたが、みな国外へ運んでいた。現在ここは綿花を最も多く産出する地域となりルオストウフ市に於いて、我々は一カ所の農業機器製造工場を参観した。労働者はみな20歳前後の青年であったが、機器は全て最新式のドイツの機器であった。彼等は語った。「多くの機器は我々が国家の工業化の為に、国家を強化する為に、我々の勤労の血と汗を使って買えるのです。これらの農業用機器を製造することは他でもなく我々人民の幸福を創造する物です」

ジフェイリス付近では、立派な水力発電所を参観した。彼らは山水を活用する為に7㎞の長さのトンネルを開設していた。

リニケンでは一大紡績工場を参観した。そこで自国の紡績工場ができていた。その中の作業者はすべて婦女であった。一人の女性が私に説明した。「私達は以前、男性のように自分の選択ができませんでした。現在私達は自由に結婚できるだけでなく、同時になお自由に職業を選択できるのです」

ブアルシム付近では2カ所の設備が非常にきれいな保養所と療養所を参観した。以前住んでいたのは全て貴族であり、田主であった。現在すべて工場労働者、農民と学生である。その中の大多数はやはり自分は金を出さず、職員会が無償で派遣しているのであった。

その地方の附近で、私はスターリンの母親と少し話をした。彼女は私に言った。「父は必ず子女を愛すべきです。子女はまた父母を愛さねばなりません。父母を愛さない人はどうしても人に敬服されません。私の子供は国家の大事で大変忙しいですが、しかし常々ここに見舞いに来てくれます」

我々はガオジアスオからウクライナに着いて、ダラルオボの大発電所、その建築規模は異常に広大であった。

これを総括すると、今回の参観中で得た感想は非常に多く、以上9点であったが、しかし最も価値があったことを日記に記している。書いていることは多くないが、しかしすでに大変疲れてしまった。

七、デナマ電気工場

●1931年2月8日

昨夜プロジェクト夜学校から帰宅するとすでに12時になっていた。パン屋はもう閉まっており、パンを受け取ることができなかった。それで今日は起床後何も食べる物がなかった。今朝6時に起床した。いつもより2時間早起きした。何となれば腹が空いて寝つくことができなかったからである。同時に少しでも早起きしてパン屋に行けば、今日の分のパンを受け取ることができる。6時には、空はまだ明るくなっておらず、私がパン屋に着いた時には、店の外にはすでに10数人の人がそこで待っていた。店の戸はまだ閉まったままであった。20分経ったとき店内の職員が出てきて皆に言った。「今日はパンが有りません」皆はそれを聞いて平静に散っていった。その中に一人の女性がいた。多分新しくモスクワにやって来たのだろう。彼女は職員に尋ねた。「昨日も私はパンを受け取っていません。お尋ねしますが昨日と今日のパン券は、明日なおつかえますか?」職員は答えた「パン券は当日のみ使えます」

私が住んでいる寄宿所はモスクワ市の中心である。デナマ工場は市外に在る。毎日工場に行くには電車に乗っていく。私は電車の駅で15分間待った。やっと来た1輌の電車は、すでに満員であり再びぎっしり詰まって乗ることができなかった。天気は非常に寒く、手足がほとんど凍えて動かすことができなかった。5分が過ぎて、また1輌16路の電車が来た。この電車も又満員で入り口の2つのドアーもすでに一杯であった。私が乗ろうとした時、運転手が私に叫んだ。「電車はゴムでできてはいないよ！」しかし私は懸命に押し込んだ結果、何とか乗り込んだ。車中では手足とも動かすことができなかった。数人の労働者は私と同じ工場であり、互いに工場の中のニュースを話し合った。電車が工場に到着したのは7時45分であった。

私は第18作業場の労働者であった。工場は全部で１８００人の労働者がおり、各人が入門の時にみな自分の証明書を管理所に渡し報告した。第18作業場の中では72人の労働者が居り、６組に分かれていた。組毎に組長が一人いた。電車部品が作業場の主要製品であった。私は第４組の労働者であり、組長は21歳の技術者であり、私のナンバーは８６５号であった。以前組長は労働者から選挙で決められたが、現在は工場の経理の任命になっている。過去には工場のすべての重要案件は管理委員会が解決したが、現在では即ち工場より総経理が独自で解決し、彼の命令には絶対服従しなければならない。これはソ連全体の転換であり、すなわち民主管理法が集中制度に転換されたものである。

作業場毎と小組毎に一定の生産計画があり、16個のエンジン、38個のパンタグラフを製造する。我々各人の作業は、毎日早朝組長より配分される。今日私とその他4人の作業者は、エンジン第8号を製造する。作業者と作業者、小組と小組、作業場と作業場は互いにすべて社会主義競争約定がある。

その内容は次の通りである。

①生産計画、100％以上。②生産品の品質はすべて優等を得なければならない。③生産費のコスト（電力、ガソリン等々）を削減すること。④積極的に社会活動に参加すること。⑤毎月各人は最低1件の生産合理化の提案を行うこと。

第18号作業場と第14号作業場の競争、第4組と第2組の競争、私個人は作業者のビダルオフとの競争。競争の成績は毎月1回締めくくる。成績優良者は赤旗とその他の賞品を得ることができる。成績の不良者はその名を黒板に掛けられる。これは最も恥ずかしいことであった。競争の優劣は工場の生産会議委員会が決定する。この委員会は労働者全体会議で選挙され決められる。先月の作業成績の結果は、我々の作業場が赤旗を獲得した。作業場内部の成績、又我々第4組が最優秀であり、各人が革靴券1枚を取得した（その時には革靴券が無かったので革靴を買うことができなかった）社会主義競争の空気の下で、人々は落伍することを望まず、その為みなは非常に努力し、1分間たりとも敢えて怠けることは無くやはり忍耐していた。12時から13時までは休息の時間であった。まだ12時になる前に私の腹はすでにひもじさが極まっていた。しかしやはり耐えていた。汽笛一斉の12時になると我々は非常に速く食堂に駆け込んだ。各労働者は工場食堂で毎日一人当り分の昼食券を買うことができる。しかし必ず食事券が必要である、もし食事券が無ければ、お金が有っても買うことができない。今日の昼食は第1皿がジャガイモのスープ、第2皿がサトイモの炒めものであり、どの客も黒パン1・5ポンドだけを受け取ることができる。

食堂は全く秩序が無く、先に来た者が先に食べる先者勝ちの状態であった。食堂には2枚のスローガンが掛かっていた。「忍耐、克苦興国の道の為に」と「働かざるものは食べるべからず」昼食が終わった後、労働者達はクラブに集合し、毎日半時間の政治談話があった。

今日は区ソビエト主席が労働者達に報告した。内容は「経済化を実行した結果」であった。現在は至る所で物品の経済等々であった。区ソビエト主席はまた我々の工場の労働者であった。去年の選挙で主席になった。労働者はみな彼に傾倒していた。彼の演説は非常に短く、簡単で、非常に意義があった。ソビエト各機関費用は先月より30％減少した。彼の服装、振る舞いは、まったく労働者と同じであった。毎月彼は必ず彼を選挙で選んでくれた群衆に対して簡単な報告を行った。3カ月に1回は詳細な活動報告をして、討論を行った。もし群衆が彼の活動が好くないと判断したら、すぐ彼の委員資格を取り消し、別に他の人を選ぶことができることを決議することができる。聞くところによるとこの主席は高等技術の労働者で、毎月平均256ルーブルであったが、現在主席の月給は180ルーブルだけであっても、彼は又満足しておりこのような現象は確かにソ連だけにあるものであった。

今日は全体労働者大会で「第一次5年経済計画」を討論した。報告者は他ならぬ工場のシンクウフ総経理であった。彼は述べた。「国内戦争以後、全国の国内経済はみな破壊されてしまった。到る所凶作となり、工農業はすでに完全に破産状態にあると云えます。戦争を継続する為には軍事共産制度を実行せざるをえません。しかしこれは根本的な方法ではありません。他ならず農民の農産物を強制的な手段を用いて、没収して公有にせざるをえません。しかしこれは根本的な方法ではありません。革命軍が承服します。現在経済は既に回復しました。しかしここで決して中断してはなりません。前進しなければ革命を完成することはできません。しかし経済発展には二通りの道があります。

第1の道は、私有資本の継続発展をみとめることです。そうすれば依然として資本主義の人が人を搾取し、人が人を圧迫する制度を復活することになります。

第2の道は、私有資本を絶滅し、国家工業経営を開始することです。すべての工業は国有に帰します。我々は当然道に進みます。我が国の経済は資本経済制度と異にします。我が国は計画経済で進められるのに、資本主義は無計画に生産しています。経済建設を推進するために、我が国の最高の経済委員会が5カ年計画を策定します。革命以前のロシアは農業国であり、工業品は国民経済の40%を占め、農業品は60%でした。現在我々のロシアのソビエトは工業国に変えようとしています。もし我が国の経済が以前と同じように遅れてしまったら、社会主義の建設ができるだろうか？　それでは駄目です。社会主義は必ず新しい技術、及び大工業国になる基礎がなければなりません」

「同時に、我が国の経済がやはり以前と同じように遅れていたら、それでは必ず資本主義国家の能力に追いつくことができません。たとえば耕作種植機、製造機みな金を使って買わねばなりません。その様であれば、我々の国家は資本主義世界の命令を聴かなければならないのです。我が国の工業が発達しなければ、農業も又きっと発展できないのです。国家工業が発達しなければ、すなわち強大な武力を持つことはできません」

「敵は銃、大砲、飛行機、タンクを製造することができます。しかし我々には大きな武器工場がありません、そのようであるときっと敵に滅ぼされてしまいますので、我々はすぐ亡国奴に変わってしまい、ロシアはすぐ他人の植民地になってしまいます」

「従って我々の政府は極めて早く工業建設に従事すべきであり、すぐに自分の工業を建造し、自分で鉱山を開発し、機械、飛行機、大砲を製造しなければなりません。我々は自分の重工業かつ機械工業を中心にして建築しなければなりません。これはまた他ならず我々共産党路線の主要な原則であります」

報告が終わった後、12人の労働者が意見を発表し、11人がみな報告の意見に賛成した。ただ一人の労働者が反対して、意見を述べた。「私は5年経済計画に反対しているのではありません。しかし私は再びお腹が減ってしまうことを願わないのです」

彼が話し終ると、一人の老女性労働者が演台に上がり話をした。「天下の人は誰も好い物を食べることを望まないものはいません。誰が腹を減らしたいと願いますか？　まさか私が肉や魚を食べたくないと思うでしょうか？　外国人は言っています。「ロシア人は以前より貧しくなった。国民の生活は過去より苦しくなった」私達は自分の生活が以前より苦しくなっていることを否定しません。しかし国家は決して過去より貧しくありません。我々は今パン、肉、バターが無いのではなく、これらの多くの食品を外国に運んで、工場の部品に換えているのです。もし今私達が限りなく消費すれば、国家はきっと強くなることができず、明日は敵に滅ぼされてしまいます。まさか私達の国民の血をむざむざ流してしまいます。私の2人の子供達は戦場で死んでしまいました」

「私達は明日の楽しみの為に苦労しており、私達の苦労の中には甘い味が含まれています。もしあなたが住んでいるのがわらぶきの家であるなら、煉瓦の家に住みたいと思い、それでは普段は他ならず苦労せざるを得ません。もし毎日、その日の収入を使ってしまうと、それではいつまでたっても煉瓦の家に住むことはできません。同様に明日大風が発生すると、あなたのわらぶきの家は吹き倒されるでしょう。

（この老女性労働者の話は、私の頭の中に深々としみ込み終生忘れなかった）

散会後、私は工場長と一緒に歩いて工場を出た。彼は私に言った。「今日は仕事が大変忙しかった。食事をすることも忘れていた。忙しければ忙しいほどおもしろい。彼は約束していた1軒の食堂に入って食事をした。第1皿は塩スープであり、第2皿はジャガイモ炒めであった。パンは食事をする人が自分で持ってくることになっており、私は今日パンを受け取っていなかったのでシンクフが彼のカバンの中から一塊の黒パンを取り出した。これは彼の1日の食料であった。彼はその半分を私にくれたのである。私はこの味が非常に素晴らしいと思えた。

食事を終わるとすでに7時50分になっていた。シンクフと別れた後、急いで工業夜間校に歩いて行った。本来であれば1駅の電車に乗ることができたが、しかし0・1ルーブルを節約する為に、走って行った。学校に着くとすでに8時になっていた。今日の第1課は数学、第2課は化学であった。学校から寄宿所に帰ると、すでに12時になっていた。

労働者の生活を以て、自分の鍛錬とする。労働生活を経なければ、社会の構造、労働の価値、人民の苦痛を理解することは非常に難しい。

八、シコフ農村

昨日モスクワから電話を受けて、私にすぐ帰るようにということであった。農村の中でこの知らせを聞いた後、皆に一種不満足な態度が表れた。昨日私は集体管理委員会を召集して3件の問題を討論した。

1、3軒の農家が集体農村に加入する要求の声明書。2、冬の農耕作業計画を決定すること。3、革命節慶祝準備会を組織すること。

討論する時に、会議に参加委員はみなあまり積極的ではなかった。私は彼らに質問した。「みなさんはなぜこのように積極的ではないのですか?」最初は一人も答えなかった。しばらくして一人の老農夫スカルオピンが立ち上がって言った。「我々はあなたにモスクワに帰ってほしくないのです！」

この老農夫は過去村中で保守的な指導者であり、農民群衆の中で極めて大きな影響力を有していた。私が村に着いた時、彼は非常に私を敵視していて私に告げた。「あなた達はただパンを食べることだけを知っていて、作業をすることができない人だ」後に私は彼らと共に田を耕した。この農夫は又私に言った「田を耕すことはパンを食べるより難しいだろう？」

後に私はだんだんとなんとか方法を考えてこの農民に接近した。私は群衆の信頼を得なければならないことを知って、先に彼らの指導者に接近し、群衆の中で影響力を発生させなければならず、まず先に彼らの指導者に影響しなければならない。その為に私はできるだけスカルオピンに対して広報することを始めた。その結果彼は私を敵視することから仲良くなることに変わり、同時に次第に私の政治手法に同意するようになった。そこで私は村中の活動が容易に進むようになった。そして今日私が農村を離れる時になって、彼は誠意を込めて私に彼らから離れてほしくないと発言したのである。ここまで考えると、私にもきわめて深い思いを感じさせた。

私は当時一度病気になった。快癒したけれども、しかし精神はまだ回復していなかった。それ故に会議の後、非常につらい疲労感が残った。散会後、会合に参加した人がみな私を家に送ってくれた。私が住んでいるところは一軒の藁ぶきの家であり、ここに住んで早やすでに1年がたった。私が門に入った時にこの藁ぶきの家の老夫人、シャフォがそこで泣いていた。1つの3本脚の木製のテーブルの上に1瓶の牛乳、2個の卵、3切れの黒パンと1碗の紅茶が置いてあった。私がこのテーブルの上で食べるのはジャガイモ、黒パン、塩の3種の食品で、農村の中には鶏卵と牛乳はあるが、しかし彼らはみな合作社に売らなければならない。売って得た金は機械を買うために準備される。今日卓上で牛乳と卵を突然見た。私がシャフォに言った。「どうか鶏卵と牛乳は隠してください。明日合作社に送ってください。農民大会はすでに議決しています。農戸毎にみな所有している牛乳、鶏卵を合作社に渡すのです。そうですから私がなぜ食べることができるのですか？」彼女は泣きながら私に言った。「あなたは明日出て行かれるのです……」私は自分で鶏卵と牛乳を炊事場の中に隠して、黒パンと紅茶を食べ始めた。これは私が毎日食べる手軽な食事であった。しかし今日の紅茶は甘い味がついていた。これも又初めてであった。私は又シャフォに言った。「親愛なるシャフォ！　この紅茶の砂糖は、君はどこからもってきたのですか？」彼女は言った。「あなたはもう質問しないでください。私はこの一塊の砂糖……」私はシャフォが心中不愉快になったことを見て、慰めて言った。「私はすぐに帰って来るよ」私は話して、少し悲しくなった。涙をためて自分の部屋に行った。私の部屋は数十枚の木板を組み合わせてできたもので、牛の部屋の傍にあった。私のベッドは4枚の板と2枚のテントと床板で組み合わせられていた。このベッドで1年保っていた、明日は別れを告げることになった。

昨晩は非常に長く寝付くことができず、今朝は3時にすぐ目が覚めた。シコフ農村中の1年の生活情景を思い出した。1年前、私は農村の中を視察する要求を出した。後にモスクワ党政機関の紹介で、私はすぐシコフ農村に着いた。この時ソ連政府は集体農村政策を推進する時期であり、村中と都市が同様に欠乏していたのは食料と日用品であり、魚、肉、砂糖、石けん、歯磨き粉、靴、靴下等であった。シコフもモスクワ内であり、最も遅れている1つの農村であると見なされていた。一般農民はまったく知識がなく、道理が分からなかった。私が到着した時には、私が外国人であり、私が寝る寝床を貸してくれる家はなかった。最初の一夜私は他ならず教会の車庫で寝た。私が農村に行く目的は自分の社会に対する認識を増やす為であった。目的に達することができない主張を心に決めており、それ故に困窮することを顧みず、忍耐を以て環境に打ち勝ってきた。

二日目、起きるとすぐ農場に行った。農民は色んな話をして私をあざ笑っていた。しかし私は大変丁寧に彼らに言った。「お早うございます」後に有る老農民が言った。「あんたは我々と共同で田を耕さないといかんのだね!」私は答えた。「そうですよ!」彼らは私に1頭の馬とその他の農具を渡してくれた。私はすぐ彼らと共同で田を耕した(冬耕)。初めは私は田を耕すことは非常に困難なことであると思っていたが、しかし後にはそんなに困難なことではなく、ただ体力を多用しなければならないことであった。最も容易くなかったことは角を曲がることであった。最初は慣れなかったので、常に角を曲がると一塊のすきまができた。農民はそれを発見後、私に1回でだけでは駄目であると言った。この日は又昼食をとるため食堂に行くことはできず、ずっと夜まで耕した。身体はすっかり疲れてしまった。教会の車庫の中で、ほとんど全身が痛く、少し食事をとると、すぐ頭を逆さまにして眠り込んだ。真夜中に一人の農婦がやって来て、私を起こした。「友よ! ここは寝る場所ではない! 私の藁ぶきの家で寝なさい!」彼女は慈愛に満ちた老農婦であり、名前はシャフォと云い、年はすでに68歳であった。其の時私は大変有難かったが、しかし又少し怖かった、それで彼女に答えた。「やさしいお婆さん、本当に有難うございます! だけど私は今日大変疲れています。明日寄せていただきますよ!」彼女は又言った。「あんたは心配しなくてもいいよ。ここで寝ていれば、病気になるよ! 私が住んでいるのは藁ぶきの家だけど、ここよりはるかに好いよ。一緒に行こうよ！」

私は自分の身の回りに持っている全ての物は、ただ30ルーブル、２組の下着とズボン、数冊の書籍、別に役に立つ物は無い。その為私はすぐ彼女に付いて行くことを承諾した。彼女の家に着くと、すでに寝床の準備がされていた。少し食べものを勧めてくれ、私は食後すぐ寝た。その時、身体がもっとだるく痛く感じた。４時間弱眠って、空はすでに明るかった。私はすぐ起床して農場に行った。「早いな！　田を耕すことはパンを食べるより難しいだろ？」農民はみな、このように尋ねた。３日目私は一日中、田を耕した。５日間田を耕すと、私の行動は農民の同情を引き起こした。６日目に彼らは私に会議に参加するよう招いた。私は彼らが多くの問題を解決することを手伝った。この農村には多くの中央代表がやって来たが、しかし誰一人彼らの信任を得ることはできなかった。それ故にこの農村の中では、その頃集体農村の組織が無かった。

10日後、当地の農民は私を代表として市内に派遣し、多くの土地、借款、農具買入れ、及び納税問題等々を関係党部門と相談するように依頼した。私は全て農民に利益が有るように解決することができた。それ以降農民は他ならず私に田を耕すことは要求しなくなった。同時に彼らはみな私を非常に友好的に待遇してくれ、私はすぐ彼らのため事務を行うことを開始した。同時に又農業の実情研究を進めた。１カ月後、私は農民選挙により農村ソビエトの副主席に選ばれた。正主席が５カ月の病気になった為に、私は主席の職務を担任した。この時、私はまだこの老農婦の藁ぶきの家に住んでいた。私はだんだんと集体農村の仕事を組織していた。３カ月を経過して、私の指導の下にシコフ村の中の第1集体農村組織が成功した。この３～４カ月間、私は２～３日寝ることができなかった。空気は非常に緊張し、環境は非常に複雑であった。開始した時には、多分一人の農民集体農場も無かった。私は日的に到達する見地から、宣伝と組織の仕事に力を尽くした。人の反対も恐れず、個人の困難も顧みず、各方面で活動した。この事の範囲は小さいけれども、農民も多くなかったが、組織は又十分ではなく複雑であった。しかしこの時期得た組織経験、労苦に耐えられる習慣は多くは無いがまあよかった。

後に一度大病にかかったが、この時も、やはりシャフォの家に住んでおり、この老農婦は私が病気の時、私の面倒を見るのに親切であった。同時に多くの農友が絶えず見舞いに来てくれた。

今日は5時に起床して、荷物を整理した。私の荷物は一つのぼろ小箱だけであり、箱の中身はやはり来た時持って来たあの2組の下着・ズボンと1組の靴下であり、しかし靴下は10数回修理したものであった。小箱の他に、さらに10数冊の書籍であった。荷物の整理が終わった後、シャフォが一つの石鹸を持って入って来て、言った。「あんたはなぜこんなに早く起きたの！　最近3カ月あんたは顔を洗うのに石鹸を使っていなかったの！」

藁ぶきの家の外の人は、だんだんと多くなった。私が朝食を食べる時、スカルオピンが歩いて入って来て私に言った。「村中の農民がみんな君を見送りに来たんだ！　我々は露天歓送大会を開催する」私は歩いて門の外に出た。彼らが手の中にリンゴ、ある者は鶏、アヒルを持っているのを見た。スカルオピンが開会を宣言し歓送の言葉を述べた。私も又別れの挨拶を述べた。「皆さんの集体農村は非常に困難な環境の下で組織化が成功しました。集体農村は皆さんが将来の幸福を作り出す組織です。皆さんが日々集体農村を改善されることを望んでおります。しかし前途はきっと多くの困難が有るでしょう。皆さんは絶対に困難によって後退してはならず、困難を克服して、初めて最後の勝利を得ることができるのです。今日皆さんは非常に苦しい。しかし明日はきっと楽しい暮らしを過ごされることでしょう。皆さん前進しましょう！」

シコフ村は汽車の駅から30㎞ある。農民が私の為に1輌3頭の馬が曳く馬車を用意してくれていた。これはロシアの農村で最も丁重な礼節である。合わせて彼らが贈ってくれたリンゴ、鶏、アヒルがみな車に乗っている。私は乗車して座って、特にシコフ村と私の農友と別れたくない気持ちになった。車はすでに非常に遠く離れた。私が振り返ると、シャフォがまだ藁ぶきの家の前に立って私を見送ってくれていた……。

「シコフ村！　さようなら！」

九、ウラ山上

●1933年3月5日

今日は6時に起床した。部屋の中にはストーブが無かった。それゆえ非常に寒かった。卓上の1碗の茶はすでに凍っていた。窓の上の氷は2・3寸（6・5～9・9㎝）の厚さであった。近ごろ工場の中は仕事が非常に忙しく、夜学の授業の復習をする時間が無かった。昨晩数学課の授業に行った時、一つの問題が回答できず、非常に恥ずかしい事だと自覚した。その為今日は以前より1時間半早起きし、数学を復習し準備した。部屋の中でも外套を着て、帽子をかぶらねばならず、そのため読書は甚だ不便であった。

7時半、工場の中のサイレンが鳴った。これは全市労働者の起床告知であった。私は工場の中の技術師で、毎日出勤時に作業配分の責任を負う。それ故私はその他の作業者より半時間早く出勤する。私が来宿所を出る時刻には、街はまだ非常に暗い。来宿所から工場までは3分間で到着する。工場管理所で報告後、すぐ歩いて自分の作業場に着く。これが製造作業場第1号であった。面積は非常に大きく、機械は非常に多いが、しかし作業場の中は、全く秩序が無かった。多くの機械はドイツから運ばれて来ていたが、レイアウトの成果が出ていなかった。作業場の中の総水門汀がまだまだでき上がっていなかった。その為すでにレイアウトに設置された機械も又使用されることができなかった。工場はなお正式操業をすることができていなかったが政府の命令に基づき、本年1月より工場はすでに生産品を製造開始していた。私の指導下にある作業者隊は、製鋼工場の中の1部分の部材を集合的に造っていた。部材毎に数百の部品が必要であり、この多くの部品は、みな5~6回の生産過程を経なければならず、工場の中に完全な生産組織が無く、我々は時間通りには部材を受け取ることができなかった。同時に作業員の技術レベルが高くないため、多くの部材は不良品であった。この為我々は集合的組立作業を計画的に進めることができなかった。灰運送機は（バイアルシ）本来前月21日完成が規定されていたが、今日にいたるまで完工していない。主要な原因は部材が無いことで、心中非常に不安になっている。

今日の仕事を配分した後、すぐ技術本部長事務所で部材の問題を相談した。技術本部長は私に言った。「最近の天候は非常に寒い。多くの機械のオイルがすでに凍っている。しばらくは操業停止せざるをえない。それだから集合的に製造する機械の部材は多分近い中には受け取ることができないであろう」。私は彼の回答を聞いて、かなり不満足であったので、すぐに彼に向かって言った。「これはみな客観的な困難です。忍耐力が有りさえすれば、決心を固めれば、多くの困難をすべて勝ち取ることができるのです」彼は言った。「話は事を成すより容易なのだ！」私は彼の話に非常に腹が立ち、事務所を出て行った時、偶然一人のドイツ人の技術者に会った。彼は私に尋ねた。「あなたはなぜ腹をたてているのですか？」私は技術本部長との話し合いを彼に聞かせた。彼は笑いながら私に言った。「これはアジアが文明的ではないことの表現ですよ」彼の話を聞いて、私はさらに腹がたった。作業場に行くと二人の作業者がそこで無駄話をしているのを見て、彼ら二人の名前を一度書いておいた。

後に共産党支部の書記が来て、私に仕事がどうかと尋ねた。私は技術本部長とドイツ人の技術者との話し合いの経過を彼に告げた。彼もまた彼らの言論は不正確で、合わせて私に部材の名称を書き出し彼に渡すように頼んだ。私は彼にどんな使い道が有るのか尋ねると、彼はこれらの多くの部品を作っている作業場で彼らに少し速く作るよう要求すると言った。私は言った。「これは又根本的な方法ではありません。系統的な生産組織を規定し、工場の中の規律を整頓して、初めて根本的な方法になります」彼は言った。「君の話は正しい。しかし当面政府は君が集中組立て製造している部材を非常に必要としており、その為暫時は急場をしのぐ方法で解決するしか仕方がないのだ」

私は一介の技術者で、本来であれば全日作業場の指導に当たるべきである。しかし工場内の組織が不完全な為に、ほとんど毎日４~５時間は組織問題を解決しなければならない。昼食の前に私は一人の技術者と「集合組立て部材問題」について討論した。彼はユダヤ人であり、私は彼の学問が非常に高度なものであると感じていた。

今日工場食堂の昼食は、最初に肉のスープ、2皿目が鶏、3皿目が卵焼、4皿目がキャンディーであった。2年前のデイナマ工場の食堂の食事を思うと非常に大きな差であった。これは多分社会主義建設の第1歩の成果の表れであろう。毎日食後の実演が有り、今日はウクライナダンス団のダンスであった。

午後私は一篇の「工場生産組織改善提案書」を書いた。提案書の主要な内容は時間を厳守し、時間を重視することであった。書き終わってから、作業者と一緒に体力労働に参加した。1日の作業日が又終わった。私の部材はやはり集合的組立て製造が成功していなかった。仕事を終えて、共産党大会に参加した。大会の議事日程は、1、党内問題。2、国内経済状況であった。

党内問題は1人の党員除名問題を討論することである。この党員は富農の息子であり、国内戦争中、かつて白軍に参加し赤軍に反対した。後に彼の父親が逮捕され、自分はビアルミイエン市に逃げて、人力工場で工員になり、そこで共産党に加入した。入党の時、彼は自分が孤児であると言い、かつて赤軍に反対していた略歴を話していなかった。去年、彼はウラ山工場で工員になった。現在彼の略歴は党部に知られた。そこで彼の党籍を除名する提案が行われた。大会は一致して彼を除名することに賛成した。

第2の問題は共産党支部書記の報告であった。「自己の重工業を建造する事はすなわち社会主義の物質基礎である」

「我々共産党は1927年偉大なる5カ年計画を決定した。計画実行を開始した時、外国の資本家はみな一種のあざ笑いの態度を抱いていた。彼らは、5カ年計画は「空想」とか「夢想」であると言った。他でもなく我々国内、党内でも多くの人が成功の可能性は無いものと見なしていた。事実では、5カ年計画はすでに達成していた」

「我々の国家は、現在農業国から工業国に変わった。1913年毎100ルーブルの生産品は、その中42ルーブルガビは工業品であり、57ルーブル90ガビは農業品であった。そして現在毎100ルーブルの生産品中、工業品は70ルーブル70ガビを占めている。これは農業が退歩したのではないのか？　そうではない。最近3年内我々は20万個の集体農村、5千個の国家農村を組織した。3年前、国家は毎年6億普達のパンだけしか徴収することしかできなかったが現在は1兆普達のパンを徴収ことができる。従って農業もやはり発展しているのである。しかし工業は農業より発展が速いのだ。

過去4年の中で、我々は非常に多くの大工場を造った。たとえばマクニダグスニチ鋼鉄工場、ダニボ大水力発電ダム、スターリン・ハアルスジフォ及びチルエビンサンチョン市内の3大種蒔き耕作機工場、ゴーリキ、モスクワ、イエラスジフォ3都市の3大自動車製造工場、ビエラスニカ及びバイバイリエカの2大化学工場、シベリアの大紡織機工場、及び多くの飛行機工場等々である。

革命以前のロシアは、本国の農業品を外国に運び、絹織物、香水、日常用具に換えていた。革命後、我が国政府は農業品を外国に運び、貨物を買った。又機械を買うことに換えた。現在我々はすでに自分の工場が有る。我々のパン、牛乳、鶏卵を外国に運ぶ必要は無い。我々自身の工場が機械を製造できる。又絹織物を生産することができる。まもなく我々はだんだんと機械、自動車を外国に売ることができる。我々の建設方面の勝利はもとより非常に大きいが、しかし決して忘れてはならないことは我々の欠点である。第1に、技術人材が不足していること、第2に管理法が科学化されていないこと、第3に生産過程の中で秩序が無いこと、第4に労働が規律化されていないこと。我々は断じて勝利によって欠点を忘れることがあってはならない。どの公民も勝利によって満足してしまい、闘争を停止してはならない。

日々前進に向かって行くことこそ、これは我々の任務である……。

報告が終わると、私は以前討論に参加し、発言した内容と私が今日書いた提案書と同じであり、会場で全員の同意を得たものであった。

会議が終了後、寄宿所に帰って、少し食事をして、また数学の復習を開始した。20時になって、夜学校に行き授業に出た。今日の成績は昨日よりはるかによくできた。ロシア人は常に語っていた。「復習は学習の母」私の成績は多分復習の結果であったのだ！　夜学校から家に帰ると、すでに23時半、部屋の中は非常に寒く、半時間弱の日記を書くと、手はすでに凍えて赤くなっていた。

十、第二次経済計画

工場に到着すると、すぐ第8分部に行き業務作業を検査した。作業リーダーのリフクフは1枚の白いタオルを使って、機械を拭いており、共同で機械が清潔かどうか検査した。我々は一緒に8台の機械を拭いた。その中の1台は、白タオルで拭いた後、少し黒くなっていた。私は最近になって、作業員が機械を保護する作業が非常に進歩してきたと感じていた。1週間前1つのスローガンを出した。工業労働者は誰も兵士達が鉄砲を愛している習慣を学ばなければならない。合わせて私は自分の手で機械の整備方法を定めた。作業者たちはみな非常に積極的で、私の意図に照らして実行した為に、非常に素晴らしい成績を上げた。その後時々刻々検査し、監督したが、さらに好い成績を上げさせることができている。

一昨日私は1つの指示を出して、各作業者、各技術者、各監督者に時間厳守し、時間通り仕事を開始し、時間通り仕事を終了することを要求した。過去には開始と終了の警笛がすでに鳴っているのに、まだ多くの作業員はまだ仕事を始めていなかった。同時にまた仕事が終わる時間になっても停止してなかった。作業者達は時間を大切にしない為に、生産力は多く減少せざるをえなかった。昨日仕事開始の警笛が鳴った後、私はすぐ各作業場に行き検査したが、多くの作業者はまだ作業を開始していなかった。当日指示を出して、4人の作業者、2人の技術者を一度記録して、工場新聞で公布することにした。今日私が第1作業場に入った時、1人も作業を始めていない作業者を見なかった。私は心中非常に嬉しかった。明日はすぐに検査員を4名派遣して各作業場で検査し、監督し、時間を大切にすることを各人の習慣にさせた。

第2分部中に、幾つかの技術問題を解決した後、すぐ事務所に帰って、文章報告を閲覧した。今日の文書は普通よりやや多く、文章に目を通し指示を与えるものを分類し、今後はできるだけ書面報告を減らすようにしなければならないと感じた。多くの実務は実務作業であり、また多くは実際に行ってすることを望まず、もっぱら事務所で報告を書き、一人の技術者の報告の上に、私は以下の数文字を指示した。「私の見たいのは生産品であって君の書面報告ではない」最近書面報告が減ってきていることに関して、私は指示を起草した。文章を閲読後、私は以下数点の指示をした。

1、仕事中は参観を禁止する。
2、仕事時間中は喫煙禁止。
3、仕事中は無駄話をしてはならない。

第1作業所の中に、ただ1カ所の受入れ発給所がある。多くの作業者は時間通りに器具の受け入れができず、生産力が業場の西側に一カ所器具受け入れ発給所を加設することに決定し、各作業員に指示した。各班長は毎日仕事を終える時、すぐ翌日使用する器具の名称、数量を受け入れ所にすぐ連絡する。そして発給所では翌日まだ作業していない前に発送員に連絡する。

2名の技術者が事務所にやって来て彼らが作った2つの機械の図面を認めることを要求したが、多くの修正するべき点が有ったので、承認しなかった。この2人の技術者は不愉快な態度を現わした。

11時になって、私は賃金部作業者会議を召集した。私は彼らに告げた。「賃金制度は生産を向上する主要な条件である。当工場の賃金制度の欠点は過度の平均制度にある。技術の有る人と技術の無い人の給与差は少なすぎる。その為、技術作業員の作業意欲を引き上げることが重要である。〈賃金再検討委員会〉を行って解決する。賃金再検討委員会は従業員会と職場管理所代表が組織してできている」

私は従業員航空学校新入生募集委員会の主席として、午後会議を開き、新入の為、技術作業員の作業意欲を引き上げることができていない。現在我々は生産品の品質に特に注意している。賃金制度は生産品品質の主要の力である。優等生産品を作ることができる従業員の賃金を上げ、劣等生産品を作る従業員の給与を下げるようにすれば、給与すべての生産品の品質は、これはみなさんが今後の仕事の原則になる。今年全工場の賃金は、必ずこの事により改良できる。労働力の数量と価値によって、賃金の多少を決定する。今年より22％増加する。従業員の人数は増加していない。従って従業員の賃金は少なからず増加する。要するに、全工場の賃金を合理的に分配するべきである。私が話し終わると、４人の従業員が意見を発表した。彼等も又私の提案に賛成して、合わせて具体的な方法を提案した。

ソ連の工場の賃金は、賃金部の技術者達により、それぞれの仕事が消費する時間に応じて決定する。もし従業員が賃金額が不正確であるとするとそれぞれの事情を討論した。すべて当工場の従業員は男女を問わず19歳以上、35歳以下の者はみな入校できる。当工場の学校の学生数は３８０人と決まっており、そして今日は入校希望者は８４３名、６月20日より試験をすることが決定された。そして今日は航空科学協会に学生数を５００人に増加し、工程管理会に人数により航空教育費を増額するよう要求した。

私は従業員食堂で食事の優劣が、生産力に直接関係があると考えて、生産現場の食堂は生産現場主任に直接管理させた。

第４分部の前月の業務報告を読むと、業績は悪かったので、すぐ自分で第４部に行き全てを調査した。第４部の部長の業務能力は非常に弱く、群衆の中で影響力を発揮することはできなかったが、しかし彼は忠実であった。今後は方法を考えて、彼を手伝ってすべて指導することにし、同時に従業員の中での威厳を出させる、私は絶対に人を換えることは反対であった。

仕事が終わった後、私は４人の友人と一緒にグランドでフットボールの試合を文化公園に行って見た。最近我々はフットボールに興味を持っていた。フットボールの試合を見終わった後、職員達と共同でゲームをした。


家に帰ると、すでに22時になっていた。ゴーリキが私に書いてきた手紙を受けて、寝る前に１冊の第二次5カ年経済計画の本を読んで、以下の通り要点をまとめた。

「第二次５カ年経済計画は１９３３年から１９３７年である」

「第一次５カ年計画は経済社会主義建設の基礎であった」

「第二次５カ年５年計画は社会主義経済の社会を創造することである」

「第一次５カ年計画に基づき、１９３７年前に搾取階級を完全に消滅させる。並びに搾取制度を発生する原因を撲滅し、経済上と思想上の資本主義の残余を取り消す。すべての労働者はみな為さねばならぬと自覚し、積極的な社会主義建設者にならねばならない」

「社会主義社会を創造することは、第二次計画の主要政治任務である」

「第二次５カ年計画を実行後、ソ連は西欧工業強国になる」

「第一次5カ年計画中、重工業を発展させることは全ての建設の中心であった。しかし現在ソ連はすでに自分の重工業を有しており、第二次5カ年計画中では、重工業を基礎として、同時に軽工業と食品工業を発展させ、人民生活の改善をはかる……」

工場の中の警笛が鳴って、24時になった。これは3シフトの大班が仕事を始める時刻である。多くの青年従業員は踊ったり、歌ったりしている。

十一、新年

●1935年12月31日

今日工場管理処は招待会を開催した。宴会に参加したのは全部で千余人であった。会場のレイアウトは非常にはでやかで美しかった。卓上には豊かな酒と食事が並んでおり、人々に3～4年前の飢餓の情況を思い起こさせた。それ故に今日は特別に喜ばしかった。

共産党区党部書記は左手に一つの時計を持ち、ステージの上から賓客に対して呼びかけた。「今12時になりました！　1935年が過ぎ去り、1936年がすでにやって来ました。皆さんご一緒に杯を上げて皆さんの幸福な前途を祝って、乾杯しましょう！」

楽しく喜びに満ちた雰囲気の中で、どの人もみなこの酒を一息で飲み干した。これは全員の気持ちが満足していることの表れであった。ステージの上では絶えず歌が歌われ、踊りが有り、会場の中では大声で歌われた。革命後、ソ連は本来新年を祝賀しなかった。過去数年は全く新年が注意されなかった。毎年1月1日は非常に平常な1日と見なされていた。これは又生活が苦しい事の表現であった。魚肉やパンが買えないで、何の新年を祝うことができようか。これがソ連人民の一般的な論調であった。今年ソ連政府はできるだけ、人民が楽しい新年を祝賀できるよう呼び掛けた。

各クラブ、公演の中ですべて夜会があり、人民はみな無料で自由参加できた。各学校、幼稚園の中でも児童の新年記念会を行った。これは国家が強く豊かになり始めた一種の現象であった。同時に私は男女が着ている衣服がまた非常にきちんとして、清潔で、綺麗であると感じた。絶対に1~2年前とは比較できないものであった。多くの従業員は技術者と同じような服装をしており、私と同席している老従業員が言った。「人は我々ロシア人が大変愚かであると言います。そうです、私は決して否定しません。しかし、決心があり、忍耐心を有し、苦労できれば、一つの仕事は成功できないことはありません。ロシア人が西欧人に比べて愚かであったということは、経済が立ち遅れていたからであり、現在我々の経済はだんだんと進歩してきました。民族もまた必ず聡明になってきますよ！」彼は卓上の酒や食品、果物を指さして私に言った。「1~2年前、これらの食べ物は食べることもできなかったし、また見たことも無かったのです。現在あなたが能力さえあれば、すぐ金を沢山稼ぐことができるし、心中好きなものが有れば何でも買うことができるのです。現在我々の街の中では3大商店が新しくできました。これは我々が寒さを忍んで苦しみに耐えてきた結果ではないでしょうかね？」彼は一杯酒を乾杯して、合わせて言った。「あなたの将来が幸せでありますように！」

12時半に私はすぐ宴会場を離れて家に帰った。というのは今夜私は家に8人の友人を招いて年賀会をする約束をしていた。同時に2週間前に私達には一人の男児が生まれていた。仕事が大変忙しかったので、まだ客を招待していなかった。それで今日ささやかな宴会をすることにした。この8人は工場の中で最良の友人であった。彼らと4時までずっと話をした。客が帰った後、私は又寝ることができなかった。今日2通の手紙を受け取っていた。1通はシコフ集体農村管理委員会から来たものであった。「親愛する友人。謹賀新年！　貴殿の手紙をすでに受け取りました。貴殿のウラ工場の仕事が非常に好い成果を挙げられたことを知り、非常に嬉しく思います。今年我々の農場は去年より1.5倍の収穫を上げることができ、それぞれの人が食糧以外に、平均千5百ルーブルの現金分配を受けることができました。8人の会員はすでに新築の家屋を建築し始めました。12人の会員はいずれも2頭の牛を購入することができ、農業管理委員会は2台の耕作種植え機と、4頭の馬を購入しました。今年年越しに当たり、3百ルーブルを会員に贈ることにしております。ご健康をお祈りします」

2通目の手紙はイウナフが贈ってくれたもので、これは10年前に孫逸仙大学でストーブを燃やしていた大学生であった。彼は手紙の中で新年の祝賀と同時に私に彼が1件の兵器を発明し、すでに革命軍事委員会の実用許可を得ていることを告げてくれた。

今日の新聞で次のような1件のニュースを読んだ。重工業人民委員会はすでに三百輌の自動車を各工場の従業員を奨励することにするということであった。

十二、新聞社

●1935年12月31日

昨夜印刷局から家に帰ったのは、すでに早朝2時であった。最近になって私は頻繁に国家検査員と衝突していた。私は総編集長だけが署名する責任を負い、もし検査員の許可がなければ、印刷局は印刷に回す権利はない。昨夜一篇の文章の内容を私は検査員と意見をたたかわせた。文章の内容は技術本部長の仕事を批評することであり、検査員はその中の多くの厳重な事実を検査もせずに、発表省検査部に回されてやっと解決しこの篇の文章を登載することが認められた。

早朝8時に、電話のベルが鳴り、私は驚いて目をさました。これは技術本部長が私に抗議し、今日の新聞で発表された文章は全くのデマであると言った。私はすぐに彼に答えた。「もしあなたが同意されないのなら、声明書を書いて反論することができますよ」工場の中では技術本部長に反対する空気がもともと非常に深刻であった。多くの人が彼の技術上と組織上の指導に反対していた。従って今日の文章はきっとみんなの同意を引き起こすことができる。8時半に新聞社に着いた。いつも通り、編集会議を召集して、今日の新聞の内容について討論した。近頃用紙を充分購入することができず、6枚から4枚に減っていた。

第1枚目の内容は、1. 労働規律を論ず、2. アメリカ式かそれともドイツ式かのエレベーター、3. 発明者が注意すべき数点。

第2枚目の内容は、1．技術知識が無いのか、それとも生産過程を破壊するのか（他ならず技術本部長の文章に反対する）？　2．製鉄作業場の作業分析、3．作業計画の欠点、4．賃金平均制の廃止。

第3枚目の内容は、賃金問題を討論すること、全部で4篇の文章があった。

第4枚目の内容は、1．命令欄、2．国外ニュース、3．ソ連国内ニュース、工業従業員の通知。すべての文字は、評論を除いて、みな技術者と従業員の投稿であった。

編集会議では、文体関係について、大いに論争した。一部の人は我々の新聞の文体はだんだん後退していると述べた。一部分の人は文章が長すぎると話した、また一部の人は現在の文体は以前より進歩していると言った。皆は今日の新聞の内容は非常に豊富であり、大変価値が有ると思っていた。討論後私から結論を出した。私は毎篇の文章を詳細に分析し、一般的な内容の無いものになってはいけないと思う。そこで私は全ての文章を分析した。

今日は国防訓練日であり、毎月12日は街の中の市民はみな軍事訓練を4時間受けなければならない。市党部と市ソビエトは今日緊急集合演習することを決定したが、しかし街中の住民と工場従業員は事前にはみな知らなかった。

編集会議が終了後、私は工場の中へ実地視察に出かけた。近頃編集部は45通の手紙を受け取った。工場従業員と技術者はこれらの手紙の中で彼らが生産力方面と事務方面に不満足な事件を語っていた。このような多くの手紙は当然新聞紙面には掲載できないので、工場従業員の通訊員を現場に派遣し実情を調査するしかない。かれらの報告を経て、再び工場管理所に向けて具体的な方法を提示し、不正確な処を改良し、かつまた管理処に編集部の各項目の処理方法を執行するよう要求し、もし管理処が不同意の場合は、すぐ共産党部に渡しこれを解決する。

技術本部長の書いた2通の証明書は、今日新聞紙上の文字を反駁した。1通は共産党部に渡され、一緒に私にも渡された。共産党部は問題が非常に重大であると認識し、すぐに一つの調査委員会を組織することを決定し、かつ私を委員に指定した。共産党部で私はきっぱりと声明した。「現在私は新聞の総編集長です。新聞に登載されたあらゆる文字に対して、完全に責任を負います」

工場の中を観察後、多くの材料を収集し、新聞社に帰ってすぐ一篇の評論〈早急に賃金制度を改良すること〉を書いた。工場従業員の投書を読了後、工場従業員通訊員に電話をかけ彼らが当地で事実を調査するよう頼んだ。どの作業場の中にも、どの工場建設官庁の中にも、10人の工場従業員通訊員がおり、彼らはみな新聞社の助手であった。

16時に、工場のサイレンが1分間鳴った。これは緊急集合の通知であり、どの従業員も事務員もすべての街中の住民も、すべてが、自分が緊急集合時に居る場所を知っていた。サイレンが鳴るのを聞くと工場従業員群衆は非常に秩序正しく仕事場を離れ、素早く武器を持って出て行った。工場の出入り口及び街中即刻軍事状況に入り、戒厳令が開始された。10分後、3団の歩兵、2営の砲兵、1営の工兵、3隊の空軍、4隊の女性看護員がすでに編成され、工場の後方の森林の中で出発準備をした。街には民警以外には、全く一人の歩行者も見えなかった。老人婦女児童はみな地下室の中に集合していた。民家毎に1軍事訓練組織者がいた。

サイレンがまた響いた。総指揮が隊伍に向けて状況を報告した。「現在敵は西側より我々の工場に向かって侵攻中、ここから約48㎞離れている。我々の任務は敵の前進を阻止し、援軍が到着するのを待って、再び総侵攻を行う」

命令が下ると、歩兵、砲兵、工兵、すぐ非常に速く分散し、陣地を占領した。行動は非常に迅速であり、これは軍事訓練の成果である。部隊の中のすべての軍官、党代表、参謀官、政治指導員はみな工場の従業員技術者であり、党部作業者であった。工場従業員はすべて1丁の歩兵銃を持っており、部隊は生産単位で編成されていた。

今日の緊急集合の成績は、皆が満足であると認めた。19時に、やっと警報が解除された。工場従業員隊伍は広場に集合し、共産党部書記がステージの上で演説した。「今日の緊急集合の秩序は前回より好かった。時間は前回より短かった。これはみなさんが満足できることである。しかし我々は次の緊急集合時には、秩序はさらに好くなり、時間はさらに短くなる！」

十三、新しいモスクワ

●1937年3月25日

今日私はモスクワを去ることになった。早朝5時すぐ起床した。私は部屋から出て行くとクレムリン城を見ることができる。私が12年前に見たクレムリンとほとんど同じであった。しかし幾つかの教会の頂上の双頭の鷲は、すでに見えなくなっていた。現在見ることができるものは、宝石で出来ている5画星である。クレムはソ連の政治の中心であり、私はかって4回行ったことがあった。1回目は参観（1925年）、2回目は共産党国際会議傍聴（1926年）、3回目は軍事高級学校卒業式典（1930年）、4回目はソビエト大会参加。

孫逸仙大学前の大礼堂は、3年前にすでに解体され、現在はそこで丁度壮大な労働宮の建設を開始している。国家大劇院の前の小屋及び花園はすでに完全に壊されていた。現在この地区は巨大な大停車場になり、大劇場も以前よりはるかに威厳のある建物になっている。国家大劇院右側の屋根の低い野菜売り場も又解体され、現在はこの地区はモスクワの中心になり、この通りにはみな高層のビルである。人民総委員会事務所、モスクワ大ホテル、外国人旅行所等である。モスクワの地下鉄道はすでに通行しており、鉄道の駅の飾り付けのデザインの美しさは、本当に皇居と比べても劣らない立派なものである。車輛は非常に心地よい。街頭の自動車は10年前の20倍に増加しており、公共バスの他に、さらにトロリーバスがある。

赤い広場周辺の合作社は、現在レーニン博物館に改造され、範囲は非常に広大である。モスクワの商業は非常に盛んであり、新しい大商店が多いが、どんな時期かを問わず商店の中の人々はみな非常に混み合っている。今日はパスポートを受け取り、汽車の切符を買い、ずっと慌ただしく発車場に着いた。午後2時、北汽車駅で第2号シベリア急行に乗り、モスクワを離れた。ソ連！　さようなら！

十四、私がソ連にいた日々

●１９３７年

前書き

15歳の時に、北平（現北京）で学問に励むことになった。フランスに行って研究する準備をした。当時紀元１９２５年、我が国我が家はみな政治が動揺する中にあった。中共とロシアは共に方法を講じて中国で政治協力をすることを進めていた。

……しかし１９２５年、彼らは中国では何の実力も無かった。この為彼らは最初孫中山先生の指導協力を受け、１９２５年以後私の父親蒋介石が指導する国民党と協力提携することになり、少なくとも表面上はこのようであり、双方の連合の歴史は非常に短く……

しかし１９２５年に、北平の「政治環境」は見たところ国共（中共及びロシア共産党）の空気は友誼に満ち溢れていた。私自身もまたこのような心理環境に戸惑っており、私の元々の計画を徹底的に改変した。年齢が若かった私は他の90人のすぐ出発する学生と共にソ連に往き学習することになった。その結果、私は12年過ごし、一生の中で最も苦難に満ちた日々を過ごし、且つ拘留及び追放の味わいを体験した。ソ連人は私の父親が彼らの中国奪権をする最大の障害であることを感じて、それ故に私がソ連に到着した後、実質上彼らに強制される人質にされてしまった。当年私の身辺で発生した事柄は永遠に私の心の奥底に留められている。

１９３７年の春、私はやっと帰国し、かつ故郷の渓口に7カ月住んだ。その間、私はソ連での経験を1冊の回想録に書き上げて、かつ書名を〈私のソ連に於ける日々〉とした。

数カ月前、卓上の書籍を整理する時に、思いがけなくもこの回想録の自筆原稿をめくってみて、持ち上げて、拡げて読んだ。あの頃のすでに過ぎ去って久しい事を思い出してみると、私は又一連の悲惨な生活の苦痛を回想せざるをえないし、まことに感慨無量である。

私がまだ覚えていることは、帰国後間もなく、かつて余子玉（訳音）一人と私は同時にソ連に留学した友人であり、我々のソ連の生活を語り合った。我々はその時決めることなく同時に話した。「あれは一場の悪夢です！」しかし現在熟慮しても「悪夢」の2文字を用いて当時の状況に気がつくことは、適切ではない。あの年我々が経験した苦痛は夢の世界ではなく、最も残酷な、最も悲痛な現実であった。

去年中秋節の折、秋の収穫の頃、頭上の名月を私は数時間じっくりと観賞した。月が明るい時そして雲の間に姿を隠す時、一種朦朧とした感じがした。突然、一陣の秋風が私の露で湿った上着の胸の辺りを吹き抜け少しひやりとした感じがした。これは私に時は待たず、歳月は止まらず、光明は流水の如く一度去れば帰らずということを意識させた。……しかし私はやはり認めた。我々は自分だけで我々の運命を決めることはできないものであると。人生は世にあり、逆境は結局避けることができないものである。用心は回避する、またただ無駄である。しかしただ勇気と信念さえ有れば、すべての苦難と危険が、また他でもなく人の生命力に対する一種の試練であることだけである。その様に言うとこれは不幸であり、それが大幸と言うのに及ばない。このような人生哲学を持つ人に対して言うならば、世間にはどこにいわゆる永久不変の苦痛なるものが有るのか、あるいは尽きることの無い困窮なる者が有るのか。私が極端に気分が悪い或いは不愉快である時には、私は結局私自身に問うているのである。黒夜の後に黎明はないと誰があなたに告げたのか？　冬の霜、雪、氷、雹は溶けないと誰があなたに告げたのか？　今日の暴風雨は引き続き悪くなると誰があなたに告げたのか？　失望の後に他でもなく絶望であると誰があなたに告げたのか？　まさかあなたは黒夜の後には黎明が有ると知らないのだろうか？　まさかあなたは厳冬の後には春がやって来ることを知らないのであろうか？

経国

●1963年於台北

（1）1925年

1925年、上海で5・30大惨事が発生し、帝国主義者がデモ学生に発砲し、民情はこのために非常にいきり立った。「打倒帝国主義者」及び「租界を取り戻せ」等のスローガンが全国各地にあまねく伝わった。当時私はまだ上海浦東中学の一学生で、4度デモ活動に参加した。デモ毎に、或いは外国製品をボイコットする運動を進めたりし、私は全て浦東中学のリーダーに推薦された。

大惨事の後間もなく、各校の学生は次々とストライキをした。一カ月余りが過ぎて、学生は授業再開に応じず、更に組織を立ち上げ、もっと多くのデモを挙行する準備をしていた。かれこれ1カ月半が過ぎ、学生運動はだんだんと平静にもどった。

1年目の夏休み、私は広東に行き父を訪ねた。その時広東は国民革命の根拠地であり、この為、「広東に行く」という一言は大所高所からものを見る人が立ち上がって帝国主義と北洋軍罰に対抗する高らかに叫ぶスローガンであった。広東に着いた後、私はこの地の独特な革命精神に深い感動を覚えた。黄埔学校では、私は初めて「連ソ」、「連共」「労働者と農民が連合しよう」等のスローガンが校庭に貼り出されていた。私は軍校の校庭内で多くのロシア人に逢った。ただロシア人だけが中国人の友人である、ソ連の統治者はすでに皇帝に非ず、天帝に非ず、今や労働者と農民である。

このような状況下で、私は革命軍に参加することを非常に渇望した。実のところ、私は小さいころから他ならず参軍するという志を持っていた。ただ広東にやって来てから、この願望がすぐさらに強烈になった。

ところが父は私の願望をすぐには実現することを認めず、却って私を北平に送り、学問を探求するようにした。結果的には私は北平で数カ月待った。北平に居る時に、邵力子の紹介で李大釗中国共産党党員と知り合った。李大釗《りたいしょう》は当時ソ連大使館に住んでいた。彼の紹介を通じて私は多くのソ連人と知り会った。幾人かの友人は私のソ連留学を提案した。彼らの提案は私の心に深くしみ込んだ。私はソ連の政治組織を理解したいと考えていたので、他でもなくモスクワの中山大学（注：孫逸仙大学）へ行き勉強することに決定した。ソ連に赴く準備のために、私は先に上海に行き、その後船に乗り北上した。上海を離れる前に、私は正式に国民党に加入した。年齢が丁度16歳の私は他ならぬこの革命組織の一員になった。私は以前学生運動に参加したが、しかし実際には、前回は如何なる一種の既定の政治主張とはみな関係が無かった。

１９２５年10月、私は上海に別れを告げ、モスクワに行く旅に出発した。この旅行で乗ったのは一艘の貨物船であった。座席はもともと家畜を運送する場所であったために、臭気が吐き気をもよおすほど酷かったが、私はもう少しで中毒になりそうであった。船が黄浦江で投錨した５～６時間、やはり上陸して家に帰ろうかとも考えた。しかし多くのその他の留学生が船倉内の座席で我慢している姿を見て、自省せざるを得なかった。「彼らが我慢できるのに、自分はなぜ辛抱できないのか？」私は考えた、自分は黄埔軍官学校の学長の息子なのに、もし自分が途中で脱走すれば、きっと厳しい物議をかもすはずである。そこで、私は自分を説得して、船上に留まった。

貨物船が海に出た最初の日に、船上の90人ぐらいの学生は幾つかの小グループに分かれて、一緒に会合して、世間話をし、読書し、食事をし、皆がすべて非常に楽しくなった。これは私が初めて参加した団体生活であったが、しかし、このような生活は多くの長所があり、非常に面白かった。学友達と熱烈な討論をしている時に、私は座席のいやな臭いさえ忘れていた。船上で私はいくつかの書物を読んだ。その中には孫中山先生の『三民主義』があった。さらにバックリンNicolaiBackharin）の『共産主義ＡＢＣ』を詳しく読んだ。これは私が読んだ最初の共産党主義思想の書籍であった。

我々はウラジオストックで上陸後、普通列車に乗り替えた。駅に到着する毎に、我々の小グループはみな代表が下車し、孫中山先生の遺訓及び国民革命の経過を大衆の前で朗読した。列車がシベリアの某駅で、列車が停泊する８時間を利用して我々はソ連社会主義を記念する大型集会に参加した。労働者と農民の代表が立ち上がって「中国国民会議万歳！」「中ソ合作協力万歳！」等のスローガンを叫んだ。集会後、我々はパレードの行進に参加した。ソ連人は多くの歌を唄い、ある人が我々に翻訳して、彼らが歌ったのは「前進、夜明けは前方にある……」

パレードが終わった後、一人の児童が我々に一幅のレーニンの写真を贈り、我々に述べた「これは全世界の労働者の指導者です」彼はまだ中国革命問題について討論した、彼は孫中山先生及び三民主義について語ったのみならず、北伐の目的、及び黄埔軍官学校他ならず蒋介石についても語った。彼の正常な理解に対しその時には私に深い印象を与えたが、しかし事後しっかりと考えてみると、パレードは多分事前に意図的に準備されたものであり、ただ一種の宣伝活動にすぎず、彼らは私と、私の学友、及び我が国に対し本来何も本当の興味を示しているものではなかった。

ソ連に入って、むしろ一つの事が私の期待と完全に反対であったことがあった。当初、私は全てのソ連人は生活が非常に好いと思っていた。意外にも私がシベリアで目にしたものは、却って大いに失望させられてしまった。貧しさはシベリアの非常に普遍的な現象であった。乞食と泥棒が頻繁に駅でも出没していた。私は生まれつき好奇心があり、知識欲が強く、見知らぬ事に非常に注意していた。

まるまる25日間の汽車旅行の中で、私はまったく孤独を感じることなく、シベリアを越えて茫漠とした荒原に入った時にも、私はまだ全く厳寒の天気を忘れていた。１９２５年11月末の夕方、私はついにモスクワに到着した。

（2）1925年～1927年

モスクワに到着した後、私はすぐ孫逸仙大学に進んだ。何人かは私と同じくやって来た学生は国民党の党員であった。その外に幾人かは共産党に淵源があったが、国民党に加入したものもおり、更には如何なる党派にも属さない者もいた。

国民党と共産党の間にはたえず衝突があった。中山大学では、ある部分の国民党党員の学生は品行が好くなく、すこぶる反感をもたれやすいかと思った。一般の人は共産党員の行動は比較的慎み深く、見込みがあるようであった。

中国共産党はモスクワ支部があり、その組織と訓練方法はみな相当健全で秩序があった。その党員組織は厳密で、あわせて厳格な監督を受けており、尚且つ永遠に中央集権指導の指示に基づき処理されていた。彼らの生活は質素であり、規律は厳しく公正であった。この為、私はしばらく彼らの活動に対して興味をもった。そして1925年12月、我々がソ連に到着して数週間でいわゆる共産主義青年団に加入した。

その後、私はロシア語を習得するため苦しい修行をし、また西側革命の関係課目と政治学をじっくりとこつこつ勉強した。私は学生の刊行物に数篇の文章を発表した。その中の2編は〈中国の展望〉と〈中国の北伐〉であった。私はこれらの文章が共に言葉に気をつけて、力強く上手く書けたと感じた。

1926年後半年、ある人がモスクワの一つの群衆大会に参加するよう勧めてくれた。そしてそこで〈中国北伐の目的と及びその最後の成功〉と題して、ロシア語で約3千人に向かって初めて公開演説を行った。そしてこれはロシア人の激賞を得ることができた。

1週間後、私は1つの鐵道労働者大会に於いて、他ならず「孫中山先生の偉大な存在」と題して、約3千5百人の聴衆にもう1度演説をした。この後、私はしょっちゅう招請を受けて演説を行い、すべて熱烈な歓迎を受けた。

北伐軍が上海を陥落させたニュースがモスクワに伝わって、新聞社は相次いで号外を発行した。民衆はパレードを挙行した。その日の夕方興奮した群衆集会の場面は、今になっても依然としてありありと目に浮かぶ。

しかし数日後、上海では別の事件が発生した。私の父が共産党及びソ連に対する態度を変更した。聞くところによれば彼は反共、反ソの立場を採った。

上海事件発生後、私は相当長く時間を費やして詳細にソ連及び中国の政治事件を調べた。私の結論は、1927年中国政局の動揺は、中国指導者が方法を知らないことであり、政策無知または不完全であることであった。

私は又ソ連の事務を研究した。社会主義も又ソ連では成功できない、農民は必ずいわゆる「プロレタリアート——無産階級専制」に反抗し始めるであろう。

中山大学校長ルイラデク（KarlRadek）は私の中国史教師である。彼は中国問題について非常に興味を持っている。授業が終わった後でも常々私を探して密かに議論する。彼はトロッキー学派のリーダーの一人である。彼は常に私にトロッキーが如何に偉大なトップ学者であるかを語っていた。彼はいつも私に話していた。「若い革命の志士になるには、君は先ず勇敢でなければならない。その次に苦しみに耐えて、積極的に頑張ることである。人に取り入るには他ならずちょうど階段を上がるように、もし上がることができたら、すぐ1度で2~3歩かけ上がる。一歩一歩やっていてはいけない。そうでなければ革命志士のやる気を表現することができない。3番目に永遠に屈服したり退却してはならない。トロッキーは勇敢な模範的な革命志士である」

中山大学にはもう一人シカイダ先生（Mr.Shked）がいた。彼は我々に政治及び経済を教え、またトロッキーの信奉者の一人であった。彼はしばしば私に遊説して語って、これが正確な政治学説であることを信じさせようと図った。ある時彼は私に言った。「若者よ、君には希望に満ちた前途がある。しかし君はやはり進歩的な人物になることが最も好いことであり、保守派或いは反動派になってはいけない。トロッキーの学説が最も進歩的である」

おり好く、私の観点はトロッキーの政治思想と期せずして一致していた。多くの人がそれで他ならず私がトロッキーに共感している一人であると感じていたようである。そして事実、彼らの憶測も正しかった。私は非常に専念してリップマン教授（Professor Lippman）の地勢経済学の課目に取り組んでおり、彼は常づね私に対してトロッキーの鋭い主張を教えこんでいた。非公式に私と中国の同窓生はト派の秘密文書を掘り下げて研究し始めた。私はトロッキー「革命のたいまつは古い世界を焼き尽くすであろう」という一節にとりわけ興味を持った。私とト派の関係は日増しに密接になり、私に賛同する人達は益々多くなり、最終的には私をト派の指導者とみなした。

第1回学生集会に於いて、私は社会主義はソ連に於いては実行できず、成功の機会はきわめて薄いと表明した。数日後私は中山大学（孫逸仙大学）で1篇の文章を発表した。タイトルは「中国国民革命と中国共産党」であった。私は文章の中で中共がモスクワが命令した時に講ずる政策を執行するか、及び私が見るその政策が実行される間違った仮定…を討論した。

その頃、トロッキー理論の同窓生は大部分が敢えて他人が彼等の視点を知っていると信じていた。そこで私はすぐ学生報に「私がいまだかって話したことが無いこと」という一文を発表し、彼らの沈黙を正すよう要求した。同時に私は学生間の秘密活動を大いに励まし、遊説して小冊子を印刷発行し、会合する方式で、彼らがスターリンの立場に反対することを伝えた。

ソ連当局及びソ連共産党は実際の処、とっくに厳格な手段でト派を鎮圧していた。私の幾人かの同窓生もまたほしいままに危害をくわえられ逮捕された。大学側は学園紛争を静める為に、すぐスターリンに要請して大学を卒業させることになった。グループの同窓生と共に帰国するよう要求したが、彼らはすぐに私が帰国することを許可しなかった。幾人かの党員が私に言った。「我々はあなたがソ連に残り、貴方の学習と実践を継続してほしいと望みます。我々はすでに馮宏国（馮玉祥の子弟）が帰国することを決定しました。もし蔣経国が帰国することになれば彼は蔣介石の腕利きの助手になります。それ故に我々は彼を残すのです」これは中共が行った決定である。しかしもし私が帰国していたら、我が方は彼らが私に対する多大な警戒心を持っていたことを初めて知り、彼らのあの時のインターナショナル一共産国際協調機構への影響をやっと知った。

（3）1927～1930年

現在私は完全に中国と隔絶してしまった。以前は毎回の手紙がすべて検査はされたが、私は依然として親友と通信することができた。現在私は1通の手紙も書くことができなくなった。私が帰国する、或いは身内の者と互いに音信を通じ合う機会はすでに非常に見通しがたたない状態であった。私はたまたまソ連の新聞紙上で父と中国のニュースを見ることはあるけれども、しかしそれが真実かどうか実証する方法が無かった。このような状況下で、私はレーニングラード大学の東方系図書館が収集した資料と図書で中国問題を研究するより仕方がなかった。しかし私が収集できた資料は時期遅れで正確性に欠けており、大部分はやはり共産党の宣伝資料であった。

私は一生懸命帰国を希望した。要請が許可されない以上、私は失望の余り、赤軍に加入する申請を行った。その結果、赤軍第1師に加入する許可を獲得した。駐屯地はモスクワであり、身分は学員であった。軍の中で、私が過ごしたのは一人の普通士兵の生活であった。私の軍隊生活は他でもなくこのように開始された。操練、装備、武器、戦術、軍事機密等々、私にとって言えば、もともと机上の空論にしか思えなかった。しかし軍隊に入ってから、私は毎日きっちりと軍服を着て、すべて半武装をして操練に参加し、合わせて戦術を学習した。月日が経つうちに、私は新生活に対して、又興味を持つようになった。

一年間の訓練の中で、どの科目に対しても私は厳しくひたむきに訓練を受け、尚且つ野戦戦術及び野営もした。地形学を除いて外は、どの科目の成績も皆非常に好かった。

1928年、私は特に優秀な成績を以て、軍中最優秀な5名の学員の一人になり、ソ連政府が推薦してレーニングラードの赤軍トマチフ中央軍事及び政治学校に派遣しさらに深く研究することを保証した。

学院の課程の期間は3年であった。その間、学院は書籍、日用品、及び毎月250ルーブルの生活費を支給された。最初の1年のカリキュラムは主要には軍隊行政、運輸、地形学、大砲の原理、及び軍隊の政治工作である。2年目のカリキュラムは軍事戦略に参加して、ロシア戦史、西方の軍事史、及び共産史である。3年目のカリキュラムの重点は戦術及び戦略となり、我々は依然として騎兵戦術の原理と大砲の原理を継続する。私が最も好んだカリキュラムは戦術と戦略であった。我々に戦術を教えたのはマルシェフ将軍（General Marshal）である。彼は以前ツワーロシア皇帝軍中の近衛上将であった。我々に戦略を教えたのはトカシェフスキイ元帥（Marshal Tukashevsky）であった。

卒業前、私は師団戦術及び野戦軍戦闘計画課を修業完了し、合わせて規定により毎年一度2カ月行われる大規模野戦演習に参加した。演習時、私は別々に中隊長、及び連隊長を分担した。最後の1年、私はそのうえ参謀長を担当した。私は戦術、ゲリラ戦及び武装顛覆方面一顛覆及び反顛覆活動を包括する方面で非常に大きな腕前を示した。私はさらに小手調べで1篇の「ゲリラ戦術」を主題とする論文を書いた。軍事科目以外に、私はまた政治学、経済学、及び哲学、特には唯物弁証法を研修した。私はさらに1冊の史学雑誌上に、若干篇の哲学論文を発表した。

学院の全ての学生はともに共産党員であり、私だけが唯一の例外であった。この為、毎回の共産党会議は、すべて壁の外であった。ずっと1929年まで、中共よりソ連に圧力がかかったことにより、私はやっとソ共党員候補になった。この身分は私に共産党内部組織を観察する機会になり、学生の身分の私に相当な保護を与えてくれた。

然しながら、私の政治活動は却って、中共の厳密な監視を受けることになった。1928年初、幾人かの同窓生が私に一つにはト派組織活動離脱の声明を書くよう勧めた。私はその時まだトロッキー理論の信頼性を確定することができていなかったので、そこで他でもなく彼らの提案を受けた。これからすぐ私はト派の秘密活動と完全に無関係になった。

しかし、中共が派遣している代表団は却って私が「江蘇同郷会」と云う名の反革命団体を組織していると、さらにその団体は父蔣介石の指示の下で組織したもので、合わせて彼から経費が提供されていると非難した。

中共は更に言った。「『江蘇同郷会』の主要発起人は私蔣経国の他、まだ胡志節、周天霧、周捷、朱冒珍及び左権である」彼らはその上警告して言った。

「蔣経国は蔣介石の子供であることを忘れてはならない」

中共は私が父に書いた2通の手紙を発見した後、さらに大きく緊張した。事実は1928年6月から8月までの間、私は1日置きに父に手紙を書いた。其の2通とも私は非公式に2~3回読んですぐ破棄した。しかし2通はまだ私の身辺に残しており、私の同級生の一人が共産党国際に渡した（私の2通の手紙は今も彼らの秘密ファイルの中にある）。2通の手紙に書いているものは私の望郷の思いと過去のでたらめな行為への自責の念であった。しかし、2通の手紙の内容は私事に属するけれども、中共代表団は忠誠を口実に、ソ連政府が私を逮捕するよう要求した。

ソ共は間もなくすぐ見つけて私を逮捕したくなかった。もともといわゆる「江蘇同郷会」はその実、根も葉もないことであり……当時、ただ当地の華僑が私の友人であるだけのことであった。

1930年5月、私は卒業後、再度帰国の批准を要求した。私はさらにもし帰国が批准されない場合、第2志望は他でもなく赤軍に加入することであった。私が信じていたことは、もし中共が当時介入しないなら、ソ聯当局は私の第2志望を考慮するかも知れないということであった。当時私はただ中共が私の運命を決定できることであり、結果は私の2つの願望はどちらも許可を得ることができなかった。彼らが私に2カ月間仕事を手配しなかったことにより、私の生活費がみな無くなってしまった。私は新聞紙上で発表した哲学に関する3篇と国際事務の2篇の文章により、ぎりぎりの生活費を稼いだが、他ならぬナポレオンの書を読んだ。

最終的に私はやっと1930年6月末前身が孫逸仙大学のレーニン大学中国学生訪問団の副指導員に任命された。これらの学生は帰国前に組織された訪問団が外地のカルック地区とウクライナ地区を参観することになり、いわゆる「社会主義建設の成果」を理解することになり、命を受けて団に随行した。

不幸にも、モスクワに帰って大病になってしまった。言わずとも、私は病中でさらにひどく苦痛になり、望郷の念が痛切になった。

（4）1930～1932年

1930年10月病気が癒えた後、私はチナマ電器工場（Tinama Electical Plant）に雇用され、一人の見習いになった。学校から工場への変転は決して容易なことではなかった。私は以前骨が折れる力仕事の労働に従事したことは無かったので、最初の内は仕事が非常に苦労なものであることを感じた。私は毎日8時間仕事をした。朝8時に出勤し、午後5時に終了した。中間の1時間は昼食を食べた。2日間働くと両手がむくれてきて、腰がだるく背中が痛くなった。苦痛と疲労の中で、私が持った信念は苦難に満ちた仕事は一種の自己鍛錬であることであった。しかし私の月給はたったの45ルーブルであり、いかに生活を支えるかということである。特にその時はソ連の食料が欠乏し、価格が上がってしまった。パンは配給であり、魚肉の供給もまた非常に限定されていた。私は常に腹をすかして仕事をしていた。

私は方法を講じて運命を改善しなければならなかった。それ故に私は1つの夜間学校に入り、プロジェクト学を一歩進んで学習した。同時に私は又一つの機会を捕らえて工場内で軍事課を教えた。私は前者が私の地位を改善し、後者は収入を増加すると考えた。

私の毎日の仕事時間は朝9時から夜11時までとなった。私は通常朝7時に起床し、その後すぐ宿舎から市電に乗って工場に到着した。午後5時夕食後すぐ公共図書館で読書した。その時私はまったく教科書を買うことができなかった。夜8~11時まで、他でもなく夜間学校の授業に出た。この他、毎週さらに7時間空けて置き軍事課を教えた。このようにして私はやっと多く稼ぐことができ生活できることになった。

夜間学校に入って以後、知識も増えて、これにより工場で技術改善を行った。5カ月後、私の月給は105ルーブルまで上がった。

その時の生活はやはり相当困難であったが、しかし私は比較的満足していた。一人の人間がつらくて実入りの少ない仕事を経験していなかったら、絶対に社会の本質を見抜く方法が無く、さらに普通の民間人の悩みや苦しみと仕事本来の内在的な価値を理解する方法が無い。私が見るところでは、これは永久に破壊されない真理である。その時私のその種の生活経験は将来私にとって有利な点になると深く信じている。

私の仕事に対する熱狂は、時どき帰国できない苦痛を少し忘れさせてくれた。工場と夜間学校の中で、私は多くの友人と交流した。彼らはみな工場労働者であった。その中の一人クラフ（Krav）という人は孤児であり、工場の技術者であった。彼は私に非常に多くの事を教えてくれ、さらに学業を手伝ってくれた時もあった。我々は難儀を共にするようになった。私は工場で仕事に努力し、かなり有名になっていた。1年も経たない中に、工場の管理部門は私を生産管理委員会の主管に推薦した。

しかし私はずっとこの職を担任する許可を得ることができなかった。何故なら中共代表の陳紹禹（王明）が私を推薦することに反対した。この為、私は依然として工場の普通の工業労働者であった。

私はその時まだレーニン大学の宿舎に住んでいた。失望のあまり、私はレーニン大学の政治騒動を経験した。一度会議の中で、私は公然と陳紹禹を非難した。共産国際の幹部はこの為私をシベリアに追放し、アルタ（Alta）地区の鉱山で仕事をさせようとした。私は健康がいまひとつ好くないことより、ソ共総部上告し、彼らに私を北方に行かせないよう要求した。実際には私もまた態度を決めかねる状態であった。一方では私はモスクワを離れ、それにより中共代表団が私の身の上に加えている束縛を抜け出し、その後自由自在に精神を集中して読書する。もう一方では、私は又夜間学校のカリキュラムを完了したいと思った。その為ソ共は私の要求に同意した後、私はモスクワで学業を継続することができると嬉しく思っていた。しかし陳紹禹は私の如何なる願望にもかかわらず、反対を示した。関係方面はすぐモスクワを離れるよう命令を下した。

しかし、ソ共は決して私をアルタへ送ることはせず、モスクワ区のシコフ村（ShekovVillage）に送った。シコフ村は私がソ連社会その他の方面の理解を深めることができることに気づいた。それは１９３１年であり、ソ連政府が人民の生活レベルを向上させるため、及び食品と日用品の供給を増加させるために、農業集体化政策を発表したばかりであった。私には村内で特殊な任務は無く、漠然と命令に従って労働改革に従事することであった。

シコフは事実当地で最も遅れている地区であった。農民はすべて皆教育を受けておらず礼儀作法もしつけられていなかった。私が到着した最初の日、彼らは私を外人とみなして、ベッドさえも見つけることはできなかった。その日の夜、私は教会の車庫で寝た。

翌朝、起きるとすぐ耕作地に行った。農民は私を嘲笑して、言った。「見てみろ、この人はただパンを食べるだけで、土をひっくり返すことはできない！」

彼らの話した事は非常に正しかったが、私の土をひっくり返す技術は、平平凡凡であり、私は彼らの話を理解することができなかった。私が彼らに挨拶している時、ある老農民が私に言った。「あんたは我々の組合に加入すべきだよ」私は言った。「好いですよ。私はそのようにしましょう」

彼らは私に1頭の馬と幾つかの農具を渡してくれた。そこで私は彼らと一緒に仕事を始めた。初めの内、私は土をひっくり返すことは非常に難しい仕事であると感じたが、しかし後になってみると自分が想像したほどそんなに困難なことではないと気付いた。それは只非常に体力を使う。始めたばかりの時は、幾つかの勘所が有ることを知らなかった。例えば、私は1筋の土をひっくり返した後、方向を変えることができなかった、方向を変えた場所には一塊一塊ひっくり返していない場所ができてしまった。農民が見つけた後、結局やり直させられた。

最初の1日、昼食を食べた後も休まず、さらに陽が落ちるまでずっと作業をした。教会の車庫に帰った時、私は全身がだるくて痛くなり、少し物を食べて、横になってすぐ寝てしまった。

夜中まで眠ると、一人の人がやって来て私を呼び覚ました。「友よ、ここは一夜を過ごす場所ではないよ！　私の藁ぶきの家に来て寝なさいよ！」来た人は一人の情が深い老農婦で、年はすでに68歳になっており、名前をシャフォと呼ばれた。その時、私は非常に感激したが、少し怖くなった。私は彼女に言った。

「有難う。お婆さん。だけど私は今日大変疲れているのです。明日私は寄せてもらいます」彼女は言った。「あんたは心配いらないよ。ここで寝ると病気になるよ。私の処は藁ぶきの家だけど、ここよりはずっといいよ。一緒に行きましょうよ」

私が身の上に所有している物は、30ルーブル、2組の下着、数冊の書物だけであり、まともなものは何も無い。そこで私はすぐ彼女と連れ立って歩いた。彼女の家に着くと、すでに寝床をちゃんと準備してくれており、私に少し物を食べさせてくれ、すぐベッドで休んだ。

4時前に、空は明るくなった。私は前日よりまだ痛かったが、やはり起床して野良へ行った。

農民は私が来たのを見て、言った。「あんたは本当に早起きだな。田を耕すのはパンを食べるより苦しいだろう？」

彼らの話にがっかりせずに、私はただいつもと変わらず作業を始めた。ありのままに2日間が過ぎて、3日目になって、作業中自分の前途や、故郷の渓口の良田や、慈愛に満ちた祖母、及び父母の幕幕とした諭しを思い出して、思わず涙がはらはらと流れた。4日目、私はいつも通り作業をした。5日目になって私の挙動はすでに農民の同情を引き起こした。6日目になって、彼らは私に彼らの会議に行くように頼んだ。

私の野良仕事は此処で終わった。10日後、当地の農民は私を選択して都市に行き彼等を代表して土地の借款、農具の買入れ、及び各種の納税に関して多くの事を折衝させた。私はしばしば彼等に有利な方法で、彼らの為に問題を解決した。この為、農民は私に対してよしみを通じ、さらに私を激励して彼らの事務を手伝わせ、私が野良に行く必要が無いようにした。その後、彼等もまた私に再び力仕事の作業をさせなくなった。

数カ月後、農民の尊敬を得ることができたことにより、私はシコフ村行政委員会の副主席に当選した。主席が病気で5カ月寝付いており、その為実際上私は主席の職務を担任した。このような情況下で、機会がある毎にいつも農村の生活状況を研究することができた。私は事物の細心な観察及び他人のとの密接な接触に照らし合わせて、多くの知識を得ることができた。これらの知識が後に非常に価値のあるものになると信じていた。私は当地の農民は依然まだ他の場所から来た外人を見たことがなく、半数の人は身体にいっぱいシラミを湧かしタマゴを飛ばしていた。若い人はみな外地に逃げて、大都市と農村部の間の町で生計を立て、比較的好い生活を過ごしていた。

1932年10月末、私はシコフ村で約1年過ごした。そこでモスクワに帰って、別の場所に移動することを要求した。私が別れる時、状況は到着した時と天地の差であり、あの時は、彼らは私を嘲笑した。シコフ村の在住期間に、私は大病にかかり、快癒するまでシャフォが看病してくれた。病気の間、大部分の農民が見舞いに来て、その上私に各種の食べ物を持ってきてくれた。今私が去って往くに当たり、農民はすべて見送りに来てくれた。彼らはさらに果物や鶏鴨を持ってきてくれ、シャフォは私に泣きながら別れを告げた。

私は幾らかの時間を費やしただけであるが、他ならず一村の政府の行政職務を担当した。私はかつて、企画がもし成功すると証明するなら、自分の才能を現すのに最も有効手段であると考えた。しかしこの後の政治状況は彼等がどんな人に対してもみな重く制限する、このような情況下では、私は以上このように述べた考え方が独り占めすることは難しいと感じている。

(5) 1932~1935年

私と私が行ってきた事に関わる足掛け8年の中で、中共駐ソ連代表団はいつも機会があり、すぐソ共及びコミンテルン内部の派閥を支配しようとした。その上、彼等は毎回みな成功しているようであった。おおよそ、ソ共は半分以上比較的親切であった。しかしこの後3年は中ソ交渉が増加し、双方の関係は他でもなく緊張に変わった。その為、時には中、ソ同様に厳しくなった。

最初、中共は私をモスクワから配置転換することを堅持した。陳紹禹は私をそこに留めておくのは非常に危険であると考えた。彼は一通のソ共本部に送った機密文書の中で言っていた。「蒋経国をシベリアのヤクテ（Yakute）或いはアルタ地区へ配置転換し、モスクワから数千里離れた金鉱山で仕事をさせることが最も好い事であった。しかし何としても彼を遠東に行かせてはなりません」ソ連人もまたもし私をモスクワに留めれば、私が再度反陳紹運動を引き起こすことができる。当時多くの華僑は私の境遇に同情していた。また別の一面、彼らはおおかた陳紹禹にやはり満足していた。ソ共本部は私に「我々はあなたがモスクワで学業を継続する事を希望します。しかしあなたと中共代表団の関係が悪いので、あなた自身の利益のためにも、あなたはモスクワを離れることがもっとも好い。今回我々はあなたの選択により、どこを選ばれようと、我々はみな送り出すことができます」

事実私は当時帰ることができる家は無く、心中何処へ行くのが好いのか特別な意図は無かった。私にとって、どの地方かは何の分別も無かった。私は当時只家に帰って両親に会いたかった。

最も早い決定は私をウラ山脈のスブルドフスキーにであった。しかし只暫時的なものであり時間は只私が病院で健康を取り戻すまで伸びた（私は丁度25日間ベッドに臥せっていた）。1933年病気が治った後、私はアイアルタに送られた。中共の元々の提案であった。凍りつくような寒空と雪に覆われた大地のアイアルタに於いて、私は飢えと寒さが同時に迫る9カ月を切り抜けた。鉱坑の中で、私と別の労働者は一緒に苦しい目に遭った。私と一緒に肩を並べて作業をしたのは教授、貴族、技術者、富農、甚だしきに至っては強盗までいた。彼等はそれぞれの不幸に遭遇し此処まで流されてきた。しかし彼等はここで同じ作業をしていた。

鉱場には一人の労働者がいて、本来はモスクワ大学の2年生の学生であった。夜寝る時、彼は私の右側のベッドで寝た。就寝前に、彼はいつも私に向かって言った。「1日が過ぎ去った。私は又人生旅程の終点に向かって、1歩近づいた」私の左側の一人の労働者はトムス（Tombs、音訳、元はロシア語の地名）と云い、鉱場の技術者であった。前者とまったく反対で、彼は就寝前いつも言った。「1日が又過ぎた。私が再び自由を獲得して家に帰る距離が又近づいた」二人の人生態度は私に深い印象を与えた。原因はずっとその時までであり、私はただ過去の一種の態度を考慮するだけであった。私は二人の似ている処は自由と心の中の安寧である。しかし彼等の将来に対する見方は反対の方向に向かっている。

月日の経つうちに、私は心の中でこれらの人に対して強烈な友情を産んでいた。それ故に、私が繰り上げ命令を受けてウラ山区を離れる時に、別れを惜しんだ。私はこの地獄のような鉱坑を離れることができることは非常に嬉しかったけれども、感情が高ぶってもう少しで彼等に別れを告げることができなかった。私は1年も経たない内にすぐ離れることができたのは鉱場管理当局が私の態度が好いと感じて、この為私を褒賞する必要があった。

私は疲労した身体と1枚の古くてぼろぼろのフェルトを抱えて、樹林を通り抜け、1筋の小道を踏みつけて進んだ。半時間もかからずに、私はすでに鉱場を見ることができなくなった。私が一人ぼっちで道を往く。脳裏で思潮が起伏した。私の周囲には、どんな事物も私に将来の運命が如何になるのか告げてくれなかった。私自身の全体が孤独と悲哀に陥った。

以後私は幾つかのどんなことに遭遇するのか？　将来どんなことが起こるのか思いつくことができなかった。私がシベリアに於いて数々の危難を無事に過ごすことができたからには、今まだ何か恐れることがあるのか？　私は自分を慰めて話した。情況はまだ更に悪くなるのだろうか？　私はまた幸いにもすでに苦痛と困難に慣れていた。

私は直接スブルドフシキーに行った。１９３３年10月到着後、直ちにウラ重型機械工場で技師になった。

その後数年、私はずっと工場の中で、完全に政治活動から離脱していた。国際共産との関係も完全に断裂しているようであった。またモスクワに行くことも非常に少なかった。私は夜間学校でプロジェクト課業を継続し、これにより昇進することができることを望んだ。1年後、私は工場長助手に昇進し、合わせて当地の〈重工業日報〉の編集長を兼任した。

私はすでに政治活動には参与していなかったけれども、中共は依然として私を掌中の1枚のカードとしており、その上ソ連は何らかの原因で私に対する警戒を強めていた。

１９３４年6月、陳紹禹が私にモスクワに来るようにという電報を打ってきた。私がモスクワに着くと、彼は私に言った。「あなたの父親があなたに帰国するようにと言っているそうです。彼は上海とその他の地方新聞であなたを逮捕すると宣言しているそうです」私は彼に新聞を自分に見せるようにと要求した。彼は言った。「これは我々が中国から受けたニュースです。新聞はここでは見ることができません」

私は陳紹再が話を捏造して私を脅かしているのではないかと疑った。しかしウラ山区の路上に帰ると、私の意気は益々消沈した。

２カ月後、１９３４年8月から11月までの間、ソ連内政部が突然私に厳しい監視をした。毎日いつも二人が私を尾行しており、私は一刻の自由もすべて無くなったようであった。この3カ月間の中で、私は工場と宿舎以外にいかなる場所にも敢えて行かなかった、更には友人を訪ねることは言うまでも無い。当時私はいつでも逮捕されることが有り得た。特に夜は気を付けなければならなかった。

1934年12月、ソ連の私に対する厳しい監視はやっとのことで終了した。内政部のウラ分部の主任リシトフ（Lishtov）は私を彼の事務所に呼び私に言った。「中国政府はあなたを送り帰すよう指示して来ています」

私はこれを一言聞くと、活力が奮い立った。しかし彼は続けて言った。「最終決定権は当然我々にある。私はあなたが中国に帰りたくないと言っていると彼等に告げる」私はそうすることを拒絶した。数日後リシトフは私に告げた。中国大使館の一人の書記が私と話してみたいと言っており、その内容を彼に伝えると告げた。少し後、私とその書記が面談した時、別に二人が居り、その中の一人は中国人であり、壁1つ隔てた隣の部屋に座っていた。私は当然敢えて中国に帰国したいことは漏らさなかった。我々はただ中国情勢の発展、及び私の家はそもそも私が帰国することをいろいろ考えていることとついて話した。事後、私はリシトフが求めているように私の談話の内容を彼に告げた。

1カ月後、すなわち1935年1月、国際共産（コミンテルン）は私をモスクワに1回呼んだ。この時陳紹禹は私に言った。「中国では最近あなたがソ連で捕まったというデマが飛んでいるそうです。あなたはお母さんに手紙を書いて、あなたがここで仕事をしており、完全に自由であることを伝えるべきです」

私は喜んで彼の提案を受けた。しかし私は明らかに喜ぶのが早すぎたようであった。陳紹禹は続けて言った。「我々はあなたが中国語をほとんど忘れているので、我々が変わって1通の手紙の原稿を起草しました」

私はその原稿を見てみた。手紙の中に書かれたものは決して私が言おうとした話ではなかった。この為私は署名することを断った。我々は手紙に何を書くべきか3日間論争したが、しかし依然として意見を一致させることはできなかった。

すでに双方が対立して動きが取れなくなった状況下で、彼らは私の友人の一人を送って来てこの件を話し合わせた。「もし君が手紙の原稿を受け入れるなら、まだ将来中国へ帰ることができる機会がある。さもなければ、きみの生命は絶対に危険だ。彼等はいつでも君に罪名を捏造することができる」

4日目私は圧力に屈服した。私は手紙の原稿を受け入れる、条件は手紙の最後にこのような一言をつけ加えて欲しい。「もしあなた方が私に逢いたいなら、西欧に行きましょう。私達はそこで逢うことができます」私の考えはこれを以てソ連を離れる口実になることであった。

2日目、私は手紙を内政部長の処に行って見せた。合わせて私が如何にこの手紙を強制して書かせられたか、及び手紙の中のどの部分が不同意なのかを説明した。内政部長もまたこの全体の事は非常に不敵切であると語った。そこで彼は陳紹禹と相談し、手紙を廃棄するよう提案した。

陳紹禹はその後私が再び1通の手紙を書くことに同意した。私はすぐ座って筆を振るってすらすらと書いた。この手紙の内容は前の1通と完全に異なった内容であった。しかし手紙の中では、私が帰郷することを渇望していることは書かなかった。私は只私の仕事をしている場所の気候と生活環境を話題にした。私はこのように書いた。「私は1日たりとも久しく味わってない故郷の漬物を食べたいと思わない日はありません。」この手紙を書き終わって、私は陳紹禹を呼びつけて以前の1通の手紙を返すように要求したが、彼は言った。「あの手紙は焼き払いました」私はその時彼の話は本当ではないと疑った。後に私は彼が確かに私にウソをついていたことを見つけた。実際はあの手紙を国内に送っていた。この事は私にとって青天の霹靂であった。私はこの為気がくさくさして病気になって、13日間入院した。

この2通の手紙は実際は何も伝えていなかった。1通は私の名を使って書かれた物であり、別の1通は私が書きたいと思ったことを敢えて書かなかった物であった。そこで私は別の機会を見つけて父母と連絡するしかなかった。私は一人の陳甫玉（音訳）と云う名の華僑に出会った。彼は非常に帰宅したかった。旅費の工面がつかなかった。私は3箱の書籍と幾つかの家具を売って金に換え、ほんのわずか手伝った。私は彼に父に出す1通の手紙を持って帰るよう頼んだ。私に報いるために、快く引き受けてくれた。しかし1カ月後、彼の妻が走って来て私に告げた。陳甫玉はすでに中ソ辺境の数里の赤塔（Chita）で逮捕された。他でもなくこのように私のあの手紙はずっとソ連国土を離れることはなかった。

私はウラ重型機器工場の数年の中で、芬娜（フェンヌ、後に蒋介石が方良と名付けた）が唯一の友人であった。彼女は父母がなくなった一人ぼっちの女性であった。１９３３年彼女を知った時、彼女は労働者技術学校を卒業したばかりであった。工場の中で、彼女は私の部に属した。彼女は私がきわめて困難な情況にあることを最も理解していた。彼女はいつでも同情を現し、そして助けてくれた。2年後、即ち1935年3月我々はついに結婚した。同年12月、我々の長男孝文が誕生した。

（6）1936〜1937年

西安事変のニュースが報じられた時、私は父が中共に捕らえられたと聞いた。気がせいて、1通の手紙を両親に書き、彼等と連絡することを願った。私はさらにモスクワに走った。私はそこで郵政部で働いている友人のゲシルスタンの処で手紙を送ってくれないかとたのんだ。彼はやってみようと返事してくれた。私はさらにさらにコミンテルンの主席とスターリンに手紙を書いて、ソ連から帰りたいと要求した。

3週間後、コミンテルンは私をモスクワに呼んだ。中共コミンテルンの代表団は私にすぐ中国に帰ることができるが、先ず初めに中国に帰った後中共と敵対したり、トロッキー一派の一方に立つことはできないことを保証する声明を書かねばならなかった。

しかし彼らは私を帰らせなかったばかりでなく、却ってさらに私の行動を制限した。1936年末、私はウラ共産党委員会によりウラ重型機器工場の工場長助理及び〈重工業日報〉編集長の職務を免除された。彼らは更に私の共産党候補党員の資格を取り消し、彼らの会議に出席させなかった。彼らは語った。これはこっそりと父母に書いた一通の手紙がなんとも彼らの手中に落ちた為であったと語った。彼等は更に私が新聞社で仕事をしていた時に彼らの多くの政敵を任用したと言った。

彼らは一人のスピナライという名前のドイツの共産主義者を派遣して私と話した、彼はコミンテルンに私の情況を報告したと言った。コミンテルンは私を暫時先にウラ山区に帰るように告げた。聞くところによると私は一人の「信頼できない人物」であったという。さらにある人は私の運命を決める討論をする会議で言った。「彼は樹の上のリンゴと同じようである。やはり一々親の息子である。我々が忘れてはならない事は蒋経国は蒋介石の息子である」私はただウラ山区に帰らねばならず、ソ連を去ることもできず、さらに悲惨なことは仕事も無くなっていた。

党員の身分と生計も剥奪された後、意気が上がらず、友人もだんだん私から離れて行った。私は毎日家に閉じこもって、読書するだけであった。私は気づまりであり、2~3時になって寝ることができた。この3カ月の日々は、我が家3人は妻の収入で生活をやりくりした。妻が私を時に慰めてくれる時、私はできるだけゆっくりしていた。

このような情況下で、私はついに一通の以前より語気の強硬な手紙をスターリンに書いて帰国を要求した。1週間後にすぐ返信がやって来た。ソ連外交部の返信は私にモスクワに来るようにということであった。モスクワに着いた時、ソ連の副外処スメニコフ（Stsmenikov）が私に言った。「中国政府は我々にあなたを帰国させるように要求しています。ソ連政府は現在南京政府及びその指導者蒋介石と友好的であります。この為、我々の友人の要求に応えてあなたは中国に帰国してもらいます。あなたのご意見は如何ですか？」

私は当然直ちに同意した。話をしている時、私は少し驚喜していた。私を安心させる為に、スメニコフは自動的に父に文章を発送し、私が直ちに帰国することを公表した。

私は突如やって来た転換を受け入れるしか無かった。当初私を拘禁した人が今は私に友好的になっており、しかも積極的に私と中国問題を話しに来ている。彼らの私に対する態度はいきなり非常に多く変化した。スターリンの親友リヘイバタフ（Libeibatav）はさらに私のホテルに来て私に会った。彼はミクトロフ（Miktorov）の紹介で顔見知りであった。ソ連の駐華大使ボグモロフロフ（Bognolov）もまた私を招請して顔を合わせ、私がすぐ帰国することを知り非常に喜んでいると言った。彼はさらに少なからぬ考えを述べ、私に中国は蒋司令の指導下で如何なる進歩を遂げたか知らしめた。あの手段を択ばず私の帰国を阻止してきた陳紹胡手も私に会いに来て、非常に礼儀正しく天と地の隔たりがあった。

軍中の数人の友人が、コドフ（Kodofu）及びゴータ（Gota）は私に対して中ソは親密な盟友に変わることとできると言った。彼等は私に言った。「我々は日本が我々両国の共同の敵である。中日は一戦を交えざるを得ないであろう。大部分の中国人は勇気を奮い起こして戦うことを認めている。しかし、さらに多くの武器が必要である」さらに彼らは言った。「ソ連はこの面に於いてできるだけ中国が日本を打ち負かすよう手伝うことができる」

ソ連の副外交部長もまた私に接見した。彼は私に言った。「中ソ関係はまさに日益に改善されています。我々は現在南京政府及び蒋総司令官に対して透徹した認識を持っています。中国は最近4～5年来長足の進歩を遂げています。我々は将来地理上のみならず、さらに政治面でも、密接な関係を持つことを希望しております」別れ際に言った。「蒋総司令官及及び外交部長によろしくお伝え下さい」

私がモスクワを去る日に、コミンテルン主席のデイミタノフ（Dsmitarov）は私を彼の家に招いて、私に言った。「今私は『ソビエト化を以て中国を救う』見解は間違っていると考えています。蒋総司令官にお伝えいただきたい事は、共産党が誠意を持って国民党と連合することをすでに決定している事です。我々は蒋総司令官が非常に有能な軍事家であり、出色の政治家であると考えています。……どうか帰国後私の深甚なる誠意をお伝えください」

私の境遇が信を置くのに難しいことを痛感しており、……はっきりと理解していた。

１９３７年、日本が中国の生存に危害を及ぼしたことにより、国共は協力合作せざるを得なかった。このような情況下で、ずっと共産党から不倶戴天の敵と見なされていた父は再び全国民抗日の全国指導者とされた。この時に中国に帰って来て、その年ソ連に留まっていた時と同じように、すべて政治意義に深く入り込んだ。

１９３７年3月25日、私は家族と共にモスクワを去り、12年間の悪夢を終えた。12年間の中で、私本人は人質になっていた……この12年私が得た教訓は深く心に刻みこまれ、みな永遠に忘れることのできないことである。

●１９３７年5月27日
於、中華民国浙江省渓口文昌閣
クリエン著『私が知っている蒋経国』より引用

「私のソ連における日々」は蒋経国がソ連より帰国後１９２５年から１９３７年に到るソ連での

期間に於ける回顧録である。１９３７年5月27日書き上げたものである。内容にはその政治境遇に関することが比較的多い。その中ではソ連政府と中共駐共コンミューン代表団の彼に対する態度及びその状況変化に関する内容が特徴的である。

十五、１９４５年スターリンとの談判の回想

一世紀来、我々中国の衰退は、もとより大多数の人民が「民族の自信」を失くしてしまったことによるが、列強の帝国主義が我々に対してたえず侵略と圧迫をしてきたものである。特に近隣の日、ソの両国が、ことさら被害を与えた。日本はまだ力が無かった時、ロシアがほかでもなく先にやって来た。ロシアが負けると、日本が又立ち上がった。現在は日本が倒されて、又ロシア人の天下になった。本当に「前門の虎、後門の狼」であった。日本の田中義一は言っている。「アジアを征服しようとするなら、必ず先に中国を征服する」日本の野心は、すでに日本人自身の口中から出たものであり、これは容易く明らかだった。そしてロシア人が違っていたのは「弱小民族を育成する」殖民地の解放運動を手助けし、中国革命を援助することであった。実際には絶対にそんな事は無く、それは只口ではいいことを言いながら内心はそうではない。やり口を変えた侵略主義のみであった。

ロシアの我が国に対する侵略はスターリン時代であり、悪事がもっともひどい状況になった。スターリンの侵略主義はロシアの歴史的伝統を継承したものであった。彼の政策は他でもなく

ピョートル大帝の政策を執行したものであった。何が「社会主義」、「共産主義」、「民族自決」等々のスローガンとか言っていたが、しかしすべて人をだます見せかけだけであった。私は1つの実例を挙げることができる。私が民国34年（1945年）モスクワに行き、スターリンに会った。談話が終わる時に、彼の秘書がついでに私に尋ねた。「あなたは数年モスクワに来ておられません。あなたは何か新しい発見をされましたか？」彼に私は言った。「私は今日の午後やっとモスクワに着いたばかりです。夜になってすぐ皆さんに会いに来たのです。ですから私はまだ何か新しい発見をしておりません。しかし1つだけ私はあなたに教えていただきたいのです。1931年私はこの場所でスターリンを見たことがあります。現在の事務室のすべては、みな以前と同じですが、1点だけ違うものがあります。以前はスターリンの机の背後には、レーニンが戦車の上に立っている1枚の絵が掛かっていました。人民暴動を呼びかける油絵でした。しかし今度は見かけないで、別の1幅のピョートル大帝の画像でした。これが私が今日発見した新しい事物です」この秘書は笑って聞いていて言った。「当然新しいものです。あの時はあの時、今は今です」スターリンは以前レーニンと一緒に「革命」に従事していて、ピョートル大帝のユニエシャフホワンニグラを打倒した。現在、彼はニグラの祖先ピョートル大帝の画像を用いて、彼自身が崇拝しているレーニンの画像に変えている……。

民国34年（1945年）2月、アメリカはソ連に参戦させ対日戦争の収束を早める為に、ルーズベルト大統領はスターリンとヤルタ協定を締結した。我々は当時国境まで押し寄せ強敵（日本）を撃退するために、譲歩や損失をしのんでも、ヤルタ協定に基づいて、ソ連と政府交渉をし、中ソ条約に調印した。交渉の時に、アメリカ側のある人が主張した。戦争を終結しようとすれば、必ずソ連に参加させねばならず、ソ連は当然彼等に有利な条件を提示するだろう。彼等が提示した後、中国政府は彼等に好い処を考慮しなければならない。

民国34年（1945年）、アメリカがまだヤルタ協定を公布する前に、我々の政府はすでにモスクワへ関係者を派遣して中ソ交渉を開始し、私も参加した。今回の交渉は当時の行政院の宋子文院長が代表者であった。我々がモスクワに到着すると、最初にスターリンと会見した。彼の態度は非常に礼儀正しかった。しかし正式に交渉が始まった時には、彼の必死になった顔つきがすぐ現れた。私が非常にはっきりと記憶していることは、その時スターリンは1枚の紙を持ち出し宋院長の面前で投げつけ、態度は傲慢になった。……続けて言った。「あなたはこの物を見たことが有りますか?」宋院長は一目見ると、ヤルタ協定であることを知って、答えた。「私は大体の内容を知っているだけです」スターリンは又強調して言った。「あなたが問題を話すことはできるが、しかし、これが根拠になるものでなければいけない。これはルーズベルトが署名したものですよ」我々はモスクワに来たからには、忍耐して交渉するしかなかった。交渉の中で、双方が非常に激烈に論争した中に2点があった。第1にヤルタ協定によればいわゆる「租借」という2文字であった。父は我々に指示した。「この2文字を使ってはならない。この2文字は帝国主義が他人を侵略する一貫した用語である」第2にすべての問題はみな一歩一歩討論することができるが、しかし我々国家主権と領土の完全整合を考慮しなければならないということであった。後に、スターリンは「租借」の2文字を使わないことに同意した。中東鐵道、旅順、大連これらの問題も又順調に譲歩してくれたが、しかし外モンゴルの独立問題に関しては実際はソ連が外モンゴルを併呑する問題で、彼は決して譲歩しなかった。これは他でもなく交渉の中で絶対に譲歩されない問題点の所在であった。かつ結果が無いので、その当時我々内外の環境は又大変険悪であった。この時、父が我々に電話をかけてきて、我々は正式にスターリンと交渉せずに、私が個人の資格でスターリンの処に行って、我々が外モンゴルの独立に対してなぜ認めることができないかという道理を代わってつたえるように伝言してきた。私は私人の資格でスターリンに会うことに成功した。スターリンは私に尋ねた。「君達は外モンゴルに対してなぜ彼らの独立をずっと認めないのかね?」

私は言った。「我々中国は7年抗戦してきたことを貴方に了解していただきたいのです。他でもなく失った国土を取り返さなければなりません。現在日本はまだ追い返されていません、東北台湾もまだ取り返していません。すべての失った土地はまだ敵の手中にあります。却ってこのように大きな土地を割譲してしまえば、抗戦の真意になるでしょうか? 我々の国民はきっと我々を許さず我々を、国土を売ってしまったと非難します。このような情況下で、国民は必ず政府に反対し始めます。それでは我々は他でもなく抗戦を支持する方法が無いのです。それだからこそ、我々は外モンゴルがロシア国に併呑されることに同意できないのです」

私が話し終わると、スターリンがすぐ言った。「君のこの下りの話には道理がある。しかし、君は知るべきだ、今日は私が君に助けを求めているのではなく、君が私に助けを求めているということだ。もし君の国が力が有れば、自分で日本をやっつけることができる。私は当然要求を提示することができない。今日君はこの力がない、さらにこんな話をしても、無駄話になるだけだ」

話す態度は非常に傲慢で、露骨に帝国主義者の本当の姿を現していた。私は又すぐ単刀直入に彼に言った。「あなたは何故外モンゴルの『独立』にこだわっておられるのですか？　外モンゴル地方は大きいけれども、人口は非常に少なく、交通は不便であり、又何の物産も無いですね」

彼はきっぱりと言った。「正直に君に言ってあげるがね、私が外モンゴルが必要なのは、完全に軍事的な戦略観点でこの地方が必要なのだよ」

彼は地図を出して来て、それを指し示しながら言った。「もし1つの軍事力があり、シベリア鉄道を切断すれば、ロシアは駄目になってしまう」

私は又彼に言った。「現在あなたは軍事上憂慮する必要は無く、あなたが対日作戦に参加すれば、日本は敗北し、再び立ち上がることはできず、外モンゴルを占領することはできないし、ソ連の根拠地を侵略することもありえません。あなたは外モンゴルからソ連に侵攻されることを考量するならば、日本以外にただ一つ中国があるだけです。中国とあなたは『友好条約』を締結し、あなたは25年と言われていますが、我々はさらに5年加えてさらに30年にすれば、即ち30年内には中国はあなた方を攻撃することはできません。もし中国がソ連を攻撃したいと思っても、まだその力はありません。あなたは全て分かっておられます」

スターリンは直ちに私の話を批評して言った。「君の話は間違っている。第一に、君は日本が敗北した後、すぐには外モンゴルを占領し、ロシアを攻撃することは無いと言ったが、一時的にはこのようであろうとも、永久にそうであることはありえない。もし日本が負けても、日本民族はやはり蘇って来る」

私はすぐ聞きただして言った。

「何故ですかねえ?」

彼は答えた。

「天下の如何なるものも皆消滅することができる。ただ『民族の力は消滅できない』特に日本のこのような民族はなおさら立ち上がって来るであろう」

私は又彼に聞いた。

「ドイツは投降しました。あなたは一部分を占領しました。ドイツもやはり立ち上がりますか?」

彼は又続けて言った。たとえ日本が再興するとしても、またそんなに早くはないだろう。この数年間では君は日本よりの攻撃を防備する必要はあるまい。

彼は言った。

「早くとも遅くとも、いつかは再興するのであるから、もし日本がアメリカの支援を受ければ、5年以後はすぐに再建するだろから君は気を付けなければならない」

私は言った。

「アメリカ人が管理するなら、5年ですぐ再建できるでしょう。そうしたらどんなことになりますかね?」

彼は言った。

「私が管理するなら、多くとも5年はあまり気を付ける必要は無い」その後面倒くさくなって、直接言い出した。「絶対に外モンゴルをもって行くわけにはいかないぞ」話し合いはずっと続いたが、スターリンは又非常にまともに私を見やって言った。「私は君を一人の外交官とみなして話をしているつもりは無い。私は君だから告げることがある。条約は信頼できないものだ。それに、君は一つの間違いをしている。中国はロシアを侵略する力が無いと、君は言ったが、今日はこのように話すことができるが、しかし君の中国は統一さえできれば、いかなる国の進歩よりもすべて速い」

これはスターリンの確かに「心の底から出た言葉」であった。従って彼が我々を侵略しようとするのは、やはり我々が強大化するのを恐れているのである。このため、目的だけにこだわって、手段を選ばず、あらゆる方法を講じてプレッシャーをかけ、我々を分裂させ、仲たがいさせようとする。

続けて、彼はまた言った。

「君は日本と中国は共に外モンゴルを占領する力が無いと言ったが、『第三勢力』が出て来てこのようにやることができないとは言えない」この勢力はどこか、彼は先には故意に言わない。

私はすぐ彼に反問した。

「アメリカですかね？」彼は答えた。「もちろんだ！」私は心中ひそかに考えた。アメリカ人はヤルタ協定を締結して、彼に多くの便宜と利益を与えたが、やはりアメリカは彼の敵であることを忘れることはできなかったのだ！

最終的に、数多くの交渉を経て〈中ソ友好条約〉を締結した。しかし、父は当時この条約を締結するに当たって、原則上の指示をしていた。「外モンゴルは『独立』を許可するが、公民投票を経ること、尚且つ三民主義の原則に基づき投票するべきである」この原則を、スターリンはやっとのことで同意した。スターリンは言ったことがあった。「条約は信頼できない……」

私がまだ記憶していることは、友好条約に署名する時に、ソ連側の代表が、又別の問題を持ち出したのである。彼の外交部遠東主管者が、条約上に一枚の地図をつける要求を私に相談してきた。合わせて旅順港一帯区域に、一本の黒線を港から約20里（10㎞）離れた距離に引いて、この線の内側は旅順港の管轄に区分しようとした。国際法の観点に照らしてみると、公海の範囲には一定の規定があり、ほかでもなく陸地から一定の距離を離れていることである。ロシア側のこの要求は明らかに不合理なものであった。この一つの問題の為に、半日、午後4時半から深夜の2時半まで、議論を戦わせて、まだ解決しなかった。

私はうるさがって言った。「あなたが線を書き入れたいなら、自分の線を書き入れ、私は書き入れることはできない」

彼は言った。

「この線を入れなければ、条約を絶対に結ぶことはできませんよ！」

私は言った。

「条約を締結できなくても、私は責任を負うことはできません。なぜなら私にはこの権力が無いからです」

彼は言った。

「私には根拠があります」

私は言った。

「あなたにはどんな根拠があるのですか？」

彼は1枚の地図を持ち出した。他でもなくツアー時代のロシアが旅順を租借した古い地図であり、この地図の上に一筋の黒い線が書き込まれていた。

私は非常にこっけいに感じた。それで嫌味たっぷりに彼等に言った。「これはツアー時代のものですね。あなた方はツアー時代のすべての条約を廃止したとっくに宣言したのでは無いのですか？　すべての権利はみな放棄したのですか？　あなたは今さらにこの骨董を持ち出して来て、あなた方が打倒したツアー時代を承認することに等しいのではないですか？」

彼は少し慌てて言った。

「あなたは我々のソ連政府を侮辱してはなりませんよ！」

私は言った。

「私はこのようなものに基づいて交渉されるのか聞いているのです。全世界にあなた方はツアー政府と同様であると告げているのに等しいのではないですか？」

彼は言った。

「あなたは騒ぎたてるべきではありません、かっとのぼせすぎです」

私は言った。

「あなたが条約を締結することは可能です。しかし如何ようにもあろうとこの一本の線を書き入れることはできません！」

そして一回の論争を経た後、この1枚の地図は、条約文書につけ加えられたけれども、しかしその一条の線はずっと一貫して書き入れなかった。この件から見て、我々はスターリンがもともとツアーの生まれ変わり或いは化身であることを理解した。

ヤルタ協定の中で、東北の行政権及び一切の主権は、すべて中華民国政府に帰することを規定した。しかし、ソ連の軍隊がやって来て、すべてが無効になった。スターリンは全力を尽くして林彪の部隊を援護し育成した。すぐ林彪の部隊の力が全東北を支配できるようになって、やっと撤退を開始した。彼等は我々政府に対して「友好関係」を何度も言い張ったが、しかし、日本の関東軍が撤退を始めた時に供出させた武器は、絶対に我々に引き渡すことはしなかった。条約に基づき、何度も彼等に交渉して、彼らが言い逃れすることができなくなると、

「その通りしなければなりません、しかしあなた方は1週間後にもう1度来て下さい」

後に1週間が過ぎて、再度交渉に行くと、「2日後にもう1度来てください」2日後に行くと、「すみません！　関東軍の武器は元々汽車の駅に置いてあったのですが、汽車に積む時に積み間違えて、モスクワへ運ばれてしまったのです」後に、我々は1つの公文を出して、彼等に質問した。

「こんなに多くの貨物を、どうして積み間違えるのか理解できません。又1~2個の箱ではないでしょう？　運び間違えることはないのでは？」彼らは全然気にした様子は無く、一つの公文を返してきた。「貴方の文書を、我々は受領しました。現在同盟友好の関係に基づき、我々は関東軍の武器を貴方に渡します。全部で歩兵銃3千本、軍刀148本、現物はハルピンにあるので、貴方が自分で受け取りに行って下さい」これは本当に我々にとってはふざけた返事であった。実

際は、彼らは武器を林彪に渡し、我々の政府を攻撃することに使った。

ロシアは我々を侵略しようとしているだけでなく、常に刻々と中米関係を離反させようとしていた。私は先ず2件の事実を挙げ、ロシア帝国のこの種の陰謀を説明する。第1件は、民国34年（1945年）12月、東北交渉が最終的な第一次の困難な時に、父は東北と中ソ関連の多数の問題を解決する為に、私を個人的な代表の資格で再び派遣し、スターリンと会見させた。当時スターリンがかつて私に言ったことがある。「君達中国人はアメリカ人が中国を利用して彼らの利益を満足させるための道具とし、必要な場合は君達を犠牲にしたいと考えているのだ！　ソ連は本国の生産機器、自動車、及び中国にはない物資を中国に提供する。同時に中国が自国の鉱産品、農産品をソ連に提供することを希望する。ソ連は又中国が東北で重工業を建設すること、並びに新疆の経済発展を支援することができる。しかし、私は繰り返し声明する。また私の最大の一つの要求は、君達はアメリカより一人たりとも中国に来させない、アメリカ兵が一人でも中国に来るだけで東北問題は解決が非常に難しくなる」

「私の経済顧問が近ぢか長春に行くことになっており、私は彼と君に顔を合わせて欲しい。私は彼に告げておく。国民政府が今後アメリカに東北で利益を上げさせないと保証できれば、我々ソ連は必ず必要な譲歩をすることができる」

「ソ連は中国とアメリカが関係を樹立することに反対はしない。何故ならアメリカも又中国の経済上の建設を支援できるからである。しかし君達は決して彼らを信頼してはならない」

スターリンのこのような尤もらしい話は、初めて聞くとあたかも「仁徳ある人の言動は大衆まで利益がおよぶ」という感じであるが、本質的には「泥棒が泥棒を捕まえろと叫ぶ」というようなものだけである。私はスターリンが告げた一連の話は他でもなく正にロシア帝国が中国を征服し、すべての東南アジア市場を独占するという最重要な輪郭を述べたものにすぎない。私の父はより早く見透かしており、これはスターリンの狡猾な陰謀であり、もし我々がこれにだまされると、国が滅び民族が滅亡することになり、中華民族は永久に立ち上がることができないことになってしまうと説いた。したがって、我々はスターリンのこのような中ソ経済関係の提案、及び中米関係の離反は徹底的に拒絶した。

第2件の事は、西暦1946年、ホーリーが突然アメリカ駐ロシア大使の来電を受けて、父を訪ねて来て言った。「委員長とスターリンが会見するというのは、一体どんな事ですか？」父は答えた「ロシアの関係者が非公式で先に私にたずねてきて、スターリンと会見する意向があるかどうか？　と聞いたのです。私は当面時間が無く、出国もしませんと答えました」この事は父の推測によると、きっとロシアが先にアメリカに告げたもので、父にスターリンとの会談を要求しているという意味であろうということであった。その事がアメリカ側に父に対する疑いをもたせ、仲違いさせ、中米二国国交を離間させるたくらみであった。後にロシア側は多分以前私に非正式に父とスターリンの会談の一事を要求したことを我々からアメリカに告げた、或いはアメリカはすでに父がホーリーに告げた話をロシア側に質問を出したことで腹を立てていたのか……。

ロシア側が企てた父とスターリン会談の事件は、このような情況を経て民国35年（西暦1946年）5月中旬、一人のソ連駐華大使館の武官、名前はルオソンがあちこちで事情があると言いふらし私を探していた。私は当時すぐに日時を決めて彼と会った。顔を合わせると彼はすぐ言った。「あなたは何処へ行っていたのですか?」私は言った。「北平に行っていました」彼は言った。「この数日は私の一生の中で、一番いらいらした日々でした。あちこちであなたを探しましたがあなたを見つけることができませんでした」彼は同時に一枚の電報を取り出し私に見せた。内容は次の通りであった。「ソ連政府は蔣委員長がモスクワに来られ、スターリン元帥と会見されることを歓迎します。もし蔣委員長がモスクワで会見されるのが不適切であると思われるならば、スターリンはソ連の国境内で如何なる地方でも会見されることに同意します」私はすぐ回答した。「私はじかに委員長に報告しなければなりません」彼は言った。「あなたが報告した後で、委員長がどのように答えられたか、どうかすぐ私に伝えて下さい」彼が話をする態度は非常に切迫していた。

父は言った。「ゆっくりと彼に答えなさい」。その日ルオソンは居ても立ってもいられないように、結局7回電話をかけてきた、この事をせきたてて来た。彼が7度目の電話をして来た時、すでに深夜であった。私はすぐ非常に気楽な口ぶりで断って話した。「友よ！　私は眠らなければならない。明日もう一度話しませんか?」。彼は言った。「一体委員長はどのようなのですか?」私は言った。「委員長はまだ何も言っていません」二日目になって、父は私を呼んで、私に次のように指示した。「お前がルオソンの処に行って、数カ月の内は、自分は非常に忙しく自分の国土を離れることができません」父は又私に指示して言った。「この件について、お前はこのように短く返事するだけでよく、多弁する必要はない」私は命令を受けて、すぐ直接ルオソンに会いに行き、父の意図に基づき、彼に上述の数句を告げた。彼は言った。「外に何か話はないのですか?」私は答えて言った。「外には別の話はありません」事実の経過は、すなわちこのようであった。計らずもスターリンは頭を回して、この資料を利用し中米両国の国交を離間させる悪だくみを図ろうとしていた。

父はこの事件に対して日記にこのように書いている。「余はこの事に至って、国際情勢の複雑さと陰謀の残忍さをさらに一層痛感し、決して率直に自分勝手に対処することはできない。しかし余は誠実謹直を誓い、恐れず、偽らず、中道を行く。いわゆる誠を以て偽りを制し、拙さを以て巧みさを制し、即ち一時は冤罪を着せられても、最後には必ず了解される。それは余が国際外交に当たる者として、頼みとするものは只誠意と道義である」

要するに、スターリンの最終目的は、他でもなく我々がアメリカから離れることであり、アメリカと徹底的に分かれることであった！　しかし今日に至って、我々は…アメリカと別れないで、逆に更に一歩進んだ協力関係にあり、我々は一貫して期待に背かないアメリカの友人となっている。

第二章　貢州訓練班

訓練日記　1940年

一、みなで兵隊に行こう

やらないと言ったのか、或いはやったが徹底していなかったのか、はっきり説明したのに、できなかったのか、各政府機関が犯す最大のよくない癖であり、ただ訓練方法を用いることによって初めてこの欠点を直すことができる。しかし各級機関の仕事は、みな非常に緊迫しており、仕事を決して中断することができないが、全体の職務者集団訓練を行う。しかし我々は職務者の訓練が当面最も差し迫った任務である。従って、我々は他でもなく一人を選び半分仕事をしながらもう半分で訓練をする方式を採り、即ち就専員として、県長から書記に至るまで、全体の職務人員は寄宿舎に集中して入り、半日業務、半日講習を行った。期間は暫定的に2週間のシステムで講習の内容は、『軍事訓練、講義、小グループ討論』の3種類に分ける。軍事訓練は身体訓練及び規律を守る習慣を身に着けることに力を入れることとした。講演は専任の講師を招請して総理遺訓を話していただく、総裁の言行、国際現状、本国の歴史と地勢、法律の不注意、3年計画、医薬常識、工業常識、農業常識、防空防毒、教育概論であり、職務討論は秘書、科長、科員等に分ける。

討論の内容は過去の仕事の欠点検討、及び今後の仕事の方針を決定する。その項目毎の授業は2~4時間である。小グループは職務、業務、共同に分かれ3種を討論する。職務討論は秘書、課長、科員、事務員、職員の5種類に分ける。討論の内容は如何に良い秘書、科長、科員になるかということである。業務討論は民、財、教、軍事、政治工作、婦女工作に分ける。討論の内容は過去の工作の欠点、及び今後の工作の方針を確定すること。共同討論のテーマは、どのようにすれば広大な群衆に近づけるか、どのように公文を処理すれば初めて合理的か。時事研究。どのようにすれば総裁の信徒になれるか。何故我々は中共に反対しなければならないか。

毎日の任務の時間分配は4時起床、4時15分から5時15分早朝体操、6時国旗掲揚、6時半から11時まで執務、11時から14時まで個別談話、及び休息、14時から17時まで講演、17時10分国旗降下、17時30分から20時、自由活動、21時点呼。21時30分就寝。

講習会は総務、教育、訓導の3カ所の係で行われる。並びに軍補導、軍事管理実行、専任会長兼軍訓営長より、各組の工作人員及び軍営官長はみな学員自身が担任する。すべてが専任公署、保安司令部、県政府全体工作者であり、一律に訓練を受けることに参加する必要があり、本日午後2時に入営し、午後4時までで、志願を終了した。志願者全員で183名となり、行政機関の工作人員を除き、訓練を受けることに参加する自己志望者は県党部及び米穀塩貯蔵調達処の業務者が30名であった。4時半公共体育場に集合し、編隊を開始した。全部で2連隊及び一つの直属小隊であり、直属小隊は19人の女性の同期生であった。隊列は身長の高さによる順序で編成されたので、1小隊の中、1班の中には課員が居り、事務員が居り、党務工作者が居り、塩務作業者が居た。そうしてすでに訓練を受けたことがある同期生を小隊長と班長に選んだ。編隊した後、私はすぐ全兵営の将校、学員に対して訓練の原則をはっきりと説明した。

1、厳しい事、我々は必ず厳格に訓練を行い、皆が寒さを恐れず、飢えを恐れず、苦しさを恐れず、痛さを恐れず、訓練は厳しいほど効果は必ず大きくなる。

2、一、皆の精神を一致し、行動を一致し、思想を一致させるべきこと。

かつまた自分を一人の新兵と見なし、一人の小学生と見なし虚心に学習する精神を抱いて学び、誠実に事に当たる方法を学び、命令には絶対に服し、厳しく規律を厳守すること。

兵営に帰った後、物品を分配する。布団、むしろ、洗面器、日記簿、鉛筆等である。今日夕食の時間は、食堂の中の秩序が非常に乱れていた。一般の学生は将校の命令にもかかわらず、いつまでも取りしまりも無く大いに弁舌を振るっていた。食べ終わった後、飯櫃が少なすぎると言う者や、地上にうずくまってあまり衛生的ではないとか、あまり速く食べ過ぎて、おかずが少なすぎると言う者もあり、これはみな彼らの過去の生活の反応であった。

夕食を終えた後、すぐ学員が室内の日常の仕事を整理し、寝床整理の情況を規定した。一般学員はみな非常に面倒であると感じていた。

8時に内務の検査を開始した。一般的に言うと、まずまずきちんとしていた。9時に大講堂で点呼の後、私は皆に痰を吐かないこと、禁煙すること、いつでもどこでもみな速足であるくこと、遅刻早退をしないことの4件を適切に実行することを要求した。

明かりを吹き消した後、各寝室に見に行くと、大多数がみな寝床の上で何度も寝返りを打ち、寝付けないようであった。今晩は係長指導員会議を開き、成績表、小グループ討論のテーマ及び方法を確定した。その後、又将校会議を開いて、彼らに軍事管理の原則を告げ、且つ多くのこまごました問題を解決した。例えば貯蔵室のカギの購入、入浴時間の規定、茶筒及び菜種油灯の増加等々。11時になると、寝室に行って調べた時には、皆すべて眠っていた。

二、鉄人の錬磨

我々は本来起床の時間は４時と規定しているが、しかし今日は大多数の同期生がみな３時に起きていた。寝付くことができなかったという人も有り、遅刻が怖かった人も有った。その為４時起床のブザーが鳴った時にはほとんどすべての同期生が皆すでに洗顔し内務を整えていた。無理もなく彼らは新しい生活にやはり少し不慣れであった。

私は４時に起床後すぐ各寝室に行って内務を検査した、多くの規定に反する処が有り、直ちにすぐ直した。４時30分に軍事訓練を開始した。今日の課目は「気をつけ」であり、皆はこの種の動作はありきたりで無味乾燥である。私は皆にこれは真人間になり、事に処する基本であると告げた。

朝の体操から帰った後、すぐ旗の掲揚式を行った。私は同期生全員に対して話した。

１、如何なる行動をするにも、自分の精神を徹底的に実行しなければならず、このようにして初めて力を発揮することができる。

２、内務を整理することは本物の要求をしなければならず、いい加減にあしらって、欺いてはいけない。我々は内務を整理する中で、身を持して、事に当たる方法を学習する。

３、我々は絶対信用を守らなければならない。嘘を語ることは許さない。

私自身の事務室の正面に一つの悔悟室を作った。悔悟室の壁に一枚の私が書いた真人間になる注意事項を貼った。

1、誤りを恐れるな。只改めないことを恐れよ。

2、清廉潔白な人となりであれ。

3、自ら良心に問え。

且つ悔悟室を作る意義を同期生に詳しく説明することとする。

7時に開学式典を挙行した。私は挨拶の中で、訓練の意義は鋼鉄を練磨する好漢の様な、決然とした意志を有する革命幹部を育成することであると述べた。訓練の目標は次の4点とした。

1、幹部の意志を統一すること。

2、部の精神を団結すること。

3、幹部の信念をしっかりと定めること。

4、幹部の能力を強化すること。

訓練の方法は次の3点とした。

1、厳格な規律を以て、散漫な行為を正し直す。

2、嘘偽りのない動作を以て、いいかげんな態度を正し直す。

3、極めて公平な精神を以て、自分勝手な心理を正し直す。

要するに、我々は自分を一銭の値打ちも無く、自暴自棄になってはならず、そしてまた鋼鉄の好漢が自立しているように、また自分を真珠の宝物のように思い上がってしまうことがあってはならず、絶えず進歩を求めるべきである。

開校式典が終わった後、すぐ集合して各職へ帰っていった。真心をこめてやっていることを示す為に、毎朝長官と同期生が出会う時に、必ず互いに「同期生のみなさんお早う」、「長官、お早うございます」と挨拶し、各職場の仕事仲間と中途で別れる時には、必ず互いに「同期生さようなら」、夜になって睡眠する時、必ず「おやすみなさい」と言った。

11時には本部に帰って食事をした。12時には個別談話を行った。特に同期生が仕事に対して満足しているか否か。何か改善すべき意見があるか、同時に彼ら一人毎の長所に注意した。彼らは講習会では職場のような拘束が無く、話したいことはすぐ話した。従って以前知らなかった多くの事を知ることができ、多くの教訓を得た。

今日午後の授業は、総裁の言行、総理の遺訓であった。5時に降旗式を挙行した。私は皆に言った。一粒の米は一粒の汗である。我々は一粒の米を宝物と見て、ご飯を食べる時、農民の血と汗を忘れてはならない。ご飯を食べていない住民の事を忘れてはならない。一般人の欠点は、他ならずご飯を食べ終わると、お椀の中に幾粒の米粒を残している、或いは所かまわずほったらかす、これは全てしてはならない現象である。我々が庶民を愛していることは則ち我々の飯を作ってくれているからです。同時に同期生の皆さんがお椀の中に一粒の米粒も残すことは許されません。また飯粒を地上にほったらかすことも許されません。

今夜は、皆が映画館で『ウクライナのドイツ抵抗記』を見ることであった。後で電灯が故障して、皆は真っ暗な映画館の中で座っており、私は皆に告げた、これは君達が忍耐力を訓練する最も良い機会です。私は言った。睡眠は必ず十分取らなければなりません。さもなければ体に非常に大きな負担がかかります。従って明日4時以前には起きてはいけません！　同期の皆さん明日また会いましょう。

三、力が有る者だけが初めて勝利することができる

一般の同期生は過去ずっと事務所の中で公文を書く時間が多く、その為身体は非常に不健全であり、猫背腰曲りが非常に多い。彼らが自分の身体が好くないことを知るために、早朝の体操時に一度健康競争を行った。一班ごとに身体の最も良い人と身体の最も悪い人を互いに比較すると、身体の悪い人は、すぐ恥ずかしく羨ましく感じていた。今日私は全体の同期生を連れて25分間の駆け足をした。最後まで走った人は57人だけであった。駆け足が終わった後、私は皆に言った。駆け足の中ですぐ誰が力が有り、誰が勝利できるか見出すことができる。また誰かは力が無く、途中で必ず淘汰される。最後の勝利を克ち取り力が有る者だけが初めて勝利することができる。最後に勝利を克ち取るために、我々は必ず自分の身体を鍛錬するべきです。

今日朝食を食べる時、大変多くの人が話をして、がやがやと騒がしく、私はすぐ皆に食堂の中では絶対に話をしてはならないことを要求した。静粛は軍隊の中で最大の要求であり、しかも以後どこでも痰を吐くことは許されないことを規定した。この事を宣言してから、痰を吐く人はいなくなったと云うことができている！

個別の談話の中で、私にさらに一歩幹部のことを認識させてくれた。特に低クラスの公務員の生活と仕事の能力であった。これまで毎日顔を合わせていたけれども、いつも個別に話をすることは少なく、従って多少ちょっとわだかまりがあった。そして現在は上下が徹底して実行することになった。これは今回この訓練の中で最大の効果であった。

今日の授業は、総裁の言行及び本国の歴史要点であった。

午後は小グループ指導員の会議を開き、今夕の小グループ会議のテーマは仕事のやり方を真剣に点検し、総括することであり、討論のテーマと要綱を決定した。

1、業務報告　2、現在の業務は満足か否か　3、業務の中でどんな欠点があるか　4、今後の業務計画。

小グループの討論の際に、皆すべて非常に熱心に発言し、結果は非常に好かった。

夜点呼する際に、私は同期生の記憶力をテストし始めた。彼らに旗の高揚の時に、叫ぶスローガンを覚えているかどうか、彼らの教職員の姓名、二日間の授業の要点、最後に私が二つの笑い話を聴かせた。皆は楽しく眠りに行った。

四、太陽、空気、水

太陽、空気、水は我々の最大の友人である。しかし中国人の一般的な習慣で皆はあまり彼らに会うのは得意ではない、それだから一日一日悪くなっていく。今日私は皆が上着を脱いで腕をむき出しにし、太陽に当てて駆け足をするよう求める。一般の人はこれを見てあまり品が好くないと言うかも知れない。しかし私は徹底して身体を鍛錬する方法であると考える。服を脱いだ後、私は彼らに気持ちがよいかどうか尋ねると、彼らは大変大きな声で、「気持ちがよいです」と答えた。「皆さんの両手を使って、胸をたたいてみてください。両手を使って互いに擦ってください」大多数の同期生はやはり初めて直接新鮮な空気と太陽に接触して、みな興奮していた。後に私は一人の同期生に胸を出した運動についての感想を尋ねた。彼は言った。「自由なことを感じて拘束されません。気楽で痛快に感じました」15分駆け足をした後、私は皆に言った。「長ズボンを脱いで、その上わら靴も脱いで裸足になってください」皆はこの宣言に非常に意外に感じていた。私自身も同じように裸足、裸で彼らを連れて歩き、その後彼らを連れて走った。駆け足を始めた時、朝日が東方から上がってきた。私はすぐ一声で命令した。「太陽に向かってダッシュ！」その結果最後まで走ったのはただ48人だけであった。

駆け足の後、私は言った。「農村の農婦農夫は、街の中で夫を選びます。山に登り、峰を越える、皆裸足です。我々の脚と彼らの脚も同じです。なぜ彼らは歩くことができるのか？そして我々は歩くことができないのですか？我々は脚は有るが使うことができないのです。我々は常々苦しさやつらさを耐え忍ぶことができると語っているけれども、しかし我々は口でだけ語ってすませるだけではなりません」裸足で駆け足をした後、我々は又一度気力の試合を行った、他でもなく中国式の相撲であった。皆はこの動作に対して不自然であると感じていた。ある人は甚だ野蛮であると思っていた。と言うのは一般の中国人はみな他人と気力を比べることは好まない。その上最も恐れることは自分の本当の力を他人に見られることであり、いつも俺倖の心理を持っているが、機に乗じて努力をせず小手先に頼って上手くことを運ぶために人を騙し、自分を騙す。

従って相撲を始める時、大多数の同期生が皆敢えて手を出すことをしなかった。しかし私は彼らが手を出すことを激励した。結果は力の無いものは当然負かされてしまった。私は皆に告げた。「皆さんが強大な力を以て革命の仕事に従事することを望みます。力はすべての最も主要な要素です。今日我々が必要とするものは、１に力、２に力、３にやはり力です」

旗を揚げる時、私は親愛なる真心を込めて、団結一致の意義を話した。かつ同期生同士の深い思いが要ることと互いの了解を要求した。

朝食の後。皆は大講堂に集合して〈新しい貢南〉の歌を歌った。皆が事務所に向かって出発した時に、私は事務所の内務の整理を徹底して行うよう要求して、かつ非常に多くの仕事を担任していた。

今日の授業は、現在の国際情勢と本国の歴史要点であった。

午後指導員会議を召集して、私は今後小グループ会議で注意すべき数点を提起した。

1、学員の個別能力がいかなるものか注意すべきである。

2、普遍的な発言をするべきこと。

3、能力が劣る同期生をあざ笑わないこと。

4、指導員或いは学員を問わずみな真面目な態度をとるべきであること。

5、小グループの討論の前に本日の時事を解説するべきこと。

夜は職務別に分けて討論する。皆は過去の経験と今後の理想に基づき自分の部署に立ってどのように一人の好い公務員になるのか。

夜点呼する時に、皆は3日内に何人の同期生と知り合ったか、かつ軍事訓練の意義をはっきり説明した。最後に冗談を言って、すぐ消灯の時間になった。

時間は本当に早く過ぎる！　一日又過ぎ去った。

五、難路を歩き、困難な事を行う

起床後、本部より南門へ走り出し、道路に沿って東門に着く。そこに一つの強民工場があり、中では工場で仕事をするのはみな犯罪者である。土着の悪者あり、殺人犯あり、アヘン吸飲者有り、コソ泥がいた。私はすぐ学員を連れて参観に行った。四面は壁で囲まれ、竹で編まれている。中の家屋は普通の一般住民の住宅と同じ様である。門を入るとすぐ運動場があり、運動場の周辺には犯罪者が友人に接見する場所がある。会見室の傍は犯罪者の教室である。彼らは2カ所の非常に大きな寝室が有り、どの犯罪者も自分のベッドが有り、自分の夜具、彼らの洗顔用具は皆一律である。中では靴下を縫う、布を織る、タオルを編む、麻袋を編むのである。すべての環境の配置は犯罪人自身が作る。大門を入ると、誰もこれが1つの監獄であると思いよらないで、きっと1つの学校か或いは役所だと思う。我々と彼らは共同で旗揚げ式に参加し、公務員と犯罪者は1つの集団に成り立っていた。これは確かに得難い機会であった。旗を挙げた後、皆は大声で叫んだ。「三民主義万歳」後で私は犯罪者たちに将来好い人になるように勧告した。且つ彼らが実際に改善することができたら、今年の総裁の誕生日には彼らを自由に家に帰らせた。今年は端午の節句に数日休暇を過ごさせた。彼等は時間通り帰ってきた。ある時一度、彼らを出て行かせ道路修繕をさせた、結果一人も逃走したものは無かった。我々はこの道路に「自覚路」という名前をつけた。

強民工場から出てきてから、私は全体の同期生に告げた。一人の犯罪は社会の罪悪である。我々は人の心理を改造すべきである。これは政治を行う人の重要な任務である。強民工場から出てきてから浙江会館に着いた。昨日病死した一人の成年幹部周崇文同志を追悼する為であった。彼は尋烏から帰って来て2日も経たない内にすぐ病死して、我々は一人の非常に忠実な幹部を失った。我々は彼の棺の前で3分間の黙祷を行い哀悼を現した。その上一人一人頭を下げて彼の棺の前を通り過ぎた。

浙江会館を離れた後、私は言った。「革命の仕事で最も必要なのは熱情であります。革命同志の精神は濃厚な感情の上で作られねばなりません。誰か同情心も無く、上官も無い人は革命を語る資格がありません。我々は亡くなった同志に対し、頭を下げて哀悼を現しますが、最も大切なことは我々の仕事を用いて彼の理想を完成することです。前には多くの仕事が我々を待っています。同志達よ頭を挙げて、胸を張って、前進！　駆け足で進みましょう！」

東門から小南門の麓まで、大体1kmの距離がある。

貢県の小南門は一つの山腹地であり、私はラッパ兵に突撃の合図を吹くように指示し、同期生全体には勇敢に上に向かって突進するよう命じた。

小南門の前では高大な空洞山、農村、学校、農場、林場、公路、田野を見ることができる。私はすぐ皆に向かって叫んだ。「皆さん今目で見ている中で最も好きなものは何ですか？」各人の答えは様々であった。空の上の雲、高い山、国旗、農場、総裁万歳の標語、義務教育児童学校、貧困な農民、墳墓等々であった。各人は個人の心理であり、個人の見方であった。私が望むところは皆が視界を拡げて、どんな物でも遠く、大きく見ることができることであった。

本部に帰って旗を揚げる時、私は話した。
①困難な道を探して歩き困難なことをすること。
②絶えず身体を訓練すること。
③歩きながら仕事をする場合は注意力を集中すること。

執務時間に、私は1課毎に行ってみた。彼らの仕事の情況は確かに平常より緊張度が高く、半日でやり終えることができた。これは他ならず一人が二人に当たる具体的な表現であった。

今日の授業は私自身が3年計画作成の経過を語り、さらに2時間の本国地理があった。この1回の講習会の中で、私は本国史地に特に注意し、皆が本国史地の中で、皆が我々自身の国家を愛することを強調した。

今日は木曜日であり、慣例通りに午後2時県政府に於いて民衆に接見する。同時に班ごとに一人の楽員を派遣して、彼らに実際に民衆の苦痛をつぶさに考察させる。学員自身が話すところによれば、この2時間民衆との中で、彼等は本当の苦痛と我々公務員の責任を認識した。

今日の小グループ討論のテーマはどのように広大な民衆に近づくかということであった。討論の要綱は、①民衆を研究すること。②群衆に接近する方法。③群衆に近づく態度である。

点呼の時に、私が皆に群衆の外に居てはいけない。群衆から遠く離れても、自分は群衆の中の

1分子であり、群衆と共同生活をするべきである。それで初めて本当に群衆に近づいたと云うことである。我々は人に言われて群衆の処へ行くのではなく近づかなければ駄目であることを感じるべきである。群衆から離れればすぐ失敗する。すぐ滅びる。我々は群衆の中で生活し、群衆と共に奮闘するべきである。

六、自由な空気を呼吸する

起床の号令を吹いた後、私は皆に告げた。今日は本部で洗顔しない。体操の時にタオル、歯ブラシ、練り歯磨を身体に着けて出て行く。空はまだ明るくない、我々はすぐ八境台に向かって前進する。

八境台は貢県の名所の一つで、蘇東坡、王陽明はかつて数回ここを訪れている。この高楼は章貢合流の三角州の上に建築されている。隊列は八境台前方のグランドに集合し、呼吸をすることを開始し、頭部、脚部の運動を続け、この新鮮な空気の中で、広大なグランドの上で全員の精神はみな異常に興奮した感じであった。朝の体操が終わった後で、私は全員に告げた。「八境台で突撃ラッパが吹かれる時だ、全員一斉に八境山に向かって駆け上がり突撃しよう」高台に着くと、丁度朝日が東方から上って来て、四面で美しい貢県市を見ることができ、茫洋鄱陽湖に流れ着く景色を望むことができた。ここで蘇東坡の一首の詞を思い起こすことができる。「梅峰南来第一号、大江東去幾千里」貢県の3面は水で有り、同時に高山に囲まれている。今日見ている4面の山峰は朝霧の中でぼんやりとしている。皆はこの景観で、一種の言い難い感銘を受けて、ただ祖国の偉大な革命事業を光明、天地の広壮さ、及び我々の心がどれほど大きく清潔であるかに思い及ぶ。その時私はすぐ皆に質問した。「貢県は美しいでしょうか?」皆は答えた。「美しいですよ!」「我々の祖国は偉大でしょうか?」皆は最大の声で叫んだ「偉大です!」そこで私は大声で叫んだ。「貢南の民衆が幸福をもたらす為に、祖国の生存の為に最後の一滴の血を流しましょう!」

後になって、私は皆に告げた。「学員全員が自由に歌を歌い、踊っていただいて結構です」八境台の183人の学員が、みなが自由に彼らの幸福。彼等が自分の心の中で言いたい話を享受し始めた。彼等が最も好む歌を歌い、彼らが最も好む動作を行い、ある人は「前進前進前進」を歌い、ある人は「戦え」と叫び、「我々は住民の隊列である」と歌う人もあり、京劇を歌う人もあり、要するにこの1幕の無邪気な情景は非常に感動させられた!

その後、皆は隊列を組んで八境台の頂上まで歩いて上った。皆は胸を張って、頭を上げ、両手両足を非常に力強く動かした。歌声は特に勇壮であった。一句毎に一歩づつ歩き、すべて非常に大きな力の表現であり、歩きながら歌った。私は言った。これは1つの大きなレコードプレイヤー上のレコードのようであり、我々が歌えば歌うほど愉快になり、歩けば歩くほど、皆は煩悩、苦悩を忘れ、真人間になるにはこのように率直になるべきであると感じた。

八境台から北門外の忠孝橋まで走った。皆は分散して洗顔し、繰り返して洗い、あたかも水と交わって大変好い友人になったようであった。皆は言った。「ここで顔を洗えば本部で洗面器を使って洗うよりはるかに気持ちがいいです」後で私は言った。「太陽、空気、水は我々の最も忠実な友人であり、最良の滋養補強剤です。我々は彼等の終身の友人になるべきです！」

洗顔した後、北面から章水に沿って田野を過ぎ建国橋のあたりまで走った。その辺りで1羽の鷹が、非常に高い空中で飛翔していた。私は1部分の同期生に対して言った。「皆さんはあの鷹のように自然で、あのように我々の志、我々の気魄も高く、大きく、風波を突き破り、堂々と世界を背負って立つ人間になるべきです」

建国橋を経て西津門に進み、ずっと本部まで走った。全部で5里（2・5㎞）の距離であり、私は皆が走りながら叫ぶことを期待した。「英雄好漢は決して落伍しない。とことんまでやり続け、勝利を勝ち取る！　走れ、走れ、最後まで走れ」その結果、皆は心を合わせて協力し、全員本部へ走って到着した。後で旗を揚げる時に、私は言った。「今日5里の駆け足はさらに決然として信じることができます。何事をするにしても最も大切なことは勇気であります。私は絶対に金銭が万能であるとは信じません。かつ精神が万能なのです。今朝数人の同期生が橋のたもとから岸の上に跳んだ時、皆非常に恐れました。2枚の板を渡して組立ててある木の橋を渡る時敢えて通る勇気が有りませんでした。その時私は彼らに対して、「跳んで渡ることもできないし、歩いて渡ることもできないのは中華民国の国民にふさわしくない」と言いました。その結果、全員が跳び越し、歩いて渡ることができました。この事から我々は知りました。決心さえすれば、天下に不成功の事情は無いということです。

午後3時に指導員会議招集し、昨日の小グループ会議の経過を討論し、論文コンテスト、演説コンテストの方法を決定した。

今日の授業は、現在の国際情勢と本国の地理であった。夜点呼する時に、私は皆に小グループ討論会の意義を話した。且つ全員が発言し、我々の弁舌を練習することを要求した。合わせて意見を発表する秘訣を説明した。大切なことは重点があるか、筋道が通っているか……ということであった。

七、最高峰に突き当たる

●9月13日

我々が貢県大街を通り過ぎた時、空はまだ明るくなく、一番賑やかな中山路、中正路では皆がスローガンを大きな声で叫んでいた。まもなく、皆は起きて仕事することができるようになった！

抗建橋を歩き過ぎる時、3人の一般人民が野菜を天秤棒で担いで街に入って来るのに出くわした、彼らの生活は毎日このようであった。我々はこれらの人がみな彼等によって生活の面倒を見てもらっているのである。

万松橋を歩き上がっていくと、ずいぶん多くのわらぶき小屋を見かけた。ここに住んでいるのはみな日本の強盗によって追い出された難民であった。彼らは亡国奴になることを望まず、愛すべき故郷を離れ、大後方にやって来ている。これは中華の正しい気風の態度である。我々が彼らの住んでいる場所を通り過ぎる時、彼らはまだ寝ていた。我々は心中みな考えていた、我々の隊列中の半分以上が帰るべき家の無い青年であったが、しかしきっと故郷に帰ることができ、我々の老父母と親愛する兄弟姉妹に会いに行くことができる。

我々が馬祖岩の麓を歩いて着いた時、空はすっかり明るくなった。馬祖岩は貢県の景勝地の一つであり、県市から7里（3・5㎞）離れており、山頂には1つの古廟があり、1つの自然の花園が有り、頂上から貢県全体を見渡すことができた。山の麓から山頂まで三里（1・5㎞）の距離が有った。皆が山腹まで上った時、5分間の休憩を採った。休憩の場所で歌いたい人は歌い、笑う人は笑い、全員が疲れを忘れた。その後山頂のラッパ兵が突撃号令を吹き、そこで皆は一切の障害を顧みず、山頂に向かって突進したが、今回は落伍した者も多かった。しかし何とか全員が登って上がった。大多数の同期生が皆「これは我々の生涯で初めての山登りでした」と言った。

古廟の前方には2枝の白蘭の花が有った。4人の同期生がすぐ採りに行きたいと思った。白蘭の花は値段の高いものではないが、しかし、これは一般人民の物であり、我々は彼らの許可がなければ絶対に持って行くことは許されない。

山頂上に於いては、東門市壁の上に1つの警戒心を高めるスローガンを見ることができる。それは他ならず「除暴安良（暴虐を排除して良民を安定させる）」4文字であった。私は言った。これは我々の仕事の原則である。一般に腐敗分子がこの4文字を見るとびくびくして入って来る勇気がない。同時に一般の民衆に貢南は落ち着いて生活し、愉快に働く場所であると感じさせる。

馬祖岩山の麓から山頂まで、元々は一筋の道であったが、しかし私は皆に告げた。道の無い山の斜面から人気も無い谷の辺りへ突破して下りた。その後、私は号令をかけた。「目標は万寿宮、下に向かって突撃！」その結果、全員が一切の障害を顧みず張り切って一気に下って降りて、最後は全員が目的地に到達した。万寿宮の前で私は同期生全体を集合させて話した。「我々は天下の全ての道は皆人が歩いてできたものであることを知らなければなりません。我々はすでにある道を歩いて行く必要はありません。大道を歩くことは人々が歩くことができるのです。我々は道の無い所を歩くべき時であります。我々は人が歩くことのできない道を歩くべきです。我々は歩くことができない道が無い時に、自分で道路を建築することを始めなければなりません。容易なことは人々はやることができます。我々は難しいことを探してしなければならず、難しいことができれば、容易なことは問題がありません。天下には絶対に窮地に陥り、道が無く歩くことができない時があります。ただ我々が決心すれば、きっと方法があり、必ず活路はあるのです」

馬祖岩から貢州市に到る道路は非常に狭く、一人ずつ歩き、白いシャツ、黄緑色のズボン、わら靴が遠方の空を見ると、あたかも一つの長城のようであった。そうだ、これは新貢南を建設する精神的な長城である。

城門口で我々は隊列を整えて、足並みを揃え、歌声の雄壮さ、精神の高揚ぶりは、これが政府機関の公務員であるとは誰も思いつかなかった。私は隊列の後方にいたが、一人の民衆が語った。

「これは貢州の公務員だ」

今日の午後私は3年計画の根拠について話をした。3年計画は三民主義に基づき、決定されたものである。これは国民経済建設運動であり、第一次の3年計画は建設を完成する基礎とすることができるのみならず、重要な業務であり、さらに第二次3年計画の中に入る。

夜の小グループ議論は生活の検査であった。討論の内容は、生活の検査、自己批判、相互批判の3項目であった。この問題に関しては、皆が発表する意見が非常に多く、全て過去の生活は不合理であり、且つ具体的に今後の生活はどのようにあるべきかという意見が提示された。

夜点呼する時に、1週間の訓練を簡単に検査し、同時に皆が今回の訓練に対する意見を発表した…。

八、皆が民間に行く

●9月14日
今日は日曜日で、慣例通り休みである。休みの前に、一度室内の日常の仕事の検査を行った。同期生の服装がきちんとしているかどうかを検査することから開始し、その次に手の爪が切り揃えられているかどうか、歯は清潔かどうか、その後寝室と兵舎附近の暗渠道路、寝室の寝床を検査した。一般的に云って、みな要求に合格していると云え、床もまたきれいに掃かれているが、しかし寝床の下は多くのほこりがあり、まだきれいに掃除されていなかったし、さらにドアーの後ろ側はきれいに拭かれていなかった。私は白いハンカチを使い寝室の窓とドアーの後ろ側を拭いた。すべて汚い場所は、すぐ彼らが改めてきれいに拭き、暗渠は水で洗い直さなければならなかった。

室内の日常の仕事を検査した時に、全体の同期生に対し説明した。「表面的な仕事をすることが、我々の最大の欠点であります。今回の日常の仕事の検査は表面上から見ればかなり清潔できれいです。しかしながらドアーの後ろ側の床下は、人の目につきにくい場所であるため、掃除されていませんでした。これは非常に正しくありません。人の目につかない場所ほど、我々はきっちり掃除をしなければなりません。内部の整理をするだけでなく、絶対に我々が仕事をするからにはこのように徹底してやり遂げることができれば、初めて1つの最大の成功と見なされます。公共の場所に至っては、我々はさらに掃除に責任を負うべきです。我々は軍隊の中での内部の整理をすることは重大な意義を持つ1つの仕事であることを知らねばなりません。秩序が有り、徹底すること、扁層ができること、これが最大の要求です」

朝食後、同期生全員を集合させ、今日の休日に当たって、我々は1つの大変意義のある仕事をするべきであり、他ならず民衆を訪問することを説明した。訪問対象は各種異なった貧乏で苦しい民衆であった。我々は事前に380種の異なった職業を列挙した。例えば、教師、漢方医、易者、雇われ農民、小作農、花職人、荷担ぎ人夫、薪売り、糞拾い、道路清掃夫、人力車夫、乞食、棺桶材夫、給仕、散髪屋、役者、機器職人、印刷職人、かごかき、運転手、兵士、警官、負傷兵、難民、保長、女性保長、屠殺業者、焼餅売り、豆腐売り、時計修理屋、写真屋、鍛冶屋、質屋、スープ屋、和尚、夜回り、孤児、女中、助産婦、犬糞拾い等々を生業とする民衆、どの同期生も1つの職業を分けて、同時に彼等自身がこのような1人探しに行くこととした。

質問する問題

1、その人の生活状況

2、その人の生活に対する満足度

3、抗戦建国の認識

4、貢県政府に対する批評

5、その人がどんな人を好むか
6、その人がどんな人を恨むか

私が発表した後、同期生全体が非常に興奮してこの仕事の意義が実際に非常に大きいことを認めた。1、学員の本身から言うと、彼は貧乏で苦しい人民の苦痛と心理を理解することができる。2、政府から言うと彼等の報告の中に、非常に貴重な材料を得ることができ、今後の仕事の参考にすることができる。

午前8時休みを発表し、午後4時には本部に帰ってくるように規定した。解散した後、農村に行く者もあり、工場に行く者もあり、和尚廟に行く者もあり、料理店に行く者もあり、宿屋に行く者もあり、大通りでも路地でも、我々の同期生で一杯になった。私は同期生が当然非常に大きな感想を持ったことを信じていた。同時に訪問された民衆も又非常に大きな慰めを得ることができた。彼らはさらに政府が決して彼等を忘れていないことを知ることができた。

これから我々の幾つかの訪問記録を書き下してみる。

（1）粥を食べる老婦人を訪問する。
訪問場所、西津路塩倉口。時間、9月14日午前7時40分。
動機、彼女はそこで文旦を売っている。姓名、胡何氏、年齢、66歳、自宅住所、ニ廊廟
入廠年月、28年粥を提供する工場を始めた。受領した屋号は66号。
質問、あなたは我が国とどこかの国と戦争をしているのを知っていますか?

答え、日本と戦争しています。日本が先に我が国の土地にやって来たために、国家はすぐ日本と戦争しています。その上彼等はしょっちゅう我々に爆弾を使って爆撃してきます。当然、彼等が爆撃する時はやはり無差別に打って来るのではなく、やはりどこに何か貧富の区別があるのか？ 道理で総裁は彼等と戦う、我々貧乏人も一層彼等と戦うのです。ご覧なさい、現在の物はこんなに高い、これは他ならぬこの原因ではないですか？

質問、彼等は我々の家屋を焼壊しました。まさか我々は彼等にこのようにさせておいて好いのでしょうか？

答え、最近我々は各家が一人づつ割り当てて防空壕を掘る人を出しました。将来は1つの池を作ることも考えております。これも又大変好い事であり、尚且つ農民の苗作りにも有益です。実際の話をすると、敵の飛行機がどんなに恐ろしくとも、彼らの所で爆発すれば、こちらの我々は又仕事をするようになりますよ。

質問、現在あなたの家の生活は好いですか？

答え、もっと何か好いことが有りますか？ 実をいうと私は自分一人だけなのです。粥を供する工場は毎日私に3合の米を分けてくれますが又充分食べていけません、もし5合分けてくれたら、好いのですけれどもね。

質問、あなたは今のこのような野菜の漬物やいろんな物を販売しての生活はどのようですか？

答え、生活は大変苦しいです。しかし、もし小さな商売をせずに、幾らかの金を儲けても、すぐ油や塩を買って食べることはできません。ですから、今はこの3合の米があり何とか食べていけることができます。しかし冬になると、どうしようにもならないのです。言って見れば、私の生活は大変苦しいのです。

質問、今貢県の県政府の仕事は以前に比べて好くなっていますか？

答え、今は以前に比べてずっと好くなりました。というのは責任者の蒋さんが貧乏人をいじめたり金持ちを可愛がったりしないからです。それからあの事務所の人の仕事が大変公平です。

質問、あなたは生まれてこのかた一番好きなのはどんな人ですか？　一番嫌いなのはどんな人ですか？

答え、一番好きな人は仕事をするのが公平で、貧乏人をいじめたり、金持ちだけを可愛がったりしない人です。一番憎い人は権力を振りかざして横暴な振る舞いをする奴です。

（2）犬の糞を拾う貧民

頼光栄は城東鎮九保五甲（大菜園）6号に居住。当該民戸に入った時、すぐ臭いが鼻をついた。しかしながら元々糞を拾う者は丁度糞を売ろうとしており秤で糞を測っていた。全部で糞は4～5担4百～5百斤（40～50kg）、位と計られており、上には土が被されていた。傍にも糞が蓄えられておりり12缶あり、便所の所にも3缶あった。両側は野菜畑であり、その中間は小道になっており、小道からすぐ外へ出て行くと、右手の下に短い壁があり、短く低い古くて粗末な家が1棟あり、他でもなくその人の住居であった。私はその住居に入って行って尋ね始めた。切に懇ろな態度で、彼と話し合った。私は彼の姓名とすべての情況を尋ねた。彼は頼光栄と云い、家には大小男女5人家族である。即ち妻一人、長男は民国26年2月に徴兵に応じ服役し、次男は14歳であり息子の妻が一人である。代々住んで来た家は村の4区桃源洞であり、今はしばらくここに住んでおり、賃借している家である。

私はすぐ大隊長が指示された数点により、次の通り尋ねた。あなたは、抗戦建国をどのように見ていますか？　彼は2点述べた。「1、日本の畜生どもに対して戦うのは大変好いことです。戦いに勝って、畜生どもを逃げ帰らせてほしい！　そうなれば我々は大変好くなります。2、蒋責任者が新貢南を建設するのは非常に好い事であり、我々の衣食が豊かになります」私は又彼の生活の情況を尋ねた。彼は言った。「犬の糞を拾うのは、家の生活を手助けしています。私の元々の家は4区の桃源洞であり、他人の田を耕し、農業が忙しい時は家に帰って農作業をします。完全に犬の養を拾うだけでは生活はやっていけません。今毎日全員で糞を拾うことができるのは40万余りであり、斤当り、現金で1元或いは1元2～3角ぐらいです」私は彼自身の生活態度はどうであるか尋ねた。彼は言った。「我々はただ自分の健康がずっと病気にならないことを願っていますが、暮らし向きが貧しく、生活に苦労していても、天地を恨むことはありません。私は又彼に政府の態度はどのようかと尋ねた。彼は話した。「兵隊と公務員、農作業をする人は好きです。特に蒋責任者を敬愛しています」私が質問を終えた後、彼らはすでに食事を終わっており、彼等のおかずは野菜と同じようなトウガラシであった。私は挨拶をして別れた。

糞を拾う職業は、実際一種の苦しい仕事である。毎日必ず早起きをしなければならない。もしちょっと遅く起きると、犬糞は他人に拾われてしまう。犬糞を拾う時には、くまなく場所を歩かなければならず、地面を俯いて探し、地勢の高低を恐れず、はるか遠い所を面倒がらず、悪臭を嫌がらない。自分の鼻は常に糞の匂いに接触しているけれども、また巧く他人を避けねばならず、もし他人が悪臭を嗅ぎ、自分に悪態をつこうと辛抱せざるを得ず、犬糞拾いの仕事は実際苦難に満ちている。このような国を愛し政府の心情を愛してくれることは又貴重である。

（3）一人の紡織工場の徒弟を訪問する

紡績工場の徒弟は彭小生であり、現在14歳である。本城府城壁背後同興布廠である。インタビューの情況は下記の通りである。

1、抗戦建国の認識。返答、「我々中国と日本の畜生どもの戦争はすでに数年が経っており、我々は必ず勝つことができます」

2、彼の生活状況。返答、「私の家はただ母親一人だけで、麺類を売って生計を立てています。私は4年学校で勉強した後、工場に来ました。20元の授業料を払いました。現在私は給料がありません。もう2年後に初めて給料をもらえます。私は只布を織ることができますが、まだ糸の縫い方は知りません。私はさらに帰って勉強したいと思っていますが、他でもなく家にはお金が無いのです」

3、貢県県政府の態度。返答、「蒋専門員は仕事が公平です、彼は貧しい子供の教養院、貧困児童を援助しましたし、我々このような可哀そうな子供を救済することができると思います」

4、あなたはどんな人が好きでどんな人が憎らしいですか、
返答、ばくちをせず、煙草を吸わず酒を飲まない人が好きです。
私が憎むのはスパイです。

4時になると、直ちに集合のラッパが吹かれ、点呼が始まった。その結果一人も遅刻が無かった。解散後、皆が話した事は、「私が訪れた一人の埠頭の荷役労働者は本当に好かった」、「私は一人の給仕を訪ねたが、彼は本当に礼儀正しかった」、「私は一人の道路清掃夫を訪ねたが、彼はずいぶんマナーが好かった」等々であった。

今日の夜は盛大な演芸会を挙行した、話劇が有り、京劇があり、ドタバタ劇が有った。皆は非常に興奮して、ずっと9時半まで続き、やっと終わった。同期生の皆さん、明日又会いましょう！

九、歩くほど力がつく

●9月15日

4時に起床し、身の回りを整理して、すぐ食事をした。4時30分に町から4里（2㎞）離れている湖辺の村に向かって出発した。これは1つの非常に美しい村落である。ここには貢南の自衛隊が集中しており、1期間の訓練をしていた。今日は訓練開始の式典が挙行され、講習会の同期生全員が間に合うように到着して参加した。

自衛隊は新貢南建設の革命武力を保護するのである。最近1年来、絶えざる訓練を経て、進歩は非常に速く、官兵全体の体格は非常に強壮で、最も重要なことは皆が政府に対して認識を持ったことである。新たに開設された練兵場に於いて、講習会の学員と自衛隊の官兵が、朝日が昇り始めた時に、一同国旗称揚の式典を挙行した。壮麗たる国旗が、山頂上ではためき、我々は自分の血と汗で我々の祖国が永遠に存在し、永遠に自由であるよう保護することを願った！

訓練開始式典で、私は自衛隊が新貢南建設の先鋒隊であり、国家民衆の武力であり、能力を増強することは我々の訓練目的であることをはっきりと説明した。

散会後、自衛隊の官兵がどの学員にも3個の焼餅と1碗の白湯を贈った。これは非常に価値のある贈り物であった。後に兵舎に行って彼らの室内の日常の仕事を参観した。皆はすべて講習会の日常の仕事はまだ士兵の整然として清潔であるのと比較して劣っていると感じた。

9時に湖辺の村から黎荒背に向かって出発した。ここから黎荒背までまだ10里（5㎞）あり、江西第2児童保育院が他ならずそこにある。道中歌を歌いながら進んで行き、駆け足をして幾つかの小山をよじ登った。黎若背から3里（1.5㎞）離れた1軒の茶店中で集合し、駆け比べをした。今回の競争は個人競争ではなく班単位で行った。1番には各人にボンタン1個を渡した。2番には2人にボンタン1個を渡した。3番には3人にボンタン1個を渡した。スタート音が鳴ると、皆は懸命に前に向かって走った。非常に速く保育院に走って着いた。保育院で参観した後、彼らは我々に落花生を食べさせ、白湯を飲ませてくれた。数日前、彼らは自分が作った豆腐を我々に送って来て食べさせてくれた。3百余りの子供達が運動場で整列して我々を歓迎してくれた。我々の隊列と彼等は顔合わせをして、我々が彼等に対し言った。「子供達の皆さん、こんにちは！」彼等はすぐ答えながら、「皆さん方、こんにちは！」そうして1つのスローガンと唱歌の試合になった。誰がスローガンを叫ぶのによく響いたか？　誰が歌うのが上手であったのか。彼等が歌って、我々が歌う。我々がスローガンを叫んだ。講習会の同期生は自分が何と恥ずかしいか深かぶかと感じて、今回の試合の中から中国人の今の1代がその前の1代より劣っている理論の間違いをさらに証明した。

この3百人余りの児童はみな戦区から流亡して来て、大部分は父母が居なかった。私はどの学員も一人の子供を抱いて、歌を歌いながら、運動場を歩いて回った。その後彼等は肩に背負われ、又彼等を放して子供達の顔を撫でた。これは子供達の感覚に特別な親近感をもたらし、我々の同期生も又特別に興奮を感じた。

我々は子供達の物を食べたために、別れる時に皆は一声言った。「有難う子供達！」彼等はすぐ言った。「皆さんご遠慮無く」その後、我々は又言った。「ひまがあったら街へ遊びに来て下さい」子供達はまた言った。「時間が有ったら田舎にも来て下さい」

皆が出発しようとした時、共に一種名残惜しくて別れたくない気持ちになって、狂ったように叫び、飛び回って、「さようなら！」一人の学員が話した。「私は実際ここで一人の生徒になりたいですが、課長にはなりたくないですよ！」

保育園から黎荒背の県立中学に向かって出発した。県立中学の所在地は以前1つの睡賊の巣窟であり、四方はすべて高山であった。現在は、我々が土匠を一掃し、県立中学を設立した。土匠のセンターは現在1つの文化センターに変わっていた。

県立中学から本部に到着したのはすでに午後2時であった。往復40里（20㎞）歩いた、皆は少し疲労感があった。解散した後、私は自分で1つの歌を作り皆で歌ってもらった。「東に走って、西に走って、疲れない、疲れない、少しも疲れない。頑張り続けて、努力し続けて、我々の勝利を勝ち取ろう」皆は気持を奮い起こして、脚を踏みつけこの歌を歌い終え、疲労を忘れて朗らかに帰り食事に行った。

今日の学科は、総裁の言行と総理の遺訓であった。夜の小グループ討論は次のように分けられた。民、財、教、軍事、政治、活動、婦女の7組である。各項の活動の欠点を検査し、今後の計画を決定する。

夜点呼の時、本日の自衛隊、保育園、県立中学を参観した意義を提起し、皆に代って説明し、1つの心理試験を行った。皆が最も好む1種類の樹木、花、色彩、もしもあなたが5万元の金があればどのように使うか、もしあなたが小銭しかない貧乏人ならばどのようにするか、あなたはどんな靴を好むか、どんな衣服、どんな人を好きになるか、どんな人を憎むか、あなた自身はどのような人か？

統計の結果は、樹木で一番好きなのは松、花では菊と梅、色彩は白と赤、5万元の金額の使い道は社会救済事業が最も多く4分の3は国家に4分の1は自分にが次であった。その次は貯蓄、遊歴、読書、結婚、又その次はさらに二人は留学、小銭しかない貧乏人であればどうするかの回答で最も多かったのは苦役をするか或いは人から借金するであり、一人は物を質に入れるであり、一人は外出しないであり、ただ一人だけはどうしようもないと答えた。

靴に対して最も好きなのは布靴、その次が単靴、最も少ないのが草履であった。衣服で好きなのは中山服が最も多く、学生服が又これに次ぎ、中山装が只９人のみであった。人に対して誠実で正直なのが最も多く、一番憎むのは狡猾で、ほら吹きで、おべっか使いであった。自分のことを認定することに対して誠実な人間であることが最も多く、率直がこれに次ぎ、有為な人間であることがその次であった。

十、裸足で歩き裸足で踏む

●９月16日

今日の気候は特に冷たかった。起床後、私はすぐ皆に告げた。早朝体操は制服を着てはならない。ただシャツは着ても好いが、足の下はわら靴は履いてはならない。裸足である。学員全体は非常に奇妙に感じて、なぜふだんは着られるのに、今日は着てはだめなのか。

隊列がきっちり集合して、出発する際に、私は皆に言った。「私は皆さんの数人の同期生が冷たくて震えているのが見えます。これは他ならず皆さんが衣服の無い苦痛を知って欲しいのです。我々は秋風が立って、冬が間もなくやって来ることを知っていますが、どれだけの貧乏で苦しい民衆が腹いっぱい食べられないだけでなく、その上暖かくないものを着ていることを知りません。皆さんは自ら凍ることを学んでいません。凍ることの本当の苦しさがどこに在るのか知りません。現在天気は特に暗く、四面東西はすべて見えません。空が間もなく明るくなる時が必ず特に暗いのです。これは他でもなくおよそ事業は勝利がすぐ明るくなる直前、きっと特に困窮することを我々に告げているのです。しかし我々が決心さえすれば、暗黒を突き破れば、光明は必ず新たにやって来るのです」

話し終わると、私は号令を叫んだ。「右向け右、光明の前途に向かって前へ進め！」この号令の下に、皆は裸足で暗黒の中を一歩一歩と前進した。皆が頭を上げて、痛さを恐れず、胸を張って、勇気を出して道路を歩いた。裸足で道路を歩く。これは大多数の同級生にとっては初めての試みであった。多くの同級生が痛さを我慢して、歯を噛みしめて前進した。10分間歩いて、私は又1つの号令を下した。「駆け足で行こう」この時に皆は痛さを感じたが、どうでもよくなって、ただ懸命に走った。新貢南農場に着いた時、空は丁度明るくなった！

農業技術者訓練コースの学員がすでにそこで体操をしていた。彼等は全部で2百人であり、すべて田舎から来た壮年の農民であった。過去訓練グループの学員は往々にして民衆と一つに解け合うことができなかった。何となれば彼等は知識分子出身の為であり、今回私は一人毎に本当の農民を選び出し農場で訓練を受けることを要求した。政治教育以外に、さらに彼等に農業技術、どのように稲の種類を改良するか、どのように肥料を改良するか、水利工事をどのようにするのか、どのように害虫を駆除するのか等々実際の問題を訓練することを告げていた。訓練の期間は全部で2カ月であった。1カ月半の訓練を経て、彼らの進歩は如何なる訓練グループより速かった。彼らの規律は如何なる訓練グループより好かった。彼等がそこで教練をしたのを見て、誰もこれが田舎の農民であることを信じることができなかった。彼等が将来実戦に出た来た時にその成果は非常に大きなものになることを信じた。講習会の学員と訓練グループの学員は一緒に教練を行い、一緒に駆け足をした。全員は上着を脱ぎ腕をむき出しにして走った。講習会の学員はとうとう彼等を抜かすことはできなかった。15分間走った後、訓練グループの学員は落伍した者はいなかったが、講習会の半分以上は走って動けなくなった。

その後、私は一度体力比較を他ならず、誰が誰を投げ倒すことができるか行い、両方はほぼ差は無かった。私は講習会の1番と訓練グループの1番の組み合わせで試合をさせた。当然彼に投げ倒された。最後に両方から選手を選び、個別の試合で、講習会が思いがけなく勝利を得た。私は講習会の同級生に言った。「これは決して君達の気力が勝ったのではなく、彼等は君達に遠慮したのではないですか?」「彼等は皆を投げ倒しました。やはりどんな遠慮があったのですか?」そこで皆は大笑いし出した。

本部に帰る時、街にはすでに非常に多くの人の行き来があり、我々が裸足の隊列であるのを見て大変奇妙に感じた。数人の人達が荷物を担いでいる田舎の人に言った。「長い服を着たおじさんも裸足できたら、ほんとうに好くにあうよ!」

本部に帰った時、皆は非常に興奮して、多くの同級生の足はすでに皮が裂けていたが、しかし我慢していたが痛いとは言わなかった。その時私が1つの歌を作って歌ってもらった。「裸足で歩く、裸足で踏む、痛くない、痛くない少しも痛くない、苦しみの中に苦しみ、やっと成功する。成功すれば、本当に愉快である、ははは、ははは」

笑えば笑うほどよく響き、ははの笑い声の中で、一切の苦痛を忘れた。

今日の学科は、総裁の言行、医学常識であった。夜旗を降ろす時に私は皆に誠意の意義と同志間で愛情の関係を作り上げるべきであることを話した。

今日のスローガンは次の通りであった。同級生が病気になれば、我々は彼を見舞うべきである。同級生が困難になれば、我々は彼を救済するべきである。同級生が苦痛になれば、我々は彼に同情するべきである。同級生が成功したら、我々は彼を激励するべきである。同級生が失敗したら、我々は彼を手助けするべきある。みんなで苦楽を共にしよう！　みんなで頑張ろう！

今日の小グループ討論会のテーマは公文をどのように処理すれば合理的になるのかということであった。この問題に対しては皆が発表した意見は非常に多かった。整理すると、私は皆に如何に群衆に学ぶべきかを話した。

十一、粥を啜り飯を食べない

●9月17日

早朝1時30分、第1回の緊急集合を行った。大多数の同級生は、まだ緊急集合を知らず、従って動作が緩慢で、便所に行く者も有れば、洗顔に行く者も有り、その結果20分後にやっと集合が完了した。戦時緊急集合の講評は、皆は警戒心が無く、動作は敏速ではなく且つ静粛な態度を保持できず、同時に要求を出して、以後は4分内に集合を完了しなければならないと要求した。3時20分、第2回目の集合を行った。今回の成績は非常に好かった。5分前にすぐ集合が完了した。後で私は皆に言った。「何事であるか問わず、やらないことを恐れず、全ての団体に対して責任を負うべきである、一人の同級生がベッドの上で寝てしまい、一人が来なかったり或いは遅刻したりすれば、他ならず数百数千人の仕事に影響します」第1回の緊急融合の時に一人の同級生がベッドで寝てしまい起きてこれなかったので、私はすぐ自動的に悔悟室に行かせ2時間過ちを悔い改めさせた。

早朝2回の緊急集合を行ったため、起床時間を1時間遅らせた。朝食後、身の回りの内部検査を行なった。今回の成績は前回に比べ随分よくなったが、しかし1つの洞穴の中に1つの穀物の塊が有ったので、私は学員にきれいに掃除をするよう要求し、同級生全体にはこの一点に対しすべて深い印象を持たせ、仕事をするには真面目に徹底して行うよう注意した。

今朝私は皆に告げた。「我々はすべて、どの人も4碗の粥のみを食べることができる」同時に国旗掲揚の時みなに告げた。腹が一杯の人は腹が空いた人の苦痛を知ることができないので、今日1日は腹を空かして、どの人も腹を空かすことがどんなに苦痛であるか、今日腹を空かして、皆に腹を空かすことが如何につらいか知ってもらうこととした。

今日個別談話の時に、一人の公務員が数年前かつて職を犯し処罰を受けて、実際に適合するよう改めたことを見つけた。学員に対する批評は、決心をしなかったことであり、気骨があったこと、進取の意気があったこと、意志が非常に堅固であること、学んで用いなかったことであった。

要するに、私はどの学員に対してもすべて非常に深い認識を持った。彼等が過去どのようであろうとも、現在どのようであろうと、彼等は誠意があるかないかにかかわらず、私は必ず誠意を持って彼等を改造し、彼等がすべて有用な人になるようにした。

今日の授業は、国際現状と工業常識であった。旗を降ろす時に、私は話した。「骨身を惜しまないことは事業の勝利の第1の条件です」今日の訓練のスローガンは次の通りであった。勤労で質素な生活習慣を養成しよう。秩序を重んじ規律を守る精神を養おう。公平無私で積極的に向上するサービス精神を発揚しよう。冒険する闘争精神を養成しよう。

小グループが討論するテーマは時事研究であった。この問題に対しては、皆はすべて関心があった。しかし発言する人は多くなかった。これは一般の公務員はふだんはあまり注意していないということであった。

小グループの会議後、論文コンテストを行った。テーマは「訓練を受けた感想及び今後の活動計画」であった。コンテストの賞品は1等賞――時計1個、2等賞――米2斗・油2斤・塩2斤、3等賞――米1斗・油1斤・塩1斤であった。

論文コンテストが終了した後、私はどのようにして鋼鉄の好漢になることができるのか話した。皆が鋼鉄と同じように頑強な革命意志と体格を持ち、鋼鉄が溶鉱炉から精練されて出てくるように、鋼鉄の好漢は苦難に満ちた仕事の中から錬磨されて出来上がる。その後、皆の気持ちを奮起させるために私は又1つの歌を作り、皆で歌うことにした。「講習会、講習会、粥を吸って飯を食べない、裸足で靴を履かず、腹が減る、ズボンのベルトを絞め、脚の底は痛く、歯をくいしばった。疲れた、すぐ寝る、専念することをせず眠るのは素晴らしい、フフフ」よい眠りがやって来ると歌っている時、皆は床に座って眠る恰好をして、「フフ」と叫びながら、学員全体が1日の疲労と腹が減っている苦しみをすべて忘れて、愉快に眠りについた。

十二、同舟風雨で章水を渡る

「同じ事に当たっている人々が互いに力を合わせ難関を切り抜ける」

●9月18日

一晩雨が降って、皆は今日は朝の体操は無いと思ったが、私は皆に平常通り運動場に集合し、朝の体操に出発する準備をするように指示した、全体の官長、学員は皆少し気分が乗らない感じであった。しかし私は皆に言った。「これは訓練に最も好い機会であります。実際に得難い出会いです。今日我々は敢えて雨に向かって駆け足をし教錬をします」。この時皆が幾つかの歌を歌い、気分を盛り上げて、非常に速く駆け足をし南門に向かって前進した。

南門に着いて入り口を出ると、空が明るくなったばかりで、私は皆に話した。「今我々は風雨の中で章水を渡ります。皆さんは次の2件に注意して下さい。1つ、我々の最大の欠点は他でもなく秩序を守ろうとしないことです。今回我々が渡し船に乗る時は順番通り乗ってください。官長があなたに乗るように言えばあなたは乗ってください。官長があなたに乗ってはいけないと言えば、あなたは乗ってはいけません。2つ目に我々の第2の欠点は忍耐心が無いことです。何事をするにも痛快だと思えば、すぐにやってしまいたいと思うことです。章水の川面は非常に広いのです。渡し船は非常にゆっくり進みます。同時に空から雨が降ってきます。皆さんはきっと我慢できないと感じるでしょう。しかし、このような環境の中でこそ皆さんの忍耐心が鍛えられるのです」

半時間後、4隻の渡し船は我々を対面の河辺に運んでくれた。皆は顔を洗い始めた、洗い終わると雨をものともせず某場所に向かって前進した、合計5里の長距離であった。目的地に走り着くと、朝の体操をし始めた。その後学員全体が集合して、私は彼等に話した。「皆さんはこの道路がどれだけの広さと長さであることを見ましたか？　この運動場は何平方ですか？　半年前、ここはまだ山道と小さな池でした、現在山は移動して、池は平らに埋め立てられました。これは民衆の力で成功したのです。我々は労働力が最も神聖で最も偉大であることを信じるでしょう。過去我々は毎日事務所の机上で仕事をしていましたが、自然の美しさと偉大さに思いつかなかったのです。今みなさんが四方を見回すと、どんなに広々していることでしょう。我々は自分の心と自分の視線を拡げるべきです。今私は許可します。皆さんが自由に走り、遠くへ行けば行くほど好いですよ」私が解散の号令をかけると、皆はすぐ四方に走っていき、歌うのは歌い、跳ね跳ぶのは跳ね跳び、5分後又彼等を集合させ再び渡し口に向かって前進した。空からの雨は、降れば降る程大きくなったが、皆の気分もまた益々緊張度が高まった。足並みも如何なる時よりも整った。私は大声で皆に言った。「我々は中華民国の国民です。我々は国家の主人公です。皆さんは胸を張って頭を上げて、脚を上げて、手を出して、力を出して前進しましょう」私は従来このような精神性の高い隊列を見たことが無かった。

その後高らかに叫んだ。「我々は中国人です！」これは光栄な呼び方であり、同時に我々は重大な責任を負い、自分の祖国の為に奮闘するということである。同時に、船上で皆に告げた。「今日は『9・18』記念日であることを忘れてはならない」そこで数人の同級生が、すぐ『9・18』記念歌を歌い出した。このような情況下で、感じ至ったのは悲壮、興奮、偉大であった。

河を渡って、隊列を整え、本部に向かって、前進した。路上ではやはり絶えず歌声が高らかに響いた。本部に着いて、皆の気分を高める為に、又1つの歌を作って皆が歌った。「風を恐れず、雨を恐れず、水を恐れず、火を恐れず、日本の強盗悪者を恐れず、ただ自分が決心しないことを恐れる、前進」歌えば歌うほど張り切って、最後に私が一声「殺せ」皆は続いて高らかに叫び出し、懸命に本部に向かって飛び込んで行った。

皆は衣服が湿ってしまっており、その為2時間の休憩をとり、学員が帰って衣服を着替えた。

今日は木曜日で、私はいつものように民衆と面会した。全部で50人の庶民と会って、大多数の人の苦痛と要求を彼等のために解決した。

今日皆は食事が特に美味しく感じた。昨日腹が減っていた為である。食事後私は皆に話した。「苦しみの中からの美味さは、それこそ本当の美味さであります。2週間はすぐに過ぎ去ってしまいました。同級生と感情を交わす為に、今日は各小グループから1人づつ分かれて演技する茶話会を行うことにします」皆は集まって1つの共同の集会を行うこととなり、グループごとに1人を推薦し、演技をして皆は非常に興味を持って楽しんだ。点呼後、私は皆に話した。「今日は雨にも負けず駆け足を2時間しました。私はきっと病気になる人が出ると思いましたが、しかし皆さんはみんな元気でした。私はすぐ人生病になる人が出ると思いましたがしたが、しかしまた健康ということができそうです。今日我々は風雨の中で同じ船に乗り、章水を渡りました。これはすなわち我々が新貢南建設事業の幹部であることを告げており、風雨の中で同じ船に乗り、苦楽を共にする精神が必要であることです。この数日来の訓練は非常に苦しいものでした。しかし私は皆さんの今後の事業に必ず非常におおきな手助けになります。最近新聞紙上で公務員は貧しすぎる、皆が公務員を救うべきであり、その方法を考えるべきである、という記事がよく出ています。これは当然そうするべきであると思います、しかし私は物質上の救済よりもっと重要なことは、精神上で公務員を救済することがさらに重要であると思います」

就寝する前に、私は官長全員に告げた。学員は又綿入れの毛布を貯蔵室に入れるように指示した。今日は同級生みなは掛け毛布を使わないことを学習する。今夜は特に冷えていた。これは非常に得難い教育機会であり、公務員は掛け毛布無しの苦痛をためしてもらう。

十三、前面に災難があろうとも振り返らない

●9月19日

起床後、すぐ学員全員を連れて建春門外の大砂州へ朝の体操に行った。健康運動の後、男の同級生に脱いでもらい、腕を捲し上げて、河辺に行き洗顔した。5分後が終わって、すぐ砂浜を駆け足した、皆は特に疲れた感じであった。3分も経た無い中に、すぐ半分の学員が落伍し、5分経つと、ただ一人残っただけであった。これから分かったことは一般的な体力では不合格であった。

駆け足の後、私は言った。「我々は大通りを歩くだけでなく、田舎道も歩き、山道も歩き、その上砂浜も歩かなければなりません。皆さんはきっと砂浜を歩くのは力がいると感じたでしょう。しかしこれは歩く練習に一番好い場所です」

大砂浜と小さな川の間に、20m幅の1つの淵があって、私は皆が隊列を整えて前進しようとし

た。同時に皆に告げた、止まれという号令を聴かない内は止まってはいけない、皆この淵を走り抜けようとした。水際に走っていくと、冷たさを怖がる者もあり、衣服が濡れるのを嫌がる者もあり、水が深いのを恐れる者もあり、思い切って走らない者もいた。後で皆走って帰るのに手を繋ぎあい、並んで歌を歌いながら前進し、その結果全員帰ってきた。皆が河を渡り過ぎた時、あの一種勇敢に真っすぐ前進する精神が、一般の人が見て異常に興奮した。

集合した後皆に告げた、誰か浮き橋をよじ登り橋の縁の大砂浜に行った者は英雄好漢であり、学員全員張り切ってよじ登って行った。少数の人は敢えてよじ登ろうとはせず橋の下から潜りこんで行った。今回の浮橋よじ登りは、我々が仕事の中で障害を打破することに等しかった。たとえ自分の持つ力を用いることができなくとも、困難を克服することができないことは無い。少数の同級生が橋の下から潜り込んだことに至ったのは努力せず小手先に頼って上手くことを運ぶような現象であった。

建春門から中正路を経て本部に帰った。付近の街道を歩いていた時、皆は特別な気分になっていた。

旗を揚げる時、私は話した。「どんな事でも、すべては心を合わせて協力して初めて成功を得ることができます。冒険し反抗することは革命家が持つべき精神です。今日は皆さんが河面を過ぎて、他でもなく皆さんの前方には危険があるけれども我々も又決して振り向いてはいけません」

行政機関は民衆が提出する文書に対する指示はすべて非常に無味乾燥な形式的な文章であり、民衆には政府の意見をはっきり理解することができない。したがって最近私は皆さんが曽国藩、胡林翼、王陽明が指示した公文書を読んでほしいと思います。今後民衆の訴状に対しては誠意をこめて指示するようにしたいと思い、その為今回の講習会では私は2百枚の訴状用紙を作りました。1、兄弟4人の家督争議。2、息子が母親に孝行しないこと。3、一人の出征軍人の家族が救済を請求すること。学員の皆さんが指示を練習し、公務員全体のこの問題に対しての注意を喚起したいと思います。

昼食後、すぐ大講堂で3件の訴状に指示することにしたが、結果は皆が公文書に指示したことが無かったので成績は好くなかった。

今日の学課は、国際情勢と農業常識であった。夜小グループ討論のテーマは「なぜ我々は好倭の徒に反対しなければならないのか？」理論上から好党の理論の錯誤を証明すること、及び中国の国情に適合しないかである…。

今日の訓練スローガンは次の通りである……。

1、長官を騙してはならない、同志を騙してはならない、部下を騙してはならない。

2、おごり高ぶってはならない。生意気であってはならない、空論をしてはならない。

3、嘘偽りを言ってはならない。

4、落伍してはならない、後退してはならない、譲歩してはならない。

5、前進は勝利であり、後退は失敗である。

6、真実を話し、実事を行い、勇敢に前進すること。

夜点呼をする時、前回の心理検査結果を皆に報告し、皆にたえず学習し、進歩を求めた。今日の朝、一人の学員が洗面器を使って足を洗っていた。私は冗談を言った。この洗面器は薪を兼ねていませんよと。私は大意を忘れて言った。「同級生の皆さん、明日又……」、同級生全員が大声で叫んだ「本部長、明日会いましょう！」

十四、緊張、興奮、努力

●9月20日

隊列が集合してから、私は解散の号令を宣言した。皆が中山路2号の住所番号札の場所で集合することとし、中山路2号がどこで、どの道を歩くかは告げなかった。我々が要求したのは皆ができるだけ早く目的地に到着することだけであった。その結果大通りを歩いた人も有ったし、路地を歩いた人も有り、20分が過ぎてやっと目的地集合が完了した。集合が完了するとすぐ解散命令を宣言した。解散後、皆は西門に向かった。大体4里（2㎞）の距離にあり、15分経ってやっと集合した。

貧民産院は最近建築が行われることになり、作業が始まったばかりで、貢州の新建築の1つであった。貧民産院から橋梁建設反対辺りの砂浜で健康体操をした。砂浜には1軒の船乗りが住んでいた。彼等のいわゆる家は数本の木柱と藁屋根で出来ており、中には7～8人が住んでいた。私は皆に言った。「多くの公務員が常に住む場所が好くないと不平を言っているが、今日我々がこの貧民の家を見ると、我々の苦しさはそんなに苦しくはありません」私は1人の学員を連れて船乗りの家の入口を通り過ぎた。中には数枚の木板、幾つかの飯腕と壊れかけた木箱しか無かった。これを見てから、私は皆に言った。「こんな苦しい民衆のように、貢南に於いても全ての中国でもまだ非常に多いのです。我々はこれを見てそれまでのこととしてはならず、心の中で彼等に同情し、彼らの苦痛が解決しなければ、我々の心は一日も落ち着くことができないのです」その後、私は皆に彼等の為に多くの苦痛を解決してやるべきではないかと尋ねた。皆は大声で答えた。「やるべきです」私は又尋ねた。「どのようにすれば彼等の為に苦痛を解決することができるでしょうか？」皆は言った。「力が要ります」私は言った。「力はどこから生まれますか？」皆は言った。「強健な身体から生まれます」私は言った。「そうです。皆さんは服を脱いで、肌脱ぎになり、東方の朝日に向かって呼吸運動をしましょう。最後に各班から一人ずつ最も力持ちの人を選んで、砂浜で力持ち試合をしましょう」

　茅葺の家の中の船頭が1本の弁髪を残していた。我々はすぐ二人の学員が彼に弁髪を切るように勧めた。しかし彼は言った。「今日は7月30日で、日が好くありません。明日8月の月曜日になると切ります」その上、切り落とした後、専員の役場に行き専員に会うことになった。砂浜での力持ち試合が終わった後、私は解散を宣告し、中正公園で集合することとした。今回は一人も落伍しなかった。中正公園での集合が完了するとすぐ、又小南門に集合すると、中正公園から小南門までは5里（2・5㎞）の道のりであり、落伍した人数は多かった。皆が到着した後、都市攻めゲームを行うことを開始して、第2中隊は防衛、第1中隊は攻撃とした。皆の気持ちは非常に盛り上がった。その結果、第1中隊が陣地を突破し、都市の門を攻め落とした。

本部に帰って旗を上げ、今日の訓練スローガンは次の通りであった。
1、我々は絶えず学習し、絶えず進歩しなければならない！
2、我々は絶えず身体を鍛錬し、健康を大切にしなければならない！
3、我々は何も恐れぬ一本立ちの男子である！
4、我々は堂々として剛直な気風を持たねばならない！
5、我々は公正無私の精神を奮い立たせねばならない！
6、我々は総裁の忠実な信奉者でなければならない！
7、我々は苦労して、共同で奮闘し、勝利を克ち取らねばならない！

今日は訓練最後の1日である。明日は卒業式を行った後、夜盛大な懇親会を開く予定であり、私はどの学員も、彼らが日曜日には訪問する民衆を招待するように行かせた。私は180人余りの異なった職業の民衆が一緒に交流することは空前絶後の盛況にならねばならないと思った。昼食後、私は2時間の休憩を取らせて、どの学生も私の招待状を持って客を招待するようにさせた。同時に私は皆に告げた。「他でもなく民衆こそが、我々の好い友人です。皆さんは知っている、真の友人は上を探すのではなく、貧苦の民衆の中で探すべきです。なぜなら貧苦の民衆こそが最も忠実な友人になってくれることができるのです。今日は皆さんが皆さんの友人を招待しなければなりません。我々の懇親会に参加してくれる人が、あなたと本当に好い友人になることを希望します……」

今日の学課は、教育概論と法律であった。夜は演説大会を挙行した。各班から一人の代表が参加した。テーマは自己選定で時間は1人10分以内であり、コンテストの結果は成績が非常に良好であった。この数日来、皆は内心の感情を表現する諧謔詩を作って楽しんでいた。

2人の同級生が1つの歌を作った。ここにそれを記載する。

（一）

第4区、講習会、訓練方式は本当に目新しかった。人材は輩出し、多くの優秀な人達が一堂に集まった。道を走り、地面に寝て、登山し渡川することもためらわなかった。終日、腹がへり、夜半は布団無しで、涙だ。風も雨も恐れず、新貢南の建設は此処から基礎をかためる。

（二）

講習会！　講習会！　裸足で靴を履かず、旗るのに布団を掛けず！　ある時は山に登り、ある時は川を渡る！　大雨を恐れず、強風が吹くのを恐れず！　走れ！　走れ！　走れ！　走れ！　走れ！　集合は速く、起床も早く！　歩け！　歩け！　歩け！　歩け！　歩け！　歩け！　苦難は現在に至り、光明は前途に在り！

十五、歯の根をくいしばり、苦難の道を歩こう

●9月21日

雨が真っ暗な空から絶えず滴り落ちてきた。2時になったが、起床のラッパはまだ吹かれていなかった。しかし学員達は皆ゆっくりと起床していた。多くの同級生が寝室の外の庭の前で、頭

を挙げて限りなく黒い空を見て、黒夜の寒風と雨の襲撃を試していた。多くの同期生は皆今日の崆峒山に登る行程は殊の外困難であることを感じていた！　しかし一人も恐がる素振りを聞かなかった。彼等は今日が訓練班の最後の1日であることを知っており、大風大雨は他でもなく革命事業が間もなく成功する前夜であり、革命活動は困難なものであるが、決心が有り勇気の有る人がこの最後の難関を突破してこそ、勝利に到達する。

2時40分食事をして、皆は大門の出入り口の風雨の中で集合した。私は皆に質問した。「皆さんは鋼鉄の好漢になりたくないですか？」皆は言った。「なりたいです！」私は言った。「その通りです、もし鋼鉄の好漢になりたいなら、他でもなく皆さんが今日最後までやり遂げることができるかどうか見るべきです。革命事業は益々勝利に近づいており、最後の5分間の戦闘を頑張り続けることが必要です。現在がすなわち最後の5分間の時であり、誰が勇気が有るか、誰が決心が有るか、誰が命を惜しみ死を恐れるか、誰が労苦に耐えることができないか、すべて今日試験することができます。今日の大風雨は、1つの得難い機会であり、誰が力が有り、誰が力が無いか、崆峒山の頂上ですぐ見分けることができます。従って皆さん方同期生は、最後の5分間内で、落伍してはなりません。退却してはなりません。歯の根をを食いしばって、一人の鋼鉄の好漢になってください、崆峒山に登りましょう」

隊列が出発し、183人であったが、少しも声を出さず、暗闇の街道、暗闇の堤防、暗闇の道路を、手探りで東方に歩いて行き、我々は貢州で最も高い崆峒山に向かって前進した。

道は歩くほど黒くなった。空の雨はまたゆっくりと止んで来た。私は周りの一人の学生に言った。「空は間もなく明るくなります、夜明け前に空が特に暗くなって、暗闇を突き抜けると、前方はすぐ明るくなります！」

約4～5里（2～2・5㎞）歩いて、今は章江に沿って歩いた。その時、私は河の対岸に小さい灯の光を見つけた。ごく小さな灯であるけれども、この唯一の灯を見ると、みなそれが特別に立派で特別な光明であると感じた。

20里（10㎞）歩いて、現在すでに崆峒山の麓に着いた。空も次第に明るくなり、路上の石もだんだんはっきりして、周囲の山は濃厚な雲霧の中に包まれていた。早朝、特に雨後の田野山林であり、特に翡翠のような緑色が愛すべきと感じられ、空気もまた特にすがすがしく、同期生たちは皆愉快になり出した。後の20里の山道はさらに歩きにくいけれども、しかし皆は興奮して持参した爆竹を鳴らして、沿路絶えず鳴らし、山の中で音は特に大きかった。田舎の男達がいぶかるような目つきで門の出入り口に立って我々を見ており、彼等はきっと考えていた。「どこから来たのか？　1大隊が他ならず崆峒山に上って来て、その上絶えず爆竹を鳴らして、何をしているのか分からない？」

路上で、しばらく休み、沿路で我々の自衛隊の士兵が湯を沸かし、炉端で我々に飲ましてくれた。だんだんと、我々は歩くほど益々山中に入った。我々は数十丈（1丈は3・3ｍ）の高さの滝を見た。澄み切った小川の水が早朝の中で流れ、歌を歌いながら、自然の山水がまことに素晴らしすぎ美しすぎた。この美しい山水はすべて我々中華民国の土地であり、全て我々貢南の民衆が苦労して耕して作物を育ててきた土地である。我々は自然の風景を愛する。さらに我々の国家と民衆を愛さなければならない。

山をだんだんと高く上がっていった。山腹で、我々は今日我々の卒業式に間に合わせる為にやって来た来賓に出会った。彼らの勇気と彼らの精神は我々が敬服するに値するところである。然し、惜しいことに我々はすでに多くの来賓を招待しており、我々のこの空前の特別意義のある卒業式に参加する人は少なすぎた。

山腹で、我々の為に会場を設け整えてくれた同志達は多くのスローガンを書いて皆が前進するよう激励してくれた。「同期生諸君、我々は前途が遼遠であることを恐れず、決心と勇気がないことだけを恐れよう」目的地崆峒山頂に着くと、1軒の古寺の傍の広場に、すでに会場がきちんと整えられおり、すぐ開会した。同期生達は持参した爆竹を一挙に出して鳴らした。爆竹の音は附近周囲10里（5㎞）の道路でどこでも聞くことができ、崆峒山を砲撃した。これは多分やはり古来初めてのことであった。

訓練終了式の中で、私は皆に告げた。「今日我々は崆峒山で訓練終了式を行っています。これは数百年来初めてのことです。従って我々は新貢南の歴史上特別重大な意義を持っています。崆峒山は我々貢県の最も高い山の峰です。崆峒山が最高であることは知っています。しかし我々の革命の理想はもっと高いのです。我々が上る道は非常に困難でした。しかし我々の革命の道はさらに困難です。我々崆峒山の周囲はこんなに広大なのです。崆峒山の朝はこんなに清々しく、崆峒山の風景はこんなに美しいのです。我々革命事業に従事する同志は又遠大な大志を抱き、純真な良心を持つべきであり、我々は美しい風景を愛し、更にこれは中華民国の土地であり、これは貢南人民の土地なのです。だから、我々はさらに我々の国家を愛し、貢南人民を愛さなければなりません」

「我々のこの2週間の訓練の最も重要なことは心を洗うことです。しかし我々はこれは1つの開始にしか過ぎません。今日は、崆峒山上に立ってそれぞれ自己反省するべきです。すでに自分の心をきれいに洗っただろうか、純真な良心を持ったか否かという反省です。貢南は特別な場所ではなく、有るのは、我々の新しい政治の活動方法であることを我々は知っています。今回の訓練はまた今後他でもなく同期生それぞれが現状に合わせ適切な立派な人間になることができ、好い事をしっかりとやっていただくことです。

散会後、すぐ山腹の大きな村で昼食を食べることになった。野菜は学員達が自分達で持って来たものであった。その時、空はすでに少し雨がやって来て、微風の雨の中で、昼食を食べ終わった。

本来、今日は4百年来見ることができない日食を観察する機会であったが、しかし、空いっぱいに五里霧中となった。食事が終わった後、学員がまな板を民衆に借りてきれいに洗って、彼等に返した。同時に、帰る時に学員が隊列を整え彼等に向かって、「有難うお兄さん、お姉さん」と大声で言った。彼等は出入り口に立って、みな笑顔で見送ってくれた。

山上で、私は一人の同期生がタバコを吸っているのを見つけて、私は彼に一言注意した。今田んぼの道端で1包みのタバコを発見した。これはきっとあのタバコを吸っていた同期生が後悔してタバコを捨てたものであった。

午後3時に、我々は貢州市に歩いて入った。一路我々の歩調は整っており、気持ちが高まり、歌声が響き渡った。街道の両側の民衆が立って我々を見ており、多くの人が言った。「これはみな貢南の公務員だ。彼等は崆峒山から帰って来たところだ」
3時15分、本部に到着した。今どの学員も彼等自身の仕事場に行った。2週間、何と速く過ぎた事か。今私は一種の説明し難い辛さを感じていた、私はまだ多くの話ができておらず、2週間は短かすぎたと感じた！

「同期生諸君、時間は非常に速く過ぎてしまいました。私が話したい事はまだ半分も話ができませんでした。今後、皆さんがこの講習会の精神を持ち帰って、私の苦心を理解することができ、私の話を覚えておいてください。我々はみな革命戦線上の同志です。今後我々が手を繋ぎ合って、真心を込めて親しみ、粘り強く団結し、我々が信じ合えば、必ずいかなる困難も突破し、最後の勝利を得ることができます。同志の皆さん、事業活動で得た快楽こそが本当の快楽です。皆さんの健康を望んでいます！　同期生の皆さん、さようなら！」

〈訓練日記〉は蒋経国が抗日戦争期間貢南行政区督察専門員の時の日記である。1940年彼が行った貢州班幹部講習会を記録し、所属班の幹部に対し政治と軍事訓練の情況を記述したものである。

第三章　西北見聞録　偉大なる西北

1941年

一、西北は我々民族の故郷である

一人の金持ちがいて、彼は自分が数千百万の財産を所有していることは知っているが、これまで詳細に彼がそもそも数万数千数百数十元数角数分所有しているか計算することはできない。これは彼の財産が多すぎる為に、急にはっきり計算することは容易くない。同時に、金銭が多すぎるために、いくら多くていくら少ないかいささかも関係が無い、従って彼はこれらの数字をはっきりしたいとは思わない。しかし、一人の貧乏で苦しい人、一人の人力車夫、一人の清貧な公務員は、彼等は自分の財産に対して非常はっきりと知っているばかりでなく、毎月いくら収入があり、いつ給料が支払われるか知っている。同時に毎月の支出に対しても又数角数分まで、非常にはっきりと知っており、常に考慮している。これは彼の金銭が少なすぎるためであり、このように仔細な計算をしておかなければ、すぐ負債になり、すぐ腹が減ってしまう。

我々の中国は、まさに一人の大量の財産を有する大金持のような、彼の土地は広大で、物産は豊富であり、人口も多い、このようであるために、又我々は外でも無く、我々は土地が広大であることを忘れている。つまり数万数千数百数十平方kmである。人口は非常に多く、結局数万数千数百数十人である。丁度我々が常に言っている、中国の人口は4億人、しかし4億5千万人という人もおり、4億7千万という人もあり、結局どれだけか誰も知らない。またこれまで精密な統計を行った人もいない。しかし別の国ではこのようではない。彼等の土地は狭小であり、物産は乏しく、人口も少ないので、彼等の国は貧乏であり、その為彼等はこのようではなく、彼等はどんな物でも問わず、すべて非常に正確で適切に計算している。彼等はこうしないと、他でもなく彼等の国家の生存が妨害されることになるため、自分の生存の根拠を失ってしまうのである。

西北、私は幼い時に、常々聞いていた。しかし、西北はどんな場所なのか？

そこは自分の場所からどれぐらい離れているのか？　我々は地図の上で西北側の一塊の図面以外に、いままで詳しくその地方を研究している人は無かった。かつて、我々は又重慶のことは聞いていたが、ただ重慶は1つの非常にはるかに遠い場所であることだけを知っており、到着できない程ではなかった。西安、蘭州、安西等の地域に至っては、我々の夢想の中では、外国よりさらに遠い感じであった。当然、さらにその路程を計算した人もいなかったし、或いはそれほど遠くて推測することができない辺境に行ってみたいという人もいなかった。

そうだ、我々の祖国はあまりにも広く大きすぎるほどであり、我々の財産は豊饒でありすぎるのである。しかし、これらはすべて我々の祖先が血と汗で造り上げた産業であり、我々この1代の子孫の手に残してくれたものであり、我々は絶対に頑張ってそれを守らなければならない。肉体労働者が血と汗で換えてきた金銭を大切にするように我々の国家を大事にしなければならない、及び我々の国家が所有する土地物産と優秀な民族を大切にしなければならない。西北は我々民族が発生した土地であり、数千年来、数え切れない驚天動地の事業、偉大な比べる物が無い工事、みなそこで創造され完成し、祖先達の数え切れない鮮血がすべてその辺りの土地の中に滲みこんでおり、その肥沃な土地の上に、かつて無数のあでやかで美しい花を開かせた。しかし、今日になって、我々はすでにそれを忘れてしまっている。我々はそれをよく知らない！

数年来抗戦の経験は我々に告げた。敵が我々を侵略する主要目的は、東南の土地だけに限らず、西北の資源でもある。同様に、我々も又早くからすでに西北が我々の抗戦根拠地であるとはっきりと決めていた。そこには高山大河、広い平原、広大な土地、誠意があって朴訥な同胞、広々として果てしない砂漠、又砂漠の中のオアシス、幾千幾万の羊の群れ、無数に埋蔵されている鉱産物、辺境の要塞上の名月、夕べの風の中のラクダの鈴、豊富な文化遺産、各民族の芸術の結晶。そこには陝西、甘粛、青海、寧夏、綏遠《すいえん》、及びチベット、蒙古、新疆等の省、少数民族が雑居する地区、満、蒙、回、蔵各民族の同胞が彼等は親しみあい、真面目に生活を共にしている。

従って、今日我々は中華民族の故郷に行くべきであり、そこの資源が正に必要であれば我々が行って採掘し、そこの文化が正に必要とされるなら我々が発掘する。そうだ、我々は決然として帰ろう、偉大なる西北よ、あなたを祝福します、抗戦建国の中で成長し、抗戦建国の中で発展している。今回私は西北へ帰って、西北の全ての建設を見て、無限の興奮と喜びを感じている。私はここに西北見聞を皆さんに捧げる。

二、重慶から成都まで飛行機で到着

まず最初に、私は重慶を紹介する。重慶は現在すでに抗戦建国勢力の集中地となり、全世界の反侵略戦争の東方統率部になっている。多くの国家の軍事、政治、外交、経済各部門の代表が、皆たえず重慶にやって来て反侵略工作を我々と討論している。我々は次に述べる一面の事実から、すぐ説明できる。今日の重慶は確かにすでに今回の反ファシスト暴力の1つのセンターである。

私は桂林から重慶行きに乗った。我々が飛行機を下りると、この飛行機は直ちにインドへ飛んで行った！

重慶から西安に行き、自動車に乗って成都に着いた。成都から剣閣を経て宝鶏に行き、宝鶏から汽車に乗り西安に着いた。或いは、重慶から直接西安へ飛ぶコースもあったが、しかしこの航路は敵と近づき過ぎ、最近はすでに航行を停止していた。私は成都へ行ったことが無かったため、今回はついでに成都へ行って見たかった。それで、重慶より飛行機に乗って成都に行き再び宝鶏へ向かうことにした。その日は4月29日であった。

重慶から成都まで45分間しかなくすぐ到着することができた。飛行機から見えたのはすべて険しい峰々ばかりであり、平地が見えなかった。しかし間もなく成都に到着する時に他でもない一辺の平原が見えた。成都、外では無いこの平原上の花びらであった。

ある人が言った。成都は小北平であると。これは名実共にその通りであった。成都の街道と建物の建築は本当に北平と変わらなかった。ここには非常に多くの道幅が広い街道が有り、気候も非常に好く、年中非常に寒冷な日は無く、また暑すぎる日も無かった。成都の民衆が最も恐れていたのは空襲を避けることであった。何故ならば成都を取り巻く四方八方はみな平原であり、隠れる場所が殆どなかった。もし成都に警報が無かったら、確かに住宅に居るのが一番快適な場所であった。

成都は三国時代の劉備が建てた場所であり、残している古跡は非常に多いが私は時間の関係で諸葛孔明の武侯祠、望江楼、華西壩等幾つかの名所を見た。

諸葛孔明の墓は非常に小さい土山であった。しかし彼の廟は非常に大きく、参詣する人は大変多かった。杜甫の詩に謂う「丞相の祠堂は何処なりや？　と尋ねると、錦官城外柏森森」他でもなくこの武侯祠のことを謂う。我々は初めて四川に来たのだが、非常に容易く見分けることができるのは、四川人は誰も頭の上に白い布を巻いていた。聞くところによれば、これはすなわち諸葛亮を記念しているとのことであった。何となれば諸葛亮が死んだ時候は秋であったので、その時四川人はみな一塊の白布を頭の上に巻いて哀悼の意を表したことが、後に天気が寒くなりだすと白布をぬいだので、それでこのような習慣になって伝わっている。更に武侯祠の傍に昭烈帝劉備陵があった。諸葛墓を見た後、私は非常に多くの感想を持った。諸葛亮は我々の歴史上一人の偉大な軍事戦略家であり、彼の死後、一塊の黄土に留まっているが、しかし彼の精神、彼の著述は却って永遠に我々後人に残しており、我々に数多くの啓示と模範を残している。

成都東門の外、錦江南岸に百花潭上に、唐の有名な舞姫薛がかつてここの家に住んでいた。この地に「辞波井」という井戸があり、明の蜀王の時にこの水を汲んで24幅の紙を作り、16幅を人が貢いだ。付近には望江楼が有り、景色がきわめてすばらしかった。

望江楼を参観した後、すぐ華西壩に行った。我々は華西壩の建築と管理を見て、心中非常に悲しかった。華西壩は外国人が経営しており、そこは非常に清潔で整然としていた。我々は華西大学を見て、再び成都に帰ってくると、あたかも2世紀の隔たりがあるようであった。成都の街頭ではいわゆる鳥市、虫市があった。鳥を買う人、鳥籠を提げている人は失業者の青年であった。ある人が言うには、成都の茶館は特に多い、大体1筋の道に4～5軒の茶館がある。それらの茶館は、朝になって門を開けると、すぐ多くの人が中で茶を飲む。聞くところによると成都の商人の全ての売買取引はみな茶館の中で商談交渉を行っているようだ。

しかし、これらの事実は成都を代表するには不十分である。成都は絶えず進歩している。我々は過去の割拠状況をまだ見ていないが、我々の新生能力は却って絶えず成長しており、我々の某軍校、某学校は、数千の強健な青年幹部がそこで厳しい訓練を受けており、彼等はみな前線に行く準備をしている。大空の中でファシスト強盗を攻撃する。我々が参観に行った時、中国青年の能力が成長している状況を見て、心中非常に頼もしく思った。我々は旧いものは必ず時代の変化とともに死に去り、新しいものが必ず時代と共に成長する。

三、秦嶺を飛び越えて長安に着く

成都で1晩泊まって、2日目の午後飛行機に乗って宝鶏に向かった。成都に居た時には天気は温かく裏をつけない単衣で過ごしたが、間もなく宝鶏に着く時に、飛行機が秦嶺に近づくと、山の上下は非常に大きい雪であった。これはまさに「雲が秦嶺を横切り、家はどこに在るのか、雪が藍関を取り巻き馬は進まず」の壮大な秦嶺であった。パイロットは敢えて秦嶺の上を飛ばず、ぐるっと回って辺境を飛び過ぎた。

飛行機は2時間10分の航行をして、宝鶏に到着した。宝鶏は西北交通の中心であり、朧海鐵道の当面の終点である。およそ西安、蘭州から成都、重慶に行くにはすべてここを経由しなければならない。従って、この小さな町を非常に繁栄させていた。

宝鶏に着くと、すぐ西北の大門に踏み入れ始めることになった。西北が私に与えた第1の印象は、他でもなく到る所大輪の馬車であった。第2の印象は、すなわち住民の大部分がみな洞窟式住居に住んでいること。第3の印象は至る所全て麦である。第4の印象は婦女10人の中、9人が纏足《てんそく》であった。

宝鶏は西北の交通センターだけでなく、工業生産の重要区域であった。宝鶏に着くと、当日間に合うように西安に到着する為に、汽車で東方に向かう。那県に着いた時、空は暗くなりつつあった。那県は三国史の董卓が紹蝉を匿った場所であり、今も尚古蹟がある。

都県を過ぎると、汽車はまっすぐ西安へ運転された。西安に着くと、丁度真夜中であった。西安は、西北抗戦の大本営であり、中国歴史の博物館である。西安の城壁は漢の高祖7年に建築されたものである。城内の街道は、非常に分かりやすく、ただ東、南、西、北の4条の大きな街道があり、中央には一層の小楼があり、しかし街道は非常に広く、およそ各条はみな8～9条の広さがある。

西安の古跡は非常に多く、全部で104の地区がある。私自身が止まった場所は他ならぬ「馬下陵」と言われている。漢朝の董仲舒はかってこの地区に住んでおり、聞くところによるといつも彼を見る時には、必ずここで下りたので、この名前がついた。今もそこには董仲舒の廟と墓があった。

1日目、臨憧に行った。臨憧は西安に於いて総裁が難を被った場所であり、そこには総裁が住んだ宿舎があり。天上には数多くの銃孔が残っており、今も見ることができた。その裏側は他ならぬ麗山であった。西安事変の時に張学良、楊虎城の兵は、皆この山上に陣を引いた。山上には、一塊の四方から打ち落とすことのできない、大石が有った。この石は奇怪に置かれていて、総裁があの時、他ならずこの石の傍に座った。残念なことに、行き来する参観の人達が表面に多くの落書きをして、自然の美しさと記念になる物が皆壊されていた。

臨幢に行くには埋橋を渡らなければならない。長さ約千尺（公尺とすれば千ｍ）回りには72の穴があり、唐代の人は此処で送別の区切りとした。そのため別名を「銷魂橋一魂を分ける橋」と呼ばれた。秦の始皇帝は最初の皇帝であった。彼の死後はまた一塊の非常に小さな土地に留まった。しかし彼の事業は却っていささかも死にはせず、彼の功績は永遠に後の人びとに敬服されている。

３日目に、我々は又武家坡（坂道）に行った。薛平貴、王寶釧が住んでいた洞窟を見た。それは薛平貴の洞窟であると言う人もいたが、王寶釧の洞窟であると言う人もいた。洞窟以外にさらに彼等の廟も見た。その廟の中は、壁一杯に遊びに行った人が文字を書いていた。王寶釧は大馬鹿である。薛平貴が外にすでに奥さんが居たのを知らず、……薛平貴はあまりにもひどすぎる。とにかく、不満を言う話であった。同時に、そこでは習慣があって当地の民衆は地上のムクゲを食べることができなかった。廟の附近20里以内ではまたムクゲも無かった。また民衆が言うには、ムクゲを食べないのは王寶釧を記念して、というのは彼女が生まれた時貧苦でムクゲを選んで食べた。迷信で言っているのは、20里内にムクゲが無くなったのは以前王寶釧がとってしまったからだということだ。

その外、私はさらに唐僧塔に行った。大雁塔、仏の信者がそこへ行って、朝の祈祷をする。

西安は１つの名勝古跡の場所だけでなく、同時に又我々が抗戦中の重要な工業区域である。西安附近に、我々の工場は、141カ所あり、絶対にこの1点からも抗戦中の重要な場所であると言える。

四、我々の国防前線1潼関

西安から再び東に向かい、本来西安から洛陽まで直行することができる。現在は潼関の前面は風陵渡で敵に占領されており、汽車はこの1段では黄河沿いに進むが、敵から近過ぎるので、今汽車が潼関に着くと、自動車に乗り換え、再び汽車に乗り洛陽に着いた。

汽車が華明に着いた時、東方は白くなったばかりで、車窓から望んでみると、華山の山上の雪を見ることができた。汽車の駅の上の人は、皆皮の衣服を着ていた、再び一駅過ぎると東泉店に着いて下車した。ここに1つの小村落があった。大多数の家屋は見兼ねるほどぼろぼろであった。ただ1軒の人家の一つに功徳無量の扁額が掛かっていた。ずっと詳しく見ると、これは商会会長の家であった。村落の東側に、1つのぼろぼろの廟があり、外には同じ場所に国民学校の看板が掛かっていたが、中には一人の教師が住んでおり彼は丁度ご飯を炊いていた。彼に今日は何曜日かと聞くと、彼は知らないと言った。彼に何日かと聞くと、彼は又知らなかった。出入り口には多くの子供達がそこで遊んでいた。彼等になぜ勉強にいかないのかと尋ねると、彼等は教師に殴られるのが恐いと言った。

街では一人の若い女性にも出会わなかった。聞くところによれば家で隠されていて外出することを許されていなかった。このような地方では最も権力があるのは保長と警察であった。彼等は勝手に監禁することができるし、人を殺すこともできる。非常に奇妙なことは、ここには浙江飯店があり、店主、料理人はみな浙江人であった。我々はそこで一度食事をした。

潼関の真正面では、黄河の河面が非常に狭いために、はっきりとこちらを見ることができ、それ故に敵は常に2門の大砲が我々の鉄道の1点に照準を合わせることができ、汽車が出発する時に、彼等はすぐ汽車に砲撃を始めた。しかし我々こちら側は常に汽車が通り過ぎた。この汽車は憧関車と呼ばれた。それが出発した状況はこのようであった。汽車がまもなく敵の大砲の照準点にかかる前にすぐ絶えず反響を鳴らした。しかし照準点に着く寸前、すぐすばやく後退した。敵はその時すでに照準点に達したと判断して大砲を打った。大砲が打ち終えられるのを待って、汽車はすぐ走り出した。よって憧関車と称せられる。本来私もやってみたかったが、結果は成功しなかった。

潼関は陝西と河南の境を接する場所である。私は数多くの都市を見てきたが、潼関のような勇ましく盛んな都市は見たことが無かった。前方は黄河であり、後方は高山である。これは本当に中華民族の雄壮な気魄を現わしている。

潼関市内の家屋は、ほとんどすでに大砲飛行機爆撃が完了していた！　それ故、4～5軒が残っていた。それは敵の大砲の死角になっており残っていた。砲弾が届かなかった為であり、そこに住んでいる人は死角の下での生活であった。

潼関に入ると、すぐ非常に大きな一幅の総裁の肖像を見ることができ、同時に黄河に面臨するその一面を見て、我々は城壁の上に大変大きな2句のスローガンを書いた。「日本の鬼を打倒しよう！」「黄河を固守し、中華を防衛しよう！」」敵は「日本を打倒する」という幾つかの文字を見て、心理的に非常に腹を立てるであろうが、仕方のないことである。

私は潼関に於いて、国防プロジェクトの最前線に来て、対岸の敵とただ10数丈（約３３０ｍ）しか離れていない処で、彼等が岸の上でどんなことをしているかはっきりと見えた。ある兵士が１つの物語をしてくれた。「正月の時期に我々は大砲で対岸の敵を爆撃しました。しかし、対岸の敵は拡声筒で我々に言いました。『支那兵よ、お前達は打つな、砲弾を節約しろ、お前達が打っても当らない、もしお前達が打つなら、我々も打つ！　お前達の砲座はどこに在るか我々は皆知っているぞ。』当時我々の兵士は皆大変腹を立てました。その後ある兵士が想いついて銃を持ってその拡声筒に狙いを定め見事に撃ち、命中しました。鬼子は逃走しました」これは確かに一段の戦地の佳話であった。最近は、前線で我々と敵は無線電を用いて罵りあっている。

我々の想像では、前線ではきっと非常に悲惨であると思われているが、しかし実際には全く異なっていた。潼関はたしかにむき出しにされているけれども、しかし潼関は依然として歓楽状態であった。潼関から５里（２・５㎞）は離れている難民村では非常に多くの人達が皆洞穴式住居に住んでいた。私が訪れたその日は清明節であった。多くの婦女はみな赤い服と緑のズボンを着て、外を歩いていた。敵の大砲や飛行機の威嚇に対しては、いささかも気に留めず、多くの人が豚肉を食べたいと思っている時、却って敵に大砲を打ってほしいと望んでいた。彼等が話すところによれば、敵の大砲は永遠に命中しないが、彼は大砲が一発撃たれる毎に、砲弾の破片を拾い出し、すぐ金に換え豚肉を買いに行くことできるということであった。

ここで私はついでに1つの笑い話をして皆に聞いてもらった。これは一人の軍官が我々に語った。彼等は某は死んでも金が要るといった。ある時、ある人が黄河を渡りたいと思った。その時黄河の水は非常に浅かったために、すぐ一人某人が背負って渡ると言い、金銭を話し合って決めた。しかし、河の水が某人の腰際まで来た時、彼は更に客に言って、2角銭追加するよう要求した。客は河の中間であったため仕方なく、同意した。再び水中を歩き進み、河水が胸口に達した時、某人は又2角銭の追加を要求し、客は同意した。その後河水が某人の頰っぺたまで浸かって話ができなくなり、彼はまだ二本の指を水面の上に伸ばした。その意味は、「さらに2角銭！」ということであった。

潼関市内には、さらに1本の大樹があり、すでに非常に多くの年代が経っていた。樹の幹は非常に高い場所に在り、1つの非常に大きな空洞があった。今は民衆が赤い布でそれをくるんでいた。聞くところによると、これは三国志の時代に、曹操が潼関で馬超に出会い、馬超が槍を用いて樹の上の空洞を切り落とした遺跡があった。その空洞は非常に高く、昔の人は今より背が高く大きかった。樹の下にはまだ1つの廟があり、今もそこへ樹を拝み廟を拝む人が多い。潼関の市内は非常に多くの家屋が爆撃で壊されたが、ただこの樹と廟は壊されていなかった。多くの人が神道によって保護されていると思っている。

聞くところによると去年正月の折、潼関附近の民衆は家々にみな爆竹を鳴らしたが、同時に敵はすぐ黄河のその一方からしばしば大砲を打って来た。私は大砲と爆竹の音が混在していて、きっと非常に耳によい感じがしたであろうと思った。最も偉大なことは潼関後方のあの高山上で、はためいている一面の美しい国旗であり、それは我々中華民族の偉大さを現し、我々が屈することの無い公明正大な気概を示していた。

潼関には1軒の軍人クラブがあった、戦地酒場と呼ばれていた。中の全ての設備はみな整っていた。酒場のドアーの上には一幅の対聯が掛かっていた。「死という字は頭上で逆らい、成功は手中に握られている」

潼関で下車後、すぐ自動車に乗って某地に向かった。自動車は潼関の後方を迂回して一筋の交通溝中を行った、というのは元々の自動車道はまた黄河に沿っていたためである。この交通溝は中国の1つの偉大な軍事工事であり、溝には3人分の深さがあり、下は2台の自動車が並走できる、しかしこの交通は完全に民力を運用して出来上がったものであり、完成までの時間は只5週間のみであった。これは西北人民の労働力の偉大さを証明することができる！ 同時に、我々は知っている、西北人民の感情は、江南人に比べずっと真心がこもって、飾り気がなく素直である。ある時、私は一人の老婦人が道端で小麦粉を売り一人の軍人が彼女から1元銭分を買って、彼女に代金を払う時に、2角銭足りなかった。その老婦人は「かまわないよ、あんたは持って行っていいよ、我々はみな国のためだから」

間もなく到着する時間に、一箇所の橋が壊れていた。その橋の傍に、「この橋に病あり」と云う4文字が書かれており、車は通過できないことを表示していたが、しかし面白く感じた。

橋の附近で一群の白衣を着た女性が馬に乗って東方へ去って往った。後で彼女達に尋ねて、初めて彼女達が墓参りから帰って来たことを知った。

某地に着いた時、空はすぐ夕暮れになり、太陽は西の隅に斜めに掛かっていた。空は血を塗ったように赤くなった。爆撃をくったばかりの鉄橋の残影が力なく斜めに路上にころがっていた。周囲の静寂はどんな音も聞くことができず、その時の情景が、一人の旅行者の心を高ぶらせた、悲哀であり、壮烈であり、底なしの憂いであり、未練がやはり残る、すでにどうすることもできない味わいになってしまった！

夜、ほかの人が私を観劇に誘った、私は奇妙に感じた。前線に来てまだ観劇するのか。彼等は言った。ここでは毎日劇を演じていますよと。

五、洛陽の牡丹は天下に甲たり

洛陽は河南の最前線である。ここでは、私は非常に容易に戦争のありさまを見ることができる。ここでは、我々は偉大な国防工事を見ることができる。これは数万人を動員して建築を成功させることである。洛陽の市内は非常に小さく、工事はすべて市外であり、早朝、空がまだ明るくならない時に、すぐ国防工事をする数万の労働者が仕事を開始する物音を聞いた。同時に又汽車の駅で軍需産業の労働者を搬送する呼び声を聞いた。この多くの声は集合を始め出した時には、偉大な労働進行曲に変わった。

龍門は洛陽附近の名勝の1つである。両側は高山で、中間には流水がはさまれている。流水は非常に急である。龍門には非常に多くの古仏がある。以前一人の軍官が迷信を廃除する為に、全ての石仏の顔面の鼻をみな打ち落としてしまった。迷信を廃除する為に、文化の古跡を廃除してしまったことは本当に惜しいことであった。龍門の最も有名な名勝の遺跡は鑼王泉、鑼鼓洞、千間房、九老殿、千手仏殿、等、唐の白居易が免官する時もここに住んでおり、彼の墓もまたこの附近にある。

龍門には、まだ多くの墓碑がある。これもまた中国人の私利私欲を見出すことができる。毎回文字を押し上げる人を遣わし、どうしても墓碑上の字を1つ打ち砕き、それを以て自分の墓碑銘が最も珍しくて貴重であることを表していることにしたいと思っている。従って、現在の墓碑の上は、非常に多くの字が打ち落とされている。もし再びそれをよりよく保存させたいなら、将来はきっと1字もみな残っていないということになろう。

龍門から洛陽への路上で関帝陵を見ることができる。聞くところによると、そこは関公（関羽）が埋葬された場所であった。関公の墓の前後には数百株の大きな柏樹があった、関公のあの青龍刀もそこにあった。多くの民衆がその刀を非常に敬い重んじて、常に拝みに行く。敵が来た時には、この刀はきっと持って行ってしまうだろう。

洛陽には2つの非常に壮大な建築がある。1つは林森（国民党教育担当副総裁）橋であり、もう1つは中正橋である。共に現代の永久的な建築物である。

その数日、洛陽はボーイスカウトのキャンプ演習を行っており、各県の学生が皆省都に集まっていた。至る所で彼等の無邪気で活発な精神を表現していた。

洛陽の街頭では、乞食が特に多かったが、しかし彼等が着ている衣服は皆非常に良質なものであった。洛陽の牡丹の花は特に有名である。私が行った時はまだ開花していなかったので、見ていない。洛陽は、今のところ我々の北方の軍事政治経済上の1つの重鎮であり、同様に又我々が将来北方を建設する1つの需要な地域である。洛陽！　お前は抗戦中強大で堅固であることを望む。洛陽に3日滞在して、帰る時、かつての洞窟式住宅に1晩泊まった。洞窟式住宅に泊まったことの無い人は、洞窟式住宅がいったいどのようなものか分からない。その実幾つかの洞窟式住宅もまた相当快適であり、冬温かく夏涼しい。しかし、大部分の洞窟式住宅の住民はかなり貧困である。我々が見たところでは、洞窟式住宅に住むことはもとよりすでに非常に貧苦であるが、しかし西北の洞窟式住宅に住んだことの無い人達は、さらにどれほど貧苦であるか知らない！

帰って来る時、自動車は一路黄河に沿って行くが、対岸の敵の機関銃陣地等、望遠鏡を使って非常にはっきりと見ることができたが、あちらの民衆の姿は少ししか見えなかった。渭南を過ぎた時に、別の人が言った、あちらは拳太公が魚釣りをした場所です、今もまだ釣魚台があります。清朝の左宗棠の楊柳は、他ならぬここから始まり、ずっと新疆まで植えられている。

渭南付近には、1つの華山がある。華山の地勢は大変壮大で美しい、あそこの牡丹の花は他の地方より香りがよく、且つ花が大きく、非常に綺麗である。渭南に別れて、すぐ再び西安に帰る。

六、西蘭公路の上に於いて

西安を離れて西に向かっていく。まず先には他ならぬ咸陽に着く。咸陽は中国古代の多くの帝王陵墓の所在地であり、同時に又1つの工業地区である。私が行った時は丁度桃の花が満開で、咸陽から5㎞の自動車公道では両側が桃花であった。そこの桃花は色彩が特に鮮やかな赤色で、自動車はその中間を行く、正に「人は花の中を行く」ようであった。

咸陽を過ぎて、すぐ虎山に上る。虎山は上る時には非常に高くて険しいが、しかし山上は30里（15㎞）あり、全て平坦な公道である。虎山では非常に沢山の羊の群れを見た。最大の1群の羊の群れは、大体千数頭いた。しかし羊の面倒を見ているのは人ではなく、8匹の犬であり、それらの犬はみな子牛の大きさであった。8匹の犬は非常に上手に千数頭の羊を管理していた。それらの犬は非常に長い訓練を経なければならない。

虎山を過ぎるとすぐ花果山に着いた。聞くところによればこの花果山は他でもなく西遊記の孫行者が出生した場所であり、そこには水簾洞もあった。更に孫行者（孫悟空）の像もあり、多くの民衆が拝みに来ていた。当然、孫行者はにせであるが、しかし花果山の風景は非常に美しく、桃花、李花（スモモ）等雑多な花が皆あった。

花果山を過ぎるとすぐ長武県である、長武県は古戦場の地方であったが、現在は荒涼として何も見る物が無かった。再び通り過ぎて、すぐ龍山鎮であった。龍山鎮は昼食を食べる時で百人強の兵役年齢の男性がそこで訓練を受けていた。教官が丁度三民主義を講義していた。我々はそれを聞いて気持ちが高場して興奮した。これは他ならず西北の力の表現であった。

平京は1つの漢族と回族が雑居する地方であり、市中には1条の長い街がある、もし我々がどちらが漢族の居住地域で、どちらが回族の居住地域であるか見極めるには、それは只汚ない場所を見れば、豚のいる場所は他ならず漢人が住む場所である。豚のいない地域は非常に清潔な場所で他ならず回人が住む地域である。同時に回人が住む街道には殆どの通りでも、少なくとも病院があり風呂屋がある。

平京に泊まったその1晩、彼等回人が我々を夕食に誘ってくれた。結果は笑い話の騒ぎになった。私は回人が豚肉を食べないことを知っていたので、好意で彼等に尋ねた。「皆さん、ここには豚は非常に少ないのですか?」私の質問の本来の意図はあたかも彼等が豚肉を食べるのは好きではないのかということであったが、彼等は一人も答えなかったのには奇妙に感じた。食事の後、私は他の人に尋ねて、初めて回教は絶対に「豚」の字を言ってはならないことを知った。彼等は豚を「黒い物」と呼んでいた。もしあなたが彼等の面前で「豚」の字を語ったら、彼等は非常に不愉快になる。この一点から、郷に入っては郷に従えは確かに重要である。

長武から平冷の公道は非常に広い。この1筋の公道は他ならず左宗棠が作ったものであり、最も広い地方は50メーターある、沿路は非常に太くてでかい楊柳が植えられている。左宗棠は西安から蘭州を経て新疆まで1筋の3千数里（千五百km）の大道を拓いた。両側には楊柳を植えた。人はその間を行く。ただただ偉大、偉大と偉大である。左宗棠は自分で1首の詩を作っている。「大将は西征して尚未だ還らず、湖湘の子弟天山を満たす。一面に楊柳三千里を植え、今春風により玉関を渡る」

平冷を離れ10里（5km）までを、「三関口」と呼ぶ。聞くところによると、楊六郎が守った三関口は他ならずこの地方である。そこの地勢は非常に厳しく、ただ馬が歩くことができるだけである。

あなたが目で見ると前方には道が無かった、しかし一回りすると、又真っ青な空と流れの急な水、道を挟んで桃の花、飛び散る滝を見ることができる。いわゆる「山は亡くなり、水は尽き、、路無きかと疑う、柳は暗く、花は明るく又一村が現れた」であり、本当にこの地方のことを形容するに足ることであった。山の麓の下には六郎廟がそこにあった。

三関口を過ぎて、すぐ六盤山に上る、六盤山上は25kmある。我々が山の中腹まで上った時、空から大雪が降ってきた。六盤山を過ぎると、やっと本当の西北を見ることができた。目の届く限り遠方を見ても、一片の荒涼とした原野であり、道に沿って見ても只数棟の破損している家屋が見えるだけで、大体1～2里（0・5～1km）歩いて行くと初めて2～3カ所に数軒の人家がある場所であった。

六盤山は非常に地勢が険しいが、しかし六盤山上の華家嶺を過ぎる時には、更に歩いて行くことが困難であった。華家嶺は六盤山に比べて更に高く、公道も又非常に厳しかった。それ故、多くの旅客は乗車して華家山を過ぎる時、大部分はみな目を覆い隠して敢えて外を眺めなかった。華家嶺に着いた時、山頂上に2羽のカササギ（喜鵲）が見えた。このものさびしく荒涼とした場所で2羽のカササギを見ることができ、心中非常に嬉しく感じた。その晩は、すぐ華家嶺で休んだ。1晩中、大風雪であった。

我々の駐屯地宿舎は意外であるがどこにでもあり、しかし地方が異なっている為、駐屯地の物もまたそれぞれ異なっている。華家嶺一帯は、年中非常にわずかしか雨が降らず毎年必要な水は、全て冬季の積雪がもたらす雪水である。従ってそこでは、人の財富は、金銭の多さではなく、数缶の水が問われる。駐屯地の人が買いだめをする物も又水であり、冬に貯め込んで、夏高値で売り出すのである。

西北、我々が見た物はどんな物もすべて大きく、牛、羊、猫、犬も大きいが、ただ1つ小さい物がある。それは他ならぬ女性の脚である。人は云う、3寸（約10cm）の女性の纏足である。彼女達はみな正に3寸も無く、死ぬまで歩くことができない。ただ地上で這うことはできる。しかし、彼女達は依然として田んぼに行って草を抜く時には彼女の夫が背負って行き、田んぼに座り、夜帰る時には再び彼女の夫が背負って帰って来る。私は23～24歳の娘が、脚も又そんな風に小さく、西北の婦女の苦痛はおして知るべしであった。そこの警防のための隣組制度の申し合わせの中で、「現在に至って韓髪を残してはならない、纏足をしてもならない」の条文を規定している。

そこでは私は依然1つの清真寺（イスラム教の寺院）を参観した。そこには礼拝堂、浄水堂（入浴場）、説経堂があった。これらの場所は、我々も研究する値打ちがある。1つの教導堂は多くの人が礼拝に行くことを引きつけるために、他でもなく中の設備が好く、参拝に行く人に皆便利で心地が佳いと感じさせている。我々も将来大礼堂を建てるが、中には浴室、ゲーム室等完全な設備を整える、そうすれば誰もがやって来て楽しく感じることができる。

華家嶺を下って、すぐ道の両側に梅花を見ることができ、間もなくすぐ蘭州に着いた。蘭州到着前に自動車は河傍を進んだ。その時、他ならず黄河を再び見た！

蘭州は我々西北抗戦後方の軍事交通センターである。ここで私は初めて黄河の特殊な交通用具、皮筏を見た。皮筏は羊の皮を縫い合わせてできたものである。おおよそ8枚の羊の皮で1つの皮筏を作ることができる。使用する時にはそれぞれの皮に空気を吹き入れて、上側に木の板を乗せると、すぐ貨物を運び人を乗せることができるようになっている。使用しない時には、空気を抜いて、すぐ背中に背負って持ち運ぶことができる。これは手軽で又実用的な交通用具であり、非常におもしろいものである。

現在の省政府は、他ならぬ明朝の粛王の故宮であり、中には花木亭楼あり、花園の中にはさらに1柱の石碑があった。聞くところによると粛王の碑であり、戦乱によってこの碑上でぶつかって死んだ。

左宗棠が蘭州に居た時には、またこの地方に住んでいた。ここにはまだ万里の長城の遺跡が残っており、城楼上では暴蘭山、五泉山、黄河及び黄河北岸の村落を望むことができ、蘭州の地形の雄壮さと立派さを見ることができた。蘭州には特殊な風景は無かった。私は興隆山、五泉山に行ったが、五泉山は普通の山であった。しかし蘭州附近の山峰上には樹木が無かったが、ただ五泉山の身には青々とした山林があった。それ故に皆はそこに行って遊んだ。興隆山に至っては、蘭州の観光地であり、○市内から40里（20㎞）離れており、ジンギスカンの墓がそこにあった。私が行った時には丁度ジンギスカンを公共団体や知名人が行う追悼式の日であり、ジンギスカンを偲んで70頭の羊を殺す。今は祖先を祭って2種類の礼拝を行っている。一種の礼拝は政府が行う祭礼でジンギスカンの墓屋の中で行い、2件の棺桶が置かれており、すべて銀でできていた。蒙古人は1つの習慣があり、ジンギスカンの墓には、絶対に女性が入ることは許されない。私に同行していた女性は、彼等が彼女が入ることを許さなかったが、彼女が話したところによると、自分はジンギスカンを見に行かなかったが、彼の妻を見に行くことができた、しかし彼等は相変わらず彼女を入れてくれなかった。

実際には蒙古人が最も尊敬するのはジンギスカンの墓ではなく、ジンギスカンが使っていた武器であった。11本の長い鉾であった。その鉾の上には非常に多く長い毛が付いていた。聞くところによると、これらの毛はみなジンギスカンが欧州に出征した時、一人の大将を殺す毎に、すぐ彼の頭髪を2～3本引き抜き縛っていった、こんなふうにつなぎ合わせたものであった。従って、その毛は、各種の色がそろっていた。思わずどの人の心中にも、ぞっとして恐怖と敬意をふくらました！

ジンギスカンの墓の後方には、さらに1つの太白泉があった。聞くところによると、唐代の詩人李太白がかってそこで詩を作り酒を飲んだということであった。そこにはまだ一幅の李太白像があり、非常に上手に造られていた。これも又中国古代の芸術品であるが、残念なことに誰が作ったのかわからない。

蘭州には1つの西方訓練団があり、規模は非常に広大である。大部屋に入るとすぐに、「天地の生気を養う立派な人格を築きあげること。養天地正気」の五つの大文字があり、甘粛、寧夏、青海3省の行政幹部は、皆ここで訓練される。この訓練団は、西北の政治的統一に対して、絶大な貢献をしている。

七、中国の回廊で行進する

蘭州から再び西走する、他ならず河西地帯であり、或いは又中国の回廊ということができる。何となればこの1段の地帯の中で、南側は祁連山、北側は龍首山である。蘭州を出て、1段の道路は黄河沿いに走る。以前我々が夢想していた黄河は非常に広く非常に深いものであったが、しかしこの区間では決して広くなかったが、水は急流であった。蘭州市を出て15㎞の処は果物地区であり、そこには非常に多くの梅の樹、桃の樹があった。果物地区を過ぎると祁連山であった。遠くに祁連山を望み、山頂は一線の白雪であった。蘭州は3千m以上の高原であり、昼間は非常に暑くなったけれども祁連山の雪線上、雪は溶けることはなかった。

再び西に行くと、さらに荒涼としていた。我々が行く道は、片側は高山であり、片側は長城であった。そこでは一人の子供が羊を放牧しており、その子供は馬に乗り、大変元気であった。

その辺りの、最高の山の峰は烏鞘嶺と呼ばれ、峰の上に1つの大石があり、当地の民衆はみな催生石と呼んでいる。田舎の人が言うには、子供を産みにくい時に、ただこの石を拝みさえすればすぐ産むことができるということである。


祁連山一帯は、年中降雨が非常に少ないので、彼らが使う水は、完全に祁連山の雪が溶けてきた雪の水である。彼等は田地を灌漑し、祁連山の雪水を利用している。同時に祁連山には幾重にも重なっている樹林があるために、山上の雪が遮られ、雪がゆっくり溶けていき、一時には流れてしまうことはない。その上雪水が流れ落ちる時、山の腐乱した落葉にひそかに取り込まれるので、そこの土地は非常に肥沃している。

その日の夜は、涼州に泊まった。涼州は以前騎兵X軍軍馬長馬歩青が駐屯して防備していた地区であった。最近彼が紫達木盆地に配属され、監督することになっていた。私が行った時には、まだ馬軍長であった。その時彼はまだ安蘭公路の監督であった。彼は第X軍の騎兵であり、守備任務の交替勤務をしていた。馬歩青軍長は一人の正直で温厚な軍長であった。彼は私に言った。

「蒋委員長がどこに行かれようと、彼は必ず疑いなく行きます！」

涼州市の市政の建築も又非常に好くできており、馬歩青さんはそこで多くの病院、学校、営房を造っていたが、成績は共に素晴らしく、それ故に比較されても、涼州は西北の1つの建築が非常に好い都市であった。

八、金張掖、銀武威

凉州を過ぎると、すぐ張掖であり、又甘州ともいう。西北には一句のことわざがある。「金張掖、銀武威」。張掖は非常に金持ちである。しかし、最近の張掖はすでに「金」の字で形容できなくなった。だから現在の張掖は「土張掖」と呼ぶという人がいる。

張掖は辺境の地の江南であるという人がいる。何となればそこには少なからず江南の情緒がある。そこには江南でよく見る大水車がある。聞くところによると左宗棠がそこに居た時、四川に人を5回派遣して、やっとうまくできた。

張掖の街ではそこで一人で寝て頭をそるのを見たことがある、これもまた1つの奇怪な習慣である。同時に非常に大きな寝室があり、大体35mの長さがあった。

張掖市の中には多くの店舗があり、昔は却って商店の表門と大きな看板を敢えて修理しない、というのは当地の政府が彼は金があるから、彼に寄付をするよう要求するからである。またある人が言うには、多くの人の家の中にはズボンがあるのに穿かない。ズボンを穿くと、他でもなく彼は金があると見なされ、また寄付を要求されるのが恐かったからである。

張掖の附近には多くの白鶴、黄牛、野生の馬、野牛が居り、従って一般の人は出てきて猟をする。

ここには以前一人の専門家が居り、彼は回教徒であった。ある時は移動で祈祷をしている時、刺客が彼を刺しに来た。彼は敢えて振り返らなかったので、その結果この専門家は刺し殺された。礼拝堂の人はやはり礼拝を続けて刺客を捕まえようとはしなかったので、刺客は逃走した。この件から、宗教の偉大さを知ることができる。

甘州、京州、粛州3都市の地主は、いつも市外に住んでいた。どの家にも、背の高い壁に囲まれており、その中には非常に多くの果樹が植えられており、牛羊が飼われていた。

張掖を離れて間もなく、すぐいわゆる娘国に着いた。この娘国は全長25里（12・5㎞）あり、発見されたのは偶然であった。聞くところによると、ある時人は一匹の犬が洞穴に入っていくのを見た。そして2日目犬は又出てきた。別の人がすぐ中に人が住んでいるのではないかと疑った。そこですぐ発掘を開始した。後になって考古学者がここは女性の国であったと断定した。

女性の国を過ぎて、黒砂河に着いた。黒砂河は他ならぬ黒河であり、水面は広いが、しかし水は非常に浅かった。そこでできる果物は非常に有名で、それで彼等は又黒砂を甘黒砂、香黒砂と呼んでいる。西遊記の猪八戒はかってそこで身体を洗ったと云われている。

九、中華民族の大団円

張掖を出て西に向かって、臨澤、亭台を過ぎるとすぐ粛州に着く。粛州はすなわち酒泉である。これは他ならぬ関内第1の県であり、各民族が雑居している地域であり、従って各種民族がほとんど居住している。1民族はカザフスタン族であり、彼等は1種の英雄帽を持っており、この帽子を被っている人はおしなべて一人は殺しており、1本の鶏の毛を挿している。人を殺す数が多ければ多いほど、鶏の毛は多くなっており、馬に乗ると、山に上る時も下山する時も河を渡る時もすべて問題がないが、しかし馬を下りると全く駄目であった。

酒泉において、我々は1度宴会に招待した。全部で十一人の客人であった。、
1、納蒙克、2、他木龍（蒙）、3、馬彦寿、4、馬志強（回）、5、雷延齢、6、安偉峻（チベット）、7、馬通、8、哈一、9、阿無阿林（カザフスタン）、10、李志正、11、趙天夫（漢）。
今回の招待会は最も意義があったと思う。私は今回の宴会は、各種民族代表二人を招待した。従って、席上には漢人、回族人、蒙古人、カザフスタン人……。その日は、丁度月が出ており、その要塞上の月は心中限りない感銘があった。全員が皆月光の下で、何ら拘束も無く、全くわだかまりも無く、みんな非常に真心を込めて、率直に話し合うことができ、私は心から喜んだ。同時に我々は西北の複雑な民族問題が容易に解決できるように思った。公平に話すと、辺境で最も悪いことはやはり商売をする漢人であった。私が幾つかの例を挙げて話すことができる。或る時一人の蒙古人が店の中で買い物をしていた。一つは2元4角であった。もう一つは1元2角元であり、蒙古人は知識レベルが低く、しばらく数えて、総数を数えることができなかった。その店の人は言った。「それまでだよ！　5元置いて行きな！」その蒙古人は仕方なく5元を支払って出て行った。あたかも黒羊皮の皮服は、酒泉一帯では蒙古人が買っているのは1着2百強元ぐらいだけであるが、しかし商人はそれを蘭州に運んで行けばとっくに3千元で売るであろう。これらは事実であり、我々は非常に憤慨した。従って私は辺境の少数民族は、やはり誠意があり、正直であり、単純であると思った。将来我々が西北を建設するようになれば、我々は総理の民族政

策を実現することさえできれば、各民族は必ず親密な団結をすることができる。過去回漢間で数回の非常に大きな衝突が起こったが、しかしほとんどが非常に小さな事情のみであった。

聞くところによれば1度は回教の人が芝居をしたために、漢人の子供が騒ぎ出したこと、1度は漢人が回教の人の家で1羽の鶏を殺した時に毛の先を抜いたことで騒ぎになったことで、我々はこんな状況は有ってはならないことで、将来は又再び発生するはずのないことであった。


その一晩では、我々は皆大変楽しく語り合い、どんな民族問題も話し合い、分かりあうことができた。その後、余興をした。蒙古人が出てきて拳術をした。チベット人は一人の子供が羊を見に行かない簡単な芝居をした。回族は非常に奇妙なことに彼等は満江紅を歌った。カザフスタンは虎の踊りをした。夜が明けるまで騒いで、本当に面白かった！

酒泉では、1つの辺境訓練班があった。そこにはチベット人、回人、蒙古人、漢人とカザフスタン人が居て、皆で約30人の青年がそこで厳格な軍事政治訓練を行い、各民族がみな自分の文字で話をした、しかし非常に多くの人はそこで中国語を学んでいた。私はこの青年、訓練班は西北の建設に、必ず非常に大きな効果があると感じた。一人のカザフスタンのリーダー馬通さんもそこで訓練を受けていた。彼は良く政治が分かり、同時に重慶に行って訓練を受けたいと希望していた。

馬通さんの紹介で、なお二人の年長のカザフスタン人と知り合った。一人が言った。「我々は家を離れ、馬と大砲を連れて中国へ来ました。蒋委員長の精神に感化され、我々は絶対に蒋委員長に服従し日本人を打倒したいと願っております」

その晩、私は本来彼等が住んでいる招待所に留まりたかったのであるが、しかし彼等はどうしても承知しなかった。何となれば彼等の風俗は家屋には住まず、必ず野外のテントに住まなければならない。これはひょっとしたら彼等の自由を愛する民族性の表現かもしれない。

彼等が歩く時、1つの歌を唄った。その中の1節の意味は、「水があり、草があればすなわち住める、牛乳を飲み羊乳を飲めば皆大きくなれる」

酒泉を離れるその朝、青年訓練班の友人たちが皆汽車の駅まで見送りに来てくれた。私は非常に感動して、きっぱりと信じた。将来真西北はきっとこのような多くの青年達が建設に立ち上がってくれる。

酒泉は、学校が多く、河西中学があり、国立師範があり、従って教育は相当発達している。粛州を過ぎると、すなわち咽脂山である。蒙古人には1句のことわざがある。「私から祁連山を奪いとり、私の牧畜を繁殖させず、私の咽脂山を奪い取る。私の婦女の顔色を失くさせる」確かに朗脂山の土の色は大変な赤色であり、本当に咽脂（頬紅）のようである。祁連山の白雪、咽脂山の赤土はその塞上に於いて互いに引き立て合っている。

咽脂山の附近には、1つの黄羊山という地域があり、その附近には大変多くの黄羊が居り、しょっちゅう下山し水を飲み草を食べる。通り過ぎる旅客が、常々銃で彼等を撃つ。我々の自動車は黄羊山の麓に下りた時、確かに数百頭の黄羊が跳び回っており、正に一幅の美しい絵画であった。同時にそこにはまだ1種の草があり、とげと同じ様であって、現地の人はラクダ草と呼んでいた、なんとなればラクダだけがその種の草を食べることができるからであった。最も高いラクダはここでは千五百元で売り、最も安いものでもまた8百元であった。

ラクダの毛は1斤〈約5百グラム〉で売ることができる。ラクダは3日間水を飲まなくてもよく、その為砂漠の中では絶対に素晴らしい運輸工具である。夏になると、ラクダは仕事をしなくなる。

十、勇壮な嘉峪関

二日目の早朝、安西に前進した。路上は1つの非常に有名な地方を過ぎなければならなかった。他でもなく嘉峪関であった。嘉峪関は万里の長城で最も西側の起点であり、明朝長城の最も西の起点であり、左右はそれぞれ1つの高山であり、長城と繋がり、中間がすなわち関所であり、地勢は単に雄壮であるばかりでなく、異常に峻厳であり、本当に「一人が関所を守れば万人も陥落させることができない」という諺の通りである。関所の中には1つの小城があり、ただ50～60の人家があり、みな貧困であった。林則徐は「抗英」の罪により新疆に左遷された。彼は嘉峪関を通り過ぎる時一首胸襟豪壮な詩を作っている。「厳百尺昇天西、万里征人駐馬蹄。飛閣遥連秦樹直、綾哨肩立、渤海蒼茫一望迷。誰道清谷千古険、回看只見一丸泥」〈厳しい百尺の境を空の西に昇る。万里を来た征人が馬蹄を止める。飛閣は遥か秦樹が直立していることに繋がり、あやぎの梢が肩を並び立ち、砂漠は蒼茫として一望して迷う。誰が述べたのか清谷の千古の険しさを、振り返ってみると一丸の泥地だけである〉

編者注：作者が写し採った詩句は多分誤りと脱落がある。〈雲左山房詩妙〉巻7を調べると、林則徐〈嘉峪関を出て感じての賦〉の詩に謂う「厳関百尺〈約33ｍ〉の境の空の西方を望み、万里を来た征人が馬蹄を止める。飛閣ははるか遠く秦樹が直立し、城壁は斜めに麓の雲を低くしている。天山は厳しくそそり立ち、浩望として見渡す限り迷ってしまう。誰が言ったのか崎函は千古に険しく、振り返ってみるとただ一丸の砂地で」

嘉峪関に関する詩は非常に多くある。「嘉峪関を出れば、両目の涙は乾かない、前方を見ればゴビ砂漠、後方を見れば鬼門関」あたかも嘉峪関は他ならぬ生き別れと死に別れ、再び会えない永遠の別れの場である。関所から一望すると一片の無限に広がる平原であり、そこは初めて西北の胸である。

嘉峪関附近には、1つの油田がある。以前1度採掘したことがあり、その後外国人に騙されて、石油が無いと思い、一時期採掘を停止した。実際はその辺りの辺境の地はすべて石油があり、油脈は至る所に出ており、油質は随時噴き出して、すぐ土で覆いかぶせ、またそれをせき止めることは難しかった。現在技術者が証明するところによれば、そこの油脈はXXkm長く、我々は1つの数字を上げることができるが、現在そこの埋蔵量はすでにXX万ガロン有り、このことから見れば、そこの産油量が豊富であることはわかる。以前困難であると考えられたことは、1つは石油を採掘する機器の問題である。もう1つは運輸問題である。当面の石油採掘機器は実際全く供給不足である。運輸問題に関しては、そこには汽車が無いので自動車輸送にすれば西北公路の使用料は過大である。この為、当面鐵道の建築を計画中である。現在の石油は西北公路車輛の使用に供給できるだけである。ここで私は又中国人が人徳に悖ることを述べなければならない。私の自動車は油が無くなっているので、私はここで油を補給したいと思ってすぐ5ガロン買いに行った。どうしてか給油したにもかかわらず、逆にエンジンをかけることができなかった。運転手は懸命に玉門のガソリンが不良であるとどなった。後で検査した結果、5ガロンのガソリンには、1ガロンの水が滲みこませられていた。これはみな商売をする人が小利をむさぼった結果であった。

嘉峪関を出て第1番目の県は他でもなく玉門であった。玉門は1つの大変荒涼とした小県であり、県政府の建物は非常に古くぼろぼろであった。我々がもし玉門の歴史をひも解くと、そこには先に数株の樹木があることを知るが後に初めて城壁が造られ、市内にはただ数百人の民衆がいるだけであった。

玉門を通り過ぎると、すぐに安西である。安西は甘粛省の最も西の1県であり、そこはさらに荒涼としていた。我々が玉門から安西に行く路上では、一人の菩薩に道を尋ねた以外に全く一人も出会うことなく、或いは動植物の影を見ることも無かった。

安西県は全部で1万8千人しか居らず、その中3千6百人の兵隊だけであったが、しかし去年1年3百㎞の公路を修理した。ここから西北人民の力量の偉大さを見ることができる。

安西では、最も有名なことは風である。その土地の人は、安西は「1年1陣の風」と云っている。我々は1陣の風は非常に好い事ではないかと考えるが、しかし1陣の風は年初から数えて30夜続くのである。そこの風は、さらに1号風、2号風、3号風に3分別される。私が行ったその日は、沿路が風に吹かれ空中全体が土ぼこりであり、ほとんど前方が見えず、同時に風の抵抗力が非常に大きく自動車は前進することが難しかった。私はこの風はすでに非常に大きいと思ったが、しかし彼等はこの風はまだ3号風であると私に告げた。もし1号風が来た時には、ほとんどの家屋、大樹、人、家畜は一緒に空中に巻き上げられるということであった。

安西付近では多くの子供を見たが、14～15歳の女の子もみなズボンを穿いておらず、非常に寒い時にも彼等はやはりズボンを穿かず外を走っていた。これは習慣であるという人もいたが、私は絶対に信じない。最も主要な原因は、やはり人民の貧苦であった。

十一、敦煌に行く

ここで先ず少し説明を加えておきたい。過去、我々はゴビ砂漠が他ならず砂漠であるとだけ知っており、地理学上も又同様であった。しかし、安西辺りの現地人の俗称は、区別されており、ゴビ砂漠は砂利が積まれた非常に硬い地面であり、多くの場所では、上側は自動車を動かすことができ、沿路はみなゴビ砂漠である。我々が行った時、まったく方向と目的地に近づく道筋が分からなくなった。ただ現地の県政府は我々に道標に従って進むよう教えてくれた。非常に時間が経った後、1群のラクダ部隊に出会った。我々はすぐ彼等に敦煌への道筋を尋ねた。その結果完全に間違った道を走っていたことが分かった。その時、私はなぜ道標が又この道を示していたのか奇妙に感じた。その結果は後戻りした時に尋ねると、やっと分かったことは昨夜の強風の後指標が間違った方向に変わったということであった。

修正した道標に沿って、我々は再び前進した。間もなくゴビ砂漠の気温は大変高くなり、自動車の中の水は熱くなりすぎ、交換する必要があり、長い時間がかかって、やっと1軒の人家を見つけた。中には3人が居り、我々が水を求めると、彼等は非常に気前よく、直ちに我々に水を出してくれた。砂漠の中で水を得ることは容易ではない。我々が自動車の中の湯を放出した時、その家の女性が驚いて不思議がり、笑いながら言った。「これはただ黒牛の小便ではないの？」辺境の人民の知識の程度の低さは驚くばかりで、西北建設には、教育が確かに1つの非常に重要な問題である。

2百里〈百km〉走って、ただ4軒の人家を見つけた、2軒は瓜洲口であり、ここではかつて非常に有名な瓜が出る所であったが、今では跡形も無くなっていた！ 我々が地面を見ると、井戸で素晴らしい水が出る所である筈であった。しかしそこへ行って尋ねると、初めてその水は苦く、その水を飲むと腹がいたくなるということであった。後で彼等になぜ甘い水の井戸と云うのか尋ねると彼等は、これは苦い水が甘い水に変わって欲しいという意味なのです！ と答えた。

道に迷う時もあり、或いは何通りかの道に出くわし、どこへ行けば好いのか分からず、同時に又尋ねる人もおらず、停車しているより仕方がない等であった。野外に放たれている1頭のラクダを見て、我々はラクダと同じであると冗談を言って、「ラクダさん敦煌へはどう行ったらいいの」と尋ねると、ラクダはただ大変長い頭を下げるだけで、他ならず1頭のラクダを見て非常に親密になった感じであった。

後に1つの小山を通り過ぎた。その小山は非常に黒く、好奇心で、私はその山にはきっと鉱産物が露出していると思い、見てみようと自動車を近づけようとしたが、はからずも自動車が山の麓に達する前にゴビ砂漠が完了してしまい、自動車の前輪が、砂漠の中にのめり込み、どうしても動かなくなった。そこで我々は全員下車し5～6時間の労力を無償奉仕したが、自動車は砂の中にのめり込んだままであった。後に幸運にも1群のラクダ部隊が、やっと我々に恵みを施してくれた。我々は彼等に感謝金を渡そうとしたが、彼等はどうしても受け取ろうとはせず、且つ言った。「我々は委員長のおかげでやっております。皆さんが来られて、我々はまだお金を受け取れますか？　それに、我々西北人です。旅に出ると、路上では皆家族です。どんなことでもお互いに助け合わねばなりません」

その時空はだんだんと暗くなり、我々は再び前進した。一塊の草地を見て、砂漠の中で草地を見ると話し出せない喜びがあった。そこでは塩を出産し、ラクダ隊、羊の群れ、蒙古包があった。その時、自動車は又砂漠に引っかかった。我々はもう押し出す気力が無かった。結果は、すぐ蒙古包で休息し、その後木板を使ってタイヤの底に入れて、自動車を救い出し、敦煌に向かって疾駆した。

砂漠の中で馬に乗ることとは、少しも障害は無く、自由自在に走り回ることができ、同時に乗る馬は又非常に好かった。それだから非常に愉快である。この頃、一人の人間が生活の本当の自由を感じることができる。すぐ敦煌に着く時に突然大風が起こった。皆は馬に乗っているので、後ろの人は前が見えず、聞いて気持ちが好いだけで、皆が一緒に走り、さもなければ非常に容易に道に迷ってしまう。

安西から敦煌に行く路上で、1群の飢えた鷹が死んだばかりの馬肉を先を争って食べているのと数頭のラクダが砂漠の中で死んでいるのを見たことを除き、その他の物を見ることは無かった。しかし敦煌は砂漠の中のオアシスであり、辺境の地の江南であり、中国文化の発祥地である。

我々が敦煌に着けば、目に見えるかぎり濃緑色の樹木、青々とした草花、江南の景物であり—江南の出地である、ここにはそれらがすべてである。

敦煌が砂漠の中のオアシスとなることができるのは、そこには樹木が多く、その結果水も多く、気候も又暖かく心地好い、同時に産出する果物もまた特に花が色鮮やかで美しいのが有名である。

敦煌には1つの非常に古い太鼓があり、時間を告げることに用いられている。夜遅く人が静まった敦煌で、この1種の夜の時間を告げる太鼓の音色は特別な感じがする。

敦煌の一番金持ちの一家は千匹の羊と4百頭の馬、4百頭のラクダを所有している。

月牙泉は敦煌から遠く無く敦煌の名勝の1つである。そこには1つの大きな池があり、三日月のような形をしているのでこの名前がついた、月牙泉の傍に、1つの小山があり鳴砂山と呼ばれ、人が山上から下り降りると砂山は非常に大きなウワンウワンという音を発するはずである。そこにはさらに1つの廟があり中には多くの和尚がいる。聞くところによると漢の武帝がかつて月牙泉で1頭の馬を得ることができた。廟の前には1副の対聯があった。「1湾の水、月宮に似たり、仙境塵心を洗う、煙霞泉石にしばし留まり懐かしく思う。五色の砂、山岳に積み上がり、晴天音を響かせて伝える。さながら弦楽と管楽の音を聴いているようである」千仏洞も又敦煌の名勝の1つである。そこは中国仏教芸術の聖地であり、又漢代以降の文化芸術秘蔵の宝物であり、とりわけ敦煌石室であり、およそ過去千年来の中部アジアの国宝の地である。そこの中には凡そ漢、六朝、隋、唐、及び五代で手書きの写本、拓本、彫本等数千巻、古代の経文、更に多くの絹画の仏像が満蔵されている。光緒年間、一人の仏洞を修築していた道士によって発見されたが、我々の政府が注意に行くのを待っている間に、大部分の物はイギリス、フランス人に買い取られてしまい、残っていたものはただ残された物だけであった。国宝の離散は、実は大変惜しい事であった。

千仏洞の廟の中で、上、中、下３種に分散された。上寺は和尚が住んでいた。中寺にはラマ僧が住み、下寺には道教の僧が住んでいた。千仏洞は古代千余りの佛窟があったが、現在多くはすでに区別できない状態になっており、２５０余りだけの洞しか残っていない。洞の中には各種各様の仏像があった。そこに一幅の絵画があり、唐僧が経典を取りに行った時にそこで描いたものであり、絵画は鮮明で美しく描かれていた。現在に至るまでもこのような素晴らしい色彩は非常に珍しかった。しかしながらそこの名画と経典は、皆外国人に盗まれていた。その辺りの人が、唐僧は経典を取りに行き洋人は盗んでしまう。現在所在する本物の唐代の絵画はただ2幅のみで、やはり一人の和尚が石壁を叩いている時に、中が空間であり、そこで発掘して取ることができたものである。

千仏洞には1つの非常に大きな石仏があった。その前には1座の塔があり、第9層まで行かねばならず、そこで初めてその鼻を見ることができた。その親指は一人だけでは抱き寄せることができない。その耳の中には1つの机を置くことができる。その上半身の服は石で刻まれている。しかしその上の色彩の鮮明さ、縞模様は本物の絹織物にちかい迫真性があり、私は先に本物の絹織物ではないかと思ったが、後で触ってみて、初めて石刻であることを知った。敦煌の民衆は商売をしなくても、行き当たりばったりに掘っても、１つの石仏を掘り当てることができ、蘭州に持って行けばすぐ数百元で売ることができる。

千仏洞の風もまた非常にきつい。私がそこに泊まった時、夜寝る時に何も見えなかった、翌朝、門前の幾つかの小山があったのを見て、私は不思議に思った。後に彼等が私に告げた処によると、この山は昨晩の風が運んできたもので、数日後には、風は又それを運び出す。

我々の自動車は安西から敦煌の間の砂地で、合計4回落ち込んだ、第1回は附近の石をタイヤの下に埋めて押し出した。第2~3回目は附近で2枚の木板を探し出し、その結果車を押し出すことができた。第4回目は石も木板も見つけることができず、うまい具合に腐食した棺材を見つけ仕方なくこの亡くなった友人の棺材を借用した。

敦煌に数日泊まって、元の道をたどって関内に帰る時に、自動車に水が無くなった、同時に風が非常にひどく、周囲の東西はすべて見えなかった。道を急ぐために、すぐ下車して水を探さざるをえなかったが、すぐ水を見つけた。その後2回目に水が無くなった。丁度好い時に一人の老人が、1頭の馬を引いており、我々の方に向かって歩いてきた。我々は彼に水が無いか尋ねると彼はすぐ1桶の水を持って来てくれた。非常にひどい風砂の中で5里(2・5㎞)離れた所に行って水を取って来た。我々が彼に金を支払おうとすると、彼は終始受け取ろうとはしなかった。この老人の挙動に私は非常に感動し改めて一言言わざるを得なかった。「西北の民衆は本当に素晴らしい!」

今回の自動車の遭難と危険を脱した経過は、さらに天下に絶対に行きづまり、にっちもさっちもいかなることは無い事を証明してくれた。

後に道路上で非常にきつい風に遭遇して、風は益々大きくなり、空は暗くなった。そこで、我々は瓜洲口に泊まることになった。ここには3軒の人家があるだけで、ぼろぼろの泥で塗った非常に小さい1間に10数人がいた。彼等はみな馬車の車夫であり、彼等と非常に多くの興味のある話をした。その中の一人の馬夫はすでに7年学校教育を受けていたが、することが無いので、大きな車を引いていた。

2日目の朝起床すると、風はまだひどく、空中砂塵が舞っており、太陽が月と同じように見えた。

今回嘉峪関に帰って来た時、関外から嘉峪関を見ると、初めてその雄壮峻厳さを賞味した。嘉峪関の第一の廟は他ならず関帝廟である。ここから中国人が如何に関公（関羽）を崇敬しているかが見て取れる。

十二、新しい青海

青海に一度行こうとするなら、永登県に着いて、すぐ南に向かう。永登県には2つの市があり、1つは新市、1つは満市である。満市は完全に空白であり、新市も又どのように反映しているか見えない。

永登県で一夜を過ごし、早朝起きる頃、天気は非常に冷たく、氷水で顔を洗うと心地よい。朝食を食べた後永登を離れ、青海に行く。

永登県の西南方、一筋の庄浪河を過ぎなければならない。この河は相当広い、しかし非常に浅い。自動車は又決まった路線が無く、河の中の半ばに行くと自動車が沈んで行った。我々は水の中で押していくより仕方が無かった。

庄浪河を過ぎると、又公道が無くなり、自動車は完全に砂溝の中を行く。溝の両側は非常に高い岸であり、遥か彼方に一人ずつの騎兵ステーションが岸の上に見え、威厳があって勇ましい感じであった。

2時間掛かって、やっと楊家溝の非常に小さい村に着いた。全部で5戸の人家だけで、大多数が女性で、二人だけが男性である。これは大変奇妙な現象である。ここの子供は非常に健康で綺麗に育っている。

幾つかの卵を食べて、自動車に水を加えて、再び前に進み続けた。さらに3時間たって一人にも逢わなかったが、突然緑樹の平原が見えた。あたかも1つの非常に大きな花園である。これは他ならぬ洞害街である。我々が初めて緑樹を見た時、まるで何か宝物を得たようであった。

ここでは、田畑で作業をするのはすべて女性で、同時に皆纏足であった。聞くところによると、毎朝男性が女性を背負って田畑に連れて行った後、男性はすぐ帰って遊び、食事をする時になると、再びやって来て、女性を背負い帰って行く。

窑街にはセメント工場、炭鉱、磁器を焼く窯があり、以前左宗棠がさらにここで製鋼所を経営していた、そのゆえに非常に豊かな地域であった。

窑外の前にすぐ孟河があり、更に六里路に行くと他ならぬ享堂峡であり、両側は非常に高い山である。中間には碧緑の水が流れている。

孟河の北岸はすなわち甘粛であり、南岸は青海である。その幅2丈（約6・6ｍ）しかなく、我々が車を下りた時、対岸には一人の牧童が遊んでおり、我々はすぐ彼と話し合った。その子供は大変無邪気で可愛く、このような美しい情景は見つけることが難しい。

亨堂峡は本来一筋の大道であったが、長い間車が通っていなかったので、多くの場所が悪くなっていた。同時に非常に狭く、勾配も急できびしく、自動車が通り抜ける時、大変危険であった。我々の運転手はかつて中国の非常に多くの場所を走って来たが、彼によると、これは中国で最も危険な一段の道路であり、一握りの区間は危険すぎる！　同時に自動車が重すぎるため、昇り上がることができない。そこで、我々は車を下り馬に乗るしか仕方がなかった。然しながら乗馬することも又安全とは言えなかった。ある時馬が方向を変えて走った場所であり、まるで前方には道が無かった場所であり本当にいわゆる「危険の一歩手前で踏み留まる」ということであった。

亨堂峡を過ぎ終り、1つの橋を渡り終ると、すぐ青海に到着した。1番目の村はすなわち亨堂と呼ばれ、ここに駐在する軍隊と各方面の建設が行われ、非常に秩序があり、あたかも、例えば煌東公園のようであり、兵工大橋公園、回教学校、師範学校等である。ここの民衆の家屋はみな非常に清潔であった。

さらに5里（2・5㎞）行くと、すぐ1つの非常に小さな県市であるが、非常に清潔で、特に山上から下を見ると、非常に大きな花園があり、あたかも本当に1幅の美しい花園のようであり、一幅の美しい絵画のようであった、

民和から西寧に向かって行く時に、1つの老鴉峡を通らなければならない。亨堂峡の道は本来すでに危険である、しかし老鴉峡の道は亨堂よりさらにもっと危険であり、一歩でも気を許した

ら、車は数十条深い溝に落ちてしまう、そのため現在新しい道路を開設中であった。

青海省の行政府所在地である西寧市（省政府の行政府政府所在所）の、馬歩芳氏がかなり多くのことを整頓したことによって、現在すべてが非常に好速度で進んできた。街道の建築はすべて整っており清潔であった。現在馬主席が最も力を入れているのは植樹することであり、学校を作ることであった。去年1年で4百万株の樹木を植えた。その辺りの中小学校は成績が皆非常に好く、私が行った時には、ほとんど一軒の店舗も或いは人家も国旗を掲げていない処はなかった。私はそこでかつて兵営を見学したことがあり、青海省の騎兵技術は非常に素晴らしかった。私は馬主席の指導の下に、抗戦建国の中で、将来必ずより大きな貢献をするものと思った。

青海には一種の砂田がある。田の中には小石である。これらの田は非常に肥沃であり、毎年ただ種で植え付けるだけで、まったく肥料を与える必要も無く、草抜きをする必要も無い。同時に又水をやる必要も無く、その為干ばつを恐れず、毎年豊作にすることができる。聞くところによると田の中の小石は水分の迅速な蒸発を防備し、泥土が風に吹き飛ばされることも防備する。しかしそれらの小石は60年に1回追加せねばならない。60年経つと小石はだんだんとまばらになってくる。それがゆえにその辺りではことわざがある。「父親が苦しみに耐えながら暮らし、子供は豊かに暮らし、孫は貧しさに苦しみながら暮らす」

私はついでに青海南部の塔児寺に見に行った。塔児寺は又金瓦寺と呼ばれ、寺の1枚毎の瓦は全て2分の厚さの純金であり、そこは黄教の宗祖宗像巴が誕生した場所である。全廟のラマ僧は4千余のみである。彼等の組織は非常に厳密であり、その中に7人の生き仏がおり、寺管理内の総理交際生は一切車整が担当し、最大の生き仏は今年11歳になったばかりである。彼等の生き仏の継承に対する人選は非常に奇妙である。例えば現在の生き仏が某月某日某時に死ぬと、すぐ彼の死んだ時期によって近くから遠くまで探す。もしも探しあてそして彼の死の同日同時に生まれた人が、即彼に生き仏になるように願いに行く。何となれば彼等はこれがすなわちその死んだ生き仏の生まれ変わりであると見なしているからである。

私が行った時、彼らは数百人のラマ僧が馬に乗って大変遠い場所から私を迎えに来てくれた。これらの馬に乗ったラマ僧は名を騎僧と呼ぶ。廟に到着すると彼等は非常に大きな布を私に与え、必ず私がそれを持って廟に入っていくと、彼等は私に対して歓迎する意を表した。3千人のラマ僧が起立して歓迎し、各僧が左腕を裸にし、頭上に僧帽を載せて、手には各種の法器、楽器を持って黄12色の傘をさして、必ず我々に下で立っているようにした。

搭児寺の中は建築が非常に雄壮であり、1つの大礼堂があり、同時に6千人が読経することができる。彼等は毎日朝会があり、その時に点呼する。その中には1つの大きい銅鍋があり、6千人は湯を飲む、50~60人がやっと見ることができる。

その辺りには殆どの家に3人の男児が居り、必ず一人をラマ僧になるよう送らなければならない。

搭児寺の附近に、1つの小さな鎮がある。そこには多くのチベット族が住んでおり、特異な習慣があり、男子は皆身の周りに衣服を着ているが、必ず腹部を外に出していなければならず。彼等の身の上には、常々刀を着けている。

十三、偉大なる科学工程　自流井戸

青海から蘭州に帰り、蘭州から華家嶺に行き、華家嶺から南に進む、天水を過ぎて宝鶏に着いた。天水は確南の一大都市であり、過去軍事上必ず争奪目標となる土地であり、古跡が非常に多く、伏羲があり、伏羲は天水の人であったと伝えらえている。

天水から宝鶏に到る道程は青山緑水であり、江南の山水とほとんど変わりがない。風砂が空を覆う河西からこちらにやって来ると、あたかも楽園に居るような感じであるが、しかし我々は決して河西の貧民を忘れてはならない。

宝鶏から成都に帰る時には自動車に乗っているので、沿路の多くの地方を又みることができた。宝鶏から褒城の中間に張良廟があり、伝説によると黄石公がかつてここで講義をした場所がある。

自動車が四川に入ったところで、水が無くなった、我々はすぐ農村の民衆の場所に行き、水の補給を頼んだ。農村の民衆はみな無いと言った。その後彼等は私に告げた、ここでは先に金銭を渡す必要があり、彼等はやっと同意した。その時私は10元銭を渡すと、彼等はすぐに水を持って来た。ここで私はきりのない思いが蘇ってきた。西北では自由にどこでもそこの土地の人に、水を供給するようたのむと彼等はすぐ対応してくれた、西北の民情の純朴さ、質朴さ、誠意はほんとうに人を感動させるものであった。

路上に、我々はさらに馬超の墓を見た。剣閣で72峰を見た。そこでは10㎞蔭蔭の道の両側は皆「コノテガシワ」が濃緑色で好ましかった。

剣閣の東北部には大小2剣山があり、Dの羽のように横に並んでいた。その中間の山脈の地の石壁が中断しており、両岸が大門のようにはめ込まれている、これがすなわち剣門であり、陝西、甘粛に通じる天然の険要な関所である。

過剣閣はすなわち梓達である。梓道東北には7曲山があり、柏林蔭霧は風景が非常に清らかで静かであった。文昌宮があり、文昌帝君が伝わっており、名は張亜、ここに生まれた。

成都から重慶に行く便を利用して、私は自然井戸を参観した。自流井戸のプロジェクト設計は、ほんとうに我々が驚嘆し称賛したものである。自流井戸はソ連のバクー油田区に似ており、高大な塩水吸い取り木製の骨組みが数千個、そこの塩井戸の深度はおおよそ3百丈（約990m）、しかし表面の路径は5寸（約16・5cm）だけである。1つの井戸を掘るのに、おおよそ3年の時間が掛かる。最も不思議なことは、このように小さい口径で、もしどこかの位置で塩水の漏れが出たら、彼等は洩れ日をどれぐらいの高度で漏れ口を探し出すことができることならず、同時にさらにそれを修理することができる。もし誰かが1つの物を落としてしまったら、彼等はそれを取り出すことができる。多くの外国人が参観に来ると一人として驚かない人はいない。彼等は皆云う。これは中国の科学であるが、一体どうなっているのか彼等も何が何だか分からない。

塩井戸の傍に、さらに多くのガス井戸がある。これは自然が我々に与えてくれた無上の贈り物である。本来塩水は蒸発して塩になるが、太陽の中で乾かすか火で焼くかであるが、ガスがあると、他でもなく非常に便利である。現在彼等はガス井戸の上に、1本の竹筒を組み立てて、上部には多くのバルブを付け、使う時はマッチ少しで消えない火を得ることができ、使わない場合は上面に蓋をするだけでよい！　自流井戸に別れを告げて、私は再び重慶に帰った。

十四、民族の故郷に帰って来た

西北から帰ってから、私は深く感じたことを下記に列挙した。西北は確かに「地大物博」土地は広く物産は多い。確かに極まることの無い宝蔵である。かつては安西からソ連に到る辺境であった。自動車ではやはり6～7日間掛かった。このように広大な土地は我々の祖先が我々に残してくれたものである。我々は必ず限りない情熱、無限の忠誠、無限の強靭な力量を以てそれを愛護し、それを保存し、それを拡大強化し、我々は西北の進歩を堅持しなければならない。西北の進歩は他ならぬ新中国の進歩である。西北の進歩が無ければすなわち新中国の建設は完成できない。

我々が西北建設に当たって、最も重要な第1の問題は他ならぬ水を改良する問題である！

西北の人達は水が無い、或いは水が不足しているために、しばしば定住した住所が無く、多くの人が皆水を飲み終わると、すぐ荷物を担いで、自分の家を捨てて水源を探しに行く。ここからも水を見つけ出すことができることが西北の重要さである。もし西北の水が、解決できなければ、西北を建設する仕事は解決することができない。水問題を解決する唯一の有効な方法は、他ならぬ多種の樹木である。

厳しい寒い冬が来ると、燃料が無い為に、西北の人達はしばしば自分の家屋をバラバラにして燃料にした。同時に、我々は興隆山と敦煌は砂漠の中のオアシスは樹木を植樹することにより証明にすることに足るケースであり、西北建設の為に唯一の重要な重要な仕事であり全く疑問のないところである。

同時に西北建設の第2の問題は、すなわち風である。しかし我々は人間の力を信じている。きっと自然の力を克服することができ、安西の風を、我々は必ずそれを征服することができ、その害をもたらす力を、我々が自分の新しい生活の力に変えて利用することができる。

西北建設の第3の問題は交通である。当面我々は宝鶏から天水に至る一段の鉄道を建設中であるが、私は西北の鉄道網、公道網が迅速に完成することを希望している。

第4の問題は農業発展である。左宗棠は西北開発に先ず農業から着手している。しかし左宗棠の農業事業には顕著な発展を見ることはできなかった。我々の西北建設は、西北の肥沃な土地を利用して積極的に農業思考に取り組むべきである。

西北の政治問題は必ず解決することができる。

西北、あなたのこの偉大にして荘厳な名称！　あなたの中華民族の古い歴史を持つ故郷。我々の祖先の墳墓。我々の祖先が残してくれた文化遺産が皆そこに埋蔵されている。しかし長らく久しぶりに中華民族の子孫はこの祖先の故郷に行って忘れられていた尽きることの無い文化遺産を中華民族が保存し研究している。

現在中華民族は正に激変の時代に直面している。敵は四方八方から我々を統合しようとしている。

この時に我々は既に自覚して敵に反抗し、自覚して建国活動に従事している。今日我々は新しい中国を建設しつつあるが、東南と同時に西北を忘れてはならない。有志の青年達よ西北へ帰ろう！

〈蒋経国は１９４１年夏、国民政府中央の「西北宣揚団」で祖国西北地区の宣揚視察を行った。「偉大なる西北」は彼が参観遊覧した見聞と感想を記述したものである〉

第四章

ソ連と東北問題を接収管理する問題

1945年

●504時間

今夜、私は太平洋側の浜辺の3線小村で宿泊した。ここは高山流水、芭蕉の林と手入れをされた竹林、風景は優美で、環境は閑静でもある。6日間駆け回って、この1つの山村にやって来て、ひと時の安息を得た。実際非常に愉快で気分が好かった。特に兵士達と一緒に過ごして、彼等の私に対する態度がこのように心がこもって親切であり、私は非常に感動し、又安らぎを感じた。ここには、一般社会にある虚偽と欺瞞及び権勢や利益を奪い合う現象を見ることはできない。我々の官兵はただ如何にして自分の体格を鍛錬するかを知り、戦闘の技能を学習し、国家の復興の為に最後の一戦をする準備をするだけである。

月明かりの夜、一人で座して茫茫たる大海に向かって、国難を想い、大陸を想い偲び、心が千千に乱れ、憂国の情にいっぱいになり、ただひたすら一日も早くこの一生のあだを打って恥をそそぐ願望を果たしたい。私が心中深く信じていることは我々が皆自分にふさわしい地位に恵まれず冷遇され自立することを以て、国家の安否を自分の務めとして、人々は皆肝胆相照らし互いに真心を以て深く交わり、誠意を尽くして団結し、脚が地について着実に、没頭して励むならば、すなわち最後の光栄ある勝利は必ず我々にやって来て、国家の未来の運命は最終的には自由と独立になる。これはまた我々の唯一の奮闘の道である。

兵舎の前面を歩いて、月光の下で士官と兵士達と一緒に座って、打ち解けて心配事を話し合った。談話の中で、私は彼等の非常に多くの人がかって抗戦勝利の後、東北にやって来て、共産党軍と数限りない戦闘を行ってきた、その中には数多く負傷した人達がいた。彼等は私に非常に多くの戦場の状況及び当時の政治状況を語り、ずっと深夜になってやっと解散した。私は自分の休息の場所に帰り、このひっそりと静かな場所で、9年前のあの一段の国家の運命に重大な関係を持った東北での過ぎ去った出来事が海潮のように胸のうちに沸き上がって来て、ひとときに万感こもごも胸に迫り、寝入るのが難しかった。

士官と兵士達はあの時の実際の情況が分かっておらず、他ならぬ多くの政府で重責を負う人もまたこの一段の事実の真相を理解できておらず、甚だしきは彼等が政府に対して少なからず誤解と非難をしてきたことを、私は信じている。私は常々多くの幹部が政府当局が境遇に処している困難さに同情することができないことを感じており、これは政治面で最も我々が憂慮するに値する事である。

一人の本当に党に忠実で国を愛する幹部が、党と国の為に苦労に耐え、責任を帯び、更に常に国の為に考慮し、何事も党と国の為に計画しなければならない。

私の頭の中にはこのような思想があり、それ故に私にこの書を出版する思いを引き起こさせた。これは私が東北に居た時（中華民国34年冬季）の1段の日記である。今日これを公開する。その目的は他ならぬ一般幹部にさらに我々の党と国が処遇する複雑さと敵の陰険さをはっきり認識させることである。すべての困難の克服、すべての問題の解決は、皆我々が反省して自分の責任を追求するべきである。ただ自分の両手を使い、自分の血と汗を流し、そこで初めて国家の光明の前途を開拓することである！

今日、我々の境遇は依然として複雑険悪であり、苦難に満ちている。我々は冷静且つ動揺しない態度、勇敢に奮闘する決心を以て目前の難関を切り抜けるべきである。私は決然として信じている、この難関は必ず切り抜けることができる。

1954年4月16日花蓮三楼村にて執筆

一、出国してロシア留学20周年

●1945年10月25日

今日は私が出国してロシアに赴き留学した20周年の記念日である。長春で当時同行した天像、世傑二兄と一処に集まり、感謝して懐かしんだ。昔日の生活と事業を回想し、東奔西走、未だに成したことが無く、特に感慨深い。もし再び救国の大業に専心注力しなければ、きっと後悔しても及ばず。

XXXが重慶より帰って久しい。当方は暫く大連では上陸しないことを決めたが、或いは難局を開くべきであろうか。午後、ロシア顧問パ某が会いに来て、彼側の代表マリンスキーが我が方に対し説明し、我が軍営人員が長春に来て以降、各地で反ソ運動が多発していると謂い、我が軍営の人員が外出視察をすることを許さないと声明した。パ某の言葉の意味はいわゆる反ロ行動を指しているようであり間接的に軍営と関係がある。しかもその語気と態度は、他ならぬ完全に恐喝性と警告性を帯びており、確実に忍びがたいものであった。私は自分が軍営駐長になって以来、各地で反ソ運動が有る筈はなく尚且つ軍営は事前に必要に応じ、必ずロシアと友好を保持する国策を切実に実行しなければならないことをしばしば宣告している。そこでパ某は今この種の空気を作り上げ、その規定策略を執行せねばならず、我が政府の東北を接収することを阻害しようとしている。ロシア側は、本来我が軍営の人員の外出禁止を制止する特権は無い。しかし不必要な紛争を失くすために、暫時この事を取り上げないこととして、重大事項の解決を謀ることとする。天像、北海の二人は、今日重慶に帰る。私はもともと北海と離れたくなかったが、しかし彼の妻が間もなく分娩するので、その要請を認めざるを得なかった。そして天像は友人と上海で資本を出し合って貿易をすることになりその重慶脱出を認めないわけにはいかなかった。人は最も金が無ければならず、天像の革命性はすでに喪失していた。

長春の警察局長易人は共産党軍が人を派遣して担任させることを聞き、このことは極力重視するべきである。近日気持ちが苛立つ時に、子供の遊びの談笑をするごとに、当時はうさを晴らすことができたが、その後は事後煩悶することが増えた。正直で温厚過ぎる者は決して外交の人員になってはいけない。

●10月27日

私はパ某の声明に対し、丁重な反声明を用意した。午前、注意深く研究した私の声明の内容は、誤りが無いように先にロシア語の原稿を書き上げた。午後、パ某と面会することを約束した。そしてロシア側の連絡官はパ某が何処にいるのか知らないと謂う。私は深くショックを受けた。しかし国家の為に我慢して、しっかりと対応した。マリンスキーはＸＸに対して又避けて顔を合わせない。このことはロシア側が政策の転換を準備しているのか。

仮住まいは退屈である。午後世傑と街を散歩した。夜寝る前に、小さなベランダに立つと、人は静かで、風がにわかに吹き出し、東に名月が上がるのを見て、樹木の枝が窓の前をゆすり出し、心中思う処を知らなかった。国家の実力が無く心を鬼にして耐え忍ぶ。

●10月28日

今日突然思いついた。ブリが以前私を野生の馬と批評していた、これが私を過大に用心させている。

午前、早急にパ顧問が返事して来た。後でその事を知ったが午後3時に私に逢った。顔を合わせた時、私は再度野戦司令部の態度を表明する以外に、双方が協力することを希望し、一切の反ソ行動を防止することを説明した。パ某の態度がおごり高ぶり、威張った態度が、本当にやりきれなかった。このことは益々中国人がロシアに対して心の底から憤りを感じている。そこで私はさらに恥を忍んで重責を担うことを身に染みてよく分かった。夜外に出て散歩した。ロシア兵と長らく談笑した。大方の低層のロシア人と世間話をすると、却って本音が出て来る。私は本音を隠すことが嫌いであり、嘘偽りは心の底から憎んでいる。

世傑の肺病の兆しは、すでに相当顕著であり、その健康状態は深く憂慮している。

北京の新聞を見ると、山海関以内の局部の内戦が起こったことを知った。2日来の、過分な刺激により不安になる。

●10月29日

リューマチが再発し、右足がしびれた。昨日は1晩眠れなかった、第3回目の会議資料を準備するために、深夜2時になってやっと休んだ。真昼ＸＸＸと談話内容を検討した内容は、私が準備したものと大体同じであり、すぐ重要問題の訳文を注意深くもう一度チェックした。字の誤りにより、全体の交渉の精神に影響し得るからである。午後1時マリンスキーと会見した。彼は重要問題に対し、全て直接に確定的な返答をせず、その場で葫蘆島に我が軍が上陸する一件に関しては、ロシア側はまた安全の保証はしたくないと表明した。尚且つ彼は我が軍営に対して不満表示を公開した。この談話を経て、「順調」と云う2字は、まだ東北における接収に於いてはすでに存在していないことを益々確信した。しかしまた慌てる必要は無い。杜津明総司令が4時長春に到着し、7時に私は再び付き添ってそのマと会見し、我が軍が上陸する諸事項につき会談した。

●10月30日

ＸＸＸは全ては方法があると考えており、これは危険である。若い人が大事を成すのに、自分が自分に対しては又自信が無く、人を害して且つ事を害する。正午飛行場で飛行士を約1時間待つ間、ロシア人の運転手と話をする。これも気晴らしをする1つの方法である。午後中央社の記者と会い、私の東方問題を処理する意見を説明した、必ず一定不変の態度と方針が無ければならないこと、交渉が好転して有頂天になることはあってはならないし、また悪化して悲観してもならない。更に中央の立場から離脱してはならないし、大胆細心、着実にやっていくのみである。感情に走らないで、有害で無益でも、物事を処理することである。夜ＸＸＸと我が軍の上陸問題を話した。

今朝早起きすると、窓の外で小雀が陽光の下で、東西に飛び回るのをしばらく見て、この小雀が可哀そうであった。明日は指導者の誕生日で、全国が祝賀する日である。軍営は元々盛大な慶祝を従ったが、私は不必要であると考えた。この時、この地で必要とされることは、まことに没頭して励み、労苦をいとわず非難を意にしないことの表現である。このようであればこそ、初めて指導者の心を慰めることができる。

●10月31日

朝起きて家への私信を書く。最近の心得ていることを報告した。1つに沈着に応変し始める決心をして、危うきを見ても退かないことができはじめる自信があること。2つには仕事を成すのに異なった方法を用いることができ、人を遇するのに融通がきく態度を持ちうることができるようになったが、しかし中心の立場を離れると必ず失敗すること。正午指導者の誕生日を祝賀する宴会に参加した。集まって慶祝してくれた3百人が、この時この地で指導者の誕生日を慶祝してくれたことは、本当に特別なことであった。XXXは豪快に飲んで、ロシア側はすでに我が軍が葫蘆島及び営口に上陸することに応じており、交渉はきっとこれから順調な結果を得ることができると言った。その時私はXXXの年齢が若くないが、見聞は多く、何をもってかくの如く幼稚であるのか、或いは苦い経験をしたことがないからなのかと思った。

政府の指示に従い、葫蘆島及び北寧路開通を以て交渉の重点にしなければならない。夕方華白と街を散歩し、天像、世傑のことを話して、友情の重さを深く感じた。夜各省主席と宴会を催した。

今日その前に日本街をぶらぶら歩いた。日本人男女が街を歩いていた。状態は乞食のようであり、地べたに古い物を置いて売っていた。これは正に侵略者の結果であった。我々は日本の侵略を恨むけれども、しかし日本の一般の日本の平民に対してはヒューマニズムを以て対応すべきであり、特に逃げ惑う日本の子供達の苦しみには同情の心持が自然に沸き上がってくる。ただしかし先に倭の畜生の飛行機の爆撃により先母が亡くなったことを思うと、又同情する必要が無いとも感じるが、しかし思い直すとこれも又国の仇であり個人的な仇ではない。

二、日本人が東北を統制していた時

日本人が東北を統制していた時は、中国人で白米を食べる者は死刑に処された。今では一般の平民も少しではあるが白米のご飯を食べることができる。これは皆日本の侵略と圧迫の結果であった、我々民間人の苦痛はひどかった。今後我々は東北に対して、必ず真っ先に全力を上げてその安定を追求し、国民生活の改善に努める。特に東北新生の力に対し、必ず育成と扶助を行う。私が住んでいる家の壁には、甚だ多くの格言が懸けられている。例えば、「里辺処中」、「思想純潔、生活簡素、行動実践」等々である。そしてこれはすなわち巨漢奸の書斎であり、天下の事を知ることができるには、知ることが貴いのではなく、実行する事が貴いのである。

午前中軍営でＸＸＸと交渉事項に関して一緒に相談した。ＸＸＸは夜遅く一つのニュースを掴んだ。長春市内で共産党の活動が積極的であり、公安局も拡大しようとしているが、非常に焦っており、深夜に行くことにした。

●11月2日

近ごろ心中に2つの心配事があり、終始忘れることができない。1つ目の事は先母が罹災して亡くなったことである。この事は私が一生最も心を痛めていることであり、長らく6年来、これまでまだ安葬していない。人の子として先母の為に徳を積むことができず、又安葬の大事を早く適切に処理することができておらず、それで何を以て先母の心を九泉の下で慰めることができると言えようか？ 2つ目は貢南の事業であり、まだ交代が終了しておらず心中ずっと心配している。

午前街を散歩して、1枚の画を「三中井」で買った。午後重慶報を読み、共産党軍が交渉を以て地位を強化し、武力を以て国軍を攻撃している。このことは正に末路に向かって動いている。早起きをして、手紙を書き電報で送ることにした。夜日記を補足し、私信を数通書いた。その後書斎で寂しく苦悶した。連日左眼がぴくぴくして止まらない。しかし困難が容易に変わることを願い、凶が吉に変わることを期待する。気候は益々寒冷になり、貧しい人達の苦しみを知るべきである。

●11月3日

人生は世に逢って、正直に鷹揚であり、群衆に奉仕し、人に嫌われてはならない。人としてこのようであり、国を作ることもまた然りこの通りである。私はロシア側の代表に対して声明した。「我々は自分が1つの弱国であることを承認しています。しかし国家の方策及び人に接する態度は、一に正義を基本としています。我々は人に告げてはならないことを決してしないし、事々は卓上に置いてはっきりと言います」昨夜このことに思い及び、安眠できなかった。夜中ふと目覚めて、又すぐに交渉の困難を考えた。当面軍隊の上陸を処理することの外に、力を集中しなければならないのは、空運部隊が長春に到着することであり、もし長春が制御できなければ、そのことは共に不安定になる。

今日通知があった。

（1）我が空軍部隊はロシア軍が撤退する4日前に長春に到着する。

（2）我が行政人員は即着任する。

（3）電灯、電報、電信はソ連軍が撤退後交替を行う。

これに対して我が軍は次の如く通知した。

第1点、4日限りは短か過ぎる。2週間前に改めるよう要求する。さもなければアメリカ機を借用できない。

第2点、すみやかに具体的な接収方法につき検討するべきである。

第3点、郵電は先行して接収すべきである。電灯はやや遅れてもよい。

軍営は軍委員会に電報を送り、軍営からアメリカ軍部に連絡するよう指示があり、アメリカ軍部の代表はアメリカより日本・韓国を経由して東北にやって来ることになっていた。その事をロシア側に伝えると、ロシア側は誤解して軍営が直接アメリカ機の長春着を許可したと抗議され、この経緯を伝えると、検討後問題無しと謂うことになった。則ち、この小事からも米ソの関係が劣悪であることがうかがえる。
午後4時、各省主席、市長を招待し業務の引継ぎを相談し、ロシアに対応する態度を指摘した。夕方軍営に行きxと会い、党務工作を相談した。

●11月4日

10時XXの処に行き、蒙古問題の処理を相談した。私は蒙古人が元々有している行政システムを保存するべきであり、合わせて蒙古人がその地区の行政責任者を選ぶべきであり、そして漢人がこれを補佐することができることを主張したが、まだ結論を得ていない。

午前中以前約束していた華白、世傑と街を散歩した。天気はきわめて暖かく、通行人は非常に多かった。そして日本人が多く顔に笑みを浮かべていたが、特に注意をしている笑みであった。昨日一人の散髪屋が私に告げた。「以前は日本人は我々中国人が白米の飯を食べることを許さなかったが、今は却って日本人が我々に乞食をしている」「日本人が乞食をしている時にあげるのか」と尋ねると、「彼等が可哀そうに見えたら、当然彼等にあげていますよ…」このことはそこで中国人の道徳観であると思う。

午後3時にパ某と会った。行政を接収する関係の問題を討論した後、彼は私に向かって言明した。

（1）国民党の秘密武装人員が各地に潜伏し、ロシア軍をぶち壊している。軍営が注意することを望む。ロシア軍が撤退する前に地方団体を組織してはならない。（2）営口は18集団軍部隊を見つけた。当面あの地区の情況は明らかではない。軍営がこの事に至っていることを心にかけて、ロシアとの関係を打ち立てることをくれぐれも願っているが、それでロシア側は至る所困難を感じており、誠意はまずまずであると感じられる。しかしこの憂慮はまた後日に始まるのである。

指導者の教え諭しを遵守して、益々国際情勢の厳重さ、及び東北問題の複雑さを知るにつけ、我々は唯能力を尽くすべきであり、国家のために努力するのみである。現在日々の変化に注意しているが、不吉な処が多くなっている。現在ロシア側との談話経過を政府へ報告した。重ねてｘはマリンスキーの談話内容を解説することにした、合計３点である。１部隊編成の事、２営口上陸の事、３東北治安維持の責任問題。

最近私は偶発する問題に対し、ごく沈着な態度でこれを処理することができていないということではない。この事は自責として反省すべきである。共産党軍の挑戦を心に掛け過ぎて、実際はソビエトロシアは東北に於ける配置に関係している。我々の各問題に対する見方は実際些かも大意を違えてはならない。夜世傑、茂榛と長話をした。東北の変転が可能であろうか、意見は異なり、最後には彼等はすでに眠り込んでしまった。

●11月５日

昨夜は安眠できず、門外で銃声があり、自動車の音が絶えず、この事は東北不安の兆しであった。東の方が明るくなるまで、私はベッドの上で交渉経過を総括してみた。合計13項目である。

１、ロシア側は我が軍の大連上陸に反対した。合わせてすでに正式声明を提出した。

２、ロシア側は我が軍が葫蘆島、営口に上陸することを承認する。しかし葫蘆島上陸に対して国軍が安全の責を負い、又突然営口に共産党軍が現れたことを述べた。意図は又安全責任を負わないということであった。

3、ロシア側は元々北寧路を修理し、我が軍の運輸に便宜を図ることになっていたが、後に共産党軍の状況が不明のため、又彼は如何なる処置も執りたくなかった。

4、ロシア側は元々瀋陽から古北口までの鉄道路修理を承諾していたが、合わせてその通車の対策を講じることであったが、後に又錦州から山海関の一段は睡賊による被害が発生していることにより、鉄道運輸安全の責は負うことができない。

5、軍営は地方部隊を編成することを要求したが、ロシア側に拒絶された。

6、ロシア側は元々すでに承諾していた大連を除き、軍営視察員が各地を視察すること、後にまた地方が不安であるという口実により、承諾を拒絶した。

7、ロシア側は元々電報郵政は、我が方が人員を派遣して整理することと謂っていたが、後にまた拒絶した。

8、我が方が営口、錦州等の地で汽車を準備することを求めたが、兵隊を配送するため、また拒絶にあった。

9、我が方は空輸部隊がロシア軍撤退の1週間前に到着することを要求したが、取りも直さずこの事も変化が無く、なお特に注意すること。

10、ロシア側は我が行政人員が手分けし各地で接収することに対し、表面上は承諾したが、実際は乗り物を手配する協力はしていない。

11、我が方はロシア側に自動車、汽船、飛行機を借用したいと申し入れたが、皆拒絶にあった。

12、飛行機の飛行手続きがはっきりしないため、我が方は2回抗議した。
13、ロシア側は各地の反ロ言論は皆軍営が到着後発生していると謂い、理不尽な警告を提出してきた。後に再び軍営が中国国民党に対して反ロ言行をしており、責任を負うべきである。

東北の変化は、国際及び国内の形勢の影響を受けるが、しかし我らはまだ能力を尽くしきれていない。きっとそうである。これは1つも成しえていない。私は何を以て指導者に向かい合うのか、何を以て国民の期待に応えるのか？

午前中ｘｘとマリンスキーとの会談内容を相談した。ｘは共産党軍の長春に於ける活動の情報を得るため、その他の刺激を受けることを兼ねて、ロシア側と会談することを決意し、必要な時には決裂する態度をもった。ｘはつまり形勢がもし再び悪化すれば軍営は中央に向けて撤退の提案を出すつもりになっていた。私は則ち状況は緊張はしているものの、まだ決裂する時ではなく、我らは東北を軽々しく安易に放棄するべきではないと考えていた。最後に営口が上陸できるか否かが会談の中心になった。午後1時マリンスキーと会見した。彼は正式に営口はすでに18集団が占領した。ロシア側は我が軍が上陸する場所の安全責任を負うことはできない。この事の外に繰り返して空運行政問題を話し合ったが、皆まだ我が方が当然得るべき便宜を認めていない。この事が危険な兆しであった。特にロシア側が営口上陸の安全の責任を負わない上に、さらに我が方軍運東北の証明をしたくないことであった。ｘは談話の中で、東北問題が順調に解決できないのは、ロシア側が責任を負うべきであると発言したことに対して、ロシア側はたちまち抗議して、にらみ合いの状態になった。私はその中から話題を切り替えて、空気を切り替えた。外交会談には、態度はきちんと礼儀正しく、話しぶりは円満且つ和やかにする必要が有る。会談は3時間の長さになった。最も困難であるのは、即ち相手が承認し始めているのに、ひっくり返して否認してしまうことであり、問題解決を確かに難しくする。しかしソビエトロシアは真面目でこのようであり、故に又奇に不足する。私の意向はこの時中央が外交から内政の計画を整えることはそこで東北方面ではやはり精一杯配置しなければならず、誠意を尽くして交渉し、接収及び軍隊の輸送は共に大問題であった。

帰宅して後、すぐに会談の経過を政府に報告し、夜には政府に報告し、再び詳細報告を作り、東北問題を解決する意見を申し述べて、夜2時書状を書き終えた。

今日日本の暗殺団が私の住宅のそばの街で、我が警察の1名を殴り殺し、1名に怪我をさせ、又他の場所で我が労働者1名を鋭い斧でたたき切った。長春は日々変化し、日々不安に向かって演変している。すべてがともに醸成されている。しかし私はともかく好転することを希望している、それ故に努力してひと時も怠けることはできない。2日前から左眼がピクピクする。それはもっと悪化する事件が発生するのだろうか？　迷信は信ずるに足りない。これは或いは心理的な影響であるのか、私は凶を変えて吉となるのか。

●11月6日

市政府宣伝処王氏が来訪した。数回具合が悪かった。聞くところによると彼は中央の東北人に同情することに関わっている。前日彼は繰り返して花を数鉢送ってくれた。後で聞くとそれを以てすぐ失踪した。このような珍しい事件は長春では時に聞くことがある。瑞源、魁書も又この事を以て離職を告げた。共産党はすでに活動を公開した。到る処に中央する反抗する標語を張り付けた。ロシア側は我が内政に不干渉を言葉にし、賭けないことを熟視し、責任のがれをする有効な方法とするためにこの事の理由を借りたいだけである。異変は平定されることが重要であり、且つ異変はやって来るものである。私は平定する時間を自覚しており、既に進歩があり、心中はやはり落ち着かない。室内の菊の花は満開であり、室外の陽光は温かく、本来こんな時間が大好きであるが、楽しむ気にはなれない。この事は修養不足のしるしである。東北が陥落して14年、我々は無力で取り返していないが、しかし偽満州は承認してはおらず、尚且つ失った国土を回復する為に奮闘し尽くし、正義と気骨は大なるものがあり、ここに見ることができる。

午前x処で接収問題を話し合った。彼の言葉と顔色は接収に対して自信が無いことを現わしていた。再び長春でもし異変が起こったら如何に対処するか考えていた。私は長春の形勢はもとより甚だ緊張しているが、しかしまだ劣悪な情勢には至っていないし、また国家主権の為にあくまで奮闘する決心を定め、この外にさらに進むべき道は無いと思った。帰りに特派員公署に視察に行った。事務所はまだ元のままであった。日本人の家屋は低く小さくて遣りきれなかった。しかし私は初めて中に入ってみて、却って興味をもった。帰路公墓に行った。悲哀の情に堪えきれなかった。誰も彼も結局はこのようになるのである。まことに死んでしまえば無価値になるだけである。墓地の近くで、中日の子供達が一緒に遊んでいた。子供達は無邪気であり、壮大な戦争は、社会の悪である。

貢州専署より来信あり、私に正気中学の会長に就任するよう要請されてすこぶる感銘を受けた。それは心血を注いで創設した事業が真の価値があり、真の生命、を人に永遠に忘れ難いものにさせる。また正気中学から貢南の事業と友人を連想し、更に名残を惜しんだ。

午後xがマリンスキーに出す手紙の内容を検討し、夕方ロシア語の文章を使って原稿を仕上げた。ロシア語を使う方が中国語を使うより易しい。このことは即ち国文が上手ではない表現であり、私は励むことを知っている。夜x、xxと食事しながら話し合う。

●11月7日
ロシア側は約束を実行することができない。電報郵政の接収、鉄道の管理、営口上陸軍の安全等、言行が一致するものは無い。最近マの談話によると、内容が重要であり、そこで備忘録を書いて、軍営はロシア側の返答の参照にするためである。備忘録は合計7点あった。
（1）ロシア側は我が方空運部隊が長春、瀋陽着はロシア軍撤退の5日前にする。
（2）ロシア側は撤兵の期日を10日前に我が方に通知する。
（3）ロシア側は空運部隊の安全を保証する。
（4）アメリカ軍用機が我が国部隊を空運することができる。
（5）ロシア側は営口方面の非政府軍隊の武装解除に責任を負うべきである。
（6）我が政府は行政職員を即各地に派遣する。ロシア側はすでにその軍隊に協力するよう準備されたし。
（7）軍営は即人員をハルピン、長春、瀋陽に派遣し地方団体に計画準備する。
私の考えはこの備忘録を送付後、もしロシア側が我が国が順調に接収をする事を願わなければ、きっと別の理由を挙げて我が空運を阻むことにならないかということであった。

今ロシア軍が東北より撤退を開始する時期にわずか3日にまでなっており、すなわち瀋陽長春を撤退するまで、ロシア軍の撤退時期は2週間を切っていた。軍営は本来積極的に活動を展開しなければならないが、しかし工作人員は多く且つひまである。x個人はまた自信が無く、故に依然として何らなすところがない。政治闘争の特性は、避けることをしてはならない。中立していてはならない。私は東北を奪い返し、東北を建設し、無数の困難を克服しなければならず、決して座して待っていて成るものではない。私は東北人を主として、しっかりと国民の福利を図り、百年の大きい基礎を打ち立てる。この事が我々の奮闘の目標である。

今ソビエトロシア設立28年の記念日であり、私は午前11時にロシア空軍陣の犠牲将兵石碑除幕式に参列し、花輪を送った。式典の中でロシア軍高級将校が演説した。閉幕後2万人の市民が行進した。学生がかなり多かった。しかし皆元気が無く、気分は低調であった。一目見るとそれは受動的であり、且つ1群の会葬の行列に似ていた。児童は何の罪があるのか。しかし再び迫害されることがないよう望むばかりである。行列の中には白系ロシアの1隊があり、閲兵台を通り過ぎる時、ロシア軍官は高らかに「ロシア人民に光栄あれ！」と叫んだ。過去には赤・白ロシアは生死を賭けた大敵であった。今白系ロシア人の感情は悪くなく、民族の利益は分け難い。「身内の人はともかく親密である」道徳規範は断固として力を以て争うべきではない。献花する時、なお日本の子供6人が居り、身には新しい衣服を着て、ロシア人の空軍犠牲者に花を捧げ、あわせて一人の日本の老人が付き添った。散会後、私は大同公園を散歩した。公園は極めて大きく、野外劇場で参加者は甚だ大勢であった。

午後5時、マリンスキーの宴会に参加した。会後なお赤軍の演芸会の番組があった。

夜宿舎に帰った。当面の環境の重大性を分析すると、実際には増加しており減少していなかった。すべての変化は必ず国際国内の大局で決定されるが、軍営自身は健全ではなく、環境の転換しそして影響は悪化しており、またこれが現実である。軍営はｘｘ、ｘｘｘ、ｘｘｘを派遣することを決定し、それぞれ各地で部隊を編成する。これらを人物が並大抵ではない工作を任せる、勢いは大きな災いをもたらす。私はただ国家の為に涙を流すだけである。私はすでにもう1度この事をｘに提言したが結局のところ効果は無かった。

●11月8日

昨日はマリンスキーの宴会で飲み、その時は感覚は無かったが、夜中に口が異常に渇き、起きて水を飲んだが、寝つくことができなかった。そこでベッド上で今回の交渉を下記の如く整理した。

（1）第1回のマリンスキーの会談で彼は次の2点を示した。1つ目はロシア軍の軍紀が好くない事、2つ目は今回政府の中央代表がこの打ち合わせに来てくれたことを歓迎する。これまでは交渉の対象になることができなかった故である（10月13日15時）。

（2）第2回マとの正式会談。ロシア側は撤兵計画の大筋を説明し、我が方は兵を東北に運ぶ計画を告げたが、まだその他には至らず（10月13日15時）。

（3）第3回マとの2回目の正式会談を行う。我が方は第2回の会談備忘録をマリンスキーに手渡したことの外に次の6点を提示した。

1、北寧路の沈山段を修理し、車輛を通じせしめること。

2、瀋陽より熱河を経て古北口に行く鉄道を修理し合わせて車輌を通じせしめること。
3、我が方は郵便電報及び長春以外の鉄道を接収する準備を行う。
4、ロシア側に我が国の法幣（1935年以降国民党が発行した紙幣）を密封し返却することを要求する。
5、我が方が地方団隊を編成し訓練することを要求する。
6、軍営が各地に人を派遣し視察する事。マは123には同意を表明した。456についてはモスクワに指示を仰ぎ、改めて回答するものとした。東北境内の非政府部隊の解散については同意した（10月17日）。
（4）第4回マとの会談、我が方は我が軍が大連に上陸し、同時に山海関から出兵することを決定した。条約に基づき協力と安全保証を求める。マ氏は前回同意した2点につき変更を求めた。1つは北寧路をただ「錦州に到るまで、南は責任を負わない」。2つは瀋陽から古北口の鉄道を只承徳までとする。彼は合わせて我が軍が大連に上陸することはできないが、しかし安東、営口、葫蘆島上陸は可能である。
（5）ロシア側は我が方に3点通知してきた。1つはロシア軍政府は我が軍が大連に上陸することに反対する、合わせてこの事は我が国が条約に違反している事と見なす。2つ目にロシア側は我が軍営が部隊を組み分けする事に同意しない。3つ目に我が方の視察者は大連を往来することはできず旅順軍港の規制を受けなければならない。
（6）我が方は翌日返答を提出し、ロシア側の上述の2点に反駁した。特にいわゆる大連が旅順軍港の規制を受けなければならないと謂う1節は明らかにロシア側の条約違反であると指摘した。合わせて直接の軍事行動は早くからすでに停止されているし、ロシア側は今日その東北の最高権を執行できない。

（7）ロシア側の警備司令部は我が中国国民党部を捜査し合わせて党部人員を逮捕。

（8）パ顧問は自ら軍営に到来後、各地で反ロシアの言論及び行動が甚だ多く発生していると謂い、そのことが我が軍営と関係があると断言はできないけれども、ロシア側に疑わせることはできない。それ故にロシア側はその最高権を執行し、軍営の人員が各地に視察することを許可しない（10月20日16時）。

（9）長春警察局長が解任され共産党の人員が担当している。共産党軍は警察局内の人事配置はすでに実際上長春警察局を制御している（10月26日）。

（10）パ顧問が提示したいわゆる反ロシア言論行動は、軍営とは絶対に無関係であることを鄭重に表明した（10月28日15時）。

（11）我が方はロシア側に通知した。大連問題が未解決の前には、国軍は暫時当該地区から上陸しない。

（12）第5回マリンスキー会談。我が方は国軍の空運及び営口、葫蘆島上陸問題を提示し、合わせて軍営が保安隊の組織編成の本来の意義を主張した。ロシア側は営口上陸は絶対に安全保障することが可能であると見ている。葫蘆島上陸は上陸秩序を維持する為に極力対策を講じる。空運原則に対しては、同意を表明し、合わせてロシア軍の撤退3日前に運輸を開始する（10月29日13時）。

（13）杜市明がマに会見、上陸、空運を話し合い、双方は共に新意見無し（10月29日19時）。

（14）ロシア側より我が方に通知。我が行政人員がすぐ各地で赴任することが可能である。具体的な方法は政治顧問と相談し、郵便電報、電灯、軍用関係のため、暫時引き継ぐことはできない（11月3日）。

（15）パ顧問はアメリカ機がアメリカ軍事代表を載せて長春に来ることを聞き、歓迎しないことを表示し、もし必ず来るなら、正式に抗議する（11月3日）。

（16）パ顧問は営口がすでに「18集団軍」がきて、中国国民党は10万の地下軍が分布して、軍営に注意することを望み、同時に関連行政諸問題を提出する（11月4日）。

（17）第6回マリンスキー会談。我が方はロシア側が我が軍が営口に上陸する安全を保障することを要求し、合わせて郵便電報及び長春以外の鉄道問題を提出した。ロシア側は営口がすでに共産党軍が占領し、彼は我が国内の内政の立場に決して干渉することはせず、それを駆逐することはできない。故に自ら責任を負うことはできない。郵便電報、鉄道、軍用に関する為に、暫時引き渡すことができない。部隊を組織編成することは準備を開始することができる、正式に成立させることはできない（11月5日13時）。

（18）第6回マとの会談内容予定、備忘録を作りロシア側に発送し引き渡す。（11月7日）

午前ｘｘとすこぶる長時間相談し、二人の意見はかなり近づいた。ｘは責任を負うことを恐れ、大きな問題に対して決断しなかった。彼は今日すべての主席、市長は共に着任し、私は同意しない。当面の情況は実に重要な考慮の必要があり、私は危険を恐れないが、しかし乱れた措置を執るべきでは無い。

午後一人で寝室の中で、国家の多難を心配し、思わず悲痛の涙にくれ気がめいって3時間の長きにおよんだ。夜ｘｘｘの宴に応じその召使、しもべが媚びへつらう姿を見て今日の社会は正に善人が悪人になることを連想した。宴会後軍営で芝居を観た、心中に事が有れば、一切が無意味であった。

●11月9日

昨夜は安眠できず、今朝4時に目覚めてしまった。ベッドでずっと種々考えた。話しだすことができず、だからしかる様に成ってきた。

昼食後、部屋の中で一人で座り込み、煙草を吸っても気が滅入り、そして心配でいらいらし、また益々落ち着かなかった。午後5時、軍営がマリンスキーを歓待し、私は起立して挨拶を述べた。中ソ関係は相互理解の基礎の上に打ち立てられなければならないと説明した。マはその政府の指示に接して通知する。全部の郵便電報を我が方に引き渡し、合わせて余った武器を我が国政府に渡す。しかしなおこの事はその政策を急いで言うことはできない。宴会の後余興に参加した。夜作家の書が近況を告げており、心配して安眠が難しかった。近ごろ、一人の青年が最も困難な事をやり遂げた事を味わった、即ち何時でも何処でも勝利ではなく混迷し、失敗と難関でもなく恐れて退出してしまう。自問し、又遠い困難を完全にやり遂げたか、且つこの頃自分を見つけて、依然として穏健さが不十分であり、又自分の能力を常にうぬぼれていた。この事は事業面では危機である。そして対人関係では好ましくない印象があり、即ちつき合いたくないと思われ、又忠告したくないということになる。これは更に人を知り、人を用いる事の大病である。自分への警告を以てこの書を愛読している。

●11月10日

ｘは今朝北平を経由して重慶に飛んだ。私は飛行場で見送った。空気は冷たく、衣服は単衣ですこぶる寒さを感じた。貧しい人が単衣で冬を過ごす厳しさ、及び我が兵士が東北に来て後寒さを辛抱する。帰途商人のような人が肩に白布を掛けて売っていた。私は１５０元で1丈６尺（4・６ｍ）を買ってシャツを作る。

昼食の前に、大字を模写する。私は習字の病を見つけた。姿勢は正しくなく、筆は真っ直ぐではなく、腕は自由に移動できない。長年字を書き、今初めてこの事を見つけ、人の欠点を知ることができ、ことごとくこれを改める事は困難であるけれでも、この事を知るのは容易ではない。

続けて3通の電報を受けた。貢南辺区の共産党の災難は日毎に深くなり、心に深く秘められた事は恐怖が多くなっている。私はすでに貢南の責任者ではないが、貢南にはたいへん関心を持っている。ロシア側は私の備忘録に対しなおまだ正式な返答をしていないが、パ某は空輪の事について次のようなことであった。我が空輪部隊は16日より瀋陽飛行場に降下することができる。20日よりは長春飛行場に降下することができる。設備はロシア側が責任を負う。毎回は只1機が降下できる。駐機地はロシア側が指定する云々。彼等はかくの如く決定し、明らかに空輪を制限している が、しかしもし意外な事が発生しない場合、即ち5日の内に国軍も長春を制御できる。瀋陽迄運輸できるか否かは、なお考慮をまたなければならないが、そこにはすでに5万の共産党軍が不法に占拠している。

夜ｘｘｘ家で食事をした、合わせてｘｘｘ、ｘｘｘと相談した。私の話しぶりは率直であり、或いは人に恨まれるところがあった。近頃心中悩み憂いて、食欲がなく、食事毎に多くは食べることができなかった。仕事が忙しい時は尚思い悩むことが無く、手が空いて、悩み憂いは終わった。自分の気持ちの煩悶そして意志の固くなさ、この2つの力が何を以て同時に存在するのであろうか。

●11月11日

私の家の中のロシア側の警備が、今朝撤退した。それに代わって警察が入った。彼等は出発する前に、金や酒を求めた。即ちこの事はロシア軍の本当の姿を知ることができる。住宅の両側のロシア軍もまた皆撤退してしまい、にわかにしずまりかえった。そしてすべての宿舎も、皆すべて壊してしまった。このことがいわゆる戦争か!

午前中、華白と街に見物に出かけた。人々の行き来は賑やかで、値段の駆け引きをしていたが、多かったのはひま人だけであった。彼等は出発間際に金や酒を探していた。本当に生産している人は皆田舎でつらいめにあい、苦難にあっていた。私の政治理想は国民生活の改善を前提にすべきである。今共産党中央の宣伝工作は、仕事がすでに積極的に展開され、その支配する計画の配置は、私は確かに一段と警戒しなければならない、しかし皆が心を一つにし、国家が国民の為に努力すれば、決して成功できない理屈は無い。

ロシア側は今我が空輸に協力することを承諾し、又ハルピンにある3千の銃を軍営に渡すと云っている。我が方はハルピンには人も兵もいない。この事を以て言うならば、まさか冗談を言ってるのではあるまいか? 彼はどんな料簡があるのか、憶測し難いが、こんな時にあっては警戒心を高めるのみである。

●11月12日

早起きをして、叔銘兄に付き添って空軍司令部に行って朝食の点心を食べた。帰途、カササギ2羽を見て、それを喜びの幸運の使者が降臨したと望んだ。又一人の貧乏な人が犬を連れて歩いていた。犬はその主人に対して充分打ち解けて親しそうであった。情義があるな、この犬は！軍営はロシア側にジープトラック車2輌を分けてくれるよう要求した。ロシア側は飛行機が車も運んでくると謂い、ロシア人のケチぶりはここまで徹底しているのかとあきれた。長春市はすでに治安機関委員議会が成立していて、その事を聞くと昨日開会が決定していた。自治政府を組織することを要求した。合わせて定期的に軍営に請願することになった。昨日は共産党睡軍5百数人が煙台からここに来た。今日午後には装備が完全な2千の共産党軍が、長春市内に入り、市外20里（10㎞）の処に集結し、共産党軍一千五百人が飛行場周辺で彼等自身が安全配置をした。即ち共産党軍はすでに兵力の集中を開始しており、長春に対して包囲体制を作った。そして交渉は効力を発生することができず、我が空輸部隊が降下することができても、また戦争を始めることは免れないであろう。事態は必ず拡大する、本当に再度検討する必要がある。午後理解し合っている友人数人と「菜根香」で軽食を共にした。

●11月13日

夜間大風が吹き、明け方また小雨が降った。寒々として寂しい気分が残り、ずっと安眠できなかった。朝の内にｘｘが来て、電報が来て、長春鉄道、電信電報、暫時うまく繋がれていない。きっと新方針が決まったのだと思った。ただロシア側は私に速く繋ぐように催促して、責任を転嫁する意図のようであった。彼は私が人も無く兵も無いハルピンで銃器三千の予備品を受け取りに行き、しかも長春では1銃1機も渡そうとはしなかった。彼が云うには日本の武器をすべてロシアに持ち帰ってしまったいわゆる人民自衛隊の武器は則ち1品も日本の銃器は無かった。彼は鉄道で輸送するのはいわゆる自衛隊及び共産党軍であり、軍営の制限された一人は外出することができず、1年も同行できない。およそこの実情は誰でも知っていることであった。しかもロシア側の責任者は又面会を避けて、即ち交渉はすでに非現実的であった。しかし「不到黄河不死心—とことんやるまで諦めない」かつ国家民族の為に堂々として正しい気風を以て言い争い、最後には必ず成功する日が来る事を信じている。昔レニングラードの学校で勉強していた時に、ロシア人が自分を評して「あまりにも人が好過ぎる」と言ったが、今に及んでこれを思うに、更に深い意味がある。

当面東北問題を解決するにはたった2つの道が在る。1つは中央が人員を接収して全部撤回する、合わせて厳正な態度を表明する。2つは空輸少数部隊が長春を制御し、軍営は継続し存在させ、主席を各地に派遣し事務を引き継いで仕事を始め、地方団体を編成し、政治影響を拡大し、先に共産党の力が東北に存在することに対応することを確実にし、東北を正しい軌道に進ませる。以上2つの道の内、後者を適切であるとし、大問題の処理になるので、意気ごみだけで事を行ったり、体面を重んじるだけで対応するだけでは駄目である。尚かつ一歩一歩、一点を競って一点を進むことをやっていかねばならない。

●11月14日

長春の情況は突然変化しているようである。ロシア側は今軍営が電報電話を接収することを催促し、合わせて我が行政人員が着任することには反対意見は無い。ロシア軍の警備司令部は共産党の金某を長春市長に派遣した。又今日事務を引き継いで仕事を始めた。共産党は昨日から光明日報を出版開始して、目標は中央を攻撃することに集中している。数日内に瀋陽に於いていわゆる「東北9省人民代表会」を召集し、大会はいわゆる「東北人民自治政府」を成立する予定である。これはいわゆる民意部の事か？　私は東北人民がこれを聞いてどんな感想をもつのかと思った。

（注：文中一級の標題は編者が追加したものである）

抗日戦争勝利後、蔣経国が１９４５年秋国民政府外交特派員として担任する命令を受けて長春に於いてソ連赤軍と東北を接収管理する交渉を行った。〈５０４時間〉は彼の１期間の日記であり、彼とソ連側の交渉を記述したものである。

第五章　危急存亡の秋

1925～1927年

一、激流勇退国のために忍耐する

●元旦

今日は中華民国誕生38年記念日であり、又元旦である。我々は首都南京、この龍盤虎踞―地勢が要害堅固である地はすでに戦禍の縁に臨んでいる。

早く起きると、陽光はまだ朝日ははっきりしない。わずか市区の遠い所から爆竹の音が伝わってきた。私の第1件の仕事は新年の祝賀をすることである。10時、父に付き添って紫金山の総理(孫中山)陵に行き拝謁した。又キリスト教の凱歌堂で黙祷をした。

父親は最近きめ細かく引退問題を考慮していた。思うに内外のこもごも迫る形勢の下で、手放すことはできるが、気持ちを引き締めて、堕落を投げ捨てて、もう一度やり直し、万難を排除し新生を勝ち取る。

昨年11月末より、長春、瀋陽が相次いで陥落し、徐蚌会戦に失敗し、黄百報将軍も殉国した。我が軍は全て徐州より撤退した。12月下旬、行政院長及び各政務委員は、又貨幣制度改革が失敗し、総辞職した。全国が不安定になってしまった。共産党軍は軍事威嚇する外、さらにその心理作戦と統一作戦の攻勢を拡大した。一般の闘志を失った将帥及び恥知らずの官僚政治家、或いは災いを避け逃亡を準備している者、或いは共産党の「平和談判」の煙幕を伝える者がいた。一般の善良な同胞もまた共産党の欺瞞宣伝に誤らせられ、停戦講話し、休養して鋭気を養む事を望んだ。「怒らず啓せず、上手く云わず、感じるな」、一般人の精神ならすでに崩壊する方に向かうが、父親はそこで引き留まり新しく計画する。重点的な革命基礎の考慮をしている。
父親はその引退後に対して起こり得る情勢、以前次の分析と判断をしている。
①共産党軍は南下して揚子江を渡り、南京、上海に侵攻する。
②共産党軍は揚子江北側に兵を配置し、李宗仁等に連合政府を組織するよう迫る。共産党の支配を受ける、合わせて南京に派兵し駐在させる。
③軍事攻勢を暫時停止し、そして政治方法を用いて南京を互解させる。
④李が政権を握った後、各地方の軍政要員を入れ替える。或いは加えるに共産党から買収し、彼等を屈服投降させる。
⑤父親個人に対しては極端に中傷され、悪口を謂われ、侮辱され、立脚する余地は無く、また反共救国革命指導センターに戻すことはできない。
⑥李は共産党軍が無理やりに、南京を放棄し、遷都し広州という名前にし、両広に割拠する。
⑦米国の対華政策は、暫時静観の態度を採り、援助を停止する。
⑧ロシア帝国は積極的に共産党を援助し、その軍費を補充し、その空軍を設置し、我が南方各省軍政はその威嚇の下に、完全に崩壊して、抵抗する方法は無い。父親はまたその個人の進退出処に対しては、次のような分析をしている。
①「進」の原因。何とか頑張って重大な局面を持ちこたえ、連携を維持し形勢を統一する。国際情勢の転換を待つ。共産党内部の変化を静観する。
②「退」の原因。甲、党政軍の長年の問題はすぐには解決できず、今にも死にそうで勢いのな

い環境、丙で、新規まき直し、革命基礎を重点とする。父親は時局の形勢とその進退の分析に対して、一つには国家民族の利益を追求する。前提として、国家民族の利益の為に奮闘を進める。退くのは国家民族の利益の為に奮闘する為である。奮闘方法は同じでないけれども、しかしその目標は一つである。それ故にこの時には引退を考慮し、劣悪な環境の下で革命の重荷を卸し、自分の責任を逃れる、まして「新規まき直し。革命の基礎を再建する」ということになる。国のために我慢することに徹して、またすぐに引退することはできない。

父親は原則的には引退を決意していた。しかし尚引退の技術、方式、及び時間等を考慮するべきであった。思うに引退は必ず自発的であるべきで、且つただ突然すぎてもならない、さもなければ士気をくじき、人心を揺り動かしてしまい、さらには国家及び軍事に不利になる。

先月24日、華中の睡賊を討伐する白崇禧司令官が父親に電報で上申して、「共産党と停戦を話し合った」李宗仁、甘介侯の輩はすぐさま和平を主張して、5項の要求を提出した。①蒋総統は下野する。②政治犯を釈放する。③言論集会の自由。④両軍は各自30里（15㎞）撤退する。⑤上海を自由都市とする。政府は駐留軍を撤退する。合わせて各党派人員を任命し上海聯合政府を組織する。政府と共産党は上海で平和交渉を行う。「彼等は決して主張を公開しない」「総統が下野後、李副総統が大任を継承する」。先月30日、白は再び講話を主張する電報を打って来た。河南省主席の張診は、同日「総統はためらうことなく下野する」このような脅迫の下で、父親は生涯の理想、人格及び個性を以て、どうしても、受けることができず、国の為に我慢せざるをえず、また直ちに引退することはできない。

父親は白崇禧に返答する計画をする一方で、告示を発表して、政府の和平に対する立場と具体的な方法を説明し、合わせて謂った。「個人の進退出処は、絶対に気にかけてはいけない。そして国民の公意によって決まるものである。

父親は本日返電を打った。張、白に既に定めた計画により、引退を決め、且つ軍民に心理的な準備をするよう暗示していた。

２日、自分の出処及び和平の態度を現し、合わせてその意思と基礎を固めた事、戦うことも講話することもできると云ってきた。

「猪年30日の電報を読了し、その中の意図は、すでに元旦の告示を見てくれたと思います。もし共産党が確かに災難を悔やみ和平を提案し、国家の生存と、民族の生命を保障さえすることができれば、即ち寝ても覚めても勿論求めているものです。個人の進退は自ら図るものではなく、ただ危機一発の時期に在り、私がもし利害を充分理解できず、意志を団結することができず、そして先に自らたくらむことではなく、即ち中共の党文化の詭計にはまることであり、それぞれの惨劇に陥ってしまいます。今日知るべきことは、和することはできるが降参することはできない。戦うことはでき、そして和することもできます。中華民族の存亡は此処にあります。貴兄等自身の安危も此処にあります。私は同僚を大切にいたわり、一貫して隔たりがありません。貴兄等は深思熟慮され、共に艱難困苦を挽回することを望んでいます。ただ私には固い確信があります。即ち一切の困難は克服できるもので、光明が必ず近い将来やって来ます。近い将来必ずやって来るものと信じています！」

●4日

和平を主張するよう張より父親が引退を準備しているニュースが広まった後、連日アメリカ政府は特別にその我が政府の策を支持する表明をした。その態度は明らかであり、思うにここ数年来無かったものであった。アメリカ政府はこの時既に一種の感覚があり、一旦父親が引退すると、烏合の衆になり、すなわちそれは在華政策が失敗してしまう、それ故に突然共産党に対して支持する態度を逆にしてきた。

●5日

父親の引退問題に関して、父親は2日に張診と白崇禧に電報の返電を打った外、今日は再び張岳軍氏に南京に飛んで来るように要請して、白に対して重要な意図を伝えたいと望んだ。①自分が「引退」すれば、和平に対して、究極的な掌握が確保できるのか。②自分が「引退」するなら、必ず自己主動すること。

西安事変の経験が非常に深刻な印象を我々の心中に刻み込まれていた。当時父親の身は非常に危険な状況に陥ってしまい、一切の自由を失ってしまった。さらに張学良、楊虎城等は人質として誘拐しており、この時には一枚の文章も屈服するわけにはいかなかった。

我が政府はアメリカ、英国、フランス、ソ連各国に政府の共産党を討伐することは終息し、和平回復をする決心を説明する口上書にして送った。そのことを傍から協力されることを望む旨であるが、しかしその斡旋或いは調節を行うことは不要であり、我が国の内政に干渉されてはならない。これは他ならず対内調整の後であり、また対外に我が政府の和平の誠意を表明することである。時にソ連大使にはまだ連絡されていない。

　正午、父親は鄭介民次長に面接し、彼に北平より各軍令を慰労し、南京に戻らせ報告させるよう指示した。聞くところでは北方の状勢はすでに極端に厳しくなり、天津近郊はもう戦闘になってしまっており、父親はそこで北平の各軍を青島へ撤退空輸し、無意味な犠牲と損失を避けようとしていた。

●9日

邱清泉司令官が今日戦地で殉国した。去年の11月22日より黄百稲将軍が徐蚌会戦の中で殉死し、我が軍はだんだんと敗北しだした。杜津明部は日毎に情勢がさらに危急を告げている。私は徐州に残していた化学砲弾が先に壊滅させる前に、結局共産党軍に転用され、我が軍の陣地を打ち崩すことに使われ、我が軍の官兵を虐殺したことは、痛恨の極みであった。永宿間青龍集と陳官庄の土地の杜部は、すでに反抗が困難な状態になっていた。父親が杜に合い、邱の電報を受けた後、戦況が絶望的になったことが決定した時、飛行機を出し彼等を北京から脱出することになり、図らずも、邱司令官が事もあろうにこの時殉難してしまった。

　杜津明部が敗れた後、父親は日記に次のような感想を書いていた。

　杜津明部が今朝既に大半が共産党軍に撲滅されたようである。聞くところによれば三万人が陳官庄西南より包囲を突破したというが、安全に危険を脱することができたのかまだわからない。心配で我を忘れてしまう。私はこの前に他の人の為に強制的に下野することはできないし、杜部を待機させたので、私の責任はまだ終わらない。常に後ろめたい事ややましい事をしてはならないことを戒めの言葉としている。即ちまた天は泰然としているのだ。黄紹禧が南京から漢口に飛んで、白崇禧と面談後、すぐに香港に行き、共産党代表と和平の順序について相談した。そして2項目の具体的な意思を提示した。(1)蒋総統が下野後、双方は蒋に対して再起しないことで同意した。(2)共産党は李総統代行と全面的な和平交渉を行う。

●10日

今日父親は私を急いで上海に派遣し飛鴻氏を訪問し、中央銀行の現金を安全を図るため台湾に預託するように指示した。

●11日

午前空軍の偵察が入って、昨夜我が軍の突破部隊は、包囲した圏外の30里(15km)の処で戦闘があり、しかし今日は形跡が見えていない。打ち落とされたかも分からない。父親はこの戦局を見て、直ちに峠埠部隊を撤退することを検討し、他の部分は皆南に撤退した。北平部隊に至っては、即青島に空輸により到着した。

この華北戦争がだんだんと敗退した時に、南京でついに民意代表団が今日集会し、いわゆる「和平宣言を呼びかける」「直ちに戦争を放棄し、現地で停戦し、平和を獲得しよう」ひどく残念であったことは、これに越したことはないということであった。砲弾がたえず飛行場に打ち込まれ、傷害が酷くなってきた。正午父親は独自で津浦涌線及び長江北岸の防備の勢力配置を検討していた。この時、平津……李独塵等は共産党が誘惑した為に、結局平騒醸一種の地方的な期限前の妥協であった。同日再び華北7省市の参議長が北平で会議を行い、和平運動を促進した。

若干の外国記者が毎日ともかく動揺している政局のニュースを流しており、父親の下野及び離京するニュースを絶えず流していた。これはすなわち甘介侯等が計画のでっち上げをして、外国記者を通じて反宣伝活動をやりたがり、それによって政府転覆の陰謀を達成しようとしていた。

●14日

毛沢東は本日「時局声明」を発表し、夜には公開放送を行って、いわゆる「8項条件」の基礎を提示して、「和平条件交渉」の基礎を提示した。その条件は次の通りである。

①戦犯を処罰する。②憲法を廃棄する。③中華民国の法律根拠を廃棄する。④民主原則により政府軍隊を改変する。⑤「官僚資本を」没収する。⑥土地制度を改革する。⑦「売国条約」を排除する。⑧「反動分子が参加しない政治協商会議」を召集する。「民主連合政府を樹立する」、南京政府及びその所属政府の一切の権力を接収する。

毛沢東が提示したこれらの条件は、我が政府が作った講和条約を無視するばかりではなく、無条件に共産党に投降せよということである。

●15日

父親は共産党が提示した「8項」の傲慢な条件は、直ちに宣言した。思うに我が軍民全体及び国際知名人にはっきりと共産党の談話は全く誠意が無く戦争責任の所在も判然としていない。再び本日午後会議を召集し、毛沢東と討論する。「条件」には全員が共産党は無謀で全然誠意が無い。然し政府は内部の団結を確認する為に、決定はしばらく返答をしない。同時に各省人員の意見も求める。しかし、毛沢東がその条件を伝え得た時、共産軍は既に今日早朝天津を攻略し、市区に侵入した。

●16日

父親は家鴻鈞、席徳魅二氏に会見する約束をして、中央に指示し。中国両銀行の外貨処理要旨を協議し、思うに国家の為に一線の生存機会を保留することであった。

共産党はすでに一面「和平」のスローガンを採用することを以て我が軍の士気を打ち砕き、一面軍事行動を以て我が重要な都市を占拠した。そこで我が方18の部分的な民意の代表は、本日さらに主張を発表した。「国共が迅速に和平を取り、即日停戦し、話し合いを始めること」同時に、いわゆる「華北人民和平促進会」もまた電報で双方停戦の呼応にため息をついた。この事は悲しむべきであり、ついにここにまでなってしまった！

「和平問題」の為に、父親は当日夜民間人と冷静に約束し、両党の代表及び関係者は時局を討論した。毛沢東の放送及び政策の意見交換をした。会談の中で邵力子は公然と「無条件投降」を主張した。内外形勢はきわめて混乱している。両党の政治人員を初め民意代表も、大部分はすでに共産党の「和平」の幻想を深く当てており、覚悟は易しくなかった。

今日は日曜日で父親は中山陵首都附近を検閲している軍警3万8千人を激励した後、平常通り礼拝し、正午故総理に黙祷した。

●17日

父親は張岳軍氏と接見し四川の状勢を話し合った。本日中央政治会議では、毛沢東の放送に関して、会議の中で有る人が父親に対し強く誹謗した。同時に立法委員の要求により政府が派遣する共産党に和平を要求する人員は五十数人の多きに達した。近日各部公務員は行政院に人員派遣員の出張費用等を追加するように役所を包囲し、ひどいのは主管官員を殴打する様な社会上各種の凶悪な人相となり、又しばしば暴れつきることがない。

●18日

行政院は本日政務会議を挙行した。他でもなく共産党が提示した8項目の和平条件を厳粛に討論し、5時間の長くに亘った。決議した内容は「代表を延安に派遣し、中国共産党と和平交渉を行う」ということになった。

我が外交部は各国使節が広州に移転するよう通知した。

杜津明部隊は今月10日徐蚌会戦で敗退後3万人を残すのみとなり、陳官庄西南方面に突撃し、また共産党軍に消滅させられてしまった。この黄河以南地区より、国共兵力の差が大きく、形勢を逆転するのは困難であり、父親は杜部に部より記者招待会を挙行し対して援護を待つことは、すでに最大の苦心と労力を尽くし、自問して心に恥じることが無いという自信があり、この時に「引退」を認め、遺憾であることは無く、そこで最後の決心をした。

本日午前、李宗仁に会見を前もって約束し時局を話し合った時、「引退」の意向を示した。李は正に「自分の真情を現実に得た」と認め、態度は突然なごやかで善良なものとなり、全ては父親の意志を意志とすることを現し、その就任はまた父親が自ら決定することとなった。

●20日

我が政府は外交声明を発表した。4強はすでに前後して我が方が今月8日送信した口上書に返答された。ことごとく同様であった。「中国が1日も早く和平を実現されることを願います。しかし当面の情況下で、媒介することに就任することは困難であります」我が政府は和平交渉問題に対し、外交上また最高の誠意と最大の努力を行います」

●21日

今日は父親が「引退」した第1日目であり、私個人も又やりとげて永遠にぬぐいさることのできない深く刻み込まれた一日となった。父親は今日夜明けに起床し本日の仕事及び各種の準備順序を決めた。南京に行く前に、依然として北方の情勢を忘れず、自筆で長い手紙を傅作義に書き、徐次辰氏が北平に飛行機で携帯した。自分は激励する為に、あわせて告げた。「私は下野したけれども、政治情勢と中央並びに変化しており、各将校は平常通り仕事をし、初志を変えてはならない」

午前、父親はキリスト教ガイガ教会で黙祷告示をした。

父親は正午中枢の五院院長と会食をした。午後2時、黄埔路官邸で又本党中央常務委員と雑談し、即席で「引退」の決心を報告し、合わせて李副総統との連名宣言を呈示した。全文の概略は次の通りである。

「蒋中正生は国民革命に従事し、三民主義を信奉し、民国15年広州より北伐し、統一を完成した。民族の防衛を第一として一時も忘れることなく職務に対する責任と信念の為に民主を実行してきました」

「前後20数年、ただ日本との戦いに専念し、徹底してやり通しました」その間対内ではある時にはやむを得ない用兵もしてしまい、ともに個人の犠牲をかえりみず、一切を耐え忍び、国の為に従事し、血の斑点がたくさん出ていることは世間で見られることです。

「戦事は依然止まず、和平の目的には達することができていません。自分の身を先に『引退』を決定することは、墓（河北）弥戦で兵を失くしました。非情に厳しい境遇にある人民の苦しみを万が一でも取り除くべきであると思います」

時に座っていた同志は感激しない者は無く、声を上げて涙を流す者もいた。その中節操が高い同志は、「引退」の事を知って高級軍事幹部が異義を出し、ついには父親が婉曲に制止した。最後に、宣言に対し若干の修正を行い、即散会を宣言した。また多くの高級軍事幹部がうわさを聞いて激しく泣き、涙にむせんだ。

父親は午後4時10分飛行機に乗って首都南京を離れ、杭州に飛んだ。節筧橋空軍学校に泊まり、夜は我々と楼外楼で食事をした。学校に帰ると、張学軍氏が南京より電話をして来て、李宗仁が宣言の中で中常会の改正点を以て、はっきりしない処を修正するべきであり、父親の手で「反乱政策を貫徹出来ない場合には、永久和平を定める」の数語は、また合わせて削除する。李宗仁等は合わせて謂っている。もしこの改正が無ければ連合宣言に署名できない。これを以て脅迫している。李の態度は、瞬く間に別人のようであり、居丈高である。政治風格には欠けるが、笑止千万であった。

夜空軍学校天健北楼で、私はまた身辺の世話をしていた。就寝前、父親は私に語った。「このように重い責任を下ろして、気持ちが非常に軽くなった」私は拝聴して、感慨無量であった。

李宗仁は今日、総統代理に就任したことを告示で発表した。同時に共産党は行政院の和平意見に対して、その発言者は拒絶を表明し、合わせて「先に条件を協議し、然る後停戦する」と主張した。

●22日

悠然とその永年来かつて無かった静かな一夜を過ごした。午前10時、家族全員が父親の飛行機に乗って杭州を離れた。10時35分櫟社飛行場に到着して、故郷の奉化渓口に帰った、突然また十分温かいふるさとの想いを体得する。その上できる限り一家団欒の楽しみを享受した。これは父親の第3回目の引退の一段の簡単な経過である。

父親は「引退」後、今回の革命失敗の原因をかつて「日記」の中で下記の如き反省を述べている。「今回の失敗の最大原因は、即ち新制度がまだ成熟と確立ができていなかったことである。そして先に崩壊を放棄してしまったことである。この新旧引継ぎの重要な危急の一刻に逢って、頼りとする建国救民の基本条件は、完全になくなってしまい、その根本の魂を失ってしまうことに等しい。どうして失敗しないといえようか?」

父親は本党の改造計画に対して、特に研究討論する。自ら語る。「政権を握って20年、その社会改造と民衆の福利には少しも着手していない。そして党政軍事教育人員は、只役人になることを重んじるだけである。そして三民主義の実行を注意していない。今後すべての教育に対して、皆民主を基礎とするべきである。亡羊補労一羊を失ってから艦を修理する一事後の補給をすることはいけない事でもなく、まだ着手しておらず遅れている。そして党は政治の神経中枢と軍隊の精神の為に在る。しかし過去は軍政幹部に対して思想指導をしていなかった。幹部自身が思想が無い事に慣れてしまっており、形式上、党、政の外そこで党の幹部は味方同士が相互に衝突し、分化している。幹部は政治教育が無く、全党の党員に中央の政策を理解させることができていない、そして幹部に対して集体的、つり合いの取れ、系統的な指導と運用である。そして指導の方向が不明であり、政策の執行を貫徹する力が無いとどの一人の幹部も只束縛を受けている感覚だけで、権力は無い。そして心中怨みが残り、且つ責任をにげる。もし上述の欠点が改正されるならば、具体的な大要を計画を作り、それで初めてやっていける」合わせて「すべては組織を主として、規律を補佐とする。故に組織が規律に先行する。組織立て直しの方針は第1に人であり、第2に仕事を以て訓練する。第3に実績を以て罷免する」「これは失敗の遺伝子を深刻に検討し、また革命の正確な方針を重ねて整えることである。我々は必ずいつでもどこでも、誠意を尽くし丁寧に理解を深め、しっかりと心に留め忘れずに力を尽くして努力する」今日北平方面より不利なニュースが伝わって来た。「傅作義と共産党軍はすでに休戦条件を打ち立て、市内で共産党軍は連合事務所を設立した。我が方の軍隊はごく少数が秩序維持で残る以外は、皆郊外に改編された」「……このように突然であり、極めて予想外であった……」李済深等の15人は直ちに時声明を発表し、「共産党が1936年5月1日提示した『新政協』に呼応して、国是の主張を解決する」主張をした。

李宗仁も又本日李済深、章伯鶴、張東孫等が共同で「和平運動」に力を集めた。別途行政院会議は次の決定を行った。邵力子、黄紹宏、彭昭賢、鐘天心等を代表として派遣し、邵力を首席に指定し、共産党の代表を待った。双方が同意する地点で「和談」を進行した。石家庄の毛沢東は黄紹宏が提示した意見に対し次のように答えた。「蔣はすでに下野した、第1点は再び協議する必要は無い。白宗禧将軍が和平を望むなら、劉伯承将軍と直接折衝することができる」

●23日

午前、天気は清らかで明るかった。父について蔵山公園を散歩した。山水は物静かで美しく、心がゆったりとして愉快な気持ちになった。また楽亭の旧跡に行き、武峰の畔に立ち、白鷺は驚かず、忘れられない楽しみを深く味わった。午後は白山に行くついでに頭霊廟に寄るとすでに兵避けの柵になっていた。夕方帰宅した。私は家人が餅を搗くのを手伝った。父親はすこぶる楽しんでいた。芋を食べ大変美味そうに味わって、にこにこしながら孫たちを眺めていた。思うに父親の一生で最も平凡な生活を楽しんだ一日であった。

●24日

敵は正に一歩一歩各種策略をふるい、そして李宗仁は非常に興が高まり、本日も中央記念集会で表明した。「和平実現を促進する」又孫科行政部長にいわゆる「7大和平措置」を取りさばき、全国戒厳令を取り消すよう命じた。この事は「和平」の門を開けはなすだろうか？　共産党が門を開けることを抑える……しかしこの「7大和平措置」はまだ共産党の願望を満足させることができず、その発言者は表明した。①南京政府との交渉は南京政府を承認したのではなく、そこには尚若干の軍隊が制御されているからである。②交渉場所は北平が「解放」されるのを待って、その後北平で挙行する。③彭昭賢が南京政府を代表することに反対する。④戦犯は必ず処罰されねばならない。李宗仁もまたまぬがれない。「この時共産党側は石家荘でいわゆる「新政協会議を挙行しており、我が軍は却って蘇北の各拠点から積極的に撤退していた。父親は北平国軍の形勢が非常に危険であり、薄作義はすでに共産党側に脅迫されてしまっている―従って空軍が共産党軍に警告したように国軍に任せて南方に空輸撤退することは、約束を履行するべきであり、国民党軍が南方への撤退をさせることは邪魔をしてはならない。

●25日
父親は飛行機を北平に飛ばすことを提案し、宣伝文をばら撒き、共産党軍に警告した。あわせてシグモサン将軍に要請文を電報し、北平中央各軍に積極的に戦闘準備を行うよう指示した。

●26日
父親は北平国民党軍将校の李分等はすでに逆に売るのを助ける為に、救う対策を考えなければならない。また明知傅はすでに寝返っているが、しかし私にはもとのようであり、大義を以て責任を果たす、最後の機会を与え、万一の攻を収めることを願った。そこで以下の処理意見を提出した。

（甲）中央各軍は途をわけて包囲を突破し、九死に一生を得て、その座して共産党軍の侮辱するにままにさせるよりは死中に生を求めることにより、革命精神を発揮する。

（乙）もし甲項がすでに不可能なら、傳が既定方針に責任を執り先に国民党軍の南方移動に空輸することを実行する。

（丙）もし上記甲項も不可能であるなら、中央軍各級官長を空輸により南方に移動させるべきである。そして全部の士兵と武器は傳に配置させる。

（丁）丙項の方針を実行する為に。その意図はすぐ全軍をいっそのこと噂にしてしまうことであるが、共産党軍が改編することを望まず、国民党軍革命の人格を保つことを以て、傳にたいする最低限度の要求とする。

（戊）もし丁項が又不可能であれば、その將士以上の各高級将校を南京に空輸して返す。

アメリカのアチソン国務大臣は本日声明を発表し、「アメリカの対中政策は不変である」と謂った。

●27日

共産党は軍事上と政治上両面から同時に活動を進めており、我が政府に一歩一歩近くに迫って来る……。李宗仁は共産党に対してまだ決然として態度を執ることができず、却って毛沢東に親電を送り、すみやかに和平交渉の代表者と場所を指定するようながしていた。合わせて謂っていた。「政府はすでに相方が提示した（八項条件）を和平協議の基礎としている」

昼子供の孝武を連れて、父に随い武嶺山の頂上に登った。はるか遠くを見渡すと、群山がぐるりとめぐっているが、武嶺のいかめしく厳かなさまの中心であった。父親は上を見たり下を見たりして行ったり来たりして落ち着かなかった。思うに今回の下野により故郷の渓口に帰ることができ、重ねて家族と一家団欒の楽しみを味わい、十分にこれまでの痛快な出来事に満ちたり、戦塵が満ち亘る中に在ったので、さらに得難さを感じていた。

●28日

共産党側は李宗仁が昨日打った電報を受けた後、本日新華社よりの中共の発表者が長編の声明を放送した。

「南京の方々が和平協議を要求されたことは、あのように緊張して懸命に、深く切実になっている。共産党側は皆さんの願望があのように緊張せず懸命でなく、切実ではなく、もし戦闘行動を停止しないならば、即ち『時間を遅らせることです』」「我々は正直に南京の皆さん方に告げます。あなた方は戦争犯罪人です。あなた方は審判を受ける人達です、あなた方がいわゆる『和平』、『停戦』という言葉を私達は信用しません！　……あなた方は必ず一団の内戦犯罪者を逮捕することに継続することに着手するべきであり、まず最初に昨年12月25日中共が声明の中で提示した43名の『戦犯』を迅速に逮捕し逃げて行方をくらまさせてはなりません。さもなければ、野放しにしておくことは、絶対に大目に見てはなりません」

共産党はこの放送声明の中で、彼等が自分で言い出した「和平」攻勢をきれいさっぱりひっくり返し我が党及び政府が彼等に対し「さしせまって和平を求める」とあざけり、我々の中央政府を承認せず、「南京の先生方」と称し、その上「迅速に」「一段の内戦犯罪人を逮捕せよ」それらは父親が引退して初めて得意満面の無知な馬鹿者が、共産党が「第1号戦犯」と称しさえすれば、

「下野」を「和平」と取り換え、且つかんむりにほこりを払って祝い合う。意外に毛沢東が余情も残さず、結局李氏の頭の上にタライの冷水をぶっかけて、李宗仁自身及び私信さえも無視され、「迅速に逮捕し、逃げ隠れさせない」と言われ、これはあの「和平」の幻想と、熱烈な「和平協議の人士」に、最も教訓意義のある1課であった！

私は農歴の大晦日、家族全員が報本堂（豊鎬房）に集まって年越しをした。蘇酒を飲み年越しの料理を食べて、質素な生活を楽しんだ。民国2年以来、36年間、父親は家で年越しをすることが無かった。これは初めてであった。父親は国事に奔走し、国のために家を忘れていた。我々はこの吉日の良き日に家族が集まって祝うことができたことが、まことに得難い事であった。渓口で一緒に清遊をしたのは張岳軍、陳立夫、鄭彦棻三名の方々であった。

●29日

農歴元旦、明け方に起床して、渓の岸辺で四方の山景を眺望する。過ぎ去った1年を思い、来る年はどのようになるのか、実際は想像しがたい。さらにどれほどの人達が苦痛と心配事の中でこの春節を過ごしたのか分からない。当会全体は血と涙で充満しており、私はたとえ新年の祝賀の言葉を言いたくとも、事実はこのようであり、又どうなるであろうか！

朝一家の妻子供と山に上り、父親に新年のあいさつをした。午前中各廟堂を参拝し、合わせて武嶺公園で遊んだ。父親は午前寧波市内の金紫廟（則ち宋代蔣祖の基礎「金紫園」）に於いて、祖先に参拝した後、渓口に帰り、祖廟の大、二、三、四の各家の祖堂で祖先の参拝を行った。午後は慈庵で読書し散歩した。賓客には会っていない。深口50里（25㎞）内の村人達は、雑多な飾り灯篭、銅鑼と太鼓が響き渡り、龍の形をした灯篭がしなやかに舞い、父親に対して敬意を現わし祝福してくれた。純朴な風俗であり十分な人情味があり、それは只田舎であるからであった。

●30日

父親は黄少谷氏に接見し、中央党部は決して広東に先行してはならず、すぐ現況を整頓し、再び根本改革を図る。父親は認めた。「我々の党は徹底して再生を図らなければ、革命工作の復興に断じて従事することはできない」

午後突然報告が入り、「陳儀と共産側は結託して、裏切りを準備しており、動かぬ証拠がある」

●31日

北平の将校李文、石覚等は本日になって北平を離れることができ、青島に着いた。傅は逆に総部をまた西郊に移し、共産党軍はすでに北平市内に駐在し、合わせて傅部と13項目の協定を作りあげた、傅本人は駿遠に飛んで帰った。

そして父親の信頼を取り戻し、すなわち「大局の為に意図した」と謂うことであった。以前の空輸部隊が北平を離れる計画は、ここに至って水の泡になってしまった。

北平を失い、父親は青島の形勢が、北方に孤立し、補給が困難で、防御が困難であり、既定の計画を迅速に放棄することを認めた。

今日の午後、父に随行して酒斎を遊覧し、再び江口塔山寺と小霊峰に登り、和尚が懇ろに接待してくれた。このような乱世にいて、人心は決壊した。僧侶は古代の教えを残し、本当に所謂

「礼が失われればこれを野に求める」と謂うことである。薄暗に下山して、父に随って夜豊痛房で夕食を採る。

今日少谷氏と膝をつき合わせて話をした、合わせて旧宅で記念撮影をした。少谷氏は言葉が懇ろで思いやりが深く、非常に感動した。

林蔚文氏が南京から渓口にやって来た。父親は今回の引退で、やましいことが無く心安らかであった。党・国と個人を問わず、ともに新たに奮闘する肝心な点の為に、この良果を得て、実際に理想的になって来た。

二、山林泉石の間を逍遥する

●2月1日

我が党の中央党部は広州事務所に移転した。共産党は李宗仁が提示した和平協議案に対して、冷淡な態度であった。しかし今日に至るまで李宗仁は依然としていわゆる「人民代表」の顔恵慶等に北平へ行かせ和平を要求しようとした。顔恵慶等は引き受けたもののまだ実行しておらず、共産党側はすでに「南京の話へ和平代表団」の北平行きに拒絶を表明していた。李宗仁は和平を要求したけれども、却ってその入門を図ることができなかった。

天気がどんよりして陰気であったが、父親が雪竇寺、四方の景勝地を見に行くのに随行した。光寺は唐の会昌元年に建築され、威通8年に修築されて、「観音滝院」という名前を賜った。光啓中に泥棒の芸市に壊され焼かれてしまった。常通僧が宣城から来て、民衆の先頭に立って寺を創建した。宋の真宗咸平2年、「雪客資聖寺」と改称した。仁宗はかつて名山を夢見た。理栄は「応夢名山（夢に応じる名山）」「と御書し、4大文字を残した。優れた人物が居た事で有名になり、雪客はついに世に見られることになった。寺の建屋は幾度も経って、元の姿を留めて居らず、今残っているのは粗末になってしまっている。その場所は遊覧客は昔の姿を、思うに盛唐の古跡及び天然の風物の美しさを回顧していた。ここに唐の名士が非常に多くの「雪客寺に遊ぶ」という詩を書き写している。

「寺に上るに尋ねて曲がりくねった道を登る、人家は遠くわずかしかない。石窓の秋に海を見る、山の霧は暮れ方に衣服を湿らす。多くの樹木が僧につれて老いており。高所落ちて来ている泉水が飛び散る。誰が軒の冠を嫌がることができようか。ここに来ればすぐうっかり忘れる」

「絶頂の天空の家から、かぐわしい風が薜の夢を満たす。地は高く春色暁を告げ、空は最近光が多くなった。流水は寒玉にしたがい、はるか遠くの峰より翠の波が押し寄せる。前山に丹鳳がおり、雲の外に一声で飛び去った」

昼住職と共に精進料理を食べた、再び妙高台に登った。飛閣は空を凌ぎ、一望するに限りが無かった。台の後ろに小屋の垂木が有った。父親はまだ故郷にいた時よくここに泊まっていた。東に梅園があり、台が丁度満開であり、父親が以前植樹したものであった。崖の下に、まっすぐ止め橋があり、千丈滝を見た。雪窯山麓より頂上まで、高さは10里（5㎞）あり、4山に囲まれ、中には平田が数百畝（一畝667平米）。そこに行けば山となっていることを忘れてしまう。左右はそれぞれ水が出て西南山に到る入り口になっており、合流して滝になり、千尋の絶壁となる、故に「千丈の岩」という名前になっている。水は半壁に至り、突き出る石を阻んでおり、雪のように飛び散っていた。雄々しく威厳があり、綺麗であった。日光が当たり5色に輝いていた。ここに来れば心が晴れ晴れとして楽しくなる。王安石が滝を見て詩文で述べている。「切り立って万重の清らかに屏風のように険しく立っている。空間千丈にあっさり分流している。玉女が糸を掛けているのを共に見る。日光に映えてさらに五色の自然現象になっている」情景は溶け合い、優れた文章を書かれている。この時に一緒に清遊した従弟の三培風は飛行機が撃墜され殉難した。父親は深く悲しみ悼んだ。滝を見終わって、下山し、竹筏に乗って豊鎬房に帰り着くと、すでに辺り一面民家の灯が着いていた。

●2日

空が明るくなった。酒斎で昼食を終えて、すぐ河を下って日嶺に着いた。子供を連れて服喪する、父に就いて一緒に峰の頂上に登り、見物して写真を撮る、ここは父親が生涯2度目の遊覧であった。奉化市内に帰り。孔子廟を経て、救済院に転じて、奉化中学にやって来た。奉中はすなわち風麓が旧跡であり、父親はその頃勉強した校舎であった。ただしかし改造されていて、すでに当時の面影を尋ねることはできなかった。

●3日

午後、父親に就いて任宋に行った後、再び法昌寺跡の北嶺坑下を訪れた。従弟の新しい墓に土をかけた、また寺に入って叔母の三夫人の墓を拝謁した。私は昨日親友の企季属の一家全員が罹災したというニュースを聞いた。従弟は空中で死に、季虞は又葬身が魚の餌になってしまう。親しい人達が衰退し、悲嘆にくれた。そして季属は人柄が正直で温厚であり、一生苦労し続けて苦難をなめ続けた。このような結末になったのは、かなしく痛ましい事であった。

●5日

行政院は広州に引っ越し正式に執務を開始した。李氏の私設代表団は甘介侯は顔恵恵、章士剣、江庸、変憲揚、欧元懐、侯徳榜の6名が代表になり、北平に行く準備をした。和平の可能性を探る為であった。ただしかし、共産党の放送は、「李が代表する南京政府を承認しない」益々李の理由は、愚かでお笑いである。

空は晴れ天気は明るかった。午前10時、孝文を連れ父親につき添って育王寺に散歩した。12時、承恩堂前で昼食を摂った。午後1時出発して、小白天童街を経て天童寺に着いた。すでに3時を越えていて、御書亭でお茶菓子所に行った。これは父親が壮年時代よく行った場所であった。以前この2カ所の大寺は焼け落ち、今は共に修復され、従来よりもっと高大になっていた。それは鐘楼、蔵教楼、東禅堂、養老堂等が又面目一新しており、古い物は全てなくなっていた。帰りの途中、特に八指頭陀（雲水）の冷香苑を遊覧し、帰路時はすでに4時半であった。天童の民衆は父親が到来したことを聞いて、道の旅側は歓呼し、爆竹が響き、香炉を持ち上げて、多くの人が家を出て、風采を仰ぎ見ていた。田舎の人のこの熱情は、いつ忘れられるのか？　夕方6時半育王寺から帰宅し始めた。

夜、父親は軍隊の改革に対して中心となる意見を提示した。軍隊制度の強化方法は①政治組織、

②民衆訓練、③機構統一。同時に、党務制度及び幹部人選の審査。

行政院長孫科は本日広州に於いて中外記者を招待し、和平主張を貫徹することを強調し、政府は行政を移転し、決して和平を放棄しているのではない。

●6日

天気は晴れ、文乳等を連れて父親について行き石倉を見て回った。午前10時半に慈庵を出発し、玄方殿、大松頭を経て、龍亭に真っ直ぐ上がり、少し休憩した。再び数百階段を上ると、すぐ石倉に着いた。下には二つの小さな池があり、数尺離れており、その中の水はきれいで浅くさざ波が立っており、これを飲めば甘美であり、即ち龍の池である。岩石は四方躍2丈（約6・6m）あり、高さもそれ位であり、中峰の下で丁度よく、中峰より数十条離れていない。父親は民国10年かつて葛竹北渓より「石窓」を訪れたことがあり、その他は北渓の上に有り、四明山の中心になっており、「華蓋山」と号しており、この「石倉」とは異なっている。知らない人はこの2つの土地の発音が近いところからそこで聞き間違いになってしまう。倉前で観覧後、桃の樹の平原を隠れ岩を経て下山して、大きな松の処を曲がって、徐さんの家で焼き芋を食べ、故郷の風味を深く感じて、舌には甘い味が残った。

●7日

午前10時許が文、章二人の子供を連れて、父親が法華庵竹山に行くのについて行った。そこで旧工場で昼ご飯を食べた。帰りに東首原山に属する山を視察した。自らぐるりと回って西岡頭に登り下山し、新しく作られた渓南山を登って帰って来た。

午後、李弥将軍が来訪した。父親は彼を食事に誘った。李は陳官庄突撃した経過とその退却状況を報告し、嘘をつくわけにはいかなかった。父親は気落ちする必要は無いよう我慢して、頭を上げてきりっとしなければならなかった。

●8日
李宗仁の個人代表顔恵慶、章士剣、江庸等、元々決めていた通り今日北平に飛んで行った。随行者は共産党軍に阻まれた。

●9日
共産党が一方では公開では李宗仁の要求を拒絶していたが、一方では又東南各地で絶えず攻撃を継続していた……和平の空気を作っていた。

●20日
桂、貢、院、豫、紫、漢等の8省市「人民和平促進連合会」は漢口に於いて3日間の会議を行うことになった。ただ「和平」の空気を放ち、却って相手が和平を話し合わさせない。これは本当に共産党が我が党と政府を叩きつぶす緊急の問題を解決する方法である。

●21日

李宗仁は手の打ちようもなく、拠り所を失っている余り、「共産党が私に圧力をかけ、完全にアメリカとの関係を撤回することが唯一の条件である」と自称している。李宗仁のこの言葉はまた信じるに足る。思うに共産党はロシアの皇帝の命を受け、アメリカとの関係を離脱することである。しかし李は挺身的に「和平協議」を主張するだけしかない。「和平」を餌として、アメリカの彼個人に対する支持を得ることができれば、その政治の地位を固めることになる。意外にも共産党の理由にもなり、つまり想像外になる。彼がもしアメリカの支持から離脱すれば、すなわち彼は瓢箪の中の「和平」薬になり、さらに如何なる代価でも売り出すことはできなくなってしまう。事の成り行きが希望と裏腹になる。ご苦労、ご苦労。

●10日

中央銀行金銀の安全地帯への転送は、一つの重要な仕事である。しかし少数の金融財政主管当局は、最初この事に対しあまり理解しておらず、それゆえにこのような折衝は、説明と手配は今日までかかった。大部分の金銀は台湾と厦門に運び貯蓄され、上海には只20万両の黄金だけを残した。この同胞の血と汗の結晶は、もし責任を持って保存することができず、適切に使用し、不当な浪費に提供することはそれは一種の非常な罪悪である。

●12日

午前、父の命令により、電報で墨三総長に告げて、それを劉安旗将軍に通知するように伝えた。

「命令を受けるまでは、暫時青島を離れないようにされたし」

先に、あまり日が経っていないうち、アメリカ陸軍部長ローヤオとウエイダマイ等が東京経由で青島へ軍事会議に参加する。西太平洋の国家安全業務を検討し、その駐青島アメリカ海軍撤退計画を変更し、我が国軍が青島を固守する。しかし我が方は先に青島を撤退し、長江の防衛を強化する。

戴季陶氏が午前10時に逝去し、父親は知らせを聞き悲痛にくれ、故人が衰退してしまい、夜半泣きじゃくった。

●13日
上海和平代表団顔恵慶、邵力士、章士剣等一行は飛行機で北平に赴き、共産党との交渉の準備をした。これは本当に虎に向かって皮をよこせと云うようなできない相談をするようなものであった。

終日冷たい風が骨に滲み、午後は子供達を伴って父親の傍につかえて桃坑山に行く、横道に入り祖先の墓参りをし、その後慈庵に帰った。夜間月光が白く光って、父親は亀山に独り歩きして、泉を聴き月をめでて、純潔で悪習に全然染まっておらず、澄んだ思いで、悠々自適している。もし国家が太平であれば、父親はもっと早くこの高尚な心配も苦労もない幸せな暮らしを享受していただき、そこで共産党軍が立ち上がっている時、暫時政務の肩を下ろし、偶然この素晴らしい場所で過ごすことができたのは天の意向であるかどうかわからない！

●17日

閻百川氏が渓口にやって来た、私は指示されて彼を迎え妙高台で夜を過ごした。彼は父親と話し合い今後の党、政、軍等改造の意見は、当面差し迫っている緊急事として、「規律を正し、検査を実行すべきである。ただひたすら人の任用に努力しなければならない。人の使い方に力を尽くすべきである。それを以て行政効率を向上させる」という事であった。父親はまた同感であった。

閻氏は又父親に向かって表明した。中央政治委員会（政院）代表委員長学校、中華民国国民政府（国府）は国府と政院の外別途一人担任を選び、府院の調整をさせ、衝突させないことができる。父親の当時の主張は、「立法院の所在地を広州に設置しており、行政院の行政重要部会の主管は南京に駐在しているが、李宗仁が自らその行政院院長の人選を決定したことにより、彼が完全に責任を負うことができる」この時李宗仁は行政院院長の新人選を、すでに何敬之氏に決めている。

張道藩、谷正綱両氏が漢口にやって来た。

●19日

午前、父親は劉為章と前もって約束して会見して、半時間ほど話し、直言した。「李宗仁は毛の8条件を和平協議の基礎として、『投降』を待っている。何を以て規律を整頓し、人心を発憤することができるといえようか?」合わせて白崇禧にも言い聞かせてください。「現在は李が政務を担当しており、彼は李の近親の為に、さらに中央を擁護し、法令を遵守し、領導しなければならず、以て中央組織を固めなければならず、総統の威信を確立する必要もある。さもなければ上がやれば下も真似をする、何を以て人の上司と言えるのか！」護衛人員が多いのはその父母の事と妻の類によるもので、生活が圧迫される感じになり、そこで今日は銀行に行き借金をし、彼等が部分的な生活問題を解決したいと思う。しかしきわめて利息が高すぎて、借りることがまだできない。

●20日

李宗仁は本日突然広州に飛んで行った。昼の丁度12時ごろ、劉安棋将軍が渓口に来て、父親に対して青島の近況を報告して、謝った。「アメリカ海軍の人員は青島問題に対して、態度がすでに変わった、放棄したくないと表明している。しかし私自身は実際に固守する自信は無い」、父親は個人的にやはり原案通りの計画で迅速に放棄し無駄骨を折ることを避けるべきであると云うことであった。

午後、父について千文岩及び雪竇寺へ行った。沿路幹部の教育計画に対して思想訓練と制度について話し合った。

●21日

李宗仁は本日桂林に飛ぶ。陳儀は浙江省政府主席に職務の引継ぎをする。彼は共産党と通じている根拠があり、上海に行って後即監察管理下に置かれた。

空が晴れ渡り空気がすがすがしい。正午、孝文、孝武、孝章及び親戚の娘等が妙高台で昼ご飯を食べた。ぐるりと仰止橋を回って、岩下村に着いた。父親は自ら我々が映画を撮るのを指導し、千丈岩、妙高台、獅子山付近の風景、人を画像に入れるようにして撮影し、心が愉快になった。再び岩下村から渓坑に着いた。この地の龍澤は時の経つのもやむを得ず、勇気を奮い起こし足を踏み出し前に進んだ。すでに屏風のようにきりたって少しも小道がないように見え、甚だ「行く道は困難」である苦しみに会ってしまう。最後は、突然切り立った壁砂岩の下にこの譚を見つけた。形状は第2の隠潭に相い似ているが、滝は一丈余（3・3m余り）あり、岩壁に高く掛かっていた。父は謂った。「これは第4の隠潭と称することができる」

ややしばらく徘徊して、再び第3隠潭に行った。山は翠にして潭は光り、互いに照り映える、その楽しさは極まる物は無い。岩の下に帰ると、同姓の田舎の人達が婚礼を行っていた。父親は我々を連れて自由に参加させ、単姓の家族達が心から熱烈に歓迎してくれた。そこで彼に山羊1頭、老酒一担（1担ぎ）、新郎新婦が部屋にともす赤い蝋燭1対を送り、合わせて少し茶菓を食べて帰った。

●22日

顔恵慶等は石家庄に飛び毛沢東、周恩来の二人に面会し、「和平と通航問題」に対して広範な意見交換を行った。

父親は昨日楊鳳藻護衛官が何故長らく勤務していないのか尋ねた。報告によると、胃病を患って出血によるものであると分かった。父は言った。「彼を静養させなさい」今朝又言った。「牛乳を彼に送ってやりなさい。病人に対してはすべからく特別に配慮しなければならない」注副官は頭部にぶつかり流血し、父親は又熊医官に治療してやるよう頼んだ。合わせてすぐ下山し充分休養するように言いつけた。私はこの2件を聴いて、非常に感動した。

今日の天気は曇って雨が降った。午前10時妙高を出発し、亭下を経て、大小のこっそり隠れた峰、馬家灘、班竹園、柱峰下、金竹を経て葛竹に着いて墓掃除をした。父親は沿路私の為に古闕名称の解説をしてくれた。伝えられるところによれば黄巣がかってこの地で反乱を起こした場所で、先に1峰に行った。空模様がかすんで暗くなってきた。これを「小晦」と謂う。又1峰に登って、空は真っ黒になった、これを「大晦」と謂う。宋は則ちこの山に入ってその景色が明るく美しく、再び県晦に変わってしまった。この名がつけられた由来である。

●23日
行政院の政務会議が財政経済改革草案を可決した。朝起きると、もやが四方を蔽っていた。朝食後、すぐ息子と娘が父について外祖母及び夏の祖父の墓に参拝した。礼拝が終ると、祖父が建てた「正教」を巡視した、橋の両端の道路はまだ開通しておらず、橋も又大分壊れていた。建設と創業は容易くないのだ。渓流を渡ると、再び墓を視察した。墓は多くの山石であり、切り開く方法は無い。9時半、墓から帰途班竹園を経て、金井亭に着いて、王という姓の者が茶渓龍潭を案内するためであった。約5里（2・5㎞）歩いて龍潭に着いた。又の名は「金井頭潭」と謂い、正潭から約3丈（10ｍ）離れていて、削れた壁は険しい岩であり、これを眺めると厳しい恐ろしさを感じた。午前、金井洞から帰った。12時、馬家灘に行って、竹筏に乗り、白壁、環潭、馬村を経て、亭下廟前で上陸した。この水路は約20里（10㎞）あり、すなわち「晦渓」であった。両側の峰は渓流を挟んで直立し、山は緑に滴り川は水清らかであり、草木は青々と生い茂る。父は謂った。「もし一軒の小屋を置きここに住んでいると、それも又人生の大きな楽しみであろうな」

父親は環潭と白壁の間にダムを造って発電することができると思い、それで我々を連れて視察に赴き、初めて思いがけずその景色がこのように幽美であることを知ったのである。父親はかつて武嶺学校内に村毎に若干名を生かし、貧村の都会からはなれた文化を増進しようとしていた。

停下から車に乗って渓口に帰った、すでに日は西山に落ちていた。

部力士、顔恵等が本日すでに石家庄から毛沢東に会見して北平に帰った。同行者は傅作義……。

●25日

李宗仁はまた本日すでに行き、直ちに行政院長を取り換える準備にかかった。強何敬氏が着任する。しかし居覚氏はこの時党国元老の資格を以て反対した。彼は次のように提案した。「行政院長の人選は、中常会の推薦に依らなければならない。李代理総統がこの順序に照らさず、断りなしに立法院に名指すのであれば、広州の同僚は当然意義があり、かつ分裂のきっかけになる」云々。このため内閣改造問題は又紆余曲折が生じた。

●27日

韶力子等は本日飛行機で南京に帰った。「和平協議会議は来月北平で挙行されることが望まれる」

今日の天気は曇りか晴れかはっきりしない。朝子供達を連れて父のお供をし武嶺学校から清遊に出かけた。石膳盆、状元版を経てシラコバト嶺の麓に着いた。その地には小さな渓流があり、坑道の右側には小さな岩が広間になっており、2～3人が入ることができた。小雨に出会った折我々はすぐこの岩の中で餅をとがらして炒めて食べて、記念写真をとった。鴉鵶嶺をぐるぐる回って登ると、石上の鶏鴟があり、これを名取った。峰から百歩、又1石の隙間があった。一家全員でここで休憩を取り談笑した。峰の最高峰に昔は1軒のあずまやがあったが、今は既に壊れてしまっている。この地から北を望めば張家畧、南を望めば武子廟、優鎮亭そして金陵に至り、そこで曲がって南に行く。一路山紫水明であり、土地は美しく民は豊かであり、全く羨ましい所である。途中、青修嶺を上下し、青修を下るものは、私は先世士修公がここから武陵の故地であったことを聞いていた。今は只両3軒の垂木のあばら家だけが残っており、1軒はすでに傾き崩れていた。発祥の地では無いことを信じ、士修公はは旧居がこの地であることを明らかにしたくなかった。再び下の青修から坂を上って、対嶺器に登った、山道はでこぼこで、真っすぐ塾の麓についた。5時過ぎ、慈庵に帰った。全行程は計ると50里（25㎞）になっていた。

●28日

立法院の第1回第3期第1次会議が、本日南京で開催された。朝起きて、父に仕えて徒歩で遊歴し、上白岩、竹林庵、名山坑龍潭に着いた。潭は龍樹庵から数百歩であったが、でこぼこしており、歩き難かった。二つの潭は繋がっており、水はきれいで底まで見える。ただその滝は小さく、潭の形は隠潭と茶漢の大変雄大である両側ほどではなかった。半時間後、名山坑嶺に上り、道のりは容易くなかった。約10里（5㎞）余りで、龍樹庵に着いた。庵の場所は狭く小さかったが、しかし静寂で過ごすことができ尚且つ滝は非常に壮観であり、土で固めて補強している場所である。再び前進し、名山の割れ目を経て中峰村に着くと、時刻は午後1時であり、すぐ中峰で休息して食事をした。父親は村のおさななじみと雑談していた。老人は何と渓口玉泰の物語を語り、興味深々たるものがあり、まことに楽しかった。その後中峰より向陽崗に着き、旧工場地帯で昼食を摂った。紫狩狗岩を下り、東器に沿って歩き、妙高台に帰り着いた。

夕方、行兄と約束し飛雪亭へ散歩した。抗戦期間の賀川の過ぎ去った出来事を語り合った。きわめて感慨深かった。

三、よく忍耐して計画をやりとげる

●3月1日
天気は寒冷である。午前9時、人の亭を経て、妙高台に登り、沿路砂堤の民間人と話をして、また幾つかの民間の樋地に告げられない事情や事実を深く知った。午後父について西坑廟の滝を遊覧し、寺の右側の渓流に沿って前進し滝まで3里（1・5㎞）行くと、比べられないほど静かで趣があった。4時が過ぎると滝を見る橋が止められる、今日は水が多く、さらに壮麗であった。

●2日
天気は晴。午前10時半、子供たちを連れて父について徐急宝を見物に行く。先に36鬱に着き、苗圃を視察し、再び南坑横田隆を過ぎて直下滝岩麓、合わせて董村農場で止まり、滝の下側の橋の上で野外での食事となった。滝は銀河のように地上で速く流れており、飛ぶ雪が糸を織るようであり、それは雄壮で奇麗であるが、只千丈の岩の高さには及ばない（この岩の高度は約60m余であり、mは3分の1丈である）。宋王の時の会詩で云う。「空の雲を平らにして身体を支えることは絶対に危険である。寒中の横に飛ぶ滝は万年の音である。杖をついて平らに歩く人は危険であるが、一人で千山の頂上に向かって登って行く」この詩は父親がこの時この地で遊覧している時に書き写していた。

●3日

午前10時～社飛行場に張治中を迎えに行った。彼は李宗仁の手紙を携えて来て、父親と「和平の条件と限度」の意見を相談し、そして謂った。「中共はすでに少し和平の門を開いたけれども、しかし前途は非常に困難です」

本日、李宗仁は呉鉄城、翻力士等10人を指定し、共産党との交渉計画を検討している。

呉礼卿氏が渓口に来られた。

●4日

父親は妙高台で礼卿氏と長話をした。「経済は政治の中心である。そして共産128党軍区の社会経済は極端に破壊されている、共産党はきっと食から自滅するだろう」

午後、客人が迎止橋に行き滝を見て、又隠雪橋から第3隠章を遊覧されるお供をした。

本日呉鉄城氏が李惟果を渓口に派遣し、父に洋行してほしい旨を伝言してきた。

●5日

父親は礼卿氏と外交の経過を検討し続けた。礼卿氏は「我が国の失敗はロシアの勝利であり、即ちアメリカの根本的な失敗である。現在アメリカはまだ覚悟していない……」と認めている。

●7日

午前、父親と礼卿氏は徐急岩を見物に出かけた。この間山水は美しく清らかであり、世に並ぶものは無い。聞くところによると康有為はその70国旅行記の中で、世界で山川の美麗さでは、高山が第1で、アメリカのイエローストーン公園が第2であると云っている。しかし康はまだ雪竇と徐島はまだ見ていない。父親は以前こう言っていた。「およそ何事も推断してはいけない。世界の事物の繁栄は、実は1つの経験だけを見て、充分足りていると思ってはいけない」この言葉は確かである。

父親が徐島岩から南下し、外家董村に入った時、村人は爆竹を鳴らして迎え、民意を現わしていた。

●9日

父親は私を上海に派遣し胡適氏を訪ね、合わせて呉国植が上海市長を辞任しないように勧告することであった。午後父は礼卿氏達と岳林寺と下塔院を見物に行った。

袁主謙主任が白崇禧が父親に閲覧してもらう書状を携えて渓口に来た。

●10日

午前、父親は礼卿氏が杭州へ赴くのを見送った後、武山廟と学校を巡回した。授業が終わった後、袁主任とつつましく会食をした。父親は党務改革案の進行に対して、整理された発言をした。（1）整理（2）改造（3）新生の3段階である。現状整理を謂うことを止めて、過渡期を改造し、新生を準備することである！　現在は再び過渡期を改造する方法に着手している。「先に一つの非常委員会組織を作る。人数は20～30人を限度とする」

●11日

孫内閣は8日に総辞職を宣言して、何敬之氏が本日組閣の命を受けた。何氏は職に就いた後、第1の重要な措置は、即駐ソ大使の博乗常氏を外交部長に任命したことであった。何内閣が当時直面した重大な困難は、（1）共産党との「和平協議」の問題に対して結果を得る方法がない。（2）行政院の各部の人選問題であり、李宗仁との間で距離があった。（3）台湾に厦門の貯蓄している資金を運ぶことについては、李宗仁はきっと全部流用したがるはずである。特に共産党の「和」、「戦」問題は国の命脈と国民の生命であり、何氏もまたおそらく自主の方法が無いであろう。そして李宗仁が何氏に組閣を求めたのは、「過渡的」な方法であり、彼がまだ適切な人選を提出できないためである。

午前7時、河川用汽船江静号に乗って上海から渓口に帰った。昨夜月光の中で紅亜号の残骸が海面に露出しているのを眺め見て、突然限りない感想を持った。

●12日

今日は曇りがちな晴れであった。朝食後、父について、車に乗り寧波に行き、天一閣図書館を参観した。閣は鄞（浙江省に在る県名）人範欽が建てたものである。欽は字（あざな）を堯卿と云い、明嘉靖の進士（科挙試験の合格者）であり、政府軍の右業政部の次官であった。書を買うことを好み、広く天下の版の優れたる善本、1冊しか現存しない珍しい古書、4部に分別され、天一閣を建てこれを保存する。その収蔵された書は、多くは市の西側豊氏万巻楼から買うことができた。部分的には進宗義と互いに仕入れし合い、中には紙幣の数量が多くなった。洪橋の乱後、多くの書が散失した。民元以来、又2度盗難にあった。善本はすでに半分以上失ってしまった。現存しているのは全部蔵書であり、1万冊にも及ばない。閣の後ろ側には碑林があり、あまり広くはないが、只静寂で気持ちがよく、まことに読書には絶好の場所である。父は心からこの閣を敬慕して久しく、ついにまだ得られなかったことが、宿願を達したようで一つの楽しい事であった。

天一閣を参観した後、はなはだ世の移り変わりが激しいことを古人が云っていることを思い出した。「創業は困難に満ちており、守成は易からず」この言葉は更に大義凛然たるものがある！

李宗仁は南京の〈救国日報〉をして「蒋介石が出国しなければ救国の望みは亡くなる」等の見出しで以て父親に対して連日攻撃し、同時に特にアメリカのＡＰ通信社の記者に告げた、礼卿氏が渓口に来たのは、父に出国を勧告するためであり、礼卿氏が父に下野を勧告した最有力な人であった。父親の引退を歪曲し主動では無く、非主動的に、その用心の危険性を知るべきであったのである。

●13日
長江の共産党軍がまさにその強大な攻勢をかけてきた。この事を知って、心中憂いでいっぱいになった！　今日の天気は曇りがちな晴れではっきりしない。父親について青蓮寺に行き、車は側の門から入って、車は越鳴岩、黄家嶺、孫家塔、砂家塔、砂盛頭を通り過ぎ青蓮寺に着いた。本殿はひどく破壊されていた。僧侶の話にならない愚かさである。青蓮は元々雪霞斎と出会ったが、意外にもそれはこのように、この観覧は無駄であった。

飛鴻鈞氏が渓口に来た。

●15日
夜の8時、父について豊鎬房の路地から出て、渓流に沿って散歩する。爽やかな風と明るい月光、山の光が池に影を落とし、ひっそりとして静寂である。せせらぎを巡回して東に行き、楽亭の旧跡に登り、遠く山の姿を眺めて、静かにせせらぎの音を聴くと、まさに仙境に居るようであった。再び酒斎の右前方の平らな台でしばらく休憩してから、帰宅した。

●16日
第5軍の軍長熊笑三が昨日渓口へやって来て、今日は彼と詳しく話をした。彼は詳細に邱清泉司令官が自殺し一身を犠牲にした時、苦痛して涙を流した。……これを聞いて悲痛に耐えられなかったが、しかし又私の戦史上光栄の1ページを加えた。

午前飛行場に行って孫哲生を迎えた。

●19日
湯恩伯総司令が渓口にやって来た。

午前、父親は前もって約束していた万煌氏と逢い、中央訓練機構の場所と方法を協議した。父親は認めた。「党の中心組織は総務、財務、監察、人事、情報、行動、宣伝、通信、設計研究、各組織の訓練。合わせて党の中央全会を召集する準備をする」午後、私の〈組織提案書〉もまた父親に提示し、指示を求めた。注意すべきは下記の数点であった。
（1）きちんと引き締まり、小さくてはならず、実際に適合し、速効を求めてはならない。
（2）組織は幹部が自分の意志で始めるべきであり、指導者の命令により行うものではない。
（3）青年運動の起点は、流亡学生を組織し訓練する。私はすぐ又「革命の初歩的な組織を再び整える提案書」を作成し、父親の参考に具申した。父親は採用できると認めたが、各部の主管人材を物色するのは容易くないことを慮った。

●21日
陰雨であった。夜間父親が家系図を修復することと天一閣の図書を整理することを話した。合わせて語った。我々の故郷では「禽孝」の名前の者が多くある。昔燕を飼う女性があり、死後、燕は死んでその家に殉じて埋葬され、それで命名されたと云う。小鳥は徳に報いることができるというのに、なぜ人は鳥に及ばないのか？

●22日

父親は一族の人と直系の家系図を編纂する計画を相談しており、合わせて本家と分家の系列を云った。「江南の本姓は同じく函亭から出ており、武嶺本家の上は亀山に繋がっている」

李宗仁は部分的に立法委員を動員して、政府が役割を残すことを要求し、厦門の現金を運び出させ半年の用にあらかじめ定め、事を使い終えた。このような卑劣な陰謀は、国の命運と民衆の生命一切をだめにしてしまうことを惜しまず、且つこの資金を速く処理することは、甚だしく悼むべきである。

●24日

何敬之氏が行政院院長に就き、第1回の政務会議が行われて、政府和平協議の代表を派遣することを決定し、合わせて双方が迅速な行動をとることを要望した。

午後指示を受けて上海に飛んだ。

李宗仁はただアメリカ中華大使に明快に、彼がモスクワに行く一行に加わりたいと謂って、了解を求めた。現在母親はちょうどアメリカに居り、国家の存亡を挽回策を講じて救済するために、国民外交に従事していた。今日人を派遣してアメリカよりニュースを持って来た。それは「アメリカの対華に転換の動きがある」というものであった。

陳辞修氏が台湾より渓口にやって来た。

●25日

共産党軍は今日安慶を砲撃した。李宗仁は却って部力子、張治中、黄紹竑、李蒸等が和平協議代表であり、正式に代表団を結成した。合わせて邵力子が首席代表に指名された。「政府代表団が『和平協議』の問題を進行するに当たって、父親は日記の中で言っていた。その10人の投降の代表となる。しかし共産党がその投降を受けるかどうかが、1つの問題である。李宗仁の和平案は、その中心条件が共産軍は国軍と共同して消滅することのみであることに間違いはない」

●26日

共産党側は本日のラジオ放送で述べた。「南京国民党の反動政府は和平協議の交渉を行った。中共中央は次の通り決定した。①交渉は4月1日開始する。②交渉の場所は北平である。③中共中央は周恩来、林伯渠、林彪、葉剣英、李維漢等が代表する。周恩来が首席代表になる。南京国民党の反動政府側は政府側で代表団を派遣する。1月14日毛沢東が事局の声明に基づくものとする。及び8項条件を双方交渉の基礎とする。④上述の条項は、新華社ラジオ局が即日南京国民党反動政府に通知するものとし、上述の時間、場所により、派遣代表団は毛沢東の8項目条件の材料を双方が指定した毛沢東の8項条件を基礎とする必要な資料を以て、交渉を挙行するものとする。

共産党は我が政府和平協議をするに当たって、我が政府を侮辱するために反動の2字を評記に加えた。合わせて双方が指定する日程、双方が指定する期日を双方が指定する場所に予約すること……。

今日汪副官2組の父親が着用した古いシャツと二組の靴下を持ってきて、家で待ってくれた……。それを見て、感慨ひとしきりであった。

●29日

張治中が北平にすぐ赴くために、特に昨日父親に電報をよこし、先に漢口に来て、当面政府が定める和平協議の腹案を報告すると。父親は言った。「彼が来ようと来るまいとどちらでもかまわない」今日彼は意外にも渓口にやって来た。父親は彼の態度に対し非常に冷淡であったが、彼に渓口附近の風景を案内した。私は張に対する理解もまた深かった。それ故また彼と多くを語らなかった。

張治中の話は我々がずっと以前から予想していたものであった。彼は以前南京で人を介して父親に向かって方向転換の提案をした。父親が早く「出国」することを望んだ。彼の理由は、

①過失や秘密を暴いて責めることを免れることができる
②戦争に失敗した責任を転嫁することができる
③一般の将校は依頼心を減少することができる
④見聞を広めることができる

張のこの種の提案は、あたかも共産党が他人のために箸をかえるようであり毛沢東が喜ぶこと

であり、同時に又李宗仁及びその左右が喜ぶことである……。

●30日

張治中が渓口に来て、好い結果と反応を得ることができず、今日コッソリと帰ってしまった。

李宗仁は又共産党と交流を頻繁にし、劉斐を和平協議に新たに追加した。劉は以前3年間共産党掃討作戦の参謀を担当した。それで李は代表に充当した。我が方の全ての軍事秘密計画と内容を明かすことを惜しまず、共産党に貢献しその真意を現わした。このような措置は更に極端に間違っている！

父親は本日外交の失敗の原因を語った。「北大西洋同盟の公約が公布され、東西集団の壁がすべて明らかになった。中国共産党は且つロシアに追随することを明らかにし、西側のアメリカ集団に反対することになった。アメリカの対華政策は依然として過去からの態度を堅持し、共産党の拡張を座視している。その連邦の共同の困難に当たっている政府に対しては、援助をしたがらないのは、実に無智の極みである」

午後、安藤兄と慈庵から素盧まで歩いてきて、沿路ふだんの話をして心中の苦悶を少しほぐすことができた。

四、前進退くな退くな前進

●4月1日

和平協議代表の張治中、邵力子、黄紹拡、李燕、劉斐等が南京から北平に飛んだ。

父親は個人の体力と気力、知恵を高度に発揮する見地から、一つの「計画機関」を組織し、国家の重要な問題と政策に対する諮詢を行い、同時に「民主教国」と「自由中国」の二つの運動を開始するために指導と宣伝計画を定めることとする。

●2日

和平協議代表団は北平に到着後、彼等は周恩来に対し提案した。「和平協議の前に、双方の軍隊は相互防備を固く守ること」共産党軍が承諾せず、逆に我々に「江南憲兵と警察が全部撤退しなければならないと要求するならば、暫時現状維持とするべきである。合わせて李、白、何、顧、于、居等は皆北平に行く。

昼食後父の命を受けて中央党部に次の指示を補充した。

①和平協議はかならず停戦協定を先行しなければならない。

②共産党軍が渡江すれば、即和戦協議は停止し、その破壊責任は共産党側が負わなければならない。

●3日

新華社は本日社説を次のように述べた。戦犯の1条は、決して如何なる修正も認めない。これはこれらの幻想に対し、和平協議を利用して火事場泥棒的に、政権を強奪しようとする人達には正面から痛撃を食らうであろう。

●4日

共産党は明白に宣言した。一旦第三次世界大戦が始まれば、決してロシア対北大西洋集団の戦争だけに止まらない。アメリカがこれに対してどんな感想をもっているのかまだ分からない。果たして共産党はこのような侮辱を座視できるのか、少しも欲が出ないのか？　マーシャルは先入観に固執しない。虎を放って、逆に噛みつかれる、事は必ずそうなる！

午前、父について渓南積善庵を見物する、ここは父親が10歳の時に祖母について仏教の読経をした地であった。渓口に帰った後、又一緒に慈園を一周した。父と子が散歩するのは、非常に得難いことであった。

●5日

和平協議が開始された。共産党側はいわゆる「第3方面」の代表であり、李宗仁に対して最後通牒を出し、12日以内に投降するよう要求した。いわゆる連合委員会の組織は、毛を「主席」に任じ、李は副に任じられた。李は北平に行かねばならず、共同で国共軍隊の引き渡しを管理することになった。

張岳軍氏は再び渓口に来た。

●7日

「和平協議」は進展し、すでに紆余曲折が起こっていた。李宗仁は「長江」を隔てて分治する提案を行った。共産党側は「和にしろ、戦いにしろ、いずれも揚子江を越えなければならない」と堅持した。

本党は広州で中央常務委員会議を開催し、行政院何敬之院長が報告と経過を話した。会議中父親と相談した方針の意見に対しては、一致して通過した。合わせて和平協議原則5項目を決定した。

（1）計画と誠意を現し、国民の信頼を得る為に、和平協議を開始する時に双方は停戦を命令し、部隊は元の防備線を守る。共産党軍は和平会議の期間中において、もし渡江を実行すれば、即ち無謀と誠意を暴露し、政府は即代表を召喚し、合わせて和平協議決裂の責任は共産党側にある。

（2）国家独立自主の精神を保持するために、国際連合国が賦余する責任を実行し、国際協力に向けて世界平和擁護の外交政策を維持しなければならない。

（3）適切に人民の自由な生活方式を守る為にすべての暴力を用いる政策を停止しなければならない、人民の自由な権利及び生命財産に対して法によって保障する。

（4）双方の軍隊は平等条約の下で、それぞれの防御区域で整え改変することとし、その改変案は、必ず相互に尊重し、同時に実行の保証をする。

（5）政府の組織形式及びその構成分子第2、3、4各項目の原則の実施を条件とする。

共産党の新華報は、又「南京政府の投降を要求する」と云う題目で思い上がった社論を発表した。同時に毛沢東の李宗仁への電報を称し、「8項目原則はそれを以て具体実現を求めた」共産党は……どんどん人に迫って来た。どうせ政府が「屈辱的な条約」として無条件投降のみになってしまった。

父親は岳軍氏と相談し、李宗仁に対し利害を以て率直に示し、ただ、彼が本党の立場に立脚し、国家民族の利益をはっきりとして、共同で共産党に対し、和平か戦闘を問わず、必ず全力で支持することができる」

●8日

毛沢東は本日張治中等の和平交渉代表に対し、講話を発表した。5項の要点があった。

（1）戦犯は条約の中では、その名を挙げない。しかし尚責任を追及する内容は入れるべきである。

（2）条約を締結する際には李朱仁、何応鉤、于右任、居正、董冠献、呉忠信等は皆北平に来て参加する。

（3）軍隊を改編し、延期することはできる。

（4）共産党軍は揚子江を渡らなければならない。その時期は和平条約に調印後実行する。或いは若干の時日を過ぎた後再び揚子江を渡る。

（5）連合政府の設立は、相当の時間が無ければならず、甚だ時期に至っては4～5カ月にならざるを得ない。この期間、南京政府はなお現状を維持することができ、職権を維持し、社会秩序の案乱を免れるようにする。

共産党は表面上故意に駆け引きをしたが、実際には国民政府の5院院長がだまされて北平に行った。その任務は言いなりになるよう強制し、「聯合政府」を組織することであった。実際は非常に簡単に我が政府を破滅することであったのだ！

父親は岳軍氏と一緒に金峨寺を訪れた。午後1時前に出発し、先に寧波の新河頭に行き、民船に乗り宝林寺を経て遊覧し、横渓に着き岸に上がった。寺に着いたのは既6時すぎになっていた。峨山の地勢は優れておりガチョウが躍り上がるようであり、実によく似ており、本当にめったにない物であった。寺の中は静寂しており一周参観して、夕食をし、めぐってすぐ寝た。

●9日

父親は6時に起床し、寺を出てあちこち散歩した。左側の大食堂から坑道に行って、泉に向かって写真を写した。再び丁度後方の羅院基地について遠く朝山を眺め均整の取れた姿は愛すことができた。更に南行し、白虎山に登り、鵜山中脈である。下山して引仙橋を通り、寺に帰って、朝食を喫した。8時半、寺より出発し、途中田横町、楼隘、渇務氏祖社を通り、金紫神像を仰ぎ見て、呉家埠に行って昼食を喫した。午後3時に結埼に到着して、埼麓に沿って、沿海の風景を遊覧し、転じて費宅の東に行って、象山港、獅子口を眺望し、拙塘と結峠を参観した。下陳に着いて車に乗り、5時慈庵に帰った。

鄭介民次長が渓口に来た。

●10日

周至柔総司令、胡宋南長官が今日渓口にやって来た。李忠仁が分かりやすく……電報で事情を述べていた。「共産党軍はどんどん迫っており、江北に兵を配置して、その提示する苛酷さは、我が方に屈辱的な条約を破棄させるようであった。……万一和平協議が決裂すれば、この重任を帯びるのは実際困難であり、故に『引退』を決心して国民に詫びるつもりである」云々。

共産党の態度は急に又懐柔する。合わせて互いに仲よくするが、分散して、伸び伸びさせる手段である。父親はこの事は軍事進攻よりさらに恐るべきことであると認識した。当面の危機を救うために、合わせてさらに一層内部団結を強化することができ、反共で一致する見地から、電報で何敬之、閻百川氏及び李宗仁、白崇禧等が杭州で対策会議をすることを約束するよう要請した。

●13日

昨日居覚生、陳啓天両氏が渓口へやって来た。第一次和平交渉正式会議が北平で挙行された。共産党側はその立場と協定草案の理由をはっきり述べた。張治中は北平より李宗仁と何敬両氏に電話をした。周恩来は今日「国内和平協定」1件、内8条、24項を手渡した。張は又父親に電報を打って来て、謝った。「北平到着後、共産党の態度は意図は降伏を迫るものであった」合わせて父親に勧告した。「毅然として一切を放っていてください」張治中のこの電報は、完全に共産党に替って話をしているものであった。

朝の間天気は晴朗であった。8時前後に妙高台より出て行った。徐島岩、蜘蛛嶺、嶺岩を経てずっと北渓迄約2時間、北渓より大企を経て石窓まで、また2時間、沿路の景物は美しかった。

山なみは高くて険しく、西側には華蓋山に対してわずか1渓流のみであった。父は民国10年冬かつて左窓側に座っていたので、移動の時は右窓側に行った。左窓とその他の3つ窓は通じておらず、それ故中の大窓から入ると、実は普通の狭苦しい石洞であった。約45分間ぐるぐる回って帰った。峯の上には大岩があり、高さは約10余丈（33m余り）その上から水滴が石洞まで滴っていた。窓洞は皆西北の華蓋山に面しており、峯の上の草水が青々と茂るさまは、思わず岩石と見間違えそうであった。午後2時半大金に帰り、その対岸の露背大の竹林席地で昼食を取った。食後、百歩階段を歩いて下り、杖錫の西が、即ちいわゆる六龍泉であり、三峡と瀑渓洞の前、休情尺と瀑渓洞の前で、しばらく休み写真を撮った。道端には大岩石が直立し、おそらく「再来石」であった。侍従は人が求めれば昔のように石の上に字を刻み参観記念としていた。しかし破損すると汚くなり、僧衆も半分になり、「雲石は何処から持ってくるのですか?」と尋ねてもボンヤリして答えられない。4時半女錫から途中屏風岩を経て「四名山心」4大字がすこぶる雄壮に彫られていた。更に躊躇嶺を経て、妙高台に帰った。空はすでに暗くなっていた。

●15日

第2回正式会議はやはり北平で挙行された。共産党は最終の8条24項目を以て、我が方の署名を要求しており、20日を最終期限とし、活気がみなぎっていた。

今日、天気は晴朗としており、時刻がおぼろな中で起床した。祖堂に詣で礼拝をした。6時に慈庵に上がり、8時父に向って侍立し神仏に祈願し、合わせて父に対して報恩の礼拝をした。父は私の為に「寓理帥気（理によって立派に行う）」と題して4字の扁額を渡し、後書を添えて、文に曰く、「毎日夜勉強し、孟子の「養気（英気を養う）」の章を黙って心の中で暗誦する。15年来、未だ試みず或いはこっそりと実行することも無く、ここにあらましを理解していることも自覚していて、又常に熟読玩味して真意のあるところを求め、心根の英気の「性」の字を、自ら4句で云った。「無声無臭、惟虚惟微、至善至中」この為、自ら戒める。そして寓理の「寓」の字は極めて適切である。それを自ずから急ぐが、しかしまだ敢えて人に示さない。特にこの「萬理帥気」を以て私をはげましてくれ、その能力を自分が知ることを期待し、きわだって自らを鍛え、要望されていることを果たすことだけである。

又一つの課題は「主敬立極、法天自然」の8字であった。これが言う処は私がより深く、また力強く、これから事に当たって修養を積み、規則を定めてほしいという要望であった。孔子は言っている。「四十にして惑わず」私は既に不惑の歳になった。一事も成していないし、且つ常に感情で事に当たっているし、志を以て昂然の気を養うことができていない。細かく考えて、まことに慚愧にたえない！

多くの友人達と同級生が上海や杭州や各地から遠路はるばるやって来てくれ集ってくれた。故郷の人達はここでまた楽しんでいた。

父親は夜に天童寺に出かけた。空は既に暗くなり、8校の学生旅行団がまた寺前の来宿所で、ひと時僧侶や学生達が熱烈に歓迎してくれ、感謝した。

●16日

父親は6時に起床し、寺の中を一巡した。朝食後、小盤山に登り、モハ祖師の塔墓を拝んだ。

墓地はいわゆる「金鉤釣魚」と言われ、思うにその照山第3層の形状が魚に似ているからであろう。11時盤山より出発し、天童、小白等処育を経て育王に着くと、沿路の民衆が皆爆竹を放って歓迎してくれ、父親は後ろを振り返らなかった。育央で昼食を摂り、寺の中を見て、蔵経閣三蔵図書を参観した。

その後承恩堂より車に乗り巡って、途中で寧波南門外を経て、柳亭庵を見つけることができ、「目話僧」の墓地とその塑像を見て、非常に喜んだ。思うに父親は幼年の折、故郷の人が「目講勘兵の精の伝説を聞いており、比べる者の無い霊験であった。それで一度見て非常に楽しかった。夜6時慈庵に帰った。

黄紹拡が北平から南京に帰った。共産党側が提示した24項目の要求を中央に持って帰り、中央に指示を仰ぐことであった。これらはすべて共産党が我が政府を愚弄し、引き伸ばし策であった。

●17日

共産党軍は渡江の要求を堅持していた。李宗仁は本日共産党側に協定調印の日時を延期するよう要求した。父親は黄紹拡が持参した24項の要求を閲読し、かって日記に書いた。「共産党が政府代表に修正条件を提示した24項の条項は、真に無条件の投降処分の条件である。共産党は前文で戦争責任問題を数条序文で述べており、更に余りにも言葉で表現するに耐えられない。黄紹拡、留力子等は明らかに伝達を引き受けたけれども、実に恥知らずのする事であり、悲しむべきである。余は一方ですぐ代案を提示して共産党に渡すべきであると主張する。一方ではその条件を拒絶する。同時に全文を宣言し以て戦争責任の所在には無き事を明確にすることである」

●18日

本党の中央執行委員会は広州に於いて声明を発表し、重ねて言明した。「和平協議は、5項原則を根拠とするべきであること」父親は今日かつて次のような代案を出そうとしていた。「共産党条件の対策と方式。（甲）具体的な相対条件をこれに戻す。（乙）対案を出さず、ただ以下の条件を受け入れることができないことを以て、停戦協定を先に締結し、それを以て和平協議の誠意を現わす。もしこの和平協議の期間中に、揚子江の進撃をするなら、その戦争の責任は共産党が負うものとしなければならない。（丁）党部名義を用いて、その条件の前文を用い、憲政府を失くして共産党専制政府を実行するなら、これをチェコとポーランド政府のようにはいかず、これを以て中外に表明する……」

●20日

共産党軍50万人が全面的に江南に向かって進軍し、武力を以て我が政府が投降式の協定に決定するよう圧力をかけて来ていた。共産党は「和平協議」を利用して、人の目をくらまし、江北補充大軍が、4カ月の長きに亘って、今全員出動しており、「和平協議」の誠意が全く無いことを証明していた。何院長は本日共産党が提示した8条24項の規定案に対して、断じて拒絶した。父親は李宗仁が安心して政治に注力するため、できる限り自らの職責を全うし、動揺せず、逃避することなく、定期的に面談することを約束し、適切に方法を決定するよう助言した。その原則は2つある。①徹底して「反共」政策を堅持し、再び和平協議を行わないこと。②政府に再び共産党と中途半端な和平を図るな。さもなければ自殺するに等しい。

午後5時過ぎ、張岳軍、呉礼卿両氏が南京から父親に会いに来て、京中が共産党の提示した条項の会議経過と結果、合わせて李宗仁はなお父親が「出国」するべきであると暗示していると言っていた。なお且つ責任を負うことができないと即日桂林へ帰ってしまった。父親は極端に走ることはしなかった。

本党中央執行委員会は中共が「国内和平協定」を提示することを発表すると声明を出した。李宗仁と何委員長はこれを敬して張治中等に共産党に対して「国内和平協定」を提出し、注意を促した。

夜、陳毅部が大挙して渡江し、江陰要塞守備部隊戴戎光が武装反乱を起こした。

●21日

黄紹竑が飛行機で香港に行った。朱徳が命令を発布して、全面進行となった。昨晩陳毅部隊24―25―27部各軍がすでに荻港付近地区に渡江した。我が88軍は今日繁昌に向かって撤退し、陳部23―28―29各軍はまた江陰以西、申港一帯に対し渡江を強行した。和平協議はこの為破裂し、責任は共産党側が負わなければならない。

●22日

「和平協議」はすでに破裂してしまい、父親はなお元々の主張をもっていた。李宗仁が全権を有して政治全体に責任を負うことができるようにしており動揺することが無かった。そこで本日李宗仁を始め何敬之、張岳軍、呉忠進、王世傑各氏を杭州に招いて会談を挙行することにした」

李宗仁が最初に即席で説明した。「和平方針はすでに失敗をした。蔣総裁に復職していただくことをお願いしたい」父親は内部団結を求め、共同して反共、最後まで奮闘する見地の為に、今日は只時局の政策を懇切丁寧に説明することにし、人事変動の問題は関連しないとすると言った。会談は本党中央常務委員会の下に「非常委員会」を設けることを決定し、本党はこの一決定機構が李宗仁を助力する。政府の重大政策は、先に党中央で協議し、その上で政府規定によって実施する。別途当面の時局及び政府の今後の政策に対して、厳粛に討議した。全員一致で次の４件を決議した。

①共産党問題に関して、政府は今後ひたすら断固として戦い、国民の自由と国家の独立に徹底して戦う。

②政治面では、全国の民主自由人士と連合し、共同で奮闘する。

③軍事面では、何敬之将軍が国防部長を兼任し、陸、海、空軍の指揮を執る。

④緊急有効な措置を採用する為に、本当の団結及び政府の連携を強化する。

李は会議終了後、即南京に帰り、白遣は漢口に帰った。何于は夜間南京に於いて口告を発表し、「反共に団結、徹底して奮闘する」という方針を説明した。合わせて行政院新聞処は公報で述べた。政府は全面和平を獲得し、国民に休養成長の機会を得させるために、北京に派遣し共産党と戦争し、和平を回復する方法は、２週間余りの談判をしているがまだ合意には至っていない。最終的に共産党はいわゆる「国内和平協定」を提示し、期限内に回答を求められた、全文８条24項目あり、完全に征服者が被征服者に投降の処置を求めるものであった。その目的は武力を用いて国家軍隊を消滅し、恐慌を造成し、国民の自由と社会の安全を打ちくだくものである。さらに全面攻撃を発動し、渡江を強行した。ここに至り、共産党はいささかも無謀にも誠意が無く、和平を破壊し、戦乱を拡大し、国家国民の敵であり、すでに天下に大きな不幸をもたらしている。

●23日

李宗仁は飛行機で桂林に行った。国軍は南京を撤退した。和平協議代表の邵力士、張治中等は共産党に投降した。時局は益々厳重になり、広州市に留まる本党の中央委員及び立監の委員会百人余が集会し、父親に臨席指導を要求し、非常事態に打ち勝つように要求した。

父親は今日午前杭州より飛行機で渓口に帰った。

●24日

南京はすでに陥落して、太源は又本日敵に占領され、梁敦厚等5百余りの同志が殉職した。内外の形勢はすでに絶望の瀬戸際に臨み、前途は暗影に満ち、気がふさいで内心の悲しみを言葉で表すことはできなかった。正に「山雨来たらんと欲して風楼に満つ」の情景であった。自分は家族は好いけれども、永くは住めないであろうと思い、妻子を台湾へ送り暫く過ごし後顧の憂いを免じ、国事に全力を尽くすことができる。午前慈庵で漢口を離れる公務事務処理を済ませ、午後妻子は台湾へ飛び立った。あちこちにのろしが上がり、見送りにも行けず、忍びがたかった。

昼、父親の言いつけに従って言った。「船を準備してくれ、明日我々は出発する」私は目的地を教えてほしいと尋ねた。父親は答えなかった。その時準備できるのは1艘の軍艦だけであった。

命令を待った。艦名は「太康」であり、艦長黎玉璽中校は夜に私に尋ねた。「指導者は明日どちらの場所に行かれるのか、あなたはご存知ですか?」私は答えた。「私も知らないのだ。指導者がはっきりと考えているのは2カ所だ。1つは基隆(キーロン)、1つは廈門(アモイ)だ」黎艦長は非常に賛成した。梁到厚同志は服毒して自ら焼け死んだ。私には限りない悲しみであった。私と彼は知り合って長くないが、しかし数回長談義をして共感し、且つ彼のさっぱりした正直な人格に深く共感していた……。

●25日

昨日、妻子が行って、夕方豊鎬の家中で見に行ったが、非常にさびれていて、目前の景色に感慨無量になった。午前中父親について先祖母の墓に別れを告げて、再び飛鵬山頂に歩いて上り、目の届く限り四方を眺めた。漢山は語らなかったが、涙は流さず、しかし悲痛の情は述べ難い。もう一度豊鎬の家を思ったが、心は又偲ばれない処があった。また田舎の父親に別れを告げる老人たちのことを思うと心はやはり偲ばざるをえなかった。ついに、別れは告げなかった。天気は薄暗く益々辛くなった。大好きな河山、あたかも錐を立てるほどの土地! 且つ渓口は祖先の為の墳墓が所在する地、今一旦ほったらかしたら、その深い悲しみの心情は、さらに筆墨では千分の一、千万分の一も形容することができない。誰がこの為にするのか、執行するのか? 命の有るかぎり、しばらくして必ず故郷の土に帰って来る!

午後3時、祖堂に別れを告げ、故郷の地を離れて、車に乗ってその方面の海辺に着き、再び歩いて象山港で軍艦に上がり、いつまた故郷に帰るのか、極めて予想するのは難しい。

乗艦後父親はやっと行き先を話した。「上海に行く！」

これは本当に予想外であった。思うに共産党軍がすでに揚子江を渡って来ており、上海情勢は非常に危急であり、この時上海に行くのは全く大冒険であった。しかし父親はこれらのことに意を介しなかった。自分の重い革命責任をほったらかし、すぐ自身の安全のみを考えてはならない。そして最も危険な時期に、最も危険な場所に行った。

父親一生の冒険であり、又やってはならないことであった！

●26日

太康兵艦は本日午前呉淞港に入港した。午後1時上海黄埔江の復興島に到着した。埠頭に到着後、父親にすぐ徐次辰、顧墨三、周士柔、桂永清、郭悔吾、毛人鳳、陳大慶、石覚、谷正鋼、陳良諸氏よりの報告を聴き取り、合わせて全面的な計画を指示した。夜は島の上で寝た。

●27日

共産党軍の大群渡江、――民衆が挙国する――「和平幻想と迷夢」も又、すでに根本が打破された。

父親は「和平協議」破裂の責任を表明する為に、本党と自分個人の立場を公示する為に、そこで中国国民党総裁の身分で告示を発表した。内容は次の通りである。「この国家民族生死の接合点は自分が在野の身で、我が愛国軍民同胞に追随して、李代理総統及び何院長が作戦を指導し、徹底して奮闘している。合わせて自由を愛好する同胞に呼びかける。共産党は『和平』を必要として要るに非ず戦争の為であり、更に重要なことは抗日時期の決心と勇気であり、国家の独立の為、民主和平の為に、最後の勝利を必ず獲得しなければならないのである」

ここに至って、数カ月来共産党が演出している「和平」は……最期に暴露したのは、それは父親に「出国」を要求している論調で、また「和平会議」の決裂と、この事から霧散してしまった。我々は島の上で過ごしたが、市区には非常に遠く、この前やって来て指示を仰いだ人達に対しては、非常に不便であった。この為父親は私を市区に行かせて住所を準備するよう命じた。私はこの話を聞いて、非常に驚き、すぐ父親に報告した。「時局区はすでにこのように厳重で緊張している、市区内は大変危険である。なぜ市区に移住してくることができようか」父親は非常に厳しく行った。「危険！　君は知っているのか。まさか我々が知らなかったことを？」

私は敢えて父親の意図に反抗せず命令に従って、処理せざるを得なかった。午前中市に入って、午後金神父路の励志社で父親の住所を置き、午後移住した。

父親は1日中上海を防衛する幾多の問題を処理し、時に或いは地方人士と会合し、或いは黄埔軍官学校の同級生に訓話して、数日一時の休憩も取らなかった。そしていつもどんな話をする時にも丁寧に且つ率直に彼等に話をした。

「成功と失敗はこの一挙にあり、我々は全力を尽くして危険に対処しなければければならない」父親の老婆心から繰り返し忠告することは、彼等が聴き、感動しない人はいなかった。父親は最後にやはり私にも言った。「ここ数年来、国家の自由、民族の独立の希望が途切れてしまう。だから用心は急がねばならない。国民に非常に大きな苦痛をもたらしてしまう」この話は父親の時世を憂いる心情を表していた。

●29日
父親の文稿がすでに新聞の一隅に現れて、父親は又上海の市街を巡回して、一般市民と陸、海、空軍の将兵にたいして精神的な高揚感があがった。上海の混乱した局面もやや安定した。

緯弟が台湾から上海に来て、台湾の情況を非常に詳しく話してくれた。

五、困難をものともせずに努力を重ねる

●5月3日
李宗仁は前月20日に行って後、末に広州に行って公務を処理した。

この風雨は揺れ動き、人心は動揺し、忠節の士兵が正に力を奮って危機を支えている時に、李宗仁は突然桂林から父親に人事、軍権、財政等の「条件」について書状を送ってきた。彼はすでに台湾に送った在庫の資金を取り立てなければならず、尚且つ父親が再び国事に口を出さず、「1日も早く出国」するよう要求した。父親は内心苦痛の極みであったが、李代理総統の誤解と邪推は、非常に深く、そこで何院長に返信を送り、李代理総統及び中央の諸同志に伝えるよう依頼した。書状の中で先ず第1に李総統代理に直ちに広州に行って、政府を指導すること。第2に政治改革は2～3カ月の短時間で効果が上がるものではなく必ず徳を育てて名望の高くなるように努力しなければならない、誠意を披瀝し信頼を取り戻し、根気よく頑張り続けることである。第3に自分が復職する意志がないことを説明する。第4に李氏に対する6項の要求の前の5項に返答をした。

「(1) 総統の職権は既に李氏が行使しており、軍政、人事、代理総統は憲法に依拠して自由に調整する権利を有し、如何なる人物も違反することはできない」

「(2) 在職以前に国家財富をして共産党の脅迫を避ける為に、以前命令を下し国庫に所在する金銀を安全な場所に移転した。引退後、一切手を付けたことは無い。すべての出納収支は皆規則通り管理され、財政部及び中央銀行が帳簿に記載されており、考察することができる。如何なる人物もまた無理に干渉することはできず、わずかな金額も引き出してはならない」

「(3) アメリカの軍備援助の銃器の在庫及び分配管理は国防部の職責である。引退後は関与することができない、帳簿の検査もできない。銃器を台湾より送り返すことは、政府の権限であり、政府が自己処理しなければならない」

「(4) 国家軍隊は国防部より指揮調達され、命令に違反する者はすべて国法により当然懲罰される」

「(5) 非常委員会の設立は、4月22日杭州会議で決定されたものである。当時李代理総統も参与し、且つ共同でその大綱を協議して反対の意志を表示されていない。李がすでに本来の決議の意味を打ち消したいのであれば、彼は自ら中常会で再討議するべきである。しかし民主政治は政党政治であり、党対党員は決議したことの責任がある。党と党員の政治主張は約束の権利があり、このことは政党政治の常道である。訓政時期には党の指導者を以て、まぜこぜにしてはならないということである」

最後に、父親は李代理総統に対してその出国の一事に次のように答えた。

「もし私が復職せず即出国しなければならないなら、特別に議論を重ねる必要が有る。私は革命40数年身を捧げてきて、一貫して中国の独立と自由の為に奮闘してきた。ただ中国が一片の自由の領土を有し、その主権を保持する。私が基礎を置く土地が無いということは信じられない」

渓口に居た時、以前礼卿兄に対して言った。「前回彼等は私に下野するように要求したが、私は自ら下野することはできる、現在もし私に出国亡命を迫るなら、私はこの悲惨な境遇を耐え忍ぶことはできない。今日の心中は、やはりまた再び同じである。しかも過去に在っては、彼等は和平を主とした。そこで私が和平の妨害をするので、下野を要求した。今日は和平協議は失敗したので、又政府の罪を牽制することをもって私を売り、私を無理やり出国させようとしている、合わせて私に対外救援の責任を負わせようとしている。もし外国の支援を得るに至らなければ、私は又政府外交を妨害し、政府の罪を牽制することになる。国内には既に立脚することが許されず、国外も又身を落ち着ける場所が無い。私は民主国家の自由な国民であり、はからずも国はまだ滅びていない。身を置くところが無いことはこの極限まで来ている！　私は引退以来政治責任はすでに解除を告知されている。そして革命責任に対しては逃避できない自覚がある。故徳隣兄はいつも一言、言っていた。誠心誠意が答えである。しかしいかなる分際を越えているのに決して放っておいてはいけない。特に政治行動の干渉には注意すべきである」

「今日国難は益々急になる。そして徳隣兄は私に対してここまでわだかまりがあり、誠に初めてではないことであった。過去の政府協力者がすでに政府を牽制されている。故に、私は世間から遠く逃避して、政治の一切に対して消息に服していない」

●5日
昨日、杭州が陥落した。今日李宗仁は米国のトルーマン大統領に書状を送って、彼は米国の対華政策が改編されることを歓迎することを表明し、合わせて公然と我が政府が米国の援助の運用が当を得ていないことを指摘した。彼は自分が代理総統対外に憐れみを請う表現は誠にお粗末である！

午前大雨を敢えて構わず、招商局に行き、父が出発する汽船を準備した。

●6日
午前、父の命により、顔恵慶氏を中山医院に訪れた。午後5時、父に随伴して江静輪に乗船し夜は船上で宿泊した。

立法院は本日広州で会議を再開した。

●7日
早朝6時、江静輪は上海復興島よりいかりを上げた。船は呉湘郊に出ており、私はやっと起きた。太陽は高く大海を照らし、美しく雄大な絶景であった。国事はどうなるか予想がつかず、ただ天に向かって祈るのみであり、我が父の安全と健康が守られることを願う。

このように、大海の中の孤舟の如く、廻りを見当がつかないまま見渡し、又果てしなく長い夜の中で、かすかな光が見える。父親は最大の勇気を奮って、困難をものともせず、一線の光明の前途に向かい灑灑とする。

●9日

7時半、汽船は大穿山口外の大樹山に無事到着し、しばらく北渡灯台附近で停止した。父に付き添ってモーターボートに乗り南渡西岸の関帝で上陸した。田舎道を歩き、砂城の後山に着いた。形勢を展望し、さらに東北の城郭に登り視察した。大樹と穿山の周囲の状勢は手のひらの如く分かった。龍睡宮に入って少し休憩し、和尚がねんごろに持て成してくれた。庵の前には2宅あり、風景はあか抜けしていた。帰りも徒歩で穿山桟橋まで下りた。街角には人は見えずすぐモーターボートに乗り江静号は錨を上げた。1時に歴港に着き、モーターボートに乗って南埠頭に着いた。3時に岸に上がり、街中を通って、天後宮を視察後、北埠頭に回ってモーターボートに着き船に帰った。少し急いですぐ峯冊、即歳港であった。時は既に6時、まだ航行していた。時は落日が金色に溶け、江の帆はありありと、まるで美しい絵画そっくりであった。

●10日

空は晴れ風は暖かく、瀝港一帯は、山脈が美しく愛すべきであるが、惜しむらくは樹木が甚だ少ないことのみである。歳港は長い堤であるために、数百軒の居民が住み、多くは採石を業としている。聞くところによると、その石質がすこぶる良質である。岸に接近しているために不便であり、且つ地面を使ってはならず、故に父親はまだ岸に登って視察していなかった。7時半、峯港より錨を上げ、進航路に沿って金塊を眺望し、山を背にして地勢と風景はさらに愛すべき感じをもった。後日暇が有れば、金塘山及び雪窯寺別院に深く入ってみたいと思った。船が金塘山北端の先を過ぎると、海は平らで鏡の如くであり、精神状態は非常に快適であった。乱世で敗戦した時、父親はなおこのように泰然自若として耐えていくことができるのか、天帝が復興の前兆を与えて下さっているのではなかろうか？　11時前、東沙角に着いた。世帯数は約4千余軒であった。その地の北側は西沙角に繋がり、内港があり、漁船が暴風を避けるのに適しており、低山の重要な漁場でもある。1祉岩姐姐は人口が多く豊かな地区であった。船は京沙角を過ぎ、倒斗察（地図には「島斗器」）、父親はかつて漁船が網を張って魚を捕る状況を参観していたことも又一興であった。午後倒斗器に着いた。又衡山の魚市場に行った。その豊かさは岱山ほどではなかったが、土地がやせているほどではなかった。

5時過ぎ、船は普陀に着いた、上陸するまでに、すぐ船上で形勢を視察した。夕食後、明日の計画を立てた。旧遊の地を再び訪れることは、きっと趣があると思った。父親は独り船頭に座り、静かに月光に思いふけり、大いに「月光は水の如く水は天空の如し」のような状景であった。10時に就寝した。

魏徳将軍が父親に手紙を送り、中米関係をある程度陳述していた。父親は米国の対華支援態度依然次のような見通しと評価であった。

「米国は既に米国の対華政策運動に対して調査を開始しており、その国務院新共分子は中華支援をどのように阻止するかを計画して悪意中傷しており、是非を転換し黒を白と言い含める挙動をしており、只忍耐して持ちこたえられれば、とどのつまりは物事の真相が明らかになり、天下に真相がすっかり知れ渡り、決して冤罪をそそぐことができなくなることにはならない」

●11日
天気はどんよりしており、大風が突然吹き出し、9時45分岸に登って、徒歩で三聖堂に着いた、父親が民国9年春先祖慈が宿主をしていた場所であった。現在の家屋の格式は既に変わっており、多くが以前のようではなかった。寺僧に尋ねると、すぐに答えてくれた。「23年焼かれて、現在の家屋はすぐ立て直されました」一巡り視察して、お互いにため息をつき静かに分かれた。すぐ仏頂山慧済寺に上がった。その時すでに昼の時刻に近づいており、菩薩頂灯塔に登り、目の届く限り眺望した、風が大きく、すぐ佛頂に登り足を置いたが、撮影だけですぐ帰った。父親は普陀を遊し、皆時間が無くこの寺に登る時間が無かった。今は速くする願いをかなえなければならない。寺で昼食を食べ、近道を取り、東に行き下山し、古仏洞、梵音洞、皆重要な場所であった。古仏洞の中には、証光和尚塑金の肉親がいた。

　午後、先に梵音洞に行き、また天福庵に行った。途中醫提庵の浄土亭を経て、しばらく足を休め、庵は千歩左端より離れており、位置は非常に好く。仏像が5幅有った。途中法雨寺を経て、小雨が降ったが、止まらずに天福庵に着いた。ここは又父親が以前この地に寄宿したことがあり、只建築物は皆新しく再び見ることはできなかった。庵を離れた後、道は南天門に出て、1周見てみたが、静寂で広大であり、惜しむらくは泉水が無いのみであった。遊覧が終わり船に帰ると、すでに4時半になっていた。

●12日
天気は晴。8時に普陀より錨を上げ、落伽山、朱家尖を経て諸地を歩いて登った。10時頃、桜花島、蝦寺島。12時、横島周辺に行って、再び大小の尖倉山を経て、西北に向かって方向を変え、航行した。午後3時、舟山に着き、錨を下ろした。

●13日

雨が降っていた。孝文が台湾からここに来た。父子は戦乱の中で相見え、いっそう打ち解けて親しかった。妻の手紙を読んだ、男の子の病気がすでに全快して、心から嬉しく喜んだ。女の子の無い私では無くなった　公私が衝突する時、個人の利益を犠牲にすることができるか、公のために私事を顧みないのか。後日妻の誕生日の為に特に祝電を打った。普陀山の時に一人の和尚が言った。「寺の中に一箇所『雲水堂』と云う名の場所で、もっぱら朝礼拝に来る和尚の食事と宿泊の用に水を提供しており、雲は飛んで来たり飛んで行き、行く先はこの関連で『水明堂』となづけられています」老和尚はこの機智に飛んだ言葉と解釈を行い、又『雲流水』の意味にもなる。なお雲水の謂う如く、世人の往来が盛んであり、雲水の如くではないかもしれない。麗しい青年時代は瞬く間に過ぎ、その後は浮草のようなものであり、今日父と互いに、漂泊し、何を捨て何を取るのか、母体の『雲水』は消えてしまうのか?

船中何事も無く、父親は党政問題を考慮することに集中していた。軍隊中の政治工作及び人選の準備をし、同時に幹部の訓練組織と手配、認識をした。「大量の新幹部を選択訓練し、組織を増加し、合わせて、社会の各階層に深く入り込み、基層群衆を組織し、厳格に紀綱執行を行い、組織の尊厳を向上する。党政軍幹部は合わせて過去のゆるんで散漫になった悪習を徹底的に改め群衆の力を以て党紀を守る。且つ、毎一党の党員は全員革命の指導者に服従し、革命の綱領を執行しなければならない。そらごとの不実を排除し、いい加減にあしらうことを踏襲してはならない。愛情のために死ぬこと、物事に対する反応が鈍く、無感覚・無関心であることを徹底して改める。反対に実事求是（事実に基いて真実を求める）、請益求益（向上に向上を重ねる）、急公尚義（公の為に尽くすことに熱心で、義侠心に富む）、厳正不苟（厳正でおろそかにしない）、是非分明（是非がはっきりしていること）、賞罰公允（賞罰が公平で妥当であること）この外、民主主義の具体的規則と革命後3年の準備計画及び5年の準備計画を立案し、実行する準備をすること」父親は更に次の具体的な予定を決めた。「定海、普陀、厦門と台湾を幹部訓練地区とし、台湾を着手の起点とする。幹部訓練を実行し、民衆のグループを編成し、人数に応じ食糧を配給し、積極的に土地を開墾し、社会上に仕事の無い浮浪者を許さない。二五減税（25％の小作料値下げ）を実行し、小作農業を保護し、利得税、遺産税を施行し、社会保険を計画し実施する。労働者の福利を推進し、合作事業を普及させる。平均地権を実行し、資本を管轄する。必ず民主主義社会建設及びその政策実施を重要な仕事とする。さらに土地債権及び、兵士と労働者の保険制度を遂行する」思うに父親は新たに総理の民主主義を研究し、これらの問題に対して解決しなければならないと考え、方法を講じて解決する。政治、経済と社会各方面で共産党を攻撃する……。重大な局面を救い、民衆の苦しみをよみがえらせ、民生を豊かにすることである。父親が国家のため国民のために心を砕いていることは、ここに感じることができた。

●14日
天気は晴朗であった。10時、定海より錨を上げた。約1時間半でKUOQU前の海面に停泊した。昼食後、小砲艇に乗り換え梅山島に着き対岸の獅子亭子道頭に上陸した。岸には放水門は「方門」と云われ、ここから堤防に沿って北行し、官山の観海亭、大度堤を経てＫＵＯＱＵに着いた。人吉安門、城垣に登り形勢を瞭望した。城は既に壊れてしまって降り、城の基礎のみが残っていた。三面は山に囲まれ、ただ東側だけが海に望んでおり、周囲約3～4華里（1.5～2.0㎞）であり、本当に海防の要地で有り。ぐるっと回って城隍廟に入った。見ると自衛隊官兵が博打で口論していた。地方の基層組織はここまで腐敗しているのだ！　国家はどうしてこれを回復することができないのか！　南門を出て雲海堂でしばらく休憩し元の堤岸を通って、海を渡り梅山鎮に着き、梅子廟を参観した。内には神室があり、装飾品は新しい部屋のように並べられていた。艦艇に帰った後、梅山鎮の西南角の上下道をめぐり歩いた。これは第2の渡海地点で、両岸の距離はわずか只6百～千ｍしかなかった。浅水過ぎて、再び進むことができず、すぐ回航して、やはりＫＵＯＱＵを経て定海に帰った。

●15日

武漢は撤退した。空は曇っており、午前10時父の指示で上海の交館へ行った。共産党軍は13日より、月浦を攻撃し、目的は呉淞を奪取することであった。激戦は2日間続いた。攻勢はやや弱まった。又14日には浦東、川沙と南環は皆攻略されてしまった。今朝から全面攻撃が始まり、上海は共産党軍の勢いが上海をきっと取ってしまう。湯恩伯将軍は私に語った。「浦東方面は見込みが無くなった。社会秩序が茶乱しないだろうか、また逆転することができるだろうか、しかし全身全霊を尽くしてやっていきます」

●16日

午前9時50分飛行機は上海を離れて、10時半定海空港に到着した。本日、中央政治会議は次の通り議決した。資本党中央執行委員会は党員全体に通告する。国民政府は各級文武官吏及び全国人民に通告する、万一「和平」の呼びかけがあれば、中途妥協、或いは無理を言論する者は、資と見なし党紀国法の処分にするものとする。

父親は午後金塘島南岸大浦口道頭で陸に上がり、安瀾亭、大象地を経て柳港に着いた。普濟寺の後門に入ると、突然果如和尚の彫像が見えた、その東庁で、扁額を仰ぎ見て、また果如は題字をしていた。この事を知って、即雪竇寺の下院であった。父親は2周巡視した後、華如の弟子の性梵叙と果如及び雪竇寺の往時のことを話した。その子弟性安もまた2年前に亡くなった。相対的には寂しくなっている。半時間後寺を出ると、附近の民衆が皆聞きつけて迎えに来てくれ、道が塞がってしまった。……明日は馬公島に赴く、しかし父親は定海と普陀を本当に常駐の基地にする計画があったことを語っていた。

●17日

本党の中央執行委員会が電報で「逃げて遠方で隠居することを止めてください」と伝えてきた。気候は先晴れ後雨である。昼食後、父に随って、江静号より岸に上った。1時半離陸した。途中三門湾、海門、楽清、雁蕩山、永嘉、平陽、三都澳及び福建省と浙江省が交差する山間地海岸である。この空中からの視察により、各地の地勢は手のひらを返すようにやさしく、1月の旅行より勝る。4時50分飛行機は馬公に降り立った。父親はすぐ市街の馬公賓館に使節として滞在した。この島は実に平坦で、山地ではなく、非常に暑かった。「任者は山を好み、智者は水を好む」父親は本年1月21日に「引退以来、故郷の各地を見物に出かけた。4月まで視察した。この百余日の中で、祖国のことを思うけれども、呑気に暇をつぶして楽しむ気持ちもあるが、その年ごろでは誠実ではなく、思うに又ただ安静の境地だけに過ごすのは長すぎるのみである。この時期、中枢には中心人物がおらず、江南の半壁はすでに怖気ついて、ちょっとしたことに慄いていた。草本は皆兵隊であり、父親は革命の大業をもう一度振興させるために台湾に行く計画を決心した。ここからすでに再び一般の社会の喜びや幸福から縁の無いことになってしまった。

●19日

今日命を受けて厦門と福州に飛び、福建省政府に於いて朱一民主席を訪問した。当日飛行機で馬公に帰った。

●20日

何氏が本日本件各職の辞表を出した。中枢の政界の要人の多くは未解決の事態に関心が無かった。

明け方、朝食後、すぐ父の乗用車に同乗して出かけた。先に孔子廟に行った。原名は「文石書院」と謂った。馬公之は唯一の古跡であった。ここから東街、潭辺、中域、鎮海、赤坂、後寮、通梁まで行って、復路は同じ道を通って賓館に帰った。後寮には「崎舍山」があり、上には砲台があり、かつては軍事家たちがきっと争った地であった。

●21日
陳辞修、兪鴻鈞、蔣銘三、3氏が馬公に来て父親に謁見した。午後飛行場で修氏が台北へ帰るのを見送った。

●24日
今日指示に従って再度福州に飛び、防御工事を構築する問題に関し相談し、仕事を終えてやはり馬公に帰った。

●25日
朝8時、指示により上海に飛んで、物資の分散を処理することであった。途中、部品の故障が発生し、嘉義で緊急着陸した。10時に飛行を継続し、象山付近で地面に近づいたが、通知が入った。「江湾飛行場はすでに爆弾が散乱しており着陸不能」、又嘉義に折り返し共産党軍がすでに上海市区を占領していた。

●26日
父親は今日馬公より岡山に飛んで、乗り換えて高尾寿山に向かった。李来には手右任に書状を手渡し、閻百川諸氏に台湾に行って父親に謁見し、一切を報告し、合わせて父親が広州発展の大計を司り、国家が烏合の衆に陥っており、不安が秦乱している状態を改善したいので支援を要請した。

●31日

何敬之氏の辞職が承認され、李宗仁は居覚生氏が行政院長になることを提案したが、今日立法院員会の投票結果は、居氏は1票の差で敗れた。最終的には、閻百川氏が大変困難な任務に就くことになった。

兪鴻鈞氏は私に言った。彼の父親が臨終の時に彼に幾つかの遺言を残した。「素人の商売はやってはいけない。玄人の商売は実権がなければまたやってはいけない。1銭毎に、開いた目で見なければならない、皆血が入っているからだ」私はこれらの遺言が非常に深い意味があり、また意義があると感じた。これは確かに血肉の貴いためになる言葉である。ただこのように商売をする事だけでなく、その他の仕事にもこのように注意深くやらなければならないと教えられた。父親は本日防衛の草案及び台湾統治計画を起草していた。

六、復興革命の建設

●6月1日

今朝、台北で呉稚暉老師を訪問した後、飛行機に乗って岡山に飛ぶ、途中大風雨に遭遇して、午後1時到着した。夕方父に随って高尾要塞を視察した。寿山嶺に登り形勢を視察し、西は左営軍港、南は高雄商港、雄大壮麗であり、誠に高雄の名称に恥じなかった。

●6月2日

中央政治会議が一致して通過し、閻百川氏が何敬之氏を継いで行政院院長に任命された。今日は端午の節句であり、大雨となり、高雄要塞節であった。屈原が投身した故事を想い、更に深く国難が厳重な事態であることを痛感した。

父親は台湾の軍事整備、国防事務、軍事行政等の問題を研究していた。

●6月3日

午前、父親は当面政府が採るべき政策及び人員を配置する行政方針、合計8項目を手で書置き、閻百川院長と面と向かって相談した。合わせて兪鴻鈞氏等の到来を会見することを約束した。午後、父親は非常委員会の人選及び行政院改組の時に注意するべき問題を考慮した。台湾改革の貨幣制度改革基金はすでに配分を決めており、父親は今後台湾防衛を第1としなければならない。

●6月4日

長雨がやっと晴れ、このため精神が一新した。しかし非常に早く、又心配事がよみがえった。毎晩夢を多く見て、睡眠が不安定になった。父親は非常に危険な情勢を転換させることができることを考え、しかし環境はこのようにひどく、悩みは重く、自然は苦境に満ちており、苦痛をこらえて奮闘せざるを得ない。

正午谷正綱、張道藩両氏と高雄の小料理店で食事をしたが、非常に美味であった。

●6月6日

父親は黎玉璽司令と永興艦に乗って高雄税関埠頭から出港した。沿海岸では左営軍港及び海軍総部を視察した。再び陸路で車に乗り高雄に帰った。父親は面談で表明した。「共産党は決して成功しない、しかし我々自身が成功するかどうかは我々自身のやり方を見なければならない」私は拝聴した後、深い感動を覚えた。

●6月9日

昨夜の月光は目を大きく開けてみると澄んで綺麗であり、住宅の前で座って静かに観賞した。海と空は区切りが無く、白雲は碧い犬のようであり、変幻自在であった。遥かに故郷を想い、流亡の悲しみを深く感じた。夜中夢で、渓口で住んでいた家が共産党軍に焼かれて、祖母と母が墓に埋められた夢を見て、驚いて目が覚めた。何かのしるしかわからない。

父親は再び組織を如何に画策するか、内心非常に恐れていた。午後、父親は〈幹部と訓練の要旨〉に指示を与えた。

本日、青島国軍劉安棋部は海南、雷州を安全に引き上げて、些かも損失は無く、不幸中の幸いであった。同時に国軍は上海港口を閉鎖し、外国船は速やかに上海を離れるよう警告した。

●6月14日

今日は祖母の命日である。朝父に従って弔問をした。12時30分、父について高雄から出発し、車行距離110km、3時30分に四重渓に着いた。この地は年中春のような観光地であり、四面山に囲まれ、中に温泉があり、綺麗で甘い飲料水を飲むことができ、更に身体をあらうこともでき、周囲の景観は江南にそっくりである。ただ住民は日本式生活習慣がなお残っていて、まだ行政を変えるだけである。

本日台湾省政府主席陳辞修氏が台湾省の貨幣制度改革を公表した。これは父親が「引退」して以来、すぐ苦心して焦慮した貨幣安定計画を今実現することができ、きわめて記念すべきことであった。

天気は晴れ曇りが不定であった。午前、父について台湾省最南部の鵝鑾鼻《ガランピ》を見物し、洪蘭友氏が同行した。

最近父親が最も気にかけていることは、全国的な人事調査と審査の工作を進めることであり、全国各省の優秀な幹部を選抜するようにさせることであった。人を任用し用いるのに長けており、総合的に名実共に公平で合理的な立場になる人材を求めた。今日父親が採用し実行したのは唐代の人材選別の方法であった。まず先に身体、話し方、書き方を選抜の基準とした。その後徳、才、業の三要素を任用の根拠とした。体貌が立派であるのが「身」であり、言語がはっきりしているのが「言」であり、筆法がきれいなことが「書」であり、文理が緻密であることを評定すること、これらを以て自ら達成する「天下を公となす」の境界とした。

●6月15日

朝明の折、東を眺めると宙ぶらりんに朝焼けが掛かり、気持ちが一挙に爽やかになった。起床して入浴後、先に四重渓村を散歩した。再びジープに乗り西郷記念碑を参拝した。聞くところによると当地の高山族の人がかつて抗日時に非常に昔、日本人五百七十二名を皆殺しした場所であった。四顧の山水は清らかで、決して古戦場の遺跡の面影は無かった。

午後、父親に従って高雄に帰った。

●6月16日

本日は黄埔軍校設立25周年の創立記念日で、また総理が広州で難に合って27周年の記念日である。父親は当時の環境が劣悪で、徒手空拳で奮闘し、ついに成功をしたと回顧した。これを以て今日の失敗の別の状態を見ると、情況の危急さは、おのずと今昔の観があった。今日の実力の大きさと基礎の分厚さは、もちろん昔の百倍以上に勝っている。しかし今日仇敵の頑強さは……、また当時の軍閥及びその結託する帝国主義者は一律に同じように語っている。新しい精神、新しい制度、新しい行動は、新しい歴史、新しい生命を以て新しい基礎を打ち立て、共産党を踏襲し国家を救う新任務を完結する。

午前9時、父親に従って鳳山中央陸軍軍官学校に行って、当該学校の記念会に参加した。父親が訓話を多く使い激励した。まことに重要な歴史的意義を持っていた。

貢南及び福州の軍事状況はすでに日増しに緊張し、共産党軍は短期内に南方を攻略することができる。我が軍の体勢を強化して欲しいと要望した。李はこの時対内対外ですでにまったく手詰まりで無策であった。

●6月18日

礼卿氏が高雄に来た。16日から李宗仁と院長から電報が来て、父親に広州へ出向くよう催促してきたが、私個人はずっとその時と場所に在らずと考えていた。しかし父親はやはり本日李と閣に次のように返電した。「時局は苦しい。貴兄達は苦難のなかに忍耐し、尽力されておられ非常に感謝しております。時に心配しておりますのは、約束が守れるか否か？　ということです。ここに短期内に瑣事を完了することができれば、時期を増すので、別途電報にて連絡します」この時父親は李宗仁が数々他人の秘密を暴いてせめることを中傷され、なお本当に互いに同じ舟をこぐの意味や、国の為に誠実であることと、故人の恩と仇、個人的な交流を大切にすること等、これらを決然として度外視している。

最近台湾の地位の問題及び国際連合委託経営のデマが世間でやかましく論じられている。父親はこの事に対して決然とした主張と立場をとった。「イギリス、アメリカは私が台湾を固守することができないと恐れている。共産党軍が奪取し、ロシア国の勢力範囲に入りその南太平洋海島の防衛線に突破口を発生させる、速やかに私からアメリカの管理に返却させる。そしてイギリスはカーテンの後ろで積極的にそそのかしている。その香港の勢いを間接的に強化する為である。この問題に対して最も考慮を払わなければならない。それ故に私はアメリカに対して台湾を死守しなければならないと言っている。もし同盟国が我が方に力を援助し共同防衛したければ、すなわち拒絶するものではない」

この時アメリカ国務院の内部には、すでに共産党を承認したいという人もおり、ストレート大使は北京から上海に移り、且つ即帰国して共産党の提案を承認させるつもりである。

●6月19日

今日は又日曜日である。一週、一カ月、一年はあたかも人生の道標である。当面重荷を背負って、尽きることの無い長い道を歩いて行き、歩けば歩くほど疲れてしまう。しかし只信念が失われなければ、少しの苦しみは何でもない。

新聞に掲載されたアメリカ駐華大使ストレートがアメリカ政府に提案し共産党政権を承認しようという提案は何という奇怪なことであるのか。しかし慌てて騒がず、苦難の日々はまだ後にある。必ず最大の忍耐を以て今正に持ちこたえなければならない。

●6月20日

政府は今日、共産党軍が制御している沿海各口岸に発表した。

父親は我が駐日本東京代表団の電報報告を受領した。略称、「盟総は台湾軍事にすこぶる懸念している。合わせて台湾を我が移譲する同盟国或いは連合国暫時管理の立案を父親は非常に憂慮し、ただちに返電した。当該責任者はすぐこの事をマッカーサー元帥に詳しく説明し、合わせて我が政府の立場と父親の態度及びマッカーサー元帥に対する期待を鄭重に詳しく理由を説明するように指示した。合わせて詳しい内容の要点は次の通りである。

「一」台湾は移管する。或いは国際連盟に暫時移管の立案を行う。しかし実際上中国政府が受け入れる方法は無い。何となれば、この方法は中国の国民心理に違反する。もっとも、蒋中正本人はカイロ会議の台湾、澎湖列島を返すことで一貫して努力してきた立場にあり根本的に相反するものである。

「二」台湾は短期内に中国の反共産党勢力の新しい政治希望になる。何となれば台湾まで共産党の勢力が浸透しておらず、その地理的な位置は今後「政治防疫工作」にとっても又比較的容易に徹底的に成功しうる。

「三」アメリカ政府は単に実際の利益のみを考慮され、決して中共政権を承認してはならない。何故なら中共を承認しても、中共を決して逃れることはできないし、又今日の中共の範囲内での行動しかできない。アメリカは以前ロンドンに於いてポーランド合法政府を放棄して、ソ連が作ったポーランド政府を承認し、ポーランドの反共勢力をすっかり壊滅してしまった。この事は戒めとすべき前例である。中国政府に至っては、大陸と海島を問わず、皆その広大な根拠地があり、中共と持久戦を徹底して行っており、決してロンドンのポーランドの流亡の政府でないことを、私は敢えて断言する。

「四」以上の考慮に基づき、私及び中国政府はマッカーサー元帥が東アジア同盟国の総帥の立場にあられることを深く希望し、出来得る限り次の二件を主張する。

「甲」アメリカ政府は決して中共政権を承認することを考慮してはならず、国際的地位と勢力を指導し、他国の承認を阻止しなければならない。

「乙」アメリカ政府は中国反共勢力を支援する、積極的な態度を採るべきであり、合わせて我が政府が台湾を確保し、一種の新しい政治要望を作らせる支援を行うべきである。

●6月21日

午前の会議では、情報機能の統一と再建問題を協議した。午後3時30分、父に従って高雄を離れ、4時40分岡山を飛び立ち、5時20分桃園に到着し、乗り換えて大渓に到着した。

●6月22日

大渓は山あり渓流ありで、気候も又比較的さわやかであり、一夜安睡することができ、気分は更に爽快であった。早起きし、渓流の辺りの公園を散歩した。

●6月23日

数日来、父親はずっと「顧問会」の組織を考えていた。人事関係は解決が容易くなく、まだ順調には進んでいなかった。

●6月24日

午前9時、父について大渓を去り、10時台北に着いて、東南区軍事会議に参加した。今日は草山に転居していた。

正午、父親は呉稚輝氏を尋ねた。彼は86歳の高齢である、しかし緊迫した状況下でもいつも通り話し笑い泰然自若としていた。政治、経済、外交等等の視察研究をしており、皆内容が深くはっきりしており、絶対に如何なる人も及ばない。冗談を言いたとえ話をして、特に人を立てることができ、自らを控えて相手を敬う。歳老いての若さを見て、父親は「総裁事務所」の設置を決定した。

●6月25日

鄭成功は、軍を創立して、24歳で既に大群の指揮を執ることができ、浙海岸より南京付近まで攻撃した。後に敗退して厦門まで退いたが、しかし明王朝に対して忠誠の心情を尽くすことはいささかも衰えず、後に清順17年（1661年）海軍を率いて台湾を取り返した時は38歳であった。翌年安平で病没した。その偉大な功績とまことの忠誠によって民族の英雄となった。

父親は「総裁事務室」の設立案を準備し、創立した。及びグループ長と計画委員を任命し、合わせて自ら毛沢東の「中国革命の戦略問題」を研究した。一方党組織計画を練り、起草した。統一戦略思想を研究する一方。党に忠節であり、国を愛す。心血を尽くし、至れり尽くせりと謂うべきである。

本月20日我が政府は共産党軍が区備港湾を封鎖したことを公布した後、間もなく英国商船「アンチサス」が、すぐ我が空軍により爆撃された。英国の報道は我が海軍が呉淞港外に水雷をばらまいた。共産党軍及び中国と外国の政府は皆黄埔江の出入口には敢えて行かなかった。本日我が海軍は上海の港外では発砲し貨物船の進行を阻止し、検査後、自由に航行する。各国はともに驚いて不思議がった。しかしアメリカ政府は私が各港に封鎖命令を出した事に、却って反対グループに加わらないことを表明した。その西太平艦隊の司令官の好意と協力であった。ここから知ることができる事は共産党の兆候を承認していなかった。しかし李宗仁個人は代理責任者として証書を出したが、アメリカは公然と父親に対して誹謗し、合わせてロージは全ての不満分子はいわゆる「反共」工作に従事しており、アメリカの我が政府の支援を破壊していた。

●6月26日

李宗仁と閻百川院長が又本日電報を打って来て、父親に広州に来るように要請した。本党立法委員百八十余人が又広州より連名で書状を送り即日重大な局面を主催する為に即日父親を招請した。

午前9時30分、父親について草山から台北市の寿館に着き、総理記念週に出席した。父親は九次革命が失敗した経過と原因を説明し、合わせてしっかりと指摘した。「この度の大難関は必ず突破できる。必ず危機から安定に返ることができる」聴衆は感激して心を動かさない人は無かった。

●6月27日

四川省王方舟主席が草山にやって来て、父親に四川の近況を報告した。熊克武等中間路線の様子は、共産党に寝返る準備をしているようである。父親はこの事に対しあれこれ気をもんでいた。そこで川中の抗戦に対しては功績のある将兵が居り実際に適合する方法を執り、適当な部署に安心して任せられる部署に置き、その心を落ち着かさせれば、共産党に乗じられないようにすることができるはずである。

●6月30日
アメリカ政府は我々が共産党軍の占領地区を封鎖することに対する態度が、突然改変し、本日結局婉曲的な表現で、我が政府が共産党軍が占領している各港湾を封鎖する権限は承認せず、従って当該地区では我が政府の制御下ではない。ただしかし共産党軍占領区の各港湾は、即ち我が政府がこの時この地が共産党経済制裁の唯一の有効な武器である。英国の2度に亘る抗議にもかかわらず、武力護航を以て惜しまないことを表明しており、且つアメリカ国務院の反対表明があり、我が政府はなお初旨を貫徹し、あくまで執行する。

我が政府に対しきわめて同情的であるアメリカ国会議員の周以徳氏は我が駐アメリカ大使館員に向けて提案を行った。「我が各方面の指導者が一つの聯合宣言を発表するのが最も良い。丁寧に団結精神を表現し、以て国際視点を正しくする」このような国際的友人が我が政府上下内外に一致して反共団結をすることを望んでいる時に、李宗仁は個人代表として誓約書を気ままにアメリカに書いてしまい、大事が破壊され、分裂する活動を行っている。

国事がこのようであれば、良心に背くこともそのようであり、人心を痛めさせる。

七、一触即発に向かって邁進する

●7月1日
中央軍官学校の各期同級生が杭州において非常委員会を開催し、団結して反共を志す。父親は本日電報を打って、同窓生全体が立志、努力、雪辱、復讐を達成するよう激励した。少しばかり謂った。「私と皆さんの生命は一体である。成功と失敗、栄誉と恥辱は一致している。私の恥辱は皆さんの恥辱である」父親の黄埔同窓に対する親しみと期待をここに見ることができる

●7月2日
フィリッピンのエルピデオ・キリノ大統領より電報が来て、父親がフィリッピンに行き極東の大局を面談したいと要請された。

●7月4日
父親は台湾でアメリカインターナショナル新聞社ファーイースト社長ハンダーマン、スカリップフォーフア、ドイツ系新聞ファーイースト特派員ファンジフアと接見した時に質問に答弁した。その見解は「中国は反共戦争をしている。もしも時期に適っている支援を受けることができないとすれば、民主国家が将来支払うことになる対価は、おそらく百倍に止まらないことになり、我々がもし中国に於いて共産主義を防止することができなければ共産主義は必ずアジア全体に蔓延することになり、もしアジアが共産主義を制御することになれば、すなわち別の一次世界大戦になり、さらに避けることができないことになる」言葉は懇ろであり、意味が深長であった。

●7月7日
今日は「七・七」抗戦勝利記念日である。我が政府と社会指導者は反共救国宣言を発表した。国内外各党派の指導者80数人が共同署名した……。

午後、父親は草山でアメリカの友人コーポ氏に接見し、彼は我々の現状に対して非常に真摯な関心を表明した。誠に得難い友人であった。西洋の諺に云う。「難儀を共にした交友は、真の友人である」

アメリカの上海駐在オーリーイ副領事は共産党が拘禁することとなった。共産党とロシアは今までずっと反米であり、この結びつきは分かっていた。

夜、私は駐フィリッピン公使の電報を受領した。その内容は、「フィリッピン大統領キリノ氏は総裁に対しフィリッピン訪問を極力歓迎いたします。すでに準備一切を整えております」

●7月8日

午前10時、党務会議を整理し開会し、党の改造試案を整理し、ずっと午後2時半迄行った。父親は本党の性質を「革命」政党とするべきであると力説した。そして純粋の「民主」政党としてはならないと主張した。試案はほぼ固まり、又「総裁事務室」の組織大綱を決定した。父親は認めた。「この時一切は新たに始める事を以て要旨とする。特に一点を重視すること、即ち小さいところから始めて外の物と現状の為に幻惑される必要は無い。故に外事に対しては制度と人事を以て根本的重要な計画である。細かい計算の一時的な得失と成果を気にする必要は無い」

夜父親はフィリッピン行きの一切の準備をし、随行者の人員も任命した。

●7月9日

父親は台北から福州に飛び、福州空軍の補給ステーションで団長以上の軍官と会わせて朱一民主席と閩州の軍政問題を話し合った。当日元の飛行機に乗り平潭島を経て台北に帰ってきた。

●7月10日

朝5時、父親は既に起床しており、6時40分に草山を出発し、飛行場には7時20分に到着した。父を送って搭乗後、草山に帰った。

聞くところによると父親が乗った飛行機は白沙飛行場で降り、すぐ飛行機を変えて碧瑤まで飛んだ。碧瑤は、フィリッピン国の夏の街であり、群山の中に位置し、江西牯嶺に比べてさらに高く、風景は華麗であり、街のありさまはよく整備されている。代表的な避暑地の一つである。フィリッピンのキリノ大統領は迎賓館の門外で父親を迎えた。時刻はフィリッピン時間午後1時30分であった。4時間後キリノ大統領が私の父親につきそって市街地を散歩した……。

夜、キリノ大統領の公館内で正式な会談が開始され、8時30分頃終わった。

●7月11日

父親はフィリッピンに旅行している華僑に接見した。……彼等はかつて意見を貢献した。いわく「軍心を強化して、民心を挽回する」曰く「無駄飯を食べることを禁じ、公平な兵役を行う」共に言葉がねんごろで思いやりが深かった。かつ痛切な時代の弊害であった。父親はこのため感動した。

8時過ぎ、室外で散歩した。キリノ大統領が丁度よくやって来られ、一緒に賓館の周りを散歩し園内の芝生の中の亭に座った。先に閑談した。10時に正式会談をした。父親はもともとキリノ大統領とそれぞれ双方が宣言を発表するつもりであったが、思うに在野の身であるところから不都合であるとして、先に既に自発的に提案することになってしまう。故に、キリノ大統領がすでに自動的に発言することは不都合であった。会議は丁度、12時半に終わり、バーベキューを撮影し気分はすっかり打ち解けていた。

午後は暑さが激しく、父親はフィリッピン各界の代表者10数人と面会した。7時過ぎに、双方は連合宣言を発表した。この事は初めて東アジア民族の画期的な新記録であった。夜、父親は再びキリノ大統領を訪問し、商工会議所と会見し連盟の第一歩の進展方法を協議しまず先に、韓国李承晩大統領に電報連絡しその同意を求めることとした。話し合いが終わり、キリノ大統領と華僑百数人との宴会があり、食事と余興があった。

父親は6時に起床し、賓館の外を一回り散歩した。8時半にキリノ大統領と名ごりを惜しんで語り合った。車に同乗して碧瑶飛行場に到着し、すぐマニラ上空を飛び、一回り見下ろした。その地は左が湖、右が海であった。高山を背にし、大小様々な島が分布しており、正に理想的な首都であった。白砂で飛行機を乗り換え、フィリッピンの元首の礼を以て見送っていただいた。

午後2時、台南に帰国し飛行機を下りた。迎賓館で休息した。

以上3日間の日記は、新聞、父親の日記、及び随員の記録である。

●7月14日

李宗仁、閻百川院長及び中央委員、立法委員等よりは電報の催促があった。父親はそこで今日広州に行くことを決定した。午前7時半台南より離陸し、後で気候がひどく悪くなったが、11時丁度に広州の天河飛行場に到着した。
父親は午後すぐ各軍政の主要人物に接見した。

●7月16日

父親は6時前、未明に起床し、黄花烈士の墓に敬意を表した。9時に中常会と中政会の連合会議を召集して、約1時間会議を行った。報告とフィリッピンキリノ大統領の会議経過を報告した外は、全力を挙げて広州を防衛することと、合わせて広東省の密輸とアヘン賭博公開等不法の悪政に対して特に強く指摘した。責任担当機関は適切に改革するように指示した。午後召集した非常委員会第一回会議は、閻委員長が提案した「時局を逆転させる計画」を討論し、原則通過した。

●7月19日

父親は丁度広州に於いて東南政局及び広州防衛軍事計画を計画していた。今日韓国李承晩大統領より韓国来訪を要請する電報を受けた。電文の意向はきわめて懇切である。彼の国勢と立場は我々とまったく同じであり、且つ中、韓は境を接しており、元は1つの国であったこともあり、お互いの関係が密接であり、実際に困難を共に切り抜けることの感がある。お互いに運命的な関係があるからには、行かないわけにはいかない。故に招待に応じることに決めた。同時に、アメリカ中華公使コーラに接見して、はっきりと告げた。

「アメリカは極東を指導する責任を積極的に果たそうとしない為に、我々はやむを得ず自動的に連盟を作らざるをえないのです」

そこで訪韓をするすべての準備ができた。

父親は朝のうちに以前から会う約束をしていた呉礼卿氏に会った。呉氏は父に進言して言った。「今後人を用いるには、やる気のある者、敢えて仕事ができる者を主要な条件とし、やる気のない、敢えてやらない、やる事の出来ない者には強いて難しいことを決してやらせてはなりません」父は知人を引き出してみた。続けて余幄奇将軍を見て、広州の防衛について意見を求めた。

夜、父親は黄埔に於いて広州在の高級幹部を召集して、広州防衛計画の討議を続けて行った。大綱、要路指示、12時初めまで行った。当時広州の事務管理系統は複雑であり、私は広州の最も重要な条件は「人の和」であると確信した。

●7月21日

父親は広州での仕事を終え、朝また出発に際し李宗仁に接見し、懇談した。

午前8時半、黄埔から華聯輪に乗って広州を離れ、厦門等の地を視察した。

9時に出帆して、10時半には既に大虎山及び虎門要塞区域内に到着した。沿途要塞区域内外を視察した。父親は以前来たところに再びやって来て感慨無量のようであった。

●7月22日

午前11時、船は厦門に着いて、鼓浪島の風景を展望した。ここに父親は30年前に使節として駐在した地であった。岸に上がって後、すぐ鼓浪島の黄偉柱の借り住まいに住んでいた。午後、父親は閻百川院長が著作した、「台湾・海南島を防衛する各種提案」を研究し急所を突いていると認めた。

●7月23日

父親は厦門で湯恩伯総司令及び閩省の朱・民主席を引見した。午後5時、中国国民党総裁の身分で閩南各地の各軍師長以上、本党党籍の高級将校を召集し会議を行い、防衛方法を討論した。

●7月26日

父親は24日厦門から台北に帰って来た。本日は「革命実践研究院」の設立を決定した。又党、政、軍幹部の規準、人数を2千人を最大限度として選抜認定した。訓練は半年を期限とする。過程は党務、軍事、哲学、軍政、経済、教育人事制度及び目標理念とする。

●7月29日

李宗仁は前日厦門から来台した。本日午前10時半、父親が草山第2賓館を訪れた。

●7月30日

李宗仁は本日台北より飛行機で広州に帰った。父親は今日韓国国会議長に電報を出し、その「反共聯盟」の支持に感謝し、合わせて訪韓の各種準備を行った。

八、雨風が揺れ動き荒れ狂う波を押し留める

●8月1日
総裁事務室は今日草山で正式に仕事を開始した。下に8組及び1つの設計委員会があり、共にラジオ放送で説明した。「北京上海の地下工作は蔣経国が指揮します」

●8月2日
アメリカ駐華大使ストレートは、直ちに国家を収め整えることから離れ3カ月余り前に陥落した南京を離れ帰国した。

●8月3日
午後、父親は定海に飛行機で赴くために出発し、3時に着いて、ただちに船に乗り換え、普陀山に着いた。空はすでに黄昏でうす暗く、風も波も大きかった。夜間の名月は高く上がり、空も海も透き通り、清らかで絶妙であった。

●8月4日
昨晩は普陀文昌閣に宿を採った。この庵は海岸に接近しており、比較的静寂であった。庵の中には一人の和尚が居り、名前は仇了凡という者で、年齢は50歳に近かったが、近視で、寧波人であり、誠意をもって客に接遇していた。彼に尋ねた。「どうして和尚さんになられたのですか?」

彼は答えた。「妻子が相次いでなくなってしまったショックのために、こっそりと山に来て僧になったのです。３年の間、家人は私の跡を知りませんでした。４年前になって、私の母親がここで私が和尚になっているのを見つけました。すぐ普陀にやって来て私に還俗するよう勧めました。私はきっぱりと承知しませんでした。現在既に20年和尚をしております」これも又彼の人生観であり、本当に人夫々の志しがあるのだ。

午前父について磐陀石、双亀聴法等の場所に散歩して、昼天福庵に帰って素食を喫した。夕方、又父について作前山まで散歩した。

●８月５日

本日アメリカ政府は対華「白書」を発表した。この事件は我が反共抗ロ民心の士気に対して影響が多大であった。しかし父親は消息を耳にして、却ってこれを処すに泰然としていた。

午前７時、百歩沙海岸を散歩した。朝の光は輝き、山の空気はさわやかで新鮮であり、気分は爽快であった。10時珞迦山を楽しみ午後普陀に帰った。午後潮音洞と観音跳に行った。夜、又父親は庵門の外で月を観ながら祈祷を聴いて、落ち着き払って。アメリカ国務院の発表に対して泰然自若としており、いささかも心を動かさず、この事は「仮住まいで国家の代表として」力を得て修養する時間としており、今日は父が訪韓に出発する前夜であり、「白書」はこの時に発表されるのに適切であり、また偶然の一致と謂うことができる。

●8月6日

午前、私は「白書」の内容及び北韓の共産党が南韓に向かって全線侵攻しており、程潜、陳明仁は共産党に降伏している等のニュースを以て父親に報告した。父はこれを聞いた後、驚かないばかりでなく、頭の働きは平然として異常は無かった。

父親は定海より飛行機に乗り韓国へ飛んだ。午後2時45分韓国の鎮海飛行場に到着した。李承晩大統領が自ら出迎え、同乗して鎮海海軍司令部に着いた。

気候は正に熱く、父親は院内の木影でしばらく休息した。半時間静かに休んで、ゆっくり体操をした。

8時前に李大統領の宴会になった。宴が終わって、大統領夫妻と鎮海軍港を遊覧した。月は白く、主客は心ゆくまで楽しみ、気分はすっかりうちとけて、自分の身体が外国に在ることに気づかなかった。父親は韓国に着いた日に、「白書」の事に対して、かつて感慨深く書いていた。

「韓国に到着後、さらに定静の光明を覚えて、心の中はこの上なく清くすんでいた、これは神と聖霊と私が同じような象徴にある。アメリカの「白書」は痛ましく嘆かわしいことであった。アメリカ国務院のこの措置に対して、そのアメリカの痛惜はその責任者の深慮遠謀が欠如しているだけでなく、その腕力の差である。我が国の情況を非常に嘆き、別の一面ではロシアの侵略を受けており、一面アメリカが我々に対してこのように軽率であれば、もし自強を求めなければ、何をもって又人の為になれるのか？　何を以て立国となるのか。

実は今中国は最大の国の恥となっており、またそれは最後の国の恥になっていることを深く信じている、既に我々を以てこの恥を受けるから、私自身が屈辱や汚名を被るつもりである」

●8月7日

午前9時、李承晩大統領を訪問して、約半時間語り合った後、その海軍部隊を検閲した。10時20分から12時45分まで正式会議を挙行した。正午会議参加者が会食を行った。午後次の5名の代表者と個別に会談した。李範奭、邵毓麟、劉御万、許紹昌、申翼熙が府代表であった。

審査転回閲覧を経て李承晩大統領が声明原稿を修正した。李大統領が修正した部分はただ数語の序言の身であった。父親もまた大いに同意して、決定稿になった。8時半に宴会が始まり、中外参加者50余人が、双方挨拶し、10時に宴会は終了し散会した。

●8月8日

父親は未明に起床し、8時45分李承晩大統領を訪れ、別れの挨拶をした。今回の訪韓はただ同盟の事を話しただけであり、両国の経済、軍事、文化のことだけであったが、特に海上と空中の協力に話し及び、両国の空中交通に対しては、先に関係を打ち立てるべきである。

李大統領は我が国の革命は民衆を重視することが有るべきであり、民心を救う事を言葉にしなければならない。李大統領は又我が国の革命は他でもなく圧迫されている平民を扶助し、特殊階級を押し倒すことである。それで以て国民生活と自信を向上することである。父親はその言葉の懇切さに非常に感じ入り、特に心から感服した。

最後に、李大統領は金九が刺殺されたことに言及し不幸であったと声をあわせた！　話は別途約45分の長さになり、その夫妻と共に写真館に行き撮影して、連合声明を発表した。父親は記者と話し合った後、すぐ飛行場に行って飛行機に搭乗し帰国の途に就いた。韓国の送礼儀式があり、時は既に10時40分になっていた。済州島の上空を片時眺めた。午後3時頃台北飛行場に帰ってきて、すぐ草山行館に帰った。
●8月11日
この時広州の一般将校の心理は、仕事がすでにアメリカが発表した「白書」と湖南の程潜之が共産党に投降し大部分が動揺した。福州の軍事も緊張し東南長官公署も遅遅としてまだ成立していない。父親はいらいらして気をもんでいる。午後、父親は総裁事務所職員の心得と合わせて革命実践研究院規則を起草した。

●8月14日
父親は承認した。「自強自立の道は、教育事業を起こし、清廉潔白さを培い、教育事業の要と知識を押し広め理を極め、誠実を実践し、勤倹で節約し首尾清廉である、実直で人情深く、浪費を戒め、消耗を払いのける、礼儀を明らかにする、廉潔で恥を知る心を大切にする」

また革命実践研究院と教育方針を起草して、学院の課目を及びその重点数十条を制定した。大体は制度、戦略、政策、各種原則の研究、基礎理論、哲学思想、行動綱領の確立である。思うにこの訓練は、生き生きと活発に、学ぶ者が活気一杯の元気になって、どこまでも耐え抜く決心と努力を重ねる奮闘精神である。別途訓練学員の人数及び比率を決定した、合わせて調査を開始する準備とあまねく全国の人材を集める。分区の指導人員が責任を持って処理する。

●8月15日

台湾全省「375」減税政策は本日完成する。これは総理の民主主義が台湾で実行する起点工作であった。東南軍政長官公署がまた今日成立した。新任の長官に陳辞修氏が職に就いた。

●8月16日

我が政府は本日厳正な態度を以て声明を発表した。アメリカ国務院が本月5日に発表した対華「白書」への回答であった。

夜、福州守備軍は撤退し、長山群島は又共産党軍に移管された。

●8月20日

李宋黄氏が父親に会いに来て、雲南省のひどい情況を報告した、雲南省に対しては非常に親しみがあった。特に盧漢問題が西南根拠地の基本問題である。父は早く準備をして決定したいと考えた。この古人がいわゆる「未然に防ぐ」、「まだ見えない内に、これを収めれば乱は起こらない」。この為、又西南に出かけることに決めた。極めて困難な局勢に対応しなければならなかった。

貢州はすでに共産軍に占領されてしまった。これは私の「第2の故郷」であり、一草一木、一街一路の地で私にとっては深い印象と親しみを感じさせる印象と心がこもっている親近感があった。更に加えて居住する善良な数千数万の民衆と多くの幹部は、現在皆共産党軍によって虐待され、惨殺された。ここまで考えると、志のある者が時至って発憤努力し、失われた国土を回復する気概を待たなければならないと決心した。

●8月23日
広州の防衛戦はすでに城を背後にして最後の一戦を交える状態になっている。この為、父親は広州軍事の部署に対して、片時も忘れることは無かった。そこで再度広州視察に行かざるを得なかった。

今日午前10時後、台北飛行場から飛び立った。午後1時45分に到着した。広州中の重要な軍政責任者が飛行場で出迎えた。広州に住んでいる欧陽駒市長の東山別荘に泊まった。客に会見後、すぐ李宗仁と閻百川院長と共に梅花村旧寓で少し休み、雑踏を避けた。

父親は又先に顧墨三、薛伯陵、余幄奇、劉安祺等の10人余りの軍令を呼びよせ、すでに終わった部門の過失とその実際の状況を検討した。特に劉安祺部隊に北に移動せず、広州を真空地帯にさせないように命じた。

●8月24日
広州での仕事を終えた。父親は今日午前9時頃、広州から離陸し12時半に重慶白市駅飛行場に着いた。張岳軍、楊子恵等重要な高級幹部は皆飛行場に来て迎えて、一緒に林園後院の客間に入った。父親はここでしばらく休んだ。

午後岳軍氏と話し合って、西南軍政人員会議を開く方法の準備をした。

我が政府が再三考慮して、やむを得ず本月16日にまたアメリカの「白書」に対して厳正な声明を行った後、李宗仁の個人代表甘介侯はこともあろうにアメリカの「白書」に対して奇妙で根拠のない声明を作った。それは国内外に於いて波乱を巻き起こし、国家の利益に損害を与えるものであり、実にでたらめ極まる挙動であった。同時にアメリカの輿論も又多くは国務院の理由ではなく、私に対しては同情を表明した。

●8月27日

父親は午前中約束通り宋希簾に会見して、四川、雲南、湖南周辺の軍委報告を聴取した、又四川の幹部と約束した四川省自営委員会が以前省府市と紛糾した経過を論議した。父親は認めた。「四川省は本党の組織が弛緩しており、地方の数多くの仲間の態度が曖昧である。すべての会議の内容は、最後は必ず共産党が浸透し利用しており、憂慮すべき状態である」

午後、重慶附近地区の本党党籍の団長に引見して訓話を行った。この時雲南主席の蘆漢がすでに共産党に包囲され、重慶に来て会談に参加できなくなった。父親はさらに心配になって、李弥将軍に雲南省に帰任させ、雲南省の事に対しては先に初歩的な配置を行う事にした。正午、父親と谷紀常氏が雲南省と貴州省の政情を話し合った。午後胡宋南長官を引見し、四川の局面安定化方法を検討した。

●8月29日

四川は土地が広く、人口は多く、物産は豊富であり、我が国西南の重鎮である。西南各省は、又我々の抗日戦争時期の最後の基地であった。西南が無かったら、抗戦は成功することができなかった。西南各省関係は重大であるために、父親は四川、雲南問題の処理を特に重視し、周到且つ慎重であった。

午前10時、西南行政長官公署に於いて会議を行い、雲南の盧漢一人が未到着以外、その他の本党在籍の四川、貴州、甘粛の主席と四川、陝西、甘粛、及び四川、湖北、湖南各辺区の将校、胡相南、宋希簾等も参加することができた。

会の中では各方面の情勢に対して検討を加え、四川境界の外側では雲南と陝南は決戦地帯とし、四川境界内では共産党軍と渡り合ってはならない。午後、父親は重慶市党部各委員に引見し、適切な訓示を行った。西南高級将校は父親に四川重慶に常駐し、人心の士気を激励するよう要求したが、しかし父親は情勢が不便であり、婉曲的に慰めて、長くは居られないことを告げた。

九、逆境を耐え忍び危機を克服する

●9月1日

政府は本日明らかな通達を朱徳、毛沢東に送った。

父親は西南各省を安定させるために、以下の提案をした。「雲南を安定させ、四川甘粛の人事は、羅広文部が甘粛南の防備する為に、胡宋南部の実力を強化する為、以て陝南防備を固める」

今日父親は宗希廉等と前もって約束して会見し、武器の増産と雲南省の軍情を検討し、その戦術要領を指示した。合わせて雲南省主席盧漢之の代表朱麗東に面会し、雲南省の情況を問い合わせた。

●9月2日

西南局勢が混乱している時に当たり、重慶市の中心陝西街に於いて大火が発生し、まるまる12時間の長さに亘り延焼し、農民の泣きわめく声が、悲惨で聞くに耐え難い。

●9月3日

今日は抗戦勝利の日であり、重慶はもともと10万人の反共大デモンストレーションを挙行する準備をしていたが、昨日の火災によって停止することになった。火災地域は非常に広く、被災した農民は4~5万人の多きに達した。午前、火災救済委員会会議の要請に応じて、父親が代表して農民への支援を配慮して、合わせて本党中央本部を代表して5万元を救済支援金として寄付した。

今日午後4時から土砂降りになり、帰る家を失った農民が、さらに露天の空き地でびしょ濡れになり耐えざるを得ず、災いは重なるもので、その苦痛は想像を絶するものであった。

父親は又盧漢に電話を繋ぎ、その極端な厳しい苦悶を知った。盧漢は本来胆力と識見の無い人であり、経験と知識力が劣り、それ故に中央に背を向けて自己保身することに決意したようで、元々驚くには当たらなかった。しかし我々は実際に突発事態に対応しなければならないだけである。

父親は最後に決定した。雲南問題を解決する原則は、政治を以て主とし、流血を避ける。「思うにこの時雲南に対する作戦は、人心の不安定、後方の動揺を避けるために、そして前線が共産党軍の作戦に対して影響されないように全力を挙げて軍事解決を避けることとする」

大局はすでに決まった、夜間突然盧漢が張学軍に電話をして来て、謂うには重慶に来て父親に謁見したいと伝えた。盧漢の態度の突然の変転は雲南省周囲がすでに厳重な軍事圧力を受けている事には非ず、緩兵の計─敵の計画を遅らせる計略のみであった。

西北宝鶏の燕門関では、戦事が負けて、父親は午後馬継援軍長を引見して、結果を調べた。彼の部隊5万余りはすでに完全に敗れて離散してしまい、ただ残った騎兵2団と彼のみが帰ってきた。

●9月6日

父親が西南情勢に対し、特に雲南情勢に対し憂慮している時に、盧漢は案の定本日午後重慶に来て、すべて既定方針を述べ、変項すべきであった。

父親はただちに林園行館で会うことを約束した。彼は苦しい心の内を分析し、真心を込めて誓い、再び涙を流した。その良心を現わした真情を流露して、顔を洗うほどの涙を流したが、見せかけだけのものであろうか？

父親は夜又盧と夕食を供にし、席の間で共産党軍の近況について閑談した。

盧は以前雲南省に6か軍の部隊を増加し、合わせて2千万元の現金を提供するよう要求した。中央は許可することが困難で断った。且つ事実上又実行困難であった。そこで盧は今も又父親が任意に管理している台湾にある金銀を要求していた。

この時雲南問題は実に国家の存亡の為に、革命の成敗に最後の鈎になり、もし兵が血刀でなければ、和平は勝ち取ることができる、極めて大きな幸運である。且つ中央雲南と雲南駐在の各軍は皆必ずしも勝つ自信がない……

「寧人負我、……まさか私が別人に申し訳ない事をして、別人が私に申し訳ない事をしないということがあろうか？」の決意を告げ、相当の満足を与えることができ、彼にも感じて悟るところができるであろう。

父親は午前11時から午後1時まで、盧個人との懇談は2時間余の長さになった。

道義を以てこれを説得し、利害を以てこれを感動させた、結果は彼がまた受け入れることを悟った。午後閻百川院長が広州より重慶に来て、李宗仁の命を受けて、盧漢を拘留し、雲南に返すべきではないということであった。父ははっきりとそれはできないという意向を告げた。

●9月7日

父親は雲南の中共及び反動分子を粛清する計画を立案し、政府に対して盧漢が「共産党討伐」経費銀貨百万元を出費する提案をした。真昼に盧個人と2時間、最後の談話をした。即日行動することになった。盧漢は当日午後雲南に帰った。

●9月10日

盧漢は確かに本日行動を開始し、反動分子を逮捕した。共産党と共謀していた楊桀は香港に逃げた。盧漢は繰り返し定まりが無く、この事は共産党に接近する過程の中で増加した1つの小さいエピソードであった。衡陽で負け、綏遠、寧夏、新疆等の省は又既に相次いで陥落した。半分の山河が失われ、鉄の壁が没落した。ここから戦局は益々不利になり、良策は焦げついた。

今朝、父について高山に行き見物し、抗戦時、父親は即ちこの間住んでおり、なじみの地にやって来て、限りの無い感慨を覚えていた。登山後、いろんな所を散歩した。覧松庁はこれまでと少しも変わっていなかった。「中正福幼村」はそこで父親は勝利して都に帰った時建物を教会学校の創設者に寄贈したものであり、内容は孤児百人余りを預かるものであった。

午前、私は1人で藁ぶき家の前でややしばらく休息した。ここは環境が物静かで、天下太平の時になおざりにされ、確かに山地の景勝地になった。しかし故郷の渓口に考え直すと、又悩み憂いるに堪えられない。夕方、父親について車で牛を育てる遊牧場に行き、広元盆地一帯の山岳地帯を見た。

●9月14日

盧漢は今日もなお共産党軍を清掃する工作を継続している。余程万の軍隊も又まだ雲南省保安団体と衝突しておらず、情況ははなはだ順調である。

父親は午前9時中央軍官学校に行き、官生全員に対し訓話をして、合わせて軍校同級生非常委員会代表60余人、及び空軍軍区指令部責任官員を引見し、彼等に激励と支持をした。

華西大学を参観して回り、合わせてその大学に於いて歯痛を治療した。

アメリカ大使館秘書シチーアン、今日我が外交部アメリカ司長陳代[redacted]は公言した。「アメリカ政府は国際会議の中でまだ台湾問題を取り上げておらず、また台湾内政干渉する意志がありません。将来台湾問題の発展を如何にするのか、この時には自ら予想するのは難しいですよ」

●9月16日

傅作義がすでに北平より綏遠に帰ったという知らせを聞いて、父はそこでテレックスを打ち、すでに徐次辰将軍を綏遠包頭に派遣した。彼とは一切話をしなかった。思うに彼に対してはなお一筋の希望を残しており、それができるかどうかはこれで知ることになる。同日、孫蘭峰の電話を受けた。「傅作義及び各旅団長は一体となって『和平』を要求したが、彼は既に統率力を失っている」

●9月17日

父親は午前王治易、向伝義、劉文輝、鄧錫侯等を個別に引見して話し合った。合わせて切に劉文輝に対してその援護下にある共産党分子を徹底的に粛清し、信用を守ることを申し付けた。密報を繰り返し、彼の仕事がすでに反動分子と結託し、驚き怪しみびっくりしてたえられないので、即政治に参加してはならない規則を定め、以て四川への影響を防ぐことにして大局を収めた。

父親は10時30分成都中央軍官学校より出発し、11時に鳳凰山飛行場に到着して、すぐに離陸した。12時15分重慶九龍坂飛行場に着陸した。黄山旧邸に宿を取った。

父親は徐次辰将軍に返電し、「西安時代に共産党問題で得た教訓の中で、傅作義に、再び過去の轍を踏んではならない」と伝えるよう申し付けた。父親は傅に対して仁は義に至って尽くす。国事に対しても苦心は孤立が到達した程度になる。

●9月19日

共産党軍は青海民落より張掖と武威の間、そして我が張掖部隊は既星夜西に撤退した。この後我が新疆部隊は、さらに東に移動し、孤立しており心配である。我が要塞外の十万の忠節な戦士は逃げるに逃げられない。

父は言った。「その後如何に良くするか本当に分からない」董其武等は今日綏遠を離れた。徐次辰将軍は電話で報告してきた。「綏遠の状勢はもはやすでに挽回することができません」福建方面の平譚島も又共産党が占領した為に、駐軍者は何処に行くか分からない。正午、父の命令を受け楊干才軍長遺族を慰問した。

●9月20日

第4回国際連盟総会が本日アメリカのニューヨークで開催され、我が代表団は総会に対してソ連制御案を提出した。同時に共産党も又北平に於いてその偽の「政治協商会議」を開催した……。父親は重慶で本党の改造運動の為に全党の同志に告げる書を発表して、同志全体に改造提案を研究するよう呼び掛けた。新組織、新綱領、新気風を以て共産党と奮闘し、第3期国民革命を勝利する。

●9月22日

昨日、父の命令に従い龍沢滙と昆明に飛んだ。午後1時に到着し、すぐに盧漢公館に行き、休憩した。3時頃省政府に盧を訪ねて、父親が彼に出した封書を渡した。今回の目的は文書を渡す以外に父親が昆明に出て来る手はずを整えることであった。

午前10時、父親は全く気にせず予定の計画により、重慶から飛行機で離陸し、正午昆明に到着した。飛行場に着くと、すぐ盧漢と同じくその家で昼食を取った。これは盧漢が事前に予想していなかったことであった。父親は合わせて盧宅で会見を約束していた雲南省の重要将官と会見し、西南の大局を保護することを、ずっと午後4時すぎまで相談し、すぐ直接昆明を離れ、8時前に安全に広州に到着した。今回の父親の昆明行はもとより疑い無く虎穴に深く侵入したものであった。

父親は広州内部の複雑な情況に鑑みて、故意に重慶から台湾に帰る途中広州に暫定着陸した。すぐに余幄奇、順墨三、薛伯陵、李及蘭の諸将官と面談して、誠心誠意団結するよう激励し、合わせて懇ろにくり返して広州を防衛する計画を提示し、工事経費等々を立て替える等、予定期間内に完成するよう要望した。

●9月25日
報告によると、新疆当局が共産党に降ったと電話連絡して来て本日中に電報が到着する。陶峙岳が又電報を送って来て新疆情勢を伝え、「東部撤退も南部移動も方法が無く、只張治中がやって来て収拾する」結果は彼が又共産党に投降した。

●9月30日
立法院は今日広州に於いて再会した。父親は午前全般的な戦局と部署部隊が広州を防衛する計画を検討した。あらましは中央兵力を以て幾つかの重点を形成せねばならない、そして広州附近は重点の1つであり共産党軍と決戦することを求める。

アメリカ、イギリス政府は最近いわゆる台湾地位問題をすでに協議し、「台湾が中国の領土である」という声明を出した。アメリカは対華政策をこれによりまた変転を開始した。そして私が国連に対してソビエトロシアの提案に対し大きく公訴したことも、可決することができた。これは我が外交上の1つの転機になると説明せざるをえない。同時に、アメリカの上院、下院の両院は中国区域を援助する為に7千5百万ドルの法案は決議されたこと、及び「東アジア反共聯盟」への賛助を決議した。

父親がフィリッピン、韓国を訪問し、互いの苦労が共通していることで同盟したことは、すでに友邦の充分な同情と支援を得ることができた。このような代価は計ることができないものである。

十、人情は繰り返し人生は多難である

●10月1日

共産党は本日北平に於いて成立した……。

●10月2日

昨日命を受けて広州より香港に飛んで、俞鴻鈞氏を訪問し、今日すぐ広州に帰った。今日は共

産党政権設立の2日目である。ロシア帝国は早速承任を宣言した。広州からその外交代表を呼び戻した。

父親は認めて言った。「ロシア帝国の承認は共産党が偽政権であり、実はすなわち既定の事であり、且つ必ずある事である。それがこのように急速になったのは、察するに我々が国連でロシア案を通過したので、彼等はこの事を一番に出して行動に出たのみである。今後ロシア帝国は必ず共産党と軍事同盟を締結する。共産党を助けて、空軍と海軍を建立する。即ち我々は勢いが更に弱くなり、情況はさらに厳しくなる。この事が最大の懸念である」

湯恩伯総司令が厦門から電話をして来て、「李宗仁がその任にある閩南省主席の声明に反対しその威信を消失してしまい、部署指揮の方法が無く、それ故駐厦門の作戦を遂行することができない、今から決して運行することができません」云々。憤懣やるかたが無いようであった。父親は非常に同情して、且つ湯総司令はまさに共産軍と命がけで作戦を行っている時に、急いで将を変えることはできず、急な求めに応じてなんとかなぐさめ、彼が作戦を継続することができた。

●10月3日

ロシアが我が駐ロ大使館に我が中央政府と絶交すると通知してきた。その外交陰謀と面構えが凶悪であり、そのやり口が世間の人の前に全てを暴露した。我が政府外交部は又本日正式に声明を出した。「ロシアに対して国交を断絶する」、合わせて国際連合にアピールして、ロシア帝国が我が国を侵略しようとしており、極東を威嚇していることに十分な注意をすることを要請した。アメリカ国務院はまた同日公表した。「中華民国を承認している」

父親は今朝6時広州を離れ、午前10時台北に安着した。台北に到着後半時間も経たず、強烈な台風が既に登岸していたが、飛行機は如何なる被害も受けず、又幸いなことであった。

●10月5日
我が外交部は本日又声明を発表した、ロシア帝国の属国となったポーランド、チェコ両国と国交を断絶した。ここに至って彼我双方の境界は対立が厳格になってしまい、即ち無知な人は「和平協議」の妄想を再びすることはあり得ない。昨日は疲労過剰で、一晩中熟睡して、すぐ夜が明けて、今朝7時に起床して、すぐ車を運転して草山に上った。

●10月6日
今日は中秋の節句である。もし太平の盛世であるなら、人々はきっと家の庭で一家団欒で楽しむ。今は即ち世は乱れ、時は危険であり、すでにこれらの心配も苦労もない幸せな時代ではない。母親はアメリカで国民外交に従事しており、まだ帰国していない。私は初めて妻子を同道して自動車に乗りドライブをして基座を往復しようとした。華聯号に上がり父と伴に中秋の節句を祝い楽しむつもりであった。午後2時錨を上げ、私はまた妻子を残して、父に従って厦門に行くことになってしまった。父親は今回の目的は湯恩伯将軍の任命問題を解決することであり、慰めることであり、合わせて閩厦軍事の事であった。夜間船上で月見をし、父親の事を想った……。このように長い旅路で疲れて、座席は休むに暖かくなく、食べ物もおいしくなく、重要な祝日にも又家で少し休むこともできない。そして一般の人はやはりなすところなく意義のない生活を送り、権力と利益を奪い合っている。ため息をつくばかりであった。

●10月7日

韶関も又守りきれず、白崇禧が率いる部隊は広西に向かって撤退した。

今日は風波が非情に大きく、午前10時30分、船は厦門に着いた。港にも大陸の砲声がどどんどどんと鳴り響き、この場所と共産党軍は9千mにも及ばない……。午後4時上陸した。父親はすぐ湯恩伯総司令の住まいに団長以上の人員を招集し、慰め励ました、合わせて当地の名士に会見した。

8時過ぎ、船に帰り、湯総司令に別れを告げ、再び慰めと激励を行い、厦門で犯罪を起こしに来る共産党軍を撃退し、金門、厦門を固め公私のために頑張って、再びその他の話をした。

●10月8日

今日午前8時、華聯号が馬江に到着した。9時飛行機に乗り換えた。10時10分台北に到着した。父親は洪蘭友氏に会って電話で言った。「広州が危急であり、李宗仁が『難を知って退く』との意思がある」又墨三総長が電話で話すのを聞いた。「広東省西北と湖南、雲南の軍事はすでに劣勢になっており、どうかためらうことなく相当に復任され、西南に駐在して下さい」云々。父親は何ら返事をしなかった。

●10月9日

命令を奉じて于右任、呉礼卿お二人を台北に迎えることになった。

全ての西北が共産党軍の手に堕ちた後、毛昭宇等6人は寧夏で共産党軍に抑留され、北平に飛行機で共産党軍につくことになった。意外にも毛等は……あろうことか共産党軍の監視人員を反撃することを思いつき、飛行機を奪い取り、台北に飛んで来た……。

父親はその忠勇ぶりを賞賛すべきであるとし、午前10時特に召見して奨励を加えた。

午後呉礼卿氏がやって来て父親に会い、李宗仁との談話経過を報告した。李は父親が「復位」することを希望した。呉氏は一旦広州が陥落すると、政府は雲南に移動すると、情勢はさらに混乱し、父親がもし復位しなければ、国家の前途は収拾することができなくなる。

●10月10日

本日は双十節である。父親は全国の同胞に告げる書を発表し、「反共抗戦国策」……を発表した。

●10月11日

華北、西北、西南各重要地区が相次いで陥落した。海南と舟山両地は、すでに孤立無援地帯になった。今後この両地の運輸補給がなおその次になる、そして「少ない人数で多数のものに当たる」という形勢で共産党軍がじわじわ浸食してくることになるだろう。

今日受けた報告によると「舟山の六横、蝦崎各島はすでに放棄され、金塘台も又占領された」

父親はまたやむを得ず自ら当該地域を視察することを得なかった。午後1時45分定海に飛んだ。

私もまた随行した。

　このため私が本年内定海に来たのは4回目であった。この間の情勢は1回毎にひどくなり、今は共産党軍が金糖軍を占領したので、定海の大門が開かれ形勢は益々危急になった。

●10月12日

政府は本日広州から重慶に事務所を移転することを発表した。

午前7時半、私はB-25機に乗って、金塘、大樹、梅山諸島、穿山半島、鎮海と寧波を上空から視察した。

父親は午前10時、桂永清、石覚、周萼等の海、陸、軍の将校と会談し、定海を防衛し、金塘、六横島を奪い返す計画を研究した。

●10月13日

大嶝島は共産党軍に占領された、金門方面は大きな威嚇を受けていた。

李宗仁は本日広州を離れ広西に飛んだ。広州は即この時陥落した。

父親が広州の防衛戦に対し、真に一番の心血を注いだ仕事が空しく費やされてしまった！

午前9時、父親は乗車して定海西門へ出かけ付き沿い2～3里（1～1.5㎞）天童山まで歩いて往復した。沿路駐軍陣地を視察し、1中隊と1小隊を見て歩き総合本部へ行った。又約10余里（5㎞）を歩いたということである。

●10月14日
午前、父親は定海より飛び立ち、12時20分台北に安着した。

父親は今回の定海行は情報作業人員がたゆまず奮闘することができ、空軍も又できる限りの作戦をすることができたことは、非常に満足を感じた。

李宗仁は本日桂林より重慶に飛行機で到着した。

●10月16日
中共はソ連と双方で、「ハルピン協定」と「モスクワ協定」……毛沢東の「一面倒一方的な譲歩」……を締結し、政策はすでにさらに一歩実行された。

朝の内に、報告を入手して、共産党軍がすでに多方面に亘って厦門を襲撃し且つ一部金門に上陸した。夜になって再び厦門情勢が混乱したが、「共産党軍はすでに撤退の兆しがある」或いはまた戦況は激烈で進んだり退いたり、この分裂した戦報はどうなっているのか？　結果は国軍がついに主動的に厦門を撤退し、金門に退いて守りに徹することになった。

午前9時、革命実践研究院は第1期の開学式典を挙行した、父親は自ら主宰し、1時間の訓話を行った。

父親は党制軍制度規律を作り上げること、合わせて経済、社会、教育等とその実施計画研究することに着手した。父親はハッキリと認めた。「軍事教育は下記3点に重点を置かなければならない」
（1）軍隊戦勝の基本条件は主義と信仰を以て軍人の魂とする。

規律、組織、理論と学術を以て精神とする。主管長官と党員（忠実）を以て指幹部（骨干）とする。政治工作者と党部を以て核心とする（模範を示す責任を負う）。

（2）戦争目的：誰のために戦うのか？　民衆の自由を維持し保護し、国家の独立を防衛するために戦う。

三民主義を実行し、革命障害を取り除き、人民の生活を向上し、小作料や税金の引き下げ、搾取に反対し、専制圧迫に反対し、侵略に反対し、売国奴に反対し戦う、土地所有権を平均化し、耕すものにその田を有するようにし、民生主義を実現するために戦う。

（3）軍隊生活方式：官兵一体、生活一致、経理、人事公開、すべては皆人民及び国家民族の利益から着想する。

●10月18日

午前11時、父親と張暁峰氏は進退問題について話し合い。ただちに中央設計委員会議を招集し、「執務再起」問題の利益と弊害を研究討論した。父親は認めていた。「一個人の進退の事は小さいが、国家の存亡の事は重大である。今現在研究しなければならない、再起すべきか否かは、再起後の利害得失を問うことはできず、ただ人民軍隊と国家に対し再起の必要があるだけではなく、一切の自立、自強があってのみ、外国の支援を獲得することができる。もし自分の内部に救命薬がなければ、外国の支援が必要であり、また無能であれば力になれない」。

大多数は父親の「執務復権」を主張した。夜、父親は又党国の元老、丁惟奮、于右任、呉礼卿氏とこの問題を協議し、すべては李宗仁が必ず心から賛成することを認めて、自動的に退職することで、「復権」を復活することとした。

●10月22日

金門島は大陸共産党軍陣地と離れているが、まさに一衣帯水に過ぎなかった。国軍がこの地まで退き守った後、父親はこの事を以て軍事と政治が共に極めて大きい意義を持っており、必ず防衛せねばならないと激励した。

昼間に緊急電話があり、守備部隊その陣地作戦の湯恩伯将軍が、「金門は再び失うことはできない。必ずこの地で戦いを指揮しなければならない。その職責を全うし、きれいな言葉で将を偽ってはならない。これがいわゆる死地においてその後生を得るということである。

蘆漢が今日再び辞表を出してきた。父親はすぐ返電をし、道義を以て何とか頑張るよう説得した。しかしこの人は繰り返し正常ではなく、朝に秦夕べに蘇に組するように態度は、変化が激しく予測ができない、効果が上がることが非常に少なくなることを危惧し、ひとまず置いて人事のことのみに尽くしている。

●10月26日

今朝、湯恩伯総司令が電話報告で言った。「金門上陸の共産党軍はすでに大部分根こそぎに粛清し、合わせて捕虜は共産党軍の高級軍官が多数あった」

私は本日命令を受けて、台北から金門へ飛行機で将軍と兵士を慰労するために11時半金門上空に着き、全島を俯瞰し、眼に触れるものは荒れ果てて見る影もなかった。着陸後、ジープに乗って、まっすぐ湯恩伯総司令部へ向かったが、沿路は皆負傷兵、捕虜と物品を運搬する士兵であった。最前線に戻ると砲火の中で至るところに死体があり、血肉がはっきりしなかった。彼らが非常に苦しい環境の中で英雄の働きをしてくれたことに心から感動した。前線を離れる時我が軍がまさに最後の1組の残留部隊を粛清した。午後4時飛行機は金門を離陸した。しかし頭の中にはすでに深刻な戦場の印象が残ってしまった。

台北に着くと会う数万の家に灯がついていた。

●10月27日

父親は午前桂永清総司令を引見して、海軍の急務と海南島楡林港根拠地の重要性を説明した。合わせて劉安棋部隊が広東の陽江から定海の岱山及び海南島方面に出撃できる。その後得た情報によれば、劉安棋部隊は陽江で失敗しており、配置転換計画は完全に駄目になった。

●10月31日

父親は陳辞修氏を以て代理革命実践研究院院長の職務を担当させ、専門的に国家の人材育成を行い、以て「反共復国」の必要に応じ、国民革命がいまだかって完成していない大業を完成させた。

又「六三自撰（戒め）」で曰く。

「馬齢を重ねて六三、恥をうけ敗北を招き、悩むなかれ怒るなかれ。孤独であるなかれ、遅れることなかれ。後ろめたいことも疚しいこともなく、自ら足り自ら反対する、小子何を幸いとするか、ひとり神の愛を受ける。ただ危うくただ困難であり、自ら警戒し自覚する、中華復興民国を生まれ変わらせる」

十一、成功か失敗かを顧みず党を守り国を防衛する

●11月1日
午前、父親は約束通り陳辞修氏と定海防衛を検討し、共産党軍は浙江省沿海の一帯に汽船、木船を積極的に集め、凡そ千余艘あり、同時に定海、岱山に侵犯し、我々に防備計画を作らずを得なくさせていた。52軍を派遣し防備を増やすことを決定した。この時。共産党軍は登歩島に向かって攻撃している模様で、定海の形成は更に緊急を告げていた。

李宗仁は巡視を名目に、重慶より昆明に飛んだ、張岳軍氏が同行した。結局地方知名人の要求に屈従してしまい、「寛大処理」を許可した。雲南主席盧漢も又準長官公署に届けいれすることなく、直接すべてを放免された。この輩は自由を回復後、更に多くの活動をするようになった。

●11月3日
共産党軍は定海登歩島に上陸し、丁度激戦中である。

●11月4日
明日は父親の農歴63歳の誕生日である。今朝9時下山して、飛行機に乗り嘉義にて小休憩後、

すぐ北門汽車駅に行き、汽車に乗って阿里山に登った。李君佩、馬超俊の2氏が同行した。沿路の風景は非常に素晴らしかった。古木が空高くそびえ、他の場所は見にくかった。汽車は6時間かかって阿里山駅に着いた。丁度夕焼けで、雲の海のようで、画中に入った如くであり、本当に良い気持ちにならざるを得なかった。夜は父に同伴して招待所に泊まった。

●11月5日

今日父親の63歳の誕生日であり、阿里山上は天気晴朗であった。早朝3時30分起床し、父に誕生日の敬礼をした後、父に付いて月光の下に歩き、うねうねと伸びている祝山に登った。名月が高く照り、清らかな月光が照らし、水晶の世界に入った如く、比べるものがないほど綺麗であった。招待所から祝山まで徒歩4kmあって、父親は山頂に直行し、まったく疲れた様子は無かった。

5時20分山頂から遠望すると、丁度月が西に沈み、東方は明るくなり始めており、その対称は趣があった。半時間ほど経って、朝日が昇り始めた、鮮やかで美しく、紅の光が段々と大地を満たし始め、新高山の山頂から空中に上がるようであった。父親は東を向いて直立し、天地に対し祈願をこめた。

随員も又祝山で父に誕生日の祝いを述べた。ぐるりと回って阿里山の招待所に帰った。昼は一緒に神木の下で食事をし、夜には父の為に誕生日祝いの宴会をした。

登歩島では上陸してきた共産党軍がすでに我が軍に海岸まで駆逐されて、尚激戦中であった。

●11月6日
登歩島に上陸した共産党軍は既に午前9時完全に一掃された。この事は我が軍が金門島で大勝した後の又1つの勝利であって、ただ定海防衛に有利になったばかりでなく、且つ全軍兵士の士気をさらに奮い立たせた。

今日父親は阿里山から嘉義を経て台北に帰って来た。

●11月7日
今日午前10時、父親は草山革命実践研究院で「精」と「実」の要求を講義した。多年に亘りうまずたゆまず話されて来たもので、聴いた人もどれだけあったか分からないが、実際に適合した人は少なすぎると思う。

非常委員会の秘書長洪蘭友氏が台北へ飛んで来て、夜父親に謁見した。「執務復権」問題の意見と態度について詳細な報告があった。父親は李宗仁の引退要求が、心から承服したものに非ず、又困難であるから退く、重大な責任から脱却することだけを考えているだけである。呉礼卿氏はそこで言った。「李の進退の基準の為に誠意があるか否かを検討しなければならないということですね」

父親はこの言葉が非常に大切であると認めていた。

●11月8日
張岳軍氏が父親に電話で述べた。「すでに邱と同道して重慶に帰ったが、しかし李宗仁は先に桂林に帰ってしまっており、その後で重慶に来る」あわせて言った。「李宗仁は最近進退窮まると深く感じており、その情緒は自ずから表れて、日ごとに悩みいら立っているようである」

●11月9日

命令を受けて飛行機で定海に赴き3軍の官兵を慰問した。

午後、父親は再び張岳軍氏の電話を受けた、それによると「李宗仁は雲南から桂林に帰った。敢えて重慶に帰り政治を主導できない。必ず総裁が重慶に来ていただきたい」李の意図はどこにあるのか、知ることができない。

●11月11日

午前、父親は特に呉稚暉老氏を訪問した。それは国内外時事の観察と批評に対して皆如何なる人に比べても透徹しており、特に対英、米、露の政策と当面の人材の評判、更には問題の本質をついており敬服すべきであった。彼は父が重慶に赴くことに賛意を表したが、しかしこう謂った。「決して李宗仁にその政治上負うべき責任を逃れさせてはなりなせん」老いて国の計略を考えていることは、説得力があった。

父親は閻百川院長の手紙を読んだ、略して言うと「東重慶、東雲南の軍事については配置はされていますが、尚しっかり補則するものはありません。閣下が早急に重慶へお越しいただき、困難な時期を助けていただくようお願いします」云々。その後又電話が来て称した。「今日政務委員会で決議しました。全員一致して貴台に一日も早く重慶へお越しいただくことをお願いします」

父は又閻院長の言葉が至誠から出ており、忠義を代表し、且つ各方面からもしばしば催促を受け、そこで行く事を決心した。

夜反省録に書かれていた。「李徳隣が雲南から直接桂林に往き、重慶に帰らなかった、この事は貴陽が危急であり、東四川が陥落した、重慶が危機に瀕している際に、政府は責任者が不在でいいのか？　李の心理は如何を問わず、自分は革命の歴史及び民族人格の計のために、実際民衆の意見に準じなければならない。重慶に飛ぶ事を決心し、人事を尽くしてそれが不可能であることを明らかに知っていても、私はさらに成さざるを得ないのである。生死存亡に至っても、なお計画を猶予するのか？　まず重慶に飛ぶ決意をして、なお李にはっきりと改心させることを期待する」

●11月13日

昨日、立法院副委員長陳立夫氏及び本党立法籍立法委員70名が重慶より電話をして来て、「重慶にお越しいただき、危険な情勢を救って下さい」同時に、張岳軍氏も又父親に電話をして次のように述べた。「連日電話で李徳隣に重慶に帰るよう催促していますが、先ほど戊文桂の電話を受けました。各地に赴き巡視し、民心の士気を激励することにより、どうか速やかに総裁に、お出ましいただき、自分が重慶に帰る必要はないと存じます。云々」李宗仁は初めは傲慢な態度で、後は丁寧になった。その心を知っておくべきであった。この時四川雲南の戦局は日増しに厳重になり、大きな禍が目前に差し迫っていた。東四川の共産党軍は本日彭水邱市を占領した。南路は共産党軍が又貴陽市郊外の図雲関を占領した。父親は再び重慶に飛ばざるを得ず、一切を画策した。夜日記の中に書いた「徳隣が桂林に飛んだ後、再び重慶行部に帰るのは避けて、全ての政府の形態は互解した。軍民は様子が分からないために不安があった。国難は既に最後の瀬戸際に至った。李の心理行動がいかようであれ、自分が先に飛ばざるを得ず、最後の事態を司ることになり、明らかにその救済は望みが無いが、しかし我が革命の職責は、その心の安らぎを求めている」

●11月14日

本日桂林が陥落した。李宗仁は桂林から南寧に飛んだ。

父親は午前11時台北松山飛行場から離陸した。午後4時15分重慶に到着した。この地はすでに恐慌、恐怖と静まり返った空気が充満していた。国軍はすでに貴陽より撤退して、秀山が失われ、共産党は既に彭水に迫っていた。

父は重慶に到着後、すぐ李宗仁に電話をした。内容は大体次のようであった。「貴兄と何度も電話で相談し重慶に来ました。ともに危険な時局を支えるつもりです。昨日貴陽が危急になり、東四川は緊迫しています。故に自分は本日飛んで来ました。貴兄がすぐ重慶に帰られ、一緒にすべてを相談することを望みます」同時に又白崇禧にも電話した。「昨日貴陽が危篤に陥り、東四川は情勢が緊迫しています。そこで私は本日重慶に飛んで来ました。徳隣がすぐ重慶に飛んで来て、全体の策を立て直したいと思います。どうか催促をしていただきたい」それでも李宗仁は少しも耳を貸さなかった。避けて重慶には来なかった。

父親は、新たに雲南問題について討論を持ち出した。盧漢は既に3回辞表願を出して、主席の職務を抜け出す準備をしていた。尚且つ半月の休暇をとった。その中の真相は如何なものか、しばらくは不問にするが、その消極的な態度は疑わしく考慮すべきであった。父親はなお全力を以て協力し、安心させ、紆余曲折を免ずるようにした。

父親は独自に戦局を検討し、胡宋南部隊に重慶を増援させるようにした。彭水は夜間に占領された。

第2軍部隊は芙蓉江東岸地区に於いて共産党軍に包囲されていた。

●11月18日

今日は国民政府林子超国民政府主席の奉安（入墓後）6周年の記念日で、父親は自ら墓園に参拝し、花束を献花した。

共に正規軍が既に烏江西岸江口でこそこそ出入りしており、我が軍の右側はすでに脅かされていた。

父親は午前王方舟を引見した。正午張岳軍、顧墨三両氏と約束し雲南の事と東重慶作戦部隊の事を相談し検討した。父親はもともと南鄭州を飛行機で視察する予定であったが今日の天候が不良になったので取りやめた。夜閻百川院長が雲南の盧の態度の突然変化が焦慮に至った。この事はもちろん想定内であったが、彼の再発は無常であり、これに対しては断固とした方針がなければならない。

15日より命令を受けて前線に赴き戦地状況を視察することになり、当日午後4時重慶海棠渓で対岸に渡り、車は綦江に着き、空の色は真っ黒である、すぐ駐軍部隊が夜を過ごした。翌朝3時30分に起床し、4時に出発した。南川を渡り、長江のダム、白馬大山、を越えて夕方江口にやっと着いた。沿路見たものは前方から敗退した部隊であり、状況は非常に混乱し、くやしく悲嘆の至りであった！　江口で宋希濂と陳克非の二人に会った。以前父親は彼等に鵜口を固守するように望んだのでやって来た意図を語り合った。昨夜は南川に泊った。今朝は5時に起床し、6時に出発した。9時に綦江に着いた。そこで羅広文軍長と偶然であって2時間程詳しく話し合った。

午後4時重慶に帰り、父親に復命した。

●11月20日

父親は近日中に以前召集した党政幹部会で会合して相談することにして、白崇禧に電話することを決め、李宗仁に付き添って重慶に飛行機でやって来て、それにより、民心を安定したいと。

本日白崇禧が李の命令で、午後3時30分父親に謁見して、李宗仁は既に今日午前香港へ飛びました。これを聞き驚き怪しまざるをえなかった。李宗仁はその発表した宣言と私信の中で、ただ「胃病再発」を原因としただけであった。依然として「国家元首」の名義を以て「出国して医者にかかる」ということであった。この事は国家行政が紊乱状態に陥いろうとしており、その個人的信望と人格がまた失墜してしまう。誠にどんなつもりなのか？　父親はやむを得ず夜の本党中常委員会で当面の局面を如何に対応するべきか協議した。最後にまず関係委員を香港に派遣して、李を帰国させ、その帰国を待ってまた方法を定めなければならない。同時にまた張岳軍氏には雲南に飛び雲南盧の事をしていただくことにする。

命令に従い重慶から梁山に飛び、孫徳操氏を訪問した。

●11月21日

父親は大局を念頭に置くために、今日白崇禧と約束し話し合った。この時に決して「復位執務」を持ち出してはならない、李宗仁が海外で恥をさらすことをおそれる為に、李本人が期限を定めた中で重慶に帰って来なければならず、対内対外の大計に直面して、その後出国できぬことはない。しかし必ず行政院長代行総統職権により、憲法の職権に合わせなければならない。

本党中央は居覚先、洪蘭友が諸氏を代表して、父親筆の李宗仁宛ての手紙を携帯し、香港に飛んで、李に重慶に帰ることを勧めた。李はまだ承諾していない。

今日私は万県よりトラックに乗り梁残山に往き、飛行機に乗り換えて、劣悪な天候をおして重慶に帰った。

●11月25日

父親は昨日羅広文に電話した。「厳しく責任を以て、部隊に進むことはあっても、退くことはない。死中生を求めることを望む」と檄をとばした。意外にも部隊はすでに完全に南川を放棄し、共産党軍が長駆して直入し、長江に迫った。同時に貴陽は陥落した。

午後4時、米国共和党の参議院員ノーラン夫妻が台湾から重慶に来て父親に謁見した。国家境遇が最も困難な時に、彼等夫妻は太平洋の彼方より、はるばる遠路を飛んで来て我々が貢献することを期待して、真に「艱難を共にする友人」であった。友誼と熱情は忘れる事の出来ない感動であった。父親と彼は互いに知り合った交流があって、すぐその夜の8時に宴席を設け歓待し、喜びを分かちあった。父親は認めた。「この事は近年来最も楽しくうれしい事であった」

中央が香港に派遣した代表の居覚生、朱騮先は今日一緒に重慶に帰り、その夜父親に李宗仁との会談の経過を報告した。述べるところによると、李は最終的に米国政府にその入境を断られ、計画を変更して、副総統私人名義で出国を中請した。そこで父親に一日も早く「復位執務」をしてほしいという事であった。

●11月27日

父親について張伯苓氏を訪問するために沙〓南海中学に行った。

本党中央常務委員は今日会議を開き、李宗仁が勝手に職場を離れていることに対して明白に中央の意思を表明した。同時に常務委員全員が父親が必ず「復位」するべきことを一致して主張した。ただしかし「復位」問題については異なった意見があった。

父親は会議の中で表明した。「対外関係に対しては、特に我が国政府が国際連合国の代表の地位にある問題であって、きわめて重要であります。もし李宗仁が長期に亘り香港に滞留するならば、政府を主宰しておらず、私が又『復位執務』していなければ、則ちこの為に各国政府及び友邦は我が国はすでに元首が不在であるということになり、北平政権の承認を考慮せざるをえません。

この外に、対内ではなお人心をつなぎとめる役割があります。この時、人心は動揺し、雲南の盧漢等が明言している如く、李はすでに出国しており、蒋総統は又『復位』しようとしない、則ち国家には指導者が不在である、なおどんな希望があるのか？　このため『復位執務』の準備をしなければなりません。しかし又時間の問題があり緊急に検討しなければなりません」

中常会は最終的に決議した。「やはり李宗仁に帰国し執務をする方法を採るか、さもなければ総統に『復権』を請うか」である。李はこの事に対し非常にあせり、それを以て香港ですでに進退を処するに当たりここに極まりという苦境に立っていた。

●11月28日

前日の真夜中共産党軍が綦江を攻撃した。羅広文は身一つで逃げて重慶に来た後、重慶の周囲はすでに危険な状態になっていた。父親は今日重慶を放棄する問題に対し非常に長く検討した。もし撤退が早すぎれば、則ち共産党軍はきっと半月内に成都にやってくる、我が唯一の主力は陝南胡宋南部隊であった。もともと漢中以南に引き上げており、成都以西地区に移転する方法はなかった。このように、西南大陸はすべて共産党軍が制御していた。故に重慶防衛軍をゆっくり撤退することに決定し、沿江に防衛措置を採り、成都を確保することとした。意外にも共産党軍は南温泉を攻め落としており、重慶は危険が目の前に迫っていた。

午後、父に付いて重慶市区を巡視した。沿路は車輌に塞がれ、交通は止まってしまっていた。憲兵と警察は皆現状維持のそぶりをしていた。一般の市民は更に焦ってうろうろし、心配そうな顔つきをしていた。部隊も又不思議そうな表情が沢山出ており、奇妙なものばかりで、心が痛んだ。

●11月29日

本日、我が政府行政院は皆成都に公務を移転した。本党の中常会は再び朱家驊、洪蘭友二人が香港に飛び、代表して、李宗仁が国内に帰るよう促し、最後の努力を尽くした。万県の2艘の軍艦は背き長江に向かって下流した。重慶近郊では、我が軍が共産党軍と激戦をした。正午黄桷方面で又既に戦闘が発生し、重慶市内は、秩序が異常に混乱した。父親はそこで明晩沿江北岸下の指揮部署を撤守する決心をした。正午軍事会議を召集し、新しい作戦計画を決定した。第1軍の後退準備に対し、また詳細な指示があった。しかし前方にはすでに共産党軍が江津上流20里（10㎞）の場所で渡江していた。

前方の戦況は猛烈であり、情勢は危険が急迫しており、重慶はすでに包囲を受けていた。しかし父親は遅々として重慶を離れようとはしなかった。その革命責任心と決心に対し、関係者を深く感動させ、実に筆墨を以ては形容し難かった。

午前10時、林園の後方ですでに銃声が大きくなり、父に向って実情を告げるしかなく、早くこの危険地域を離れるよう求めた。

同時に羅広文が前線から帰って来て報告して、その軍力はすでに共産党軍により撃散されたことを知った。周囲の各兵工場が爆発する音が四方から響き、連続して絶えなかった。この時洞窟の林園前は、自動車が混んでおり、道は不通で、かつてない混乱ぶりであった。それ故に再び延期することはできず、飛行場の宿舎に行く事に決めた。途中車輛が3回塞がれてしまい、前進する方法がなく、父親はやむを得ず下車して歩いて進み、後ろからやって来たジープに乗り換え前進した。

真夜中丁度良い時に、すぐ駐米専用機に夜宿した。この兵乱の時に、父親が指揮して、落ち着いて処置したことはこんな風に見事であった。

夜間よもやま話をして、心中の憂鬱をいささか晴らすことができた。

●11月30日

今朝6時、父に付いて白市駅飛行場を離陸し、7時新津に到着した。そこで飛行機を変え成都へ着陸し、駐中央軍官学校に入った。父親が白市駅を離陸時、報告によると、「江口を越えた共産党軍が既に白市駅飛行場から前方20㎞に近づいている」白市駅飛行場で旋回し即自動爆破し、共産党軍が利用できないようにした。ついでに戦闘機4機、高級訓練機6機、気候劣悪により、飛行不能になっている1機も爆破した、きわめて痛惜の至りであった。広西の南寧もまた今日陥落した。

刷新更生基礎再造

●12月1日

重慶が本日陥落した。我々が西南を防衛することに対して、確かに一種の極大な打撃であった。しかし、父親個人は確かにすでに「革命の為に尽くしてそれは我に在り」の責任はやり尽くした。

父親は午後約束して鄧錫侯、劉文輝、熊克武、向伝義、王方舟等と話し合った。胡宋南長官も又綿陽から会いに来てくれ、軍事部署、ガソリン欠乏、兵輸送の停滞難を詳しく相談した。父親は依然としてその有力部隊を早く送り遂内に駐屯させ合わせて内江を防御することを望んでいた。

この時壁山は既に陥落し、銅梁県長はうわさを聞いて職を放棄して逃亡してしまい、惟残っているのは電話局の局員のみが対外に応答していた。氷川県長は駐軍又同僚と共に共産党軍に投降した。

内江は東側の自動車が運転停止になり、道路が塞がり、川を渡る人々が長い列を作っており、5㎞以上にもなって耐えられなかった。この地には6百輌の自動車があったが、無用に等しく、役立てることができなかった。実に心配すべきことであった。

地方政府は無能であり、成都社会の気風は重慶に比し複雑になっていた。街の路地の構築物は木柵が不要であり、自分を騙し人をも騙すのであった。

●12月2日

父親は午前党政会報を召集し、また『復位執務』問題を研究討論した。午後朱騮先、洪蘭友両氏が香港から成都へ飛んで帰って来て、李宗仁の返信を持って帰った。朱、洪両氏は合わせて言った。「米国国務院はすでに李が入国する便宜を許可しました。彼はすぐ気が変わって、又『総統代理』の名義を卸そうとはせず、却ってこの名義を利用して米国へ行くつもりです」

父親は返信を見て言った。「今日国家が切羽詰まった状態になり、すでに危機一髪の時に、危機を見て救おうとせず、耐えられるのか。責任を疑われないように気を付けているのか。いずれにしろただ公明正大の精神があれば『執務復位』はこれしかない道である。成功か失敗かに至っては考慮に入れない」父親は又閻百川、張岳軍諸氏と討議した。最終的に法定手続きが完成するのを待って、改めて「執務復位」の準備をすることにした。

●12月4日

李宗仁は本日香港に於いて談話を発表した。それに次のように語った。「胃病が再発し、米国に行って治療します」

しばらく間を置き、「短期内に治れば、帰国し尽くすべき責任を負い続けます」難に臨んでかりそめにも逃れた人間がどんな責任を負うというのか。個人の得失に拘泥する感情を暴露するのに都合がよく、もしそれが肺癌であるのみである。

成都国民大会の代表が父親に謁見し、「復位」を要求した。旅台立、監委員及び国大代表も又、総統職権の復行を又同時に電報を寄せて危険な状況を挽回するよう要求した。

午後、市内の状況が次第に悪くなって、到るところで自動車が混み合い、不意を衝く射撃が時々発生した。成楽公路の挟江、蛾媚付近は、盗賊が毛のごとく、至る所で出没し、南路も又このようになっていた。胡宋南部隊が作戦を行い、動員結集したが、ともに極大な困難を発生した。

●12月5日

李宗仁らが米国に飛んだ。米国務院のスポークスマンはその事を「トルーマン大統領の上客としたが、ただ病気治療の訪米」云々のみとした。しかしただ米国国内の共産党分子は必ず李宗仁を利用する方法を講じて父親の威信を攻撃すると、断言する事ができた。この時ただ正位の名称が用いられ、丁度この陰謀と悪だくみを防止することができた。

民、青両党の代表が連名の電報で父親の復位を要望した。父親は午前アメリカンユナイテッド社記者ムーシャに接見し、談話を発表した。概略は次のようであった。「この度の四川入りは李宗仁の要請に応じて赴任した。自分は国民党の1党委員であるが、国民革命を指導する責任があり、全力を尽くしており、如何なる困難にも避難することはない。政府と大陸の軍民を助力し、共同で奮闘する」

報告によると、富順は共産党軍に陥落させられた。回って来た報告によると、共産党軍はまだ市中に入っていなかった。

ただ上海郊外の途中で電話を使って富順の県長を恐喝した。県長と軍政人員は慌てふためいて、うわさを聞いただけですぐ逃避して、県市は防御する人がおらず思うように陥落した。

父親は胡宋南長官等と作戦戦略を検討し、26軍を自流井と内向の線に集中することを決定して、共産党軍が楽山方面に進軍することを止め、川中でこの後全般部署と戦闘序列を定めた。しかるに自流井は夜間に陥落してしまい、決戦計画が役立たずになってしまった。内江はすでに陥落し、遂寧の状況が不明であり、銀山鋪方面でなお我が部隊は防備の部隊を配備した。

●12月6日

我が駐米大使胡維鈞氏は本日電話をして来て、報告した。「米国政府は丁度関連各国に通告した。我が国が大陸で組織的に抵抗活動が継続している期間、米国は中共問題を承認することを考慮する用意はない」

早起きし、すぐ軍校後門を出て、環状公路をつぶさに観察した。

●12月7日

父親は今日劉文輝、鄧錫侯と約束して来てもらって会った。彼らは召集に応じないことを避けた。却って文書で来ることを言った。王方舟主席とそれはつらいことなのです。その実彼らは既に共産党軍側の威嚇を受けてしまい、共産党軍側に投降する決心をしたようであり、それ故に気兼ねする所は無くなった。

同時に雲南の盧が共産党に依存する態度も又段々とあからさまになり、既に大本営常駐昆明を嫌い、また昆明・貴州の総司令名義も受けようとはせず、その意図は劉鄧と同じ方向であった。父親はその本人が一旦成都を離れれば、彼等は連名で共同して共産党軍に投降するものと見なした。それ故に引き続き成都に留まることは必ず胡宋南部隊の部署が再び行方を定めることになる。午前、父親は張岳軍、閻百川両氏と面談し、すぐ岳軍氏が雲南に飛び、なだめることにした。

正午会報があり、成都に防衛司令部を設ける提案があり、機を待って反抗し、これにより作戦の決心を示した。併せて王方舟主席に対しては銀圓券を回収する方法を指示し、国民が損をしないよう対策を採った。

中央政府の駐在地問題に対しては、以前より数回検討してきた。初めの頃は、西昌に移転することも考え、西南を固守し機を待って反抗し、失地を回復することにした。この時になって大勢がすでに無くなり、挽回の方法も無かった。中央政府は台湾台北に移転し、大本営は西昌に設置し、成都に防衛司令部を設ける。

この時、胡宋南部隊が既に秦嶺山脈を越えて、長途を跋渉し、回り道して成都平原に到着した。六百kmを敵が対峙する正面を転進して、一千余kmの目的地に着いた。結局半月の時間内で迅速に、完成し、且つ主力はいささかの損失もなく、また戦敗の中での奇跡であった。

●12月8日

行政院は本日緊急会議を召集し、台北への遷都を決議し、合わせて西昌に総指揮部を設置し、共産党軍との戦争を継続することを決議した。

夜、張岳軍氏が昆明から成都へ飛んで帰り、父親に盧漢の動向を述べた。彼は禁煙（麻薬？）しており、態度は普段と違った。ただ金銭を欲しがり、公義私情に皆頓着しなかった。父親は心中奇怪であることは知っており、そこで雲南から成都へ来た余程万、李弥、龍澤滙、各軍長を引見し、その必ず雲南を防衛しなければならず西に移る考えを持ってはならない、併せて盧漢がもともと定めた配置をしっかりと守り動揺してはならず、中央軍事は対応を講じると訓示した。配置が妥当であれば、父親は昆明を経ずして台北に帰り、政府の台湾移転の各項目の計画を指導した。

●12月9日

張岳軍氏が再び私、李、龍等と昆明に飛ぶことになった。午後2時後、突然「飛行機が昆明で取り押さえられた」というニュースが入った、そこで身近な所で異変が発生したことを知った。父親は最初尚張岳軍氏と通話した、そしてなおまだ盧漢と顔を合わせていなかった、夜間になっても重慶昆明の電信はまだ通じなかった。同時に、劉文輝、鄧錫侯もまた成都北門で共産党分子に近づいてひそかに気脈を通じられた。

●12月10日

今朝、重慶昆明の電信が復通して、第1報は電報は盧漢が劉文輝に打ったもので、劉が四川の各将校と共同で父親を勾留し、共産党軍に手柄を立てて罪を償うことを期していた。父親はすぐ王纘緒と約束して会い、その劉と鄧に言いつけた。「(1) 今なおその人物が市に会いに来ること。(2) 彼等と部隊が速やかに成都周囲を離れること」

同時に胡宗南、王方舟、楊子恵、ショウ粛毅諸氏を召集し、雲南の処置作戦及び父親の行く先を検討した。当時、その場にいた文武官員は一致して父親に迅速に成都を離れ、先に西昌へ行ってはならないと述べた。父親は近数日来胡宗南部隊がまだ予定通り集中できていないことを心配しており、成都に残るべきであり、その任務を達成したいと思い、それ故何度も出発する準備して、何度も中止した。今日昆明が陥落し、共産党の手中に入り、そこで各方面の意見も聴き台北で政府転移の各種要務を処理しなければならず台北に帰ることを決意した。出発するに当たって、胡宗南長官とは3回に亘って面談し、安心し始めた。昼食後出発し、鳳凰山上の飛行場に着き、午後2時に離陸し、6時30分に台北に到着した。

父親が台湾に帰ったその日はすぐ劉文輝、鄧錫侯が公開で共産党に入党した時であった。今回の身を虎穴に臨んだのは、西安事変の危機一髪の再演であり、禍福の間は、正に髪一重であった。これを記すと、胸がどきどきする。

胡宗南部隊は劉部隊を解決することを決定し、期日通り雅安に進み、西南基地となった。

●12月12日
今日は父親が西安事変で受難した13周年記念日である。想い出すと昨日もなお共産党軍都反逆の虎口の中にあり、西安事変の再演もただ数時間の差のみであり、身の毛がよだつぞっとすることであった。

父親は研究院記念週を主宰して、1時間訓話を行った。

午前中、父親の命令を受けて右任、丁惟分、呉礼卿諸老氏を訪問し、父親の今回の西南部での活動を報告した。夜西昌の緊急電話を受けた。

張岳軍氏が今日昆明から香港に危険を冒して到着した。父親は喜んでほっとしていた。

●12月13日
米国政府は国民政府が台湾反共基地を打ち立てたことを承認し、決定した。父親は文章修正家と対米政策と省府改組問題を相談していた。

●12月14日
午前、父親は大渓一回りを視察した。正午閻百川氏と対米関係、台湾政府の人選、及び中央各部緊縮後の組織問題について話し合った。

●12月15日
午前、父親は大渓より台北に着いて、張溥泉氏逝去30周年記念会に参加した。正午草山宴に於いて中央常務委員会で軍事と外交の近況を報告し、合わせて台湾省政府を改組する原因を説明した。午後中央非常委員会会議を主宰し、合わせて昆明より危険から脱出してきた30数人に引見した。

●12月16日
毛沢東は本日北平よりモスクワに向かい、各種……条約を交渉していた。

夜、胡宗南長官より電話が来て言った。楽山前方の戦時危機は、部署が適切ではなく、陥落は悲観的であり、考慮しておくべきである。

張岳軍氏が昆明より危険状態から脱出し、香港を経て台湾に来た。父親は正午予約して、その昆明で拘束された時の詳しい状況を聴取した。胡宗南将軍は四川より海南島楡林へ飛んだ。成都の状況は不明であり、西南の軍事はすでに絶望となった。

●12月17日
父親は新疆より到達した1将校のその報告を聴き、心中はなはだ慰められた。思うに……専心して時期を待っている人達はきわめて多いという事であった。

胡宗南将軍の電話を受け、楽山が既に占領された事を知った、今後四川、康県の戦局が更に厳重な地になった。

●12月18日
四川北の剣閣が陥落し、状況はさらに厳重になった。

ビルマ政府は共産党政権を承認した。

父親は圓山訓練班の班地と草山研究院を視察した。

●12月19日
父親は研究院記念週を主宰した後、非常委員会を開催して、合わせて台湾省参議会代表20数人に接見して、彼等に国の為に団結することを要求した。

我が国の部隊は昆明飛行場を占領した。

●12月20日
胡宗南部隊は成都を放棄することを決定した。

正午、父親は研究院教授と設計委員を予約していた。午後研究員学院と会う事を約束していた。

●12月21日
父親は空軍新生社を巡視した後、続けて研究院学院と予約していた研究員学院の学員と会った。

●12月22日
父親は早朝4時に起床し、親筆で胡宗南司令に手紙を書いた。方針及び今後空軍とその進行途中の連絡方法を指示した。

父親は党、国と部属の業務に対して全精力を尽くして、再び付け加えることは無かった。父親は一日中客に会い、合わせて公文に目を通し指示を与えた。

●12月23日

報告によると、李弥将軍が占領されたことを知らず、沾益、曲靖、皆すでに攻め落とされた。26軍の無線電話局は不通となっており、送電した数量は数万件になったが、なんら応答は無かった。

今日は冬至後1日であり、クリスマスイブ2晩前である、大陸軍事の最後の失敗の一幕であった。誠に革命の悲劇であった。

●12月24日

今日はクリスマスイブである。西南防衛戦は既に最終段階であった。

父親は一切の軍事部署と処置に対して、すでにできる限りの精神力と人事を尽くした。「事をはかるは人にあるも、事の正否は天にある」これは実際細やかで厚い歴史経験の名言である。

午前9時50分、一家全員で台北より日月潭に行った。昼食後、父に付いて光華島、潭水蓮猗、環山幽翠、人間天国を遊歩した。涵碧楼に帰った。すでに夕靄に包まれていた。夜8時、家族全員が集まり、共にクリスマスイブの夕べを過ごした。

●12月25日

今日はクリスマスである、また父親が受難し危険な状態を脱した第13番目の記念日である。午前7時、父に付いて林の中を散歩し、朝日を観賞した。午後は湖に揺られて楽しみ、化番社で山の女性達の歌舞を観賞した。

父親は次のように記述している。「以前数々の例えば昨日は死に、今日は生きるが如くであった。過去1年間、党務、政治、経済、軍事、外交、教育既に徹底して失敗し、絶望した。もし自分がなお浩然の気を養う志を持ち、徹底してやりきるならば、則ち新しい事業、新しい歴史を皆今日から始めなければならない」最近独思した党、政、軍の改革方針と着手することは非常に大切である。この時もし現在の党を改造できなければ、革命工作の効果を負う方法がなければ、決して実現できない。その次は軍隊を整頓し、内部を清浄にすることを求め、一致団結する。

●12月30日

胡宗南長官は今日海南島から西昌に飛んで、事態を収拾する準備にかかった。

午後、父親は涵碧楼に陳立夫、黄少谷、谷生綱、陶希聖、鄭彦等の諸氏を召集し、本党の改造問題を討論した。

父親は新たに党を作る準備をし、改造方針を決定した。もしこのようにしなければ、則ち現在の中央委員4百余人の多くは、見解が分かれているばかりでなく、意志統一、力の集中も方法がなく、共産党が国際的に革命を進行するに当たり、もし毅然と断交しなければ自ら生き地獄に入ってしまい無駄骨を折ることに違いがない。「復位執務」問題は父親がまた新たに適切な考慮をし、考えを述べた「李宗仁氏が帰国することが先決である。『みだらなことをしてはならない』」

●12月31日

米国参衆両院は本日「中華援助法案」を可決した。

午前、父親はなお涵碧楼に於いて本党の同志と党の改造問題を継続討論した。父親は考えを述べた。「改造の要旨は全党の過去の間違いをそそぐに当たり、徹底してやり方・態度と指導方式を改めることです。それでもって革命の気風を改造します。あらゆる生活と思想精神面で行動できず、共産党と徹底して闘争できない者は、皆自動的に脱退しなければなりません。そしてこの為に志士が革命建国を行うのです」父親は鍋を壊し、舟を沈め、背水の陣をひく決心を抱いて本党を改造し、新たに態勢を立て直すことを欲し、自力更生を行う。これを以て反共復国の使命を達成する。

国家生死存亡の1年を決定し、今夜は終わった。歳月は過ぎ去り、何の成果も無いのに年は取っていく、長い旅路で疲れ果て、自分は一体何をして来たのか？　往くものは回顧を忍べず、来る者はさらに必ず苦難に満ちており、現在の事に触発され昔の事を忍び、前進に力の限りを尽くすことができないのか！

時間は我々が再びためらうことは許されない、事態は急を告げており、侵略は深い。座して物を言うことは、立って行動することに勝てない。

（注：文中１級の標題序号は編者の追加による）

〈危急存亡の秋〉は蔣経国が祖国大陸の期間の一部の日記である。１９４９年のこの1年間、国民党政府が大陸で敗退する過程である。

その中で蔣介石の「引退」から蔣氏父子が最後に大陸を撤退した数々の状況を具体的に記述した。

第六章　上海経済を監督指導する

1948年

一、1件の国家の大事

●8月19日

中央政治会議は貨幣制度の規則改革を可決した。これは即ち現在の経済危機情勢を救う必要な方法であるが、しかし問題はまじめに規定の規則を執行することができるかどうかである。さもなければ規則がどんなに完璧でも、やはり失敗である。上海方面の経済管制業務は、自分が今まで経済方面の仕事をしたことがなく、少しも経験が無いために成果が上がらぬことを恐れている。しかし既にこれをやることになったからには、必ず確実に責任を負い、まじめに果たすべき責任をやり遂げなければならない。朝関連の各事項を制止した。午後寓居で文書を整理した。

●8月21日

今日午前崇兄と金融管制問題について話し合った。正午愈総裁が召集した経済会報に参加した。上海方面で重い責任を負う人が皆出席し発言した。各人はそれぞれ異なった意見があった。午後は客に会い、上海の業務計画の中で建国大隊を平定することを相談した。

●8月22日

経済対策の公布告後、一般市民の多くが貨幣制度の改革及び経済管制に対して、楽観的な心理を持っており、政府人員は多くが懐疑的な態度になっている。二日来日用品価格の値上がりが激しくなっており、金融市場を攪乱しているのは決して自称商人ではなく、大資本家と大商人であった。その為厳重に処罰しなければならず、すぐ「悪者頭」から始めなければならない。今日私は正式に経済統制委員会委員に任命され、合わせて上海協助命鴻鈞氏が督導する経済統制関連諸事に派遣されることになり、この仕事は非常に困難であるが、非常に重要である。何が何でも全力を尽くしてやっていかねばならない。今日は日曜日であり、雨が降り、気候は鬱陶しい。午前は寓居で腎督指導の作業計画を作った。

●8月23日

指導委員会の事務所は正式に中央銀行で執務することになり、私のような無骨な人間が、意外にも銀行と共同で関係を生ずるのは、正に予想外のことであった。自分の態度を表明するために、新聞で一度談話を発表した。今後の問題、言行一致を追及すること、話したことは必ず実行すると、さもなければ必ず失敗するはずである。朝、崇兄を訪問し、督導職員事務所の組織問題に関して相談した。

●8月24日

7時に起床して手紙を書いた。9時、調査機関の責任者に会って、彼等が大手の投機商を検挙することを要求した。11時、初めて中央銀行事務室に入った。当該事務所で陶希聖副部長に会い彼と新聞に報じられている値上げ問題について行深と理文に同行し、いつものように手頃な食事をし、市場を視察して回った。15時、市政府の常例報告会議に参加した。17時、各部門の責任者が召集され、新聞の値上げ問題を討議した。

●8月25日

早起きした後、すぐ服装を変え人民サービスステーションを設立する計画を話した、この事は円満に完成できるようである。即ち市民と一体になり、彼らの支援も得ることができる。これが最大の力となる。午前中央銀行が会議を召集し、ラッカセイ油とコムギ粉の定価問題を協議した。午後中銀行に行って会議に参加した。綿糸の定価問題を討議することであり、毎日会うのは商人達であった。当面の仕事に対しては、冷静に慎重に考えることであった。最も大切なことは急いではならないということであった。

●8月26日

早起き後手紙類を閲読した。ほとんどが職業を要求するものであった。門を出る時、数人の労働者が地上に跪いて、彼らは皆無錫汽車駅の労働者であり、私に対して生活問題を解決するよう要求した。しかしこの様なことは、私は彼等を手助けする方法が無かった。心中非常につらかった。午前統一検査会議が開催された。この会議の出席者は多くが皆官僚であった。その上、金を工面する人達であり、彼等に対しては、今後厳格に管理と監督を加えなければならない。午後、いつも通り中公事務所で、事務処理をした。今日の情景を振り返って、当面の仕事は相当骨が折れる。しかしすでに虎の上に乗ったからには、則ち徹底的にやらないわけにはいかなかった。

●8月27日

朝起きた後、身体が非常に悪い状態であることを感じた。中美兄が私に王家沙で軽食を予約し、住民は野菜の値段が下がったと聞いた。これは一種好いニュースであった。午後昌換兄長と約束して話した。彼は非常に多くの好い意見を提供してくれた、尚且つ私にやはり過去のやり方を保持していくべきであると勧めた。即ち語るのは少なく、行うのは多くすることであり、私はこの1点意見に対しては、絶対に正確であると考えていた。午後叡鴻鈞氏と若干の重要問題を相談した。平定大隊建設の記者招待会に出席した。5時平建大隊隊員に対して講話をした。

●8月28日

今日は非常に早く起きて、書簡の公文を読み通し指示をし、父親に対し上海の経済近況、及び経済管制の意見に関して手紙を書いた。午前警察局に於いて財政部が貨幣制度改革ニュースの重要案件を漏洩した。

午後社会局と市政府を訪問した後、すぐ続いて中央銀行事務所で執務した。

先週の反省録

この1週間の仕事は、非常に緊張し、精力は少し疲労した感じがするが、しかし精神的には極めて愉快であった。一般の人は皆経済管制の仕事はやり切れないと考えており、私も又相当困難であることは認めるが、しかし今日私は一種の決心を抱いた。絶対に如何なる困難があろうともやり遂げなければならないのである。この種の態度の多少は人情に近くはないが、しかし成果を以て成功の唯一の条件であるとすることは許される。条理に欠けても、長期計画が無ければ講話が多すぎるのも、これは自分が気づいた過失と短所である。それ故次週より計画のある仕事、上海の物価は、すでに最高点にまで上がっており、従って今後の問題は無条件で物価を押し下げることができることである。現在やっている仕事は負けてはならない、必ず自ら適切に事を運び、きちんと処理する。

●8月29日

朝、すぐ来訪した客に会った。9時半中央銀行事務所に着いた。10時、各検査機関の責任者を召集し検査と市場コントロール方法を討議した。午前家総裁と関連の経済管制問題を協議した。貨物税局長と約束して、如何に税収を増加するかについて協議した。午後蘇州に赴いた。3時半、蘇州に着き、すぐ夏令営に於いて業務報告会議を召集した。7時、会食後、すぐ学員に対して講話をした。深夜12時に上海に帰着した。

●8月30日

8時、警察局に於いて、経済警察及び各分局の局長に講話をし、経済観察の意味と警察の責任について説明した。9時に中央銀行事務所に行き、予約し中信局及び傀儡産業処理処の責任者と如何に投げ売り物資の価格を適合させることができるのか相談した。午前中は客がはなはだ多く、午後は中央銀行の事務所で継続した。4時に市商業会議所が召集した各同業公会理事長の会議に出席した。儲け主義一杯の商人が非常に多かったが、しかし今日の環境に対処するために彼等と話し合わざるを得なかった。

●8月31日

早起きをして、もともと少し意見書を書きたいと思った。しかし大変多くの客人が来たために、会わざるを得なかった。客に会う事は一つのこまごまと煩わしい仕事であった。朝王震南庭長を訪れて、某公司各事件の内容を尋ねた。私はこの類の悪徳商人に対して厳重に処分することを主張したが、しかしある人が某公司が無罪を宣言することができることを認め、その中には不正行為があったが、非常に言い難かった。

10時、中央銀行で各検査機関及び経済機関の責任者と接見した。午後40人の民衆に会った。彼等が話したのは非常に平凡で、一般市民は実に素直であった。4時、経済督導会議に参加した。

前月の反省録

上海の仕事はすでに繰り広がっていた。自分自身は経済と社会の能力は無かったが、自己の精神を信頼して当面の仕事を持ちこたえている。半月来の努力で自らを慰める処は非常に多いが、始終非常に困難であると感じている。仕事を始めて以来、これまで、この様に責任の重さ及び圧力を感じたことは無かった。それ故当面の任務に対しては一生懸命やる以外に、第2の道は無い。私は一切の精力をこの仕事に注いだが、10日もたたない中にすでに多くの人が私に反対し始めた。これは早くから予想していたことであった。当面は数人に過ぎないが、将来どれだけの人が私を攻撃しだすか分からない。しかし私は恐れない、何故なら私は私心が無い、合わせて非常に大きな勇気がある。最大の能力は民衆の支持にある。某々が関係先を用いないばかりで無くすべての反動勢力の犯行があろうとも、恐れるには至らない。何故なら私自身の心は非常に公明正大である。現在私は上海に於いて10日が経ったが10本の指に数えられ、一挙手一投足がすべて人に注目されている。それ故に自分の言論と行動は格別に注意しなければならない。気を付けなければ他でもなく人に攻撃される種にされ、重々気を付けないといけない。

二、検査会議に出席する

●9月1日

6時起床、検査会議に出席した。10時、中央銀行事務所に行き、日常事務を処理した。今日市場はすでに以前の安定ではなく、すべてみなやってみたくて手ぐすね引く状態で、非常方法を採る必要があるようであった。午後買いだめする富豪のリストを決定し、合わせて行動を開始した。

●9月2日

昨晩南京の電話を受けた、すみやかに経済法令に違反する各種案件を処理し、合わせて大きな投機商人を厳重に処分することを主張した。上海の若干の商人は相手にいい事ばかり話すが、陰で悪事の限りを尽くしていた。今日はすでに悪徳商人を厳罰するよう決定した。

午前検査委員会を召集して、会後すぐ市政府に対して大型悪徳商人等の各種違法行為の証拠を提出した。直ちに逮捕するよう提案して、午後民衆に会った。来た人は甚だ多く、皆一般に貧乏で苦しい人びとであった。夜は青年軍聯誼会で話をした。

●9月3日

今日は勝利記念日であり、抗戦の経過を回想して、戦乱平定の苦難をなつかしみ、内心憂慮と苦痛を感じた！　国旗のはためきを見て、喜ぶのか？　悲しむのか！　上海部分の大商人は大切な道理を知らず、大局を重視しない。午後各工場の労働組合の責任者を召集して政府の政策を説明して、状況は非常に好くなった。ケンブリジホームで食事をして、食後歓談をし、心中の煩悶を晴らした。

●9月4日

某公司は特殊刑庭より死刑を言い渡されたことから自分を侵さなければならなくなり、その他の大投資家も又特殊刑庭に護送される。この類の事は、上海人民の心理が転換し、非常に大きな意義があった。この事の成功の大きさは、経済ではなく、政治になった。午前は中央銀行事務所に行った。米の配給の事は非常に長く相談して、外人の態であり、政府はこの為政策を変更した。この事は私にとってこの上無く大きかった。午後季属、行深、李文、化行、国棟と今後の行動方針と策略をあらかじめ取り決めた。

先週の反省録

上海経済管制業務は、初歩的な成果は得たけれども、しかし心に秘められた憂いは依然として多い。栄誉の為に今後更に困難にあふれた仕事を決して忘れてはならない。今日最も憂慮すべきは、則ち高級官吏にこの政策に対して「傍観」と「懐疑」及び「反対」の態度を持つ人が多く、却って一般の市民生活の安定を考えるようではなく、生活擁護成功の誠意を評価していないようであった。従って今日行った仕事は孤独であった。1人の官吏も私を手伝おうとはせず、ひどく残念に思った。私がこの政策を推進するのは、一種の社会改革であり、只この方法は成功の望みがあると思う。今後の仕事の方針は、敵の数を減らし、社会上の能力を打ち立て、政策の遂行を支持することである。

●9月5日

某市長は南京に行って辞職した。彼が私のやり方に対して満足していないという原因のためであるのかどうか分からない。しかし国家のためこの様にしなければならない。今日の情勢下では、もし再び「いい加減なことをする」、「適当にごまかす」、「妥協する」ような話をしなければならないなら、それでは一切が皆終わりになってしまうのを見た。午前中央委員会が検査委員会の作業会を召集し、先週の仕事に対し、依然詳しく検討し、合わせて今週の業務予定を決定した。午後家で休憩した。

●9月6日

今日の仕事は、比較的こまごまして筋道の通らないものであった。朝、警察局に行って大隊の人に対する講演を行ったが来場者は非常に少なく、聞くところによれば交通の車が壊れたためであったという事であった。あちこちで見受けるのは、皆責任を負わない状況であった。午前中央銀行で客に会い、午後は日常事務を処理した。合わせて生活雑誌の記者に会った。夜は車に乗って南京に赴いた。

●9月7日

今朝南京に着いた後、すぐ励志者に行き、たまっていた手紙と公文を処理した。午後北極閣に於いて上海の経済管制の状況を報告し、合わせて若干の重要問題について指示を仰いだ。父親の慈悲深い顔つきと精神が非常に好いのを見て、非常に興奮した。10時に行政院で如何に物価問題を調整するか指示を仰いだ。11時、惟果兄に会い、国事について話し合った。昼、家中で父親と昼食を共にした。午後、謝冠生部長を訪問した後、すぐ上海に帰った。

●9月8日

某銀行は投機売買を沢山やっており、どれぐらいの非合法の財産を使っているのか分からない。現在彼等に外貨を供出させようとしているが、あまり乗ってこない。従って彼等の外貨を国家銀行に移すよう説得することに決定した。直後今晩までにすでに3千万ドル取り出した。今日朝、某々と会った。彼は過去革命を高らかに歌っていたが、しかし現在彼は柔和になって、しかも姦商を多く捕まえるべきではないと主張した。失うと工場が倒産することを恐れた。これにより官商の結託力が大きくなった。午前中銀行で公務処理をする。南京から帰った後、すでにデマを飛ばしている人があり、南京は姦商とつきあうことに同意していない。実際は全くでたらめであった。

●9月9日

早起き後、手紙を書き、某銀行の外貨を中央銀行に移転したことに関して政府に報告した。上海の少数の商人は、事実悪かった。午前、中央銀行で執務して、昼、布雷氏を訪ねた。午後中央銀行で執務を継続した。合わせて警察局で若干の案件を処理した。夜は自宅で党政軍の人達と食事を共にし、表面上皆非常に和やかに話し合った。

●9月10日

一般の人は皆経済改革計画の最終的な成功が可能であるか否か疑っていた。そこで私は一篇の比較的深刻な談話を発表して、社会の観念を変えようと思った。それで朝起床後講演の原稿を補充した。8時、許副局長と市場を回って視察した。見たところすべての現象は皆非常に正常であった。中国の庶民は、本当に善良であり、今後只一分の力が必要ならば、必ず彼等の為に一分の事をするようにすべきである。10時に中公で林崇鏞、張師、鄭陳光、劉方熊を召集し、各商業銀行の営業状況を検討した。11時、物資物価と検査の3部門の業務報告会を主宰した。午後労働者病院を参観後、労働者会議に出席した。夜、報道界の責任者と宴会をした。

●9月11日

6時に起床、丁度日記を書く時刻であった。頭を上げると赤い太陽が高く昇るのが見える。朝の太陽は本当に綺麗なものである。しかし上海の朝日の出は、大自然の意味を失ってしまっていた。午前、楽義ホテルに於いて約束していた銀行の部長数人と会った。その中に売国奴が数人いた。午後、中央銀行で公文を処理した他、経済座談会に参加した。参加者のレベルは高くなく、発表された意見も大きな価値は無かった。

先週の反省録

今のところ、大多数の上海人は皆私をほめてくれている。注意しなければ、若い人は楽しみながら我を忘れ、前進を知らず、自己反省を加えなければ、すべては終わってしまう。私は深甚なる感覚を持っていた。この空気は私にとっては不利である。希望は大きすぎ、失望は又速い、尚且つ前途はすごく険悪であり、非常に困難がすぐやって来る。その時、きっと非常に多くの人が私を恨み、ののしるだろう。この時、この地で主張し、立場があり、社会上の流言は、実際聴くに堪えないものである。外ではデマが飛び交い某々は某と丁度辻結託して私を攻撃する。人の心は図り難く、このような話は心に留めてはならない。今後の敵は日々増えてきているだけに慎み深くなければならない、しかし怖がる必要はない。

●9月12日
今日の朝は、心を煩わせられない静かな環境の中で比較的重要な問題を考えてみたいと思っていた。しかし非常に多くの客人がやって来た。一つの朝の執務計画がすべて塞がれてしまい、逆に数多くの内心の煩悶が増加した。9時に青年軍聯誼会の会員大会に出席して、国家の存在は我々が生存することが最重要条件であり、経済改革は一種の革命運動であると説明した。この会の出席者は非常に多く、気分は非常に高揚していた。講演の言葉には、度を過ぎたところがあったことはやむを得なかった。午後は君邁之の招きにより、浦江に遊びに行った。

●9月13日

柏園兄がやって来て物価の調整問題に関して相談した。中央側では、このような重要政策の執行に対して、具体的な方法はまだ無さそうであり、徹底して貫徹する決心も又まだ無い、これは1件の非常に憂慮するに値する事であった。私個人に至っては、則ちもし一部隊を持つ軍官であれば、上司がすでに私に命令すれば、これを貫徹しなければならない。局外者が忠実か否かは局該者のことである。午前10時より検査報告会を召集し具体的な管制方法を相談した。午後3時、市政府に於いて公営事業が値上げをすることができるか否かの問題を相談した。経済管制の理論問題を相談した。

●9月14日

昨晩中央の命令で汽車に乗り南京に来た。今朝南京に到着後、励志社で少し休憩した。なぜか知らず、内心胸騒ぎがして落ち着かなかった。

9時、政府に対し詳細に上海の近況を報告した。午前は行政院で某氏と物価管制問題を相談した。正午、党政報告会に参加し、節約問題を相談した。午後、飛行機で南京を離れ上海に着くとすぐ中銀事務室で公務を処理した。

●9月15日

午前、中銀で執務した。某方面では私の講演の言葉（12日）が依然批判されたが、これは予想内の事であった。というのはお互いの利益が、根本的に衝突していたからであった。今日の問題は人が如何に批評しているかではなく、注意しなければならないことは如何に一段と努力をするべきかということであった。午後は参議会で講演をした。

●9月16日

昨日の午後から物価変動の勢いが開始した。今後必ず更に一層具体的で有効な方法を研究し、社会経済を正軌な軌道に乗せるようにしなければならない。この面では恐らく一段と努力しなければならない。午前、中銀で執務し、仕事の効率を実際に引き上げる必要性を痛感した。

●9月17日

今日は中秋の節句であった。本来杭州に帰って家族と共に過ごし、湖上の月をめでる祝日にしたいと思ったが、しかし上海付近の仕事が切迫しており、上海を離れる事ができず、それ故に此処でいつも通り仕事をするしかなかった。午前8時すぐ事務室に着き、幾人かの大姦商と大銀行家に会った。某々の類の、このような人達は確実に一人一人厳しく懲罰するべきであった。午前、緊急の検査会議を召集し、綿糸輸出及び金券輸出の検査問題を協議した。午後は青年服務隊の組織作業を相談した。夜は新衡家でダックを食べて、まあ何とか祝日を過ごした。

●9月18日

昨日の午後市党部へ行き、方氏と勤倹（よく働き倹約して、立派に国家・企業を発展させる）建国運動の問題を相談した。今朝7時1つの重要会議を行った。8時に北駅ホテルに行き、歩日兄を訪ねた。彼は1人の非常勤倹の同志であり、彼の刻苦精神は敬服することができた。午前、中銀で物資調節問題を協議した。皆の意思は、管制の中で活路を切り開くという事であった。午後は公務を処理した。今日は雨が降り、気分が心配でいらいらした。

先週の反省録

上海に来てから既に1カ月余りになった。日夜仕事をし、少し疲労した感じもあるが、しかし精神的には仕事の成功を保障できる話があった。他でもなく私自身が求めたものは1つも無く、所有したものも1つも無い。即ち出世したいとは望まないし、又金持ちになりたいとも思わない。同時に私の心中には、間違いなく国家の為に少しの事をしてみたいと思う以外には、絶対に如何なる私欲も無い。同時に私は一人の個人的な所有者ではない、生活を維持することができる他、1軒の工場も無い、1カ所の銀行も無い、凡そ金持ちの事に関して私はすべて何も無い。今日私は何も欲しいものは無いが、他でもなく私は、失敗は又成功であると信じている。このように失敗に遭遇すれば、それはきっとおごり高ぶり傲慢極まりないのは虚心で学習しなかった原因であろう。

●9月19日

昨日は非常に涼しく快適とはいえなかったが、今日はまた真夏のようであった。今日は非常に早く起きることができ、以前行ったことがある外灘公園まで散歩した。ここの空気は比較的新鮮であったが自然が無かった。8時、市場巡視に出発した。一般的な状況は好くなったとは言えなかった。9時、前中央銀行に行って客に会った。10時に検査業務の検討会を召集した。11時、引き続き報告会を召集し、いかにして重要問題を処理するか検討した。今日私は既に虎の背にまたがったようであった。責任上或いは良心上、部下に負わせることはできなかった。午後半日休息した。

●9月20日

昨夜の気候は気が滅入った。且つこの数夜安眠ができず、精神的に心地好くなかった。早起きした後、すぐ約束していた家の中に入り朝食を食べた。8時に市場巡視に出かけた。一般的な状況は良好では無かった、川野菜或いは豚肉は非常に少なかった。その後関杭公路及び蘇州河検査場では、表面上見るとすべてが皆無事であった。しかし、事実上は多分きっと非常に多く存在しているはずであった。市内に帰った後、繊維市場を巡回したが、中で商売している人がどれだけ集まっているのか分からなかった。これは皆社会の寄生虫であり、また社会の大問題であった。昼食に約束していた沈無瑞氏と米援問題を話し合った。午後業務報告会を主宰した。

●9月21日

非常に多くの仕事は慎重な考慮と綿密な準備がなければならない。少なくとも2週間の時間を要するべきであり、初めて新しい仕事の展開を持つことができる。この時間の中で一般の人が面倒すぎると感じさせるはずでなければ、これを解決することは一概には言えないが。しかし最大の忍耐力を以てこれを処さねばならない。心が急ぐために負けてしまうことになるはずである。早起きした後、立夫兄を訪問したが、すでに南京に行ってしまっていた。その後又王震南を訪ねた。10時、商会代表座談会を召集して如何に価格限定問題を執行するかという問題に関して意見交換を行った。昼食後、李XX、邵XXを訪ねた。午後は中央銀行で執務した。

●9月22日

昨晩は眠くなってすぐ空が明るくなり、6時半に起床してすぐ北駅に行き彦芬兄を迎えて、その後五歩斎ホテルで軽食を食べた。彦芬兄を楽義ホテルに送った後、少し話をしてすぐ中央銀行で執務していた。10時から11時まで重要人物と話し合った。午後2時から4時まで江湾に行って大上海服務総隊の幹部に対して話をした。4時から5時まで、数人の「大悪人」を引見した。7時から11時までジャーナリズムの責任者と宴会をした。11時から12時、彦芬兄と大切な事を相談した。

●9月23日

彦芬兄は昨日南京から上海へ来た。以前彼と楽義ホテルで1晩長話をしたことがあった。かなり多くの問題があり、詳細を尽して検討する中で初めて解決することができるもので、一人の主観は往々にして間違いが起こる。8時、警察局に於いて警察幹部に対して講話をした。皆が互いに協力し合うことを促した。11時検査委員会議を召集した。午後3時、市党部に於いて飲食販売代表に講話をした。夜サービス総隊の夜会に参加した。

●9月24日
5時に起床後、すぐ江湾体育場に行って、服務（サービス）総隊の訓練終了式典に参加し、合わせて彼等を代表して上海市民に対して宣誓をした。6時丁度に「何が艱難を共にする同志か」という話を始めた。7時30分、点呼した。多くの幹部は好くなかったので、一部分は淘汰することを決定した。10時、中央銀行に於いて工業界の幹部と話し合い、1つの厳重な問題に気づいた。他でもなく多くの工場では、値下げを了解したが、原料不足のために仕事が減った。この現象は、実際緊急に是正する必要がある。正午、顕光氏の宴会に行った。午後、家中で1時間休息し、すぐ中銀で執務した。夜は工業協会会員の宴会に出席した。

●9月25日
今朝起きると、初めてカササギの鳴き声を聞き、内心嬉しかった。自分が上海に来て以来、カササギの鳴き声を聞いたのはやはり初めてであった。煩悶の中で、少し楽しいことが起こることを期待した。多くの同郷、親戚、及び昔の幹部が皆私に職業を紹介するよう頼んできた。彼等から見れば、きっと私の官の立場が相当大きく見えるのであった。彼等はどこかで知った、私の職業は服務（サービス）であり、役人になることではなかった。朝中央銀行に行く途中で多くの人が列をなし、刺繍用の太い絹糸と煙草を争って買っており、社会の貧しさであり、知っておくべきであった。午前は中銀で執務し、日常事務を処理した。午後、青年服務総隊の設立会に出席した。

先週の反省録

物価を管理統制する仕事の2カ月目が始まった。過去の経験によれば、ただ決心することができ、意外な事情が発生しなければ、2カ月目の任務は達成することができる。前面の困難は当然非常に重いものであるが、しかし克服できないのに非ずである。もともと9月前に限定価格政策はすぐ失敗すると予言した人もいた。今日では10月以前に失敗すると謂う。現在では姦商（ヤミ屋）とを比べて比較的に安定しており、いわゆる「政客」とも安定している。今日どれだけの人が私を支持しているか分からないが、しかし不愉快なだけでなく、不安である。「拍手」の音の中で、私は人々の嘲笑い、意地悪い悪口を想像することができる。万が一少しでも正しくないところがあれば、他でもなく人々の無常の打撃に遭遇することになる。今日の社会は本当に恐ろしい限りである。

●9月26日

1週間が過ぎた、仕事の環境が複雑であり、毎日処理する問題の多さの為に、頭脳が相当緊張している。特に目前の情況は、ほとんど半日は仕事場を離れる事ができず、全てが軌道に乗っていないことを知っている。今日は日曜日であるけれども、しかし内心は以前と同じく心配であった。朝起きて、季虞と約束して、杜甫が作った城廟の散歩は少し厳しい空気が解けた。10時、中央銀行は検査報告会議を召集した。最も危険な現象は、他でもなく皆が一種の悲観的で自信の無さを表現していた。午後は孝武（経国の三男）を連れて中山公園と外灘を散歩した。

●9月27日

今日は1週間の最初の日であり、1週間全体の発展に関係する。それ故に朝早くからすぐ米、布市場を巡回しに行った。このような細々した仕事は、道理上私が出かけて行ってはならないということになっている。しかしやらないことはいけない。目下の実情は、このように対応することができるだけで、さもなければ結果を得ることはできない。布市場を巡視した時から、群衆に歓呼され、内心一面では感動した。そして心配になり恥ずかしい気持ちにもなった。午前、客に接見した。漢平兄が南京より上海へ来た。行政院方面でも環境の圧迫の受けたことにより、政策の執行に対して動揺が始まっている。これを聞いて、青空に向かって一声長嘆息した！　午後、客人に会った他、繊維米公会の人達を召集し「困難問題」を話し合った。近日の仕事時間はいつも14時間以上になった。

●9月28日

昨晩汽車に乗って上海より南京に赴き、今朝首都に着いた。空は雨が降って、内心の心配事が増えた。9時ごろ父親に拝謁した。父が非常に忙しくしていたので、他言をせずすぐ退出した。9時半、行政院が召集した談話会に参加して、価格調整問題を討議した。ここでは多くの人が大きな政策観念が無く小さな算盤で計算をしているだけで、大局は実際楽観が難しいことを見出すことができた。午後再び父親に拝謁した、大変忙しい中慰め励ましてくれ、感動して涙が流れそうになった。午後6時、特急車に乗り上海に帰った。武児が入院した。

●9月29日

今日の朝は非常に早く起きた。心中大変心配でイライラした。仕事の環境は、日増しに困難になってきた。米の出所が欠乏し、小売り屋の秩序もやはり非常に乱れていた。若干の小工場もすでに切迫しており（原料が無いため）工場を止めていた。この多くの不景気の現象は、私の印象で見れば何も怖くはない。しかし一般社会上の心理は、このように驚き恐れることは耐えられない。午前、市政府を訪れ、価格調整問題を相談した。午後、客に会って業務報告会議を召集した。目前の業務環境は、以前、詳細に分析していた。7時、青年服務総隊を召集し講話をした。神経緊張により疲労してしまった。

●9月30日

元々工場を参観したいと思っていたが、あらかじめ日を決めて工業面の状況を徹底的に理解することができるようにしたかった。しかし時間の都合がつかず、まだ予定の計画が進んでいなかった。計画が実行できない時毎に、内心他でもなく非常に気持ちが苛つき焦った。午前8時、中銀で公務を処理した。11時、検査委員会を召集して、物価審議、及び物資調節工作を相談した。この会議の中で一般人の気分はまだ好かった。

先週の反省録

済南陥落は軍事及び政治面での重大事件であった。この事により厳重な情勢を引き起こした。共産党軍が済南から徐州を奪い取り、南京を威嚇した。一般人の考え方は次のようであり、人心は又動揺し始めた。今日の政府は具体的な方法を出すことができず、人心を安定することができない。父親は昨日北平、瀋陽に行った。父親及び個人の勤勉質素で心身ともに苦労しており、情勢の危険と災難を見て、本当に泣きたくなった。そして自分が又力の限り父親の為に手助けをすることができず、それでさらに内心不安を感じていた。今日に在って、最後の一歩は結局どのように進むのか、さも無ければすべて皆どうなるか予断を許さない状況で考慮しなければならないようであった。時勢はこの様であり、このように考えざるを得ない。上海の仕事は、時間から言えば、すでに1カ月半が過ぎた。大変多くの仕事をしたがすべて非常に空虚であった。多くの仕事がすべて実際に成功してはおらず、好い結果が得られなかった。業務推進の中で、非常に大きな誤りを犯した。業務過程の中で取りも直さず往々にして考慮を加えず規則を決定してしまった。例えば綿糸布輸出の規則を公布した後、すぐ物価の値上りを引き起こしてしまい、後に又取り消しせざるを得なかった。某氏の裁判事件に関しては、事前にそれが上海で調べて明らかにするか否か判明する前に逮捕する命令を下したことで、自分の威信を失ってしまった。幹部の拘束は又在ってはどこでも注意して謹慎しなければならない。

非常に重要なことで、将来の失敗は必ず幹部の身の上に悪いことを及ぼす。要するに、今日に

三、食料はすでに問題を発生していた

●10月1日

食料はすでに問題を発生していた。これは1カ月来、始終安心できないことであった。石炭も又問題を発生していた。これ等の多くは急いで解決しなければならない大事であった。私が選んだ責任分野は日々重くなった。午前、もともと工場参観に行きたいと思っていたが、始終ずっと事務が多すぎる為に事務室を離れることができなかった、市場組織の責任者がやって来て急を告げた。一切が皆動揺しているのを知ることができた。行政院は蘇州、浙江、安徽、南京の経済監督工作を上海区監督指導工作区が兼任することを決定した。私の責任は更に重くなった。今日は万竹小学校の記念日であり私は行ってみた。午後金融クラブで講話をした。

●10月2日

一昨日見つけた某公司倉庫の中に貯蔵されていた貨物は、皆日用品ではなく、外側でそのことが拡大され、この事は処理し難く、実に頭の痛い事であった。午前、中央銀行に於いて繊維と米の2つの問題を討論し、市場を取り消し、投機を消滅することになった。午後、物価審議会に参加した。今日各市場の状況から見て、人心は不安定になり、限定価格を突破しようという勢いに

なったようであった。厳正な談話を発表する他に、更に厳しい措置をとらねば予想外のことが発生する恐れがあった。

先週の反省録

上海経済を管理統制する仕事を始めて以来、先週が最も苦労したが、抵抗力は相当大きくなった。しかし1カ月強の経験に基づき、自分は確実にコントロールする方法を持っていることを実感した。だが今後は智力を多用しなければならない。各方面から会いに来る人に対して、仕事が忙しいためにいちいち会う事はできず、即面談の時に、時間が短くなり、多分少なからず失礼をしていることには申し訳なく思っている。その為今後は接客の仕事に必ず注意するべきである。先週の予定した計画はただ半分しかできなかった。従って内心非常に不安であった。仕事が忙しい為読書する時間が無い、今後は何としても方法を考えて、学習する機会を多く作る。幹部の訓練に対しては、注意することができなかったが、この仕事は増やさなければならない。

●10月3日

今日は日曜日、非常に早く起床した。8時前に、すぐ中央銀行に行き執務した。先に重要な公文を整理して、客人数名と接見した。10時、検査委員会例会を主宰して、検査を実施する方法を討論した。みんなの精神状態はすでに以前の旺盛さに及ばなかった。これは今日の困難な環境と相対的な関係が発生していた。今後幹部の訓練活動を一段と強化しなければならない。午後3時、中銀で徐学禹に接見し、汽船の値上げ問題について相談して、政府が何にでも貧弱であり、将来必ずその大きさを失うことになると深く感じた。午後4時、紡績業の招待会に出席して、資本家に対し数句慰めの言葉をかけた。6時より、各同業組合の責任者を引見した。1日来疲労が極に達した。

●10月4日

土曜日から開始されて、市場はすでに変動が起こって、先を争って買うわさが益々盛んになった。一方では煙草、酒が値上がりしたためであった。同時に又通貨数量が増加した。その為今日の現象を引き起こした。目下買い付け騒ぎの対象は紗（ワタやアサ等の繊維を紡いだ糸）、布、ナイロン等の物であるが、多分将来は米が対象になる。これは非常に厳重な対象であり、それ故に一夜安眠できず、且つ内心非常に不安になり、責任の所在は忘れることができない。今朝非常に早く起きて、8時前には中央銀行で執務した。李立侠と約束して会い、重要な事柄を相談した。11時、頼朴漢と会った。午後2時、作業報告会を開催した。3時、実地調査隊全体の幹部に対し話をした。

●10月5日

人心は動揺し、買い付け騒ぎの風はやはり継続発展し、これは非常に憂慮に値する事であった。今日は上質の紗と金の闇取引を取り締まり強化する決定版を実行した。7時半、中銀に着いて執務した。8時、南京上海、上海杭州両線の検査組組長を召集して組長会議を行い、検査方法を相談した。この仕事は非常に難しかった。責任者の勇気は充分であるが、しかしただ年齢が若いためにかっとなりやすく、事故が起きる。そのため再三くれぐれも注意するよう言い聞かせた。9時、新申9廠、11時、永安紗阪に行って参観した。1つの事を成し遂げるには、大小を問わずみんな非常に困難である。しかしただ勇気さえあれば、きっと成功することができる。午後、中銀で重要な公務を処理した。

●10月6日

買い付け騒動の風は、比較的好転してきたが、しかし問題の厳重性は解除されていない。米の出所は、空前の少量しか入って来ない。そこで市民は米屋に来て米を買う量を従来より2倍多くしており、これは1つの最も厳重な問題であった。本当に日夜安心できない状況であった。今日の午後南北市場の責任者が官庁に対して1札を入れた文書を入れ、毎月外国の波止場から上海に毎月20万石の食用米が供給されると報告した。今晩8時、市民に向け放送された。今日は14時間仕事をした。

●10月7日

昨日の放送後、反応はどうか分からなかった。今朝上海を離れる時、やはり上海の事が心配であった。これは責任心の所在であった。7時半、特急列車に乗って上海を離れた。車上では以前の友人と雑談をした。それとコカコーラ1瓶を飲んだ。これは数週間以来唯一の短い休息であった。車中は蒸し暑かった。南京に到着後この地の空気は格別軽やかであり、はるか遠方の上海の緊張のようではなかった。真昼、蜀味愚（四川料理店、太ちょさん）で昼食を味わった後、すぐ中央銀行に行って会議に参加した。参加者は安徽、浙江、蘇州の主席及び南京、上海の市長が会議場で討論した、しかし数件の表面的な案件のみであった。夜南京市府が商会代表を召集し話し合った。

●10月8日

大変長らく励志社で1夜を過ごしておらず、昨晩ここで泊まった。早起きをして、父親に手紙を書いて送っておいた。8時、汽車に乗って南京を去った。11時に無錫に着いた。午後2時、11県の経済管理統制会議に参加した。私が参議会を離れる時、群衆に囲まれて歓呼された。後に工場参観に行った時、空はすでに暗くなってきたが、やはり橋の上で私を待ってくれて、会うとすぐ歓呼してくれた。心の中では情けなくなり、恥ずかしく思って、涙が又流れそうであった。夜9時、無錫を離れ、12時、上海に着いた。

●10月9日

父親は昨晩北平から上海に来た。早朝父親に面会し、上海の情況を報告した。目下の問題、尚未解決の問題、しかし又報告するのに忍びなかった。思うに父の心を煩わせたくなかった。朝父に付いて陳果夫兄の病を見舞いに行った、その後又章氏を寓居に訪ねた。午前、中銀で公務を処理した。公文中に環の困難を、この時この地で、必ず沈着でなければならない、さもなければ必ず失敗するだろう。昼、東雲章氏の寓居に赴き中紡総経理職を辞職してはならないと勧告した。

午後2時、中国銀行の物価管理統制談話会に参加した。4時、飛行場に行き父親が南京に赴くのを見送った。5時、食料会議を開催した。

先週の反省録

この週の執務環境は執務以来の最も困難な一段であり、これが1つの転機であることを希望する。物価の管理統制が容易く無いこと以外に、更に加えて某公司の事件のうわさが到る所に広がった。法律上で話すなら、某公司は成り立つ。もしこの事件が物資総登記公布以前に見つけられたならば、私はきっと特殊刑事法庭に移送されるだろう。要するに、私は必ず公に処理されるが良心に恥じることは無い。しかし、到る所で作られた空気は、確実におそるべきものである。およそ沈着でない人は防ぎきれない。

●10月10日

今日は国慶節である。本来は喜ぶべき一日であるが、内心の苦痛は、益々深刻になった。早朝起床後、すぐ今週の執務計画を立案した。7時、江湾に着いて大華農場を参観した。あたり一面荒れ果てていた。この地は本来日本海軍の公園であった。水泳プール、記念塔、しかし現在はみんなごみの山であった。その後、復旦大学に行った。これもまた荒れ果てていた。すべてがみんな落ちぶれていた。ある程度警戒するようにせざるを得なかった。9時に虹口公園に到着した。出席した青年の大検閲があり、一般人の気分は非常に高かったが、しかしどんな組織も無かった。

午前ニュース稿を起草した。午後は中銀で客に会い、合わせて懸案を処理した。

●10月11日

7時に起床後、すぐ中銀で執務した。王昇、劉芳雲等に接見して今週の業務を指示した。余漢謀司令が来訪し、簡略に軍経各種の問題を話し合った。10時、劉攻藝の処で原料通貨配給の諸問題を話した、何でも皆話した、同時に皆結果が無かった。このように引きずってくると、確実に最大の問題であり、私の内心は非常にいらだった。文（長男）、章（長女）、2人の子供が先週土曜日上海に来て、しばらく滞在した。時間は短かったけれども、しかし一家団欒の楽しみを得て、心中自らを慰めた。午後2時半、息子と娘が杭州に帰った。午後3時より、相変わらず中銀で執務して、経済管理統制の根本問題を考慮した。

●10月12日

6時に目が覚めて、幾つかの経済管理統制の大問題を考慮した。外側の環境はこの様に悪辣であり、特に内部の執務人員は、特に物資と物価の両方の人達は話すことができるだけで、非常に早く事に当たることはしようとしない、これは一種非常に危険な現象であった。8時、汽車の駅に行き歩日兄を見送りに行ったが、彼はすでに7時半に出発してしまっていた。9時に市政府と日用品の配給問題を相談した。午前、客数人と会った。昼、中銀で食事をした。1時、監察委員に会った。2時、執務報告会を召集した。4時、商人を召集した。6時、メーカー業者責任者を召集し談話した。8時から10時まで宣伝小組を召集した。

●10月13日

一面毎日発生する緊急事件に対処するために、非常に多くの頭脳を使わなければならない。同時に又多くの根本問題を考慮しなければならず、本当に相当骨が折れた。しかし事が今日に至れば、ただ懸命に最後までやるだけであった。今日、上海の新聞は、大多数がみな波風を立てて消極的で協力しない態度であった。このような心にかなわない事の時には、ただ忍耐するだけであった。午前、会議を召集して、日用品の問題を討議した。午後4時、卸売り商を引見して、個別に話し合った。7時、研究所専門家と経営問題を研究討論した。

●10月14日

上海のすべての空気は悪転中であった。この境地に処して注意しなかったら惨敗し、取り返しのつかないことになってしまう。今日最も重要なことは沈着になることであった。若干の幹部は、心理的に動揺し始めており、これは考慮すべきか。朝、上海の近況と経営を改善する意見を父親に詳しく報告する手紙を書いた。午前、石炭と食料等の問題を解決する事の外に、検査委員会の例会を召集した。各方面の報告は皆すべて幾つかの悪いニュースであり、特にヤミ市の事が多く、注意を加えることは無かった。午後、平定・建設総隊陣亡同志の追悼会に参加して、内心悲しみが深かった。人は皆死ぬことができる。それでは我々が死んだ後の人間は、まだどんなできないことがあるのか？　午後、兪総裁と根本問題を検討した。

●10月15日

今日午前は中央銀行で客に会った。1分間の空きも無かった。しかし話すことはまとまりが無く、しかもいささかも条理が無い。その上何も補うものが無い事で、時間を浪費した。今後のやり方については改める必要があった。11時李立侠と共に、市政府に行って、人口調査の仕事を討議した。午後、同業組合の数人の責任者と面会して、会議を召集して、闇市を撲滅する仕事を討議した。

●10月16日

今日は新聞上で闇市を撲滅する厳しい方法を発表した。しかしまったく効き目が無かった。すべては皆闇市場の売買に拠っていた。早起き後、すぐ中銀へ行き執務した。8時、中銀から歩いて警察局に行って、経済警察に対して発言した。彼等が努力を継続し、特に闇市の撲滅に注意せねばならない、すべての事はただ話をするだけでは役に立たない。午前には胡適氏と徐道隣、両氏を訪問した。午後、若干の同業組合理事長を召集して話をして、個別の数多くの小問題を解決した。

先週の反省録

Xx公司の事件は、まだ徹底した処理ができていない、法令に限定している為に厳しく対応することができておらず、すべての仕事は意のままに進めることができなかった。経済管理統制の仕事は今日まで発展し確実にすでに相当厳重な瀬戸際に至っている。一般中産階級は物品を買うことができず、恨みをかっており、労働者は野菜が値上がりし、不満が表れている。現在は四面楚歌の時である。もししっかり定めることができないならば、非常に速く崩壊するはずである。この悪劣な環境の中で進まなければ退出する。成らなければ負ける。最も大切なことはやはり沈着さである。

●10月17日

今日は父親の誕生日であった。元々南京に行き、誕生祝いをするつもりであったが、父は先に北上していた。この時この地、父の誕生日を祝う。心の中で感じるところがあった。夜、寓居で父の誕生を祝う為に仲の良い友人20数名を招待して宴会を行った。宴会が終わってすぐ、上海西病院へ赴き妻を見舞ったが、まだ生まれていなかった。

今朝、中銀に行き執務する前に黄浦江岸を散歩した。市民の貧苦を見て、心の底から気の毒に感じた。9時に会議を召集した、当面の管理統制の仕事を検討した。10時に南京上海、上海杭州2線検査小組を召集し会議を行った。劉攻芸がやって来xx翁に説明して上海の問題に対して、非常に憂慮しており且つ価格限定を放棄する意向があった。危うきかな！

●10月18日

早起きの後、精神は他でもなく不愉快であった。数々多くの問題があるために、解決する方法が無いだけでなく、1日ごとに厳しくなって来た。妻を見るために病院に行った。事務室に着いた後、幹部を召集し関連の業務問題について討議した。皆は今秋遭遇する困難を感じており、以前より大きくなると思っていたので、すべて考えられる予想外に対応する準備をせざるを得なかった。午前、南京上海、上海杭州の両線県長が経済統制の任務は具体的な成果は無かった。昼中央銀行で食事をした。午後、約束をして江蘇の南部、安徽、晋、呉方、徐等当面の経済問題を話したが、どこも政府の政策を支持していないと言えた。今日は精神上極めて重い圧迫を受けて、まだ安眠できなかった。

●10月19日

早起きした後、心の中は依然としていらいらしていた。中央銀行に着いた後、新聞を読んですべての状況を知ることができ悪化の中、一般の幹部は定見が無く、困難を見るとすぐ恐れてしまう。午前、非常に多くの客人に会った。多くの従業員は道理を知らず、仕事をするのが遅く、理屈は空論するが結果は出ない。11時、市政府に行って、食料問題を相談して、非常に大きな刺激を受けた。午前中は非常に忙しく、夜9時になってやっと中銀を離れた。

●10月20日

午前、中央銀行で3省2市の調節会議に参加したが、具体的で良好な結果は無かった。各機関の仕事ぶりの態度はいつでも一種引き延ばしで、サボタージュのようであり、確実に頭の痛いことであった。午後、米を生産する県の県長を召集して米を上海に供給する問題を討議したが具体的な成果は無かった。夜、車に乗って南京に赴いた。

●10月21日

今朝南京に着いた。8時、すぐ惟果兄を訪問した。9時、翁を訪問し物価問題を話した。財政部は一定の把握と主張を持っておらず、すこぶる動揺し定まらない状態であった。4時半、飛行機に乗って、上海に着くと多くの家に灯がともっていた。上海に到着後すぐ中銀で執務した。

●10月22日

仕事の環境は軍事の敗北に連れて更に困難になった。すべての国軍は再びあらゆる考慮を行い、「調整」を行わざるを得ないようであった。さもなければ実施していくことができない。午前は中央銀行で〈上海市民に対して「一言を進める」〉という文章を草稿したが、意味は相当混乱しており、多くは好い文字を並べることはできない。直轄している側は、私個人に非常に不満のようであるが、それに従ってやるしかなかった。真昼、食料問題の為に、話し合いは非常に長くなった。多くの人は非常に慌てた。さらに一歩進んで自分が上海で確かに非常に孤独であることを痛感した。

●10月23日

人身を安定するために、〈謹んで市民に一言進言する〉ことを発表することを決定した。その中で何故価格を限定するのか理由を説明した。もし価格を放任して管理統制しなければ、則ち「便利なのは金のある人であり、喜んでいるのは投機商であり、ひどく苦しむのは庶民である」。朝、公務処理を完了後、李立侠の処に行き、1時間近く話した。話しておかなければ正しくない。

散歩しながら、市況を見たが、却って非常に面白かった。午後、江湾建設平定隊幹部訓練班が点呼し講話をした。夜は江梁家の中で食事をした。心の中は煩悶が極点に達した。

先週の反省録

仕事の環境は、日増しに更に困難を担ってきた。昌換兄が南京より上海に来て、政治問題に言及した。今日の立場は相当な苦難に満ちている。譲歩ではなく猛進である。恐らくその他の道は無く、2番目の道を行くべきであり、同時に難を見て退くのは、私の個性ではない。

●10月24日

工場の労働者は、物価がやや少し上がっているので、賃上げを要求した。学校の学生は、公司の事の為に、いわゆる反運ブルジョワ運動を挙行して、これは皆デモ性の挙動であり、皆共産党の手によるものであった。これは大陰謀の開始であり、注意するだけのことはあるが、過度に重視する必要はない。これは政敵が慣用する手段であるだけであった。早起きして、理髪店に行って散髪をした、そこで聞いたことは「列に並んでも物を買うことができない」。これは多くの話であった。9時に中銀に行って執務した。10時に検査報告会議を召集した。12時に青浦へ散策した、沿路のもみを見て、豊作なるのも確認し、心中これは一つの喜びになった。

●10月25日

午前、物資調節の方法を相談した。皆は意見が無かった。後にやはり自分が数条書いて原則上の決定とした。仕事をする人達は皆責任を負おうとしない。某方面の人は何にでも形式を語り、問題の解決を求めない。食料問題は恐慌に相当する。特に各県が採用するのは為政の態度が事態をさらに厳重なものにした。今日、夜半に目覚めた。警察局が提示した食料恐慌の報告に関し、心中かなりつらかった。2時半、目覚めた後、眠ることができず、且つ胃の中が非常につらかった。

●10月26日

我々は今日大きく重い仕事を処理した。某側の人及び新聞は既に私に対して攻撃開始した。これは皆予想していた事であった。このように政治をし、このように乱れずであった。今日はいつも通り中銀で執務し客人に会ったが、環境が日増しに悪化し、承認は憎むべきであり、政客は更に憎むべきであった。2種類の能力はすでに一緒になって連合していた。今日は進退両難の間にあった。午後、市政府が召集している「配給会議」に参加した。

●10月27日

米の商売人が各地で買っている米は、皆各地で阻まれていた。数日前の約束事は既に各省県は阻んではならず、まだなお効力が発生していない事を通知した。これは1種の新しい現象であった。半カ月前私の話は値引きをしてはならないということで、現在は以前のようでは無くなった。

昨日午前中自分の責任を尽くす為に、やはり電話を使って彼等が方法を講じて実施するように通知した。今朝飛行機で上海を離れ南京に着いた。午前中、惟果、昌換兄及び布雷氏を訪れた。昼、翁家の中で食事をした。午後3時、経済管理統制会議に参加した。半日会議をして何も結果は出なかった。

●10月28日

昨夜励志社で寝た。長い間ここには来なかった。過去ここに住んだ時は煩悶を感じたが、今日は静かな落ち着きを覚えた。昨日真夜中、上海の電話を受けて、妻がすでに1男を産んだということで、心中甚だ嬉しかった。ひと晩安眠することができず、早起きして趙仲容に会った。9時、行政院に行って、経営会議に参加した。皆が譲歩を主張し、食料は自由に売買し、給料は調整すべきで、種々の品物はその定価に合わせるべきである。話を変えて言うと、全ては皆いままで通り放任することになった。会議が終わった後、内心恐ろしくて落ち着かなかった。午後、引き続き会議に参加した。心中つらい事を感じていたことの外は、まだ話をしなかった。某社及び南京市参議会は私に対する攻撃は激烈であり、今晩上海に帰る。

●10月29日

昨夜は車中でよく眠れた。これは非常に不思議な事であった。たぶん疲れすぎたためであろう。目覚めたとき、車はすでに昆山に達していた。はるか遠くを見ると故郷の景色のようであった。秋風、秋雨は更に人を煩悶させる。下車後病院に行き妻を訪れた。そして新しく生まれた赤子を見た。心の底から嬉しかった。もし今日この様な困り苦しむ環境が無かったら、1つの大きな祝いをするところであった。午前、中銀で執務した。公文を処理した他、父親に電報で報告し「前方でご苦労されていることを思い、小生は上海で如何なる困難も恐れず、必ず、徹底して奮闘いたします」午後、呉開先と約束し物価調整後の多くの問題を話した。

夜歩日兄を訪ね、心の中の事をすっかり話し合った。

●10月30日

食料問題は依然として解決する方法が無い。商人が投機的に買いだめしているわけでもなく、都合よく地方が進むのを阻んでいた。1つを解決すれば、又別の1つの問題が発生した。社会が乱れ、人心が乱れ、すでに根本的な方法に在らざれば駄目であるという時期になった。焼き餅、油条を作る人は粉の配給を受けた後、焼き餅を作りには行かず、粉を持って闇市へ売りに行く。これは1件の小さな事であるが、しかし又皆が反省するに値する1つの社会問題であった。今日午前は中銀で執務した。午後は客に会い、5時に飛行機に乗って南京へ飛んだ。

この晩8時半に会議に参加した、皆は経済問題に対し、多くの意見を発表したが、皆要領を得なかった。

前週の反省録

10月の最後の1週間は、おそらく又減価納品書政策を実施する最後の週であった。問題は減価を不減価にすることではなく、政府の軟弱さを表していることであり、困難を恐れ決心が無い事であった。政府が減価政策を放棄するに当たって、私の主張はすでにこれに違反するものであり、自分自身は辞職するべきであった。しかし上海市市民に対しては一人の交代であり、合わせて父親の前線の苦労を思うと、実に自分の責任を置いておくことに忍びず、それ故やむを得ず去っていくことにした。しかし立場の苦労は想い知るべきであった。今日は敵を恐れず只自分が迷惑をかけることを恐れ、当面の情勢は益々厳重になっていた。しかし種々考えてみると、徹底して奮闘するだけであった。

●10月31日

9時、行政院に行った。列席が義務付けられている臨時会議であり、経済問題を討議した。午後4時、飛行機に乗って上海に帰った。5時半、叡鴻鈞氏が召集した談話会に参加した。

前月の反省録

タバコ税の増加、金圓券の発行額の大きさは、10月初のいわゆる争って買うブームになった。この事から発生する市場変動は、日増しに悪化してしまった。自分は値下がりする力は、すでに不十分で有効ではないと感じていた。経済面で言えば金圓券発行の数字が大きすぎ、到る所紙幣であり、このように多い紙幣は、皆行く先が無く、その為市場の混乱を引き起こした。呉如蘊が手紙をくれて言っていた。「官吏は2カ月空働きをし、民衆は2カ月の苦しみを食べても無駄である。その上貧乏人は益々貧しくなり、金持ちはやはり同じように豊かである」この数句の話は心が痛みすぎた。同時に又金圓券の値下がりは、実際私自身について辛すぎた。同時に又金圓券の値下がりを刺激した。人々が米ドル黄金を持ってきて金圓券に兌換した状況、及び今日はどれだけ私を恨んでいることか、本当に非常に悲惨であった。自分の責任心を表明する為に、私は政府に対し自分を処罰するよう申し出る。合わせて上海市民にお詫びを表明し、責任を明らかにしたい。70日の時間、多くの心血を注いで、又無駄では無かった。一部の経済学を読んで、多くの苦痛な教訓を得た。前途は困難が非常に重いが、心中には深く感じることがあった。

四、杭州から上海へ一家団欒

●11月1日

文章（長女）が一昨日杭州から上海に来て、一家団欒となった。心中非常に楽しかったが限りない憤慨があった。私の心の中は、十分な心配と煩悶であった。政府は今日から減価を取り消すと発表した。2カ月の仕事が一切帳消しになった。振り返って見ると、本当にがっかりして悲しくなった。東北の情勢、又このように深刻であり、徐州の情況もまたこのように逼迫しており、一人の理知的な者の心は如何に安んじることがきるのか？　早起きした後、心は乱れていた。午前、重要な幹部が召集され如何に談話を発表するか討議して、態度を表明した。

午後、検査委員会が召集された。

●11月2日

減価はすでに開放され、70日来の努力は既に一切を帳消しにされた。想い出してみると、本当に極めてあわて恐れることであった。今日上海市民に告げる書が発表され、自分がまだ任務をやり遂げる責任を尽くすことができていないことを承認した。仕事の過程の中で、市民の苦痛が増加した。それ故政府に対し自分で処罰されることを申し出た。そして同時に最大のお詫びを表明した。しかし決して自分が定めた政治主張は放棄しない。この通告文は「上海工作」を終了した。午後、重要幹部2千名を召集し自分の態度を説明した。合わせて決して白旗を上げるのではなく、かつ努力を継続することも付け加えた。当面の情況から見て大風呂敷の決意のようであった。午後、病院で妻に付き添ったが、気持ちは乱れていた。

●11月3日

9時半頃、病院に着き、妻と赤ん坊を迎えて寓居に帰った。これは多少慶賀のことであった。もし太平の時であれば、これは祝いをする値打ちのあることであった。但し時局がこの様であり、ほしいままにすることはできない。10時半に家に帰り、昼、新衡家で食事をした。同卓者は旧同級生で談笑しながら非常に愉快に楽しんだ。午前、華白と約束し郊外を散歩した、帰宅後、家の中で雑談した。国事がこの様に艱難と危険であり、私がこの様に時を過ごすのは、内心焦っていら立っていた。

●11月4日

今朝、和平門で下車し、初如兄が迎えてくれた。最近仕事が苦しい中、知己友人の同情にきわめて感動している。励志社に着いた後、集まって以前の通り詳しく話し合った。9時半、父親に拝見し上海の一般状況を報告した。子供として父親の忠心愛国の情に感動した。南京で1日過ごし、午後6時南京を離れた。

●11月5日

昨日、夜間汽車の中で非常に思い悩んだ。且つ気がかりでじっとしていられない感じになった。今日朝すぐ中銀事務所に行き、仕事を終了する関連の事について処理した。10時、幹部を召集し今後の態度と方針につき説明した。この多くの幹部は、逆境に処しているけれども、始終指示を好く聴いて、多くは得られない同志であった。午後、検査委員会を召集し、合わせて督導処執務者に対し別れの挨拶をした。

●11月11日

昨日正式に督導員職を辞任したニュースが発表された。今日から既に再び中央銀行事務所には行かなくなった。夕方私は歩いて金融管理局の林崇傭、李立侠氏にいとまごいに行った。黄浦江上の夕景色は格別に凄惨に感じた。

今朝早く、約束して行深、倉白、霊峰、仲平と自動車に乗って杭州へ遊びに行った。途中閔行、作浦、海寧を経由して一路景色は美しかったが、ただ秋風紅葉で人を感傷的にした。昼杭州に着き、文章ともう一人の二人の子供に会って、一家団欒の楽しみになった。午後虎跑で遊び、夜は楼外楼（杭州の有名な料亭）で小宴を張った。

（注）文中　蒋経国は１９４８年命令によって上海督導管制経済事務所に赴任した。〈黄浦江浜日記〉の中に彼がインフレ抑制の為に投機商をたたいたが、やりすぎたことにより不運になって辞任した経歴を記録していた。

第七章　家庭教育と霊枢を守る

一、私が受けた家庭教育

●1956年10月30日

父親の我々兄弟の教育は非常に厳格で真面目なものであった。家庭であろうと、外であろうと、常に手紙で我々が書いた文字、読書、正しい人間になる道理を教育した。父親はこの様に大切に我々兄弟を愛護し保護してくれた。実際に我々はいつまでも忘れることができない！

2年目二人三脚になって、又手紙を送って来て私がしっかり読むように告げ、父親が私に対する教育は私の幼年時代に、すでに非常に真剣であった。字を覚えることは民国9年（1920年）の時に父親は他でもなく私に読むように説文解字を1冊送ってきて、指示して言った。「この本は毎日10字を覚えることができれば、3年以内に読み終えることができるが、一生役に立つということではない。読書の第一は注意して好く聴くことである。1字を知ることは1字の解説ができることであり、読んだだけで終わってはならない」

父親は特に私が書いた字を気にかけていた。というのは私の字は上手くなく雑であった為であった。民国12年5月、私の手紙の中に思いつくままに書いて間違えた所を見つけて、直ちに返信が来た。「お前の5月1日の手紙を受け取った。前の手紙は以前よりは好くなった。しかし『五』の字の下側の横線が抜けていた。此れはいけない。今後書き間違えた字が分かったら、既に筆を下ろしていても完全に直してから、出すべきである」

このような訓示は、私に字を書くことを教えるだけでなく、実際には我々が事を成すに当たっていい加減であってはならず、竜頭蛇尾であってはならず、必ず終始一貫していなければならない。一人の人間がもし気力が無ければ、成功できるはずがない。父親の私に対する啓発は、私の頭の中に極めて深く刻み込まれている。民国13年、父親が黄埔で中央軍事政治学校の校長に任じられていた当時、あれほど繁忙を極めていた時にも依然として私に手紙を書き、字を書く方法について指示していた。字を書く筆はきっちりとして、文字は鮮明でなければならず、決していい加減にしてはいけない。手紙の字は又自分が書いているように同じ大きさで、小さくなりすぎてはいけない。

しばらくして又私に1通の手紙で説明した。「お前の字はもう既に少し進歩している。しかし墨を使うならもっと気をつけなければならず。時に濃い過ぎたり薄すぎる欠点があり、筆力も又たくましさが足りない」。1日置きに書を1回書くべきであり、古い手本の中の横、直、鈎（羽根）、点、撤（左払い）、捺（右払い）を体得する。注意することは筆は高く上げ手首は浮かすこと」

只字を書く一事だけであるが、私が帰国後ずっと、民国26年4月27日父親が手紙で説明した。「初めて字体を習うならば、手本の譚字を見習うのが好く、最も良い手本である。ソ連の字或いは趙字（元代の書家、趙孟鎮類の書体）を可として、学び易いものである」又続けた。「中文の読書により字を習う方法は、曾公家訓と家書で非常に詳しく述べている。お前達がもしその家訓と家書を詳しく読むことができれば、ただ特に『国学』によってのみ会得するだけでなく、必ず精神道徳に於いて皆中国の政治家になることができ、その時代がすでに過ぎ去ってもおろそかにすることはできない！」

その間に感化を受けて、知らず知らずのうちに考えや性格が変わり、予定通り実行するためにはどんなことも問わず、私達を父親が指導する時に、いつも私達が日常生活に於いて誠実で真実である境地になることを望んでいるようであった。換言すれば、日常生活の中で、良好な習慣と能力を養うこと、これは当然王陽明哲学の影響を受けていたことであった。

父親は私に読書するよう指示して、主要な書物は四書であり、特に孟子であった。曾文正公家の書物に就いても又非常に重視した。後に私に王陽明全集等々を読むよう重視した。民国11年、父親が四川に行く1日前に、やはり私に手紙を送って来て告げた。「孟子はじっくり整理して重読するべきである、論語も又王氏に1度解説してもらい、お前が再度自習する、どうしても書の意味をはっきりと徹底的に理解するまで努力すべきである。お前が中国語でもし一部の四書の意味を理解することができれば、又1冊の左孟庄騒菁華（精華）を熟読することができる、則ちその後作文は自在にできる。毎篇3百回読めば、忘れるはずはない」

間もなく手紙が繰り返し来て説かれた。「孟子の文章の好さは並大抵ではない。もしお前が将来好い文章を書くならば孟子を熟読すべきである」

父親が特に私に孟子を熟読するよう助言してくれたおかげで、私は彼の文体を学ぶだけでなく、好い文章を書くことができるようになった。同時に更に私は思想上次に列記する数段の文字を重要視している。

(1)5畝の宅、桑を植える、50人がこれを織物にする。鶏、豚、犬、羊の家畜を飼う、その時失うもの無し。70の人が肉を食べる。百畝の日、その時奪うもの無し。数軒の家、飢える人無し。用心深く学校の教え、親に孝行を尽くし、兄によく仕える、孝悌の義、白髪交じりの老人は道路に出さず。70の人は布を織り、肉を食べる。多くの人が飢えず、寒からず、しかるに王にならない人は居ない。

⑵自暴者には発言させてはならない、自棄者には有為にしてはならない。言は礼義に非ず、これを自暴と謂う。写真わが身は義より仁に居することは出来ない。これを自棄という。仁、人の安宅なり、愉快に働くこと、義、人の正しい道である。広い安宅ですむ人は無く、拙宅は正しい道を行くも思わず。悲しきかな。

⑶天がこの人に大いなる任務を与えようとするときは必ずその人の心や志を苦しませ、その筋骨を疲れるほど働かせ、その一身を窮乏させ、する事、なす事がそのしようとする意図と食い違うような苦境に立たせる。それ故心を揺さぶることは忍耐心であり、益を増すことは不能である。人は不変の心を持って過ぎ、その後改めることができる。心に疲れ、考慮することで均衡をとり、その後行う。色に表し、音に発し、その後知らせる。人は法家彿士が出て、無敵国外患者は、国が常に亡びる。その後、憂いと艱難の上に生まれることを知り、安楽の内に死ぬ。建設計画である。また言うならば我々が革命工作の目的に従事しており、全ては人民の安楽と国家の富強、できるだけ老人の織物師が肉を食べる。多くの人々が飢えず寒がらない境地を求める。第2段は自分の立身には自暴自棄になってはだめで、義より仁に住まなければならない。たえ忍んで逆転し、その後達成することができる。……古人が言うには、「天の磨きを受ける事ができて意志の固い男ができ、いじめに会わなかったら平凡な人であった」

確かに経験のある人の言葉であった。

父親はある時私にイソップの寓言を教えた。その中に意義のある物語を読んで、私達を好んで啓発した。例えば亀とウサギの駆けっこでは、何故ゆっくりしか進めない亀が前に出ることができ、早く走ることのできるウサギが反対に負けてしまったのか？　これは即ち根気を持たなければならないということであった。又1匹の犬が肉をくわえて橋を渡る時に、水中に見えるものを自分の影であることを知らずに、一緒に取ろうと思って、とうとうもともとくわえていた肉を落としてしまった。これは即ち「鷹を取って蜀を望む」という例えのように貪欲で飽くことを知らない人で、結果は返って恩恵を受けることができなかった。父親が話す時は上手に語り続け人を飽きさせなかった。

私が帰国して以降（1937年）、父親は私に曾文正公家書と王陽明全集を読むように要求し、取り分け前者を特に重要視した。父親は曾文正公が子弟に対して訓戒したことを評価し、模範とすべきであり、私達が体得し、尚且つ家訓の通り実行するべきであると考えていた。平常私がご機嫌伺いの手紙を書くと、父親は仕事が忙しいために返信をするのが間に合わず、父親の返信は文正公家訓の第数篇を指定して返信の代わりに寄越し、たまたま私が病気になったと伝えると、父親の返信は私がしっかりと家書を読んでいない原因であると述べた。その書の中には如何に健康を維持するかについて、非常に詳しく説明してあるからであった。父親は又常々自分が閲読した各書を私に渡して読ませた。書の中には父親が自ら付けた丸や、コメントと会得した事があり、合わせて重要な処を記号を使って示してあった。これにより、父親が私に読書を教えたかったことが分かり、如何に辛抱していたかを思い知った。

父親は私が若年ですぐ出国したために、そして外国での時間が又非常に長かったために、私は中国固有の道徳哲学と建国精神に対して、深い理解を持っていない。その為又私に特別に国父遺教を掘り下げて精読するよう指示した。

民国26年（1937年）5月12日付け来信で説明した。「お前は今後書を読みなさい。中国固有の道徳、建国の精神と哲学を重点的に読むべきである。孫文は学んで1書を説明したが、実は中国哲学の基礎であった。そして三民主義は即ち中国哲学の具体的表現であり、訳文は決してその精神を徹底してはっきり述べることは外国人ではできていない。ロシア語の訳文は更にその中の精髄を放棄して訳しておらず、故にお前は孫文の学説を読み終わった後、則ち三民主義の中の民族、民生と民権の各稿の原書全文を読むべきある。併せてその会得した収穫批評の要点をまとめて別に記録しておき、上司の高覧に供するべきである。民生主義の中で、マルクス主義の各節を批評することは、最も重要である。実際に適合する客観的な態度を採らなければならない。心を集中して研究し読み終える。イデオロギーの後、再び軍人精神教育の1書を読み、又中山全書の中にまた以上の各書を理解できれば、則ち中国の政治、社会、経済と哲学は、皆その基礎を得ることができる」

三民主義書籍を研究する他、父親は又私に広範な儒学の経典、史、子、集を読むよう要求し中国の歴史と地理と哲学を理解させようとした。民国26年（1937年）5月22日の来信で訳を話した。「今お前は腰を据えて漢文を練習し、歴史と哲学を研究しており、他日国家と社会の為に奉仕する。蒋氏の子として恥じないことが最も重要である。お前の学門はロシアに行った後から今帰国した間、10数年来、毎年毎月個人の生活は経過してきて、先にお前は1つの具体的で系統的な報告を行った。さらにお前は今後の個人的な抱負の志望、及び能力の及ぶ範囲で希望する仕事を述べており試験に備えている。要するに、中国人は必ず歴史哲学と政治社会及び経済の実情を先に知らなければならない。ちょうど今中国の善良な国民の為である。この事は徹底して覚悟しておくべきである。最近見るとお前の文字は非常にぎこちない。早く行書と楷書を練習しておかねばならない。およそ中国の経、史子、集各種の書籍は、武嶺学校図書館には皆備蓄されている」

このようにだけに留まらず、父親は更に再び私が既に読んだ書籍に、復習をさせた、合わせて精選された古文に精通していた。民国26年（1937年）6月6日の来信で説明された。「今は文章が進歩しなければならない。第一に古文を多く読むべきであり、合わせて読んで覚え、暗唱すべきである。大体毎篇の古文は少なくとも百遍以上読み、月末には以前読んだものを1遍全部復習する、もし尚慣れないならば再度暗唱する。詰まるところが無かったら、その後はちょうど休みとする。このように努力すれば3カ月後には、約30編を暗唱することができ、文筆は必ず速やかに上達する。

もし百編の古文が胸中にしっかり暗唱されておれば、すぐ既成の文書にも迫力がつく。文字を書くこともとりわけ大切である」

父親は心を込めて飽きず指示を与え、今に至るまでも私の記憶になお新しい。只後になって仕事が多忙になりすぎ、その為に、予定の計画にそっては上手く運ばず、徹底してやり切れなくなり、確かに徹底して引き受けることを望んだが、非常に恥ずかしく思った。

この外、父親はまだ私の英文研究、数学の方法と和文読書の次第を指導した。私が贛州の専従者に任命された時に父親の民国30年（1941年）8月の来信で説明した。「お前は私に報告してきたが、毎日英語と数学を6時間勉強しているとのこと。速さを欲張る弊害である。学者が熱心すぎる大害である。速さを欲張れば即ち必ず失敗する。よくない事を助長すれば、功を焦って失敗する、益がないだけでなく、却って害になる。お前が数学を勉強するにはその基礎を知るだけで良い。代数の方程式、幾何の定理等各種の学問を研究させる時と数学を応用する時、皆その方式を理解するのみで、その精進を求めなくてもよい。そして一生懸命熟知する必要は無い。故に毎週6時間数学を学ぶのは、最多でも、事務が大変忙しければ。即ち3時間に減らすべきである。このように毎週3時間から6時間の学習を継続してやれば、2年内におおよそ、代数、幾何、三角等の数学は皆卒業できる。故に急ぎすぎて速さを求める必要は無い。

英語に至っては、毎週6時間を限度として、先に文法と知らない字に重点を置き、その後さらに一歩前進して、会話を重要視する。ともかく先に文字を読むことを主として、更に一歩進んで会話を習うことを主とする。お前のロシア語は既に基礎があり、英語を勉強するのはきっと非常に易しいことであり、あまり急ぐ必要は無い。しかし外国語の進歩はただ根気がいり、途切れなく続け、あまり欲張りすぎてもいけない。要するに、お前の年齢はすでに30歳を超え。記憶力はすでに退化しつつあるが、理解力は増強され、もし根気よく続ければそれが通じないという心配はない。そして頭脳を使いすぎるという心配は功を焦って失敗する害をその通り行うことになってしまう。故に各種学問は必ずしも忘れない事を求めるものではない。しかしその学理をよく理解し、その応用方法を了解することを求める」

4月22日私に又易経と明の儒学公文書の道理を掘り下げて精読するように告げ、先に曾文正と胡林翼の家書を読むように奨励した。来信で説明された。私は最近毎日時間の都合をつけて易経を読み、明の儒学の公文書を読んでおり、精神と学力が皆進歩してきたことを自覚している。しかしこの書は50歳以後にならないと利益を得るには容易くならない。この時私は曾文正、胡林翼等の書籍と家書を多く読んでいたので、時々古文最高の物を感嘆するような2~3篇を選んで読むことができていたし、いつでも見ただけで暗唱できるようになっていた。筆を採って文を作ることができるようになっており、自ら、左右周囲を見直す素を得ることができた。

父親は私の教育に対して、非常に環境に接近して注意していた。それ故「朱に近いものは赤、墨に近い物は黒」であった。覚えているのは、私が子供の時住んだのは父の故郷であった。父親は故郷の空気はあまり閉鎖的であり好まなかったが、永年の文化の伝統を継承し、そして国を治め、家を整える為であると考えられる。民国9年（1940年）かつて私に手紙を書いて語っている。「お前は家に在って、親に対して孝行し、長上に対して恭しくしなければならない」「利」にこだわり、見識が狭く、罪悪が集まっていた。少年が長く住むと、不良の影響を受けるため、又私を北平に送った。時々私は親戚の家に寄宿したが、父親はこれらの親戚の家庭生活或いは風習が好くない為、又十分注意した、古人曰く「善人の交わりは徳の高い人と一緒の部屋にいる如きであり、久しくその香りをかがずとも共に感化する」悪人との交わりは「アワビの店に入った如きであり、長らくその店にいると臭さが分からなくなる」見よう見まねで自然に多くの礼儀作法を覚える。その端に父親は私の為に師を選んで、私に交友を教え、皆極端なほど周到且つ慎重であった！

父親の私に対する教訓は非常に厳しかった。特に身を修め、家を治める道理を重視した。父親が純粋至誠の孝行の為に、又中国数千年の教養を身に付けるためであった。

父親は又私に高尚な道徳と互助の精神を民国11年桂林で、清明節の前に、手紙を書き指示して言った。「清明節が近づき、私は多分家に帰って祖母の新しい墓を墓参することができない。心は非常に不快である。清明の1日お前は火叔父に頼んで祖母の墓の上に数百株の多種の樹を植えてほしい」

翌12年又来信で私に告げた。「師長に対しては敬意を持ち重視する。同級生に対しては仲良くすること」

父親はこのように懇切丁寧に訓戒してくれた。およそ家庭の孝行から、導師朋友に至るまで推し進めることまで私に対し関心のない事を養成しなければならないことを教えた。民国12年（1943年）10月私に手紙で指示した。「一人の人間は第一に規則を遵守しなければならない、他では無く自分が『道徳高尚』であることであり、只すべての規則を守っていなければならず、人の自由を侵犯してはならない、もし人が忙しい時に、自然にできるだけ手伝うことができればこれは即ち『互助』とよばれるもので、また『公徳』と呼ぶこともできる」

父親は私に公徳心を養うだけでなく、人の自由を侵犯してはならず、同時に私が「同情心」を発揮するべきである。私は子供の時から今まで、一挙一動が皆あたかもこのような教訓と拘束を受けていたようであった。

父親は生涯人達に依頼心の心理があることを嫌がった。とりわけ人格の低い他人が富貴の人達を貪っているのを蔑視した。権勢のある人に取入り利益を求める心理は、則ち人格を下げ、自己卑下の出所である。

自立自強の理想があれば、たとえ悪劣な環境が包囲していても、同化し、支配すれば、却って環境を克服することができ、環境を創造する。このようにすれば初めて退廃と堕落に至らず、ようやく過ちを犯すことなく危険を免れることができる。

父親は常に私に告げた。誠心誠意で人に接しなければならない、一生「誠」の字を最も重要と見なければならない。人との交わりの基礎と秘訣である。とこしえに維持することである。たとえ別人が間違っていても、或いは自分に対して見下げるような事があったとしても、私も又彼とかかわりあう必要は無く、やはり自分の真心を尽さねばならない。父親は語っていた。「公に就くものは必ず『誠』を尽くすべきである」

又語っていた。「人生で最も完全無欠であることを求めることができる境界は私のすることなすことであり、皆『至誠』を根幹にしなければならないと考えている」

例えば、過去新疆都督盛世才は、多くの人が彼に反対した。抗戦期間、彼は6全大会に出席した。多くの人が更に中央に彼を懲罰するよう求めた。なお一層政府に請願する人もいた。父親は彼等に答えて言った。「盛世才が重慶に来たのは、私が彼に来るように頼んだからである。彼の一切は全て私が責任を負う」

散会後、多くの人が私に言った、「盛世才のような人に、なぜ彼に替わって責任を負うのだ」私も又当時疑問を持った。しかし心中きっとその他の理由があると思っていた。後に、民国34年（1945年）雲南問題を処理しなければならない時、父親は龍雲を重慶に呼んだ、彼は当時中央に電報を打って父親が彼の安全保障をするべきであると要求して、彼は初めて来ることになった。父親の適切な説得を経て、雲南の問題は解決に至ることができた。この時私は初めて思い当たった。当時盛世才がやっと重慶にやって来たのも、もし私の父親が彼の安全を保障していなかったら今の龍雲もやはり敢えてやって来ただろうか？　これは正に「誠」の致す所であり、精神一到何事か成らざらんであった。……「誠」の一字、人との交わりの伏線を予期していたことになり、同時に又事業成功の秘訣である。

父親も又非常に注意して私に教えた。人としての態度は礼儀正しく、自分に対しては謙虚であるべきである。書経で云っている、「満ちていることは損を招き、謙虚は益を受ける」すなわち我々はおごらず、高ぶらずしなければならない。正しい人間になるには学門を求める。論語で言う「目下の者に聞くことを恥じず」又云う「3人が行く、必ず我が師あり」父親は私が尊師の重要な道を教え、先輩、教師、友人に学び、同時に更に学問があり、経験があり、専門的な知識を持っている人に教えを請う。只謙虚な態度があってこそ、初めて人の尊重と利益を得ることができる。

父親は功名主義を最も忌み嫌った。常々我々をたしなめた。「でしゃばる」手はいけない。みだりに他人を批判してはならない。父親は今日の社会の病根の所在をはっきりと見てとったからであり、すなわち一般の人はともかく背後で話をでっち上げ、陰で人を中傷したり陥れたりする行為・計略を行い、暗と陽にしのぎを削り、お前が横取りするなら自分は奪う。これは他人に損をさせて自分の利益を上げる最も不道徳な行為である。同時に一般人は結局他人をしかりつける、丁度国家の興亡は、自分の完全には責任は無い。そしてこのような心理は他でもなく自分の進歩の最大の障害であった。我々は常々自分を点検して、自分の欠点を取り除き、他人の陰口をあまり話さず、無意味な是非を減らすこと。

父親は又常々我々を戒めた。「実際に仕事をする時に決して虚偽……上調子であってならない。軽率、誇張、うわべだけの話、人目を引きつけてペテンにかける話をしてはならない。軽率に行動することは若者達が最も犯し易い欠点であるからだ。頭脳が冷静でなければ、時Xに愚かになり易く、軽挙妄動し、過失を犯してしまう。とりわけ勿体を付け、仰々しい事をして見せびらかせば、むろん人を心腹させることはできない。ほらを吹いたり、はったりを利かせて一時は人を騙す事はできるかもしれないが、他人を害するか、また更に自分を騙すことになる」その為父親は時々私を戒めた。「実際の仕事をするなら誠意のない上調子であることを決してしてはならない。さらには自分の宣伝もしてはならない」

民国33年（1944年）10月21日の来信で言いつけた。「仕事をするには当地の実際の仕事に注意しなければならない。対外宣伝を以て必ずしも実施する必要は無い。「我が家の子弟を以て、隠そうとするほど、世間の人の妬みを受けざるを得ない。世間の人の妬みを受けないために、又我が親族は善行を積み、福を植えることができねばならない。またそうすることが祖先の幸福に答え得ることになり、後世の子孫にも福音を多く残すことに成る。この事は壮年の人の事であるが、とりわけお前達は知らなくてはいけない事である」この事の為に私は四六時中父親の訓戒を自分の「座右の銘」としており、いつでもどこでも警戒心を高めている！

父親は私に如何に身を持するかを教えた外に、さらに私に事を成す道理を教えた。私も又常に父親の指導に従いやってきた。父親は我々に事を成すためには、大綱を掲げなければならず、大大小小の事柄を面前に順序良く並べる。まず理を整理し手掛かりをつかみ、要点、重点を把握すると考えた。記憶しているのは私が11歳の時、父親は長着を脱ぎ、私に掛けるよう指示した。同時に言った。「我々が衣服を脱ぐのは、先に着物の衿を引きだし、その後ハンガーに掛けるとやっと全体の衣服が適切に置かれることになる。さもなければ、糸口が整っておらず雑然として放って在り、もう一度着る時にきっときっちりできない」

もう1回、父親が1台の長椅子を指さして私に言った。「一人の人間が座る時には、必ず長椅子中間に座り、一方の端に座ることはできない。重心が中間にあるために片側に座るとひっくり返ってしまう」

その次に、私に教えたことは、「どんな事をしようとも、全て始めがあり終わりがある。普通の人が事をすると、開始の時はともかく十分熱心である。その後になると高い理想が次第に減少してくる。困難と妨害に逢うと、すでに途中で止めてしまい、放棄してやらないことになる。甚だしくはもう少しで成功する処で失敗する。世の中には本来多くの容易ではない事情があり、辛抱強さと根気のある人が、やっと成功することができる。もし始終を貫徹できなければ、万難を排しても、結果を出すことはできない」

父親は常に私に指示した、事を成す時には絶えず途切れない「反省」が必要である。私も又父親の意図に従いやってきた。我々が事を成すには、ともかく常に過失がでることであり、もっとも大切なことは勇気を以て改める事であり、再び失敗しない事である。過ちを改めるために必ず知るべきことは、たえず「反省」することである。曾子は1日に3省した。私の毎日の反省はまた3つの要点がある。自分の良心に対して申し訳が立つか？　父母に申し訳が立つか？　国家民族に対して申し訳が立つか？　このように毎日「反省」、毎日自分の日記を検査し、自分の行為に対して確かに非常に大きな為になることがある。

何となれば父親が実践を重んじ、その為我々をたしなめた。「虚名を追うな、役人になる下心を持つな」これも又他でもなく国父が述べたものであった。「立志を大事にするべきである。大官になる立志は不可である。現在多くの人が皆、官位が上がる観念を持っている。形勢財力如何で相手を差別する。些かも事業心は無い。そして社会上人における評価は又多くは彼の学問、道徳、人格、事業を以てとしていない。官階の上下が基準となってしまっている。それゆえ、科学、実業は非常に少なくなっており、注意する人が要る。このようであると、社会は又どのように進歩することができるのか？　我々はどのように科学先進の国家と競争することができるのか？どのようにすれば他人の支配を脱することができるのか？」

要するに、父親の私に対する教養の方式は、私が自分で体得できるものであり、生活を実践する中に重点を置いており、数々の訓練を以て私に与えてくれた。私が放りこまれた最も困難で最も悪劣な環境の中で私に人生の苦難に満ちた味わいをさせ、生命の意義と目的を体験させてくれた。

父親の絶えざる薫陶があって、私の思想が極大の影響を受けた。……古人にこの言在り。「もしも国家に利があれば、我は皮膚を変えてもかまわない」全てはただ公正無私で少しもやましいことは無い。

注：〈私が受けた家庭教育〉は、蒋経国著の〈一人の平凡な偉人〉（1956年に著作）の中の1節。その内容はその父蒋介石が彼の幼少の頃からずっと成人した後まで彼の読書指導教育等の情況である。

二、一分毎の時間の中で

●1963年11月2日

イギリスの作家キップリングの1篇の詩（IF—もしも）を読了後、心の奥底から深く感動した。月夜に静かに座って、悟りを開いたように思い、師のその意向によって、この篇を書き上げ、自分が学ぶ訓戒とする。

1、もしもあなたを取り巻く人達が、彼等の理性を失ってしまい、彼等の良心に背いたなら、正に各種罪名があなたの頭の上に加えられた時に、格別にあなたの頭脳の冷静さ明晰さを保持するべきである

2、もしも多くの人が、皆あなたに疑いを抱き、すぐ彼等が疑うなら、同時に、更にあなた自身を信じるべきである。

3、もしも間に合わないのに待って煩わしさに耐えられない、また別人の中傷を受けるために憤激してはならない。もしも混乱した心がすでに爆発する瀬戸際にある時、あなたはやはり辛抱して待つべきである。

4、万一人に何の理由も無く嫉妬される場合、怯える必要は無いが、くれぐれも注意深く仕事に専心し、才気があってもひけらかすことはしない。

5、もしもあなたに一種の理想があっても、絶対に夢の世界を現実と見てはならない。あなたが何かを深く考え込む時に又分不相応なことは求めてはならない。

6、たとえあなたは信仰する真理が、歪曲され、他人の落とし穴に騙されることになっても、あわてず騒がずあなたの信仰を守りなさい。

7、ひとたびあなたの業績がぶち壊されることを見つけると、あなたはやはり勇気を奮い起こしてあなたのよく切れる器具を拾いだし、苦痛の中で新たな基地を建てなさい。

8、たとえ成功であろうとも、失敗であろうとも、成功と失敗はすべて冷静な待遇をするべきである。

9、あなたと俗人が生活を共にする時、悪人とぐるになって悪いことをしてはならない。あなたが官位が高く要職にある高官と一緒の時に平明の本来の姿を失ってはならない。

10、もしもあなたが1分毎の時間の中で全て人の為に最大の力を尽せばあなたは自然に他の人の信認を受けることができ、敵の襲撃を受けることは決してない。

注：〈一分毎の時間の中で〉は、蔣経国が1963年の1首の散文詩を書いた、内容はイギリスの作家キップリングの詩を読んだ後、誘発された人生処世の感想である。

三、父の霊を守る1カ月の記

●1975年4～5月

霊堂に行き跪いて泣き哀悼する。

●4月8日

朝、霊堂に往き、跪いて泣き哀悼した。章女（経国の長女）がアメリカから帰国し、父娘が抱き合い顎を相手の肩にもたせかけて大声で泣いた。

●4月13日

午前章女、楊和婿を連れて再び慈湖に行った。柩を安置する場所の工事を点検し、武、勇の二人の子供もこの場所で工事を指揮することに力を尽してくれていることはきわめて慰めになった。工事人員と工員は皆不眠不休で日夜仕事を急いでくれており、私は深く感動した。

今日私は血圧が高く、ことのほか気分が悪く、少し休息した。

●4月15日

早朝、父に向って礼を行い、帰宅後少し休憩して、父親の親筆の手紙を整理し始めた。その中に1通の金門公館に居た私宛の手紙があり、金門で休むように指示していた。

その時私は小病を患っており、父親は特に湯恩伯ご母堂の葬式に台北に帰ってくる必要は無いと特に告げ、合わせて自分が弔問に行く事にすると言った。後に、父親は病気にもかかわらず葬儀場に行き湯母堂の葬儀に参列し弔った。父親の気配りの誠実さと旧友に対する思いやりに深く感動した。今重ねてこの手紙を読んで、泣いて声も出ず、さらに文書を整理し続けることができなかった。

夕方、母親に付き添って再び父の霊前で礼を行った。母親の悲しみはこの上無く、何回も泣き、私は母を慰め身体をいたわるようにしていただくことが何より父親を安心させることであると言った。夕方一人で園内を徘徊していると、傾き掛けた太陽が西に沈む様子は、落日が輝くようであり、色の綺麗な雲を背景に素晴らしい景観であった。夜ねつかれなかった。

●4月18日

慈湖に於いて霊を守る、暦年父親に仕えてしばらく滞在した状況は、一心に在り、父親がなおこの世に居り子供と一緒に一つの家に住んでいるようで、昔の事を思い出して、知らず知らずに涙がどこからか出てくる。

服喪の日は、正に自ら反省する時であった。真夜中に起きて、ある時は霊堂に座り。ある時は家の前を行ったり来たりした。自分は一生親不孝であった、しかし既に罪を補う機会は無い。朝夕、私は必ず一人で家の東側のベランダに座り、ここは父親が生前最も好んだ場所であった。思うに極めて静寂であり、常に子供とここで雑談を楽しんで一家団欒をした。ここには2席の椅子がある、今私は左側の1席に座っており、右側は父親が常に座っていた。今は空席であり、この状況を見るとにわかに悲哀孤独の感が生じる。庭の中のつつじ、緑竹、蒼松が互いに引き立て合うのを見て、山側の泉水がさらさらと流れる音を聞き、蒼天の白雲を仰ぎ望み、親の情は失いやすく得るのは容易く無い。とりわけ感傷的になる。父親の手紙数封を精読した。その中の多くは政務の計画と実行の細部。特に深い感触があった。夕食後、廊下を散歩し、さらに父親が前に、子は後ろに随行した。

●4月20日

早朝、父親に向かって礼を行い平常のようにご機嫌をうかがった。父親は病気休養になって既に2年有余経過し、公務および外出以外はすべて日夜、栄総或は士林で父親に仕えた。思えば父親は時には食事を共にしている時、私の妻の情況を尋ねた。私が公務で出張した時には、いつも再三私に「早く行って早く帰りなさい」と言いつけた。およそこのようで、これを思うと心が痛む。私が初めて家族の喪に出会ったのは、11歳の時に祖母を弔った時であった。父親は数日悲しく泣いて弔った。祖母は慈善事業に従事しており、地方の公益責任者として橋の修理や道路の補強等の仕事をしていた。子供の指導もよろしきを得ており、孫を心から可愛がったが、しかし家庭のしつけも非常に厳しかった。祖母の葬儀を回顧すると、私は年少であったので、只悲哀を覚えていただけで、この度父親の葬儀で悼み嘆くことの深さに及ばない。

●4月22日

父親が逝去した後、世界情勢は大変化が発生した。アジアの形勢は急激に悪化して、中南半島の反共陣営はすでに解体した。朝鮮半島の時局は日増しに重大となり、この事の外に互いの関係が密接になった痛みの時になった。自由世界は父親の遠見と計画に基づきもし早く処置しておれば、決してこの危険な情勢に至ることは無かった。昔我が大陸はこのように失われた。今日東南アジアの敗北も又このようである……。

●4月23日

慈湖の鏡のような水平さを静観した。ある年父親は私を連れて小舟に乗り高雄の澄清湖に遊んだ、中秋にふさわしい日であり、父は波に明月が映るのを見て、私に告げた。「これは平湖の秋月のようだ」時は数年経ったが、記憶はなお新しく、今日もし父に付いてこの湖を遊べれば、どんなに楽しかっただろうか。しかし如何なる既成の事実も人の力で変えることはできず、時間と事実は皆無常と言うべきか、すべて自分が引き受けることになる！

●4月25日

父親が逝去して、私の妻の悲惨な痛ましさは異常であり、日夜激しく哭き、すでに病気になったようで、すこぶる心配であった。父親が逝去した夜、妻は父親の額に口づけをし永遠の別離を悲しんだ。妻が帰国して父母に出会った後躊躇したが、以前私に言った。

「私は幼年の時に父母を亡くしました。それではらからの姉が成人になるまで育ててくれました。今蒋氏に嫁して来て、必ずあなたの父母は私の父母になります」この言葉は38年前の事であり、妻はこの言葉の通り実行し、親孝行を尽くしてくれた。妻が50歳の誕生日を迎えた時、父親が親筆で「賢良慈孝」と書き、これを記念に贈ってくれた。妻はこれをこの上無い宝物一至宝として、本物を残すと共に人に頼んでこの4文字を石に彫刻してもらい部屋の中に置いた。去年春節の時に父母二人と妻が一緒に記念写真を写した。この1枚の写真も又部屋に置いてある。父親が逝去した次の日、私は妻が彫刻した石に向かって声を出さずに泣いているのを見た。私は一人慈湖で霊を守り、時に家の中の病妻の気持ちを思いやった。わが父は情が深く優しい事を心に持ち、最も人情を大事にしていたが、一生の苦労はただ私だけが最も深く知っている。

アメリカのアンカージ大使が今日慈湖に来て喪を弔った。私はかつて父親と長時間中米関係について長時間語り合った。達雲兄が慈湖に来て父親を弔い、むせび泣いて悲しんだ。非常に長く話し合い、昼食を二人と共にした。人は悲痛な時に、一層友情の貴さを感じる。

最近気候が非常に暑くなり、すこぶる異常現象であり、農作物の成長に有害にならないか知らず、非常に気にかかるところであった。近日来、夜眠れないが、しかし数日前の疲労ほどではない。

●4月27日

朝食に張向華氏夫妻を招待し、特に香港から台湾に来て父の喪を弔っていただいた。昼には精進料理で友好12名をねんごろにもてなした。

父親が病気になったのは、１９７２年の秋であった、その後は休養治療の中で、病状の如何を話さず、始終安らかに静養し、いらいらせず、騒がず、このように修養しており、品行方正で病痛を克服していた。疾病の初めの頃、私に言いつけていつもは持ち歩いている聖母像を代えて父親の胸の前に掛けた。時には唐詩を吟読し、或いは夕食後大学、中庸を朗詠した。

午後、士林に帰り母親を見舞った。家に帰って妻と話し合い、慰めた。又慈湖に帰り霊を守った。今日は私の心情は少し安らかであった。

●4月28日

明日は私の誕生日である。妻と子供達が慈湖に来て一緒に食事をした。夕食後宝樹兄が見舞いに来た。合わせて今日中央委員会臨時全体会議で私を本党中央委員会主席と中央常務委員会主席に推挙することになったと告げた。これを聞いて様子が分からず不安になった。自分は才浅く徳薄く、何を敢えてこの重責に任じるのか、霊堂を行ったり来たりし、一夜眠れず、錫俊が寄贈してくれた〈芸海微瀾〉一書を読んだ。あらましを理解した。

●4月29日

今日は私の誕生日である。昨夜は霊堂で父親の棺桶の前後左右を行ったり来たりして、深い思いを黙考して、万感こもごも胸に迫り、不孝者で後悔し恥じ入る重さを深く覚えた。夜明け時、父の霊に向かって礼をし恩情に感謝し、あるのは往年の如くであった。

父親は生前、私が書いた「国を去って12年」を1冊を読んだ。その中でロシア在留12年の精神と体力をつぶさにもらい受け、苦しめられきたえられた数々の経過を詳しく述べていた。父親はこの報告に対し、4回読んで指示しており、保存するよう言いつけた。

午前、雨の勢いが非常に大きくなった。この雨は農民が必要とする甘露であった。近日来久しく雨が無く農民が心配していたものであった。一人で座って山間の風景を眺めているととりわけ安らぎと清新の感じをもたらした。

昼食後、母親の手書きの封書を受け取った。「経国、今日は又あなたの誕生日になりました。往年私はいつもあなたの為に席を設け家人と共に集まり、一家団欒の楽しみで祝いました。今回はあなたの父親が私とあなたを残して先に行ってしまったので、私達は再びどんな宴を催すことができましょうか。今朝私は特に早起きして、あなたの為にお祈りをしました。天の神様があなたに知恵、健康と気力を下さいますように合わせて特に幸福を下さいますように、これは私が今年あなたの為にお祝いするものです。母より」再三拝読し、感動が止まらず、涙が長く流れた。

午後心身が疲労し、少し休息した。夕方文児夫婦が友人の梅孫女を連れ慈湖に来て祖父の霊に跪いて礼を行って、私に付き添って夕食を共にした。渠等が帰った後非常に寂しく感じた。これは生れて初めての父を失った後の誕生日であり、過ぎしことを振り返ってもひどく悲しくやむを得ないことでもあった。

四、父の霊の前で礼を行った後

●5月1日

深夜起床して、父の霊前で礼を行った後、霊堂に座り、次に父親の生前の寝室に入り悲しい思いになった。この時偶然山間の鳥が鳴いた外は、静寂が安らかで、身をこの境地に置くと、世外の別天地に居るように感じた。昔の事を振り返ると慈湖で父親の散歩について行くと、親がツツジを採る状況や、父子で歩きながら話した。父親はかつて話した事は、少年の時、山に登り柴を刈って背負って家に帰り燃料にした、及び先の祖母は父を連れて竹山に行き筍を採りおかずにしたとか数々の情景を語り、今は既に80有余になったが、しかし幼少年時期の生活は最も忘れ難く、今も食べるのを好むのは田舎の野菜であった。

私が夜昔の事を非常に長く思うのは、寝室に帰った時、空の色は真っ暗で星も無く、しかし眠りに入ってしばらくするとすでに明け方になっていた。

今日一日記事を読むと、ベトナムのサイゴンは共産党に占領された。きわめて心が痛む。この事は必ず将来世界の全体の局面に影響する。我々は必ず外交と政治上詳細に検討し、自立し自らの力を強化し、生存と発展を期さなければならない。人びと自身は皆個性と真心がある。生き物と同体で本来光明、清浄で染められておらず、水を渡る能力があり、自分が渡ることだけを考え、人が渡るにはいかない、これは利己主義者、自分の事ばかり考え大局を顧みないものに過ぎない。徹底してその本質を見る人は苦海の中で生き物がもがき死ぬを座視することはできないが、救援には加わることができない。これも又革命の真意を言うなら、ついに自分を犠牲にして大衆を救う事を謂うのである。

娘の生んだ孫祖声は一人の無邪気で、誠実又聡明な子供であり、私が喪に服して、それに接して書いた中学の卒業作文で、〈私の祖父〉は読後非常に慰めに感じた。文中で言っている。「この私の頭の中で多くの印象があったのは私の祖父である。私の祖父はいつでも一条の哲理に従い、それは他ならぬ先哲そのものである。現在を把握し、来るものは追うことができる。彼は文明は進歩するもので、更に列代の巨匠が創造してきた歴史であることを尊重している。私の祖父は1つの習慣であり、彼は毎日彼の活動と思考を記録している。少し太った身体は中の上ぐらいの背丈で、彼の体重は丁度１４０ポンド、黒色の頭髪には白髪が混ざっており、彼の頭髪は前額から後ろに櫛入れられている。彼の赤くてつやつやして顔の額の大きな鼻が加わって、更に祖父の性格を表している。彼の姿勢と姿態と挙手、投足は常に彼の心情につれて異なった変化をする。彼は私の祖父であるだけでなく、また私の好い友人であり、本当の事を言うと、彼は私の十分親密な同伴者である」この14歳の孫は、その作文の中から、どれほど条理と熱情があるか知ることができる。この曾孫がすでに大きくなって聡明であることは、必ず極めて大きな慰めと安らぎになる。

午後士林に行き母親に挨拶した後、尚慈湖に帰って霊を守った。

●5月2日

深夜起床して廊下を回り散歩した。月の色はおぼろであり、たまたま山間の夜鳥の声を聞いた。霊堂に入って静座し、悲しい思いが深くなり、長らく眠ることができなかった。

〈芸海微〉約1時間続読し眠った。明け方起床し、父に向って礼を行った後、東側のベランダで東方を見ると白くなり始めていた。自ら霊を守りだして以来、霊を守ることは本当に意義のあることだと感じて、反省と懺悔をしなければならない、先人の恩恵に報いるべきである。私は今66歳であるが、過去数カ月の中で父親が期待する処を負うことが多かった。此れから以後は自分が自分に対して責任を負い、再び過ちを犯してはならない。個人の事を間違えることは小さいが、国家と大衆に間違えることは大きい。不注意になることはできない。少年から開始して父親はあの書を検査してもし間違った字を発見したら必ず正しく直して送り返して再び間違えてはならないと注意してきた。そして私に対して一言一語又このように復習した、間違ったらすぐ修正し、且つごく小さなことにも注意した。覚えているのは前年6月、父親が私を鳳山に行かせ軍校の校祝典を主宰するように申しつけた。私が部屋を出る時に、非常に長く注視した。当時は私の髪が整っておらず、理髪をしてから軍校に行った。この事は小さいけれども、しかし含まれている意味は深かった。今日父の棺桶の傍で、父親が実に厳しく又慈愛があったことを思い出した。

父親は慈湖に梅を沢山植えて、今は既に林になっている。父親は常に私に告げた、梅を好めば、桜は好まない。思うに梅の花は香りがよく寒さに耐える。その年寒中に松竹は更に芳しく好きになることができた。毎年冬になると父親は常に私を連れて角板山と慈湖に行き梅を愛でた。ある日、風が吹き、花が処々にひらひらと舞い、一緒に飛びながら舞っているようであった。父親はこれを梅雪と称した。思い起こすと当時父子の散歩は愉快な状況で、今後は又とその楽しさを繰り返すことはできない。

3日内に〈鉄函心史〉1書を完読した。この書は個人の修養に対して役に立つことが非常に大きい、書中に一言有李「父母の恩は他人とは異なる。父母の恩は数字で計算することはできない」これは正に私の気持ちである！

毎日慈湖に住み、起床は非常に早く、1日の中で、最も好きな明け方の2時間であり、思うにこの時が静かで心が落ち着くだけでなく暗黒から光明に変わる兆しがあり、最も深く考えさせることができる。父親が山の後ろで手植えのツツジが尚満開で、その色彩はきわめて美しい。ただこの時この地でいかなる事物も観賞する気が無い。日は既に山に落ち1日が又過ぎた。霊堂から寝室に帰り、記事を読んだ後、この心はびくびくしていた。どうしてか？

●5月3日

夜間眠れないのは苦しい、ただ早起き後は精神が尚好い。霊堂前で技術工の邸旭明君と談話した。彼は退役兵で、去年結婚した貢州市内の人であり、それを聞くと非常に身近に感じた。思うに貢州は私の第2の故郷であり、私には、その一草一木、一房一屋、一路一橋、詳しくないものは無く、掌を指して人に説明をでき事情に明るい。とりわけその土地の純朴で親愛する民衆をまだ少しも忘れていない気持ちがあった。朝食後、慈湖のほとりに一人で座り、そよ風が湖水に吹き、鳥が林の中で鳴いた、鶯が山の樹の間を飛んだ。この風景は益々心を落ち着かせた。往年の父子が同座して雑談をしていた情景は、又悲しみが中から出てくるのを感じざるをえなかった。民衆から来た手紙を多く読むと父親の喪の期間白い麻の服を着て親の喪に服した我が国の古礼とは異なっていた。この意味は非常に善く、その意味は厚かった。私は感激した。只しかし父の葬礼は追想の為に礼拝をした。それ故に例により黒い長い中国服を着た。

実際は孝と不孝は一心に在り、子は父を思うために考を思うことは、実は如何なる形式の表現より重い。

任遠兄が来て減刑問題につき話して、一切寛大にする原則を以て決定した。これは私が服喪中の間に処理した最も重要な公務事件であった。

正午、妻が来て共に食事をした。午後廊下で家書を閲読し、少年時代、家の中で一人の使用人が私の為に飯を茶碗に盛ろうとしたのを、父親が即阻止をして言った。「子供が小さい時から自分で手を動かして事を成す習慣を教えなければならない」この教訓は深く私の心に刻み込まれ、今日これから日常生活の中で凡そ自分でできることは、必ず他人の手を借りることは無かった。今日も又このようにした。又ある時家の門口で一人の乞食が来た。父親は私に1碗の米を渡し、合わせて私を戒めて言った。「今後お前の手の中をずっと下に向けて上を向けてはいけない。もし手の中を上に向けたら外ならず、別の人が何かを要求すれば、何を要求されても、これはよくない事である。もし手の中が下に向いていれば、それは即ち自分がするべきことをしているという事であり、何事も自分によって人に求めないということである」この1つの家訓は、とりわけ終身忘れ難いことであった。

真夜中、霊の傍で静座して、父親がかつて何回もギリシャの哲学者、教育家のスカラッテイの物語を話していた事を思い出した。彼は裁判で死刑の宣告をされた時、彼の妻は泣きながら言った。「あなたは無実の罪を着せられているのです。あなたは罪が無いのに死んではいけません！」スカラッテイは意外にも答えた。「私は無罪で死ぬ。陰ひなたが無くおおらかである。まさかあなたは私に罪があって死ぬとは思わないだろう？」この1つの物語は、私に多くの啓発を与えてくれた。一人の人間が従容として正義の為に死ぬ。その人の人格の高尚さと修養の深さを表し、生と死に対しては皆同様な観念であり。いわゆる只一義を見て、生死を計らない。父親は毎回この話をし、いつも笑顔で、表情はなごやかであった。父親は講話の中で、人の生死の観念に対し、最も透徹していた……。

夜、東側のベランダに座って、蛍が伴をしてくれた。息子の武もやって来て家事を話した。私は祖父の一生の理念は語るのに時間がかかるので、夜更けには語り尽くせないと告げて、すぐ寝室に帰り、次次と多くの事を慮って、長らく寝つかれなかった。

●5月4日

今朝起床すると東方は既にすっかり明るくなっており、空は曇っていた。父の霊に礼をし尊氏の家系図を見た。呉稚輝氏が尊氏の為に家系図を改めて編纂してくれた。家族の家系図があることは、古人毎には国族の有史に比べて、誠実にその同意点があり、少し異なっている場合は、家系図は姻戚関係を重視し、国史は賢不肖を重んじている。然るにその意図は将来を後世に伝え、いましめ諭すことにある。家系図を見ると、経国は武嶺蔣氏29代の世孫であった。

あろうと、山のように高くとも、すべて変動しないときは無い。しかしその変動がいかようあろうとも、海はやはり海であり、山はやはり山である、ここに即ち変動の中にその不変の理由がある。

角板山には梅あり竹あり又松ありで、5年前、父子は梅の花が満開の時に松竹梅が一斉に育っている処を撮影し、これを見ると益々消失感が増した。青山高峰、蒼天白雲、私の心は悲しみに満ちたが、然れどもなかなか「境界と神が合い、智と冥理」の感があった。梅台を離れた時、この心はいまだに別れを惜しみ、台上の亭を思親亭と名付けるつもりである。

角板山から慈湖へ帰る時、途中下車して1軒の李姓の茶栽培農家を訪ねた。李君は外出して仕事をしていたが、主婦と子女が親切に迎えてくれた。私は家の前で少し休んで茶を飲んだ。そしてそこで世間話をして、渠等の生活が安定して綺麗であり、家の中には多くの家電器具があり、皆完備されていた。周囲の環境もまた極めて清潔で、非常に慰められ、お礼を述べて去った。

梅孫女自学校より手紙を受けて、慰めの他に私に堅固になるように激励され、これを読んで非常に慰められた。

2つ目に海徳が著作した〈献身と指導〉を一書読んで、如何に党務工作を展開するべきかに関して、参考にするところが非常に多かった。午後、尚静座して読書をし、家への手紙を書いた。今日夕方、来たことのない1羽の雁を見た。どこへ飛んでいくのか分からず、突然茫然自失の感がした。1日が過ぎ、別の1日が来る。すべて皆前を向いて進まなければならない。前を向いて行く！

読書に句があり、特に志はここにある。「一人の人が心を失うと全てを失ってしまう。人生の荒波の中でその心を守ることができれば、困難中でその勇気を保持することができ、これは人の為にできることではなく、これは即ち信心の事である」

●5月5日

心配事が重く重なって、朝5時頃すぐ起床して、父親に礼を行った後、庭園に外出した。弓張月が光って明るく、静寂が安らかである、思うに父親が平日好んで見ていた景色である。万物はこのようにさわやかで新鮮である。非常に私の心を落ち着かせて安定する。空が明るくなって群鳥が鳴き始め如何なる美妙な音楽に勝る。いつも平日は得難いが、いつになったらこのように気持ちの良い安らかな生活情景が得られるのだろうか。その実すべての事は一心に在る。自由に境を越えて移転することはできない。私が安静の心を以て境遇の変化を見守り、自分で悩みの種を無形に消すべきである。要するに、この心は必ず一つにしておくべきであり、正に丁度中心を適切にし、心配のない、怖がる必要のないことにしなければならない。

再び霊堂に帰り静座し、急に胸の内に率直にすることがあった。すなわち私がロシアに留まって帰国する方法が無かった時に、父親はかつて日記の中で述べていた。「私は子供が痛切に帰国したい思いを経て帰したいと望んだが、しかし絶対に国家の利益に些かも損害を与えてはならない。子供の帰国の条件と引き換えにすることを以てかけ引きされることとは受けてはならない。それは、私は後代のためにしてはならないことであった」

父親が逝去して既に1カ月経ったが、私はこの30日間夢の中にいたようであった。今でも尚父親がすでに退いてしまった。思い起こすと4月5日天気は晴れていた。しかし父が逝去した深夜、突然雷雨が激しく落下し、天地を揺るがすような嵐になった。真にいわゆる「大地が突然震動し、狂風が四方から巻き上がり、海水波がひっくり返り、須弥宝山が揺れ、天上の人の心は悲しみ痛み、涙は雨の如きであり、皆ことごとく大恐怖に陥り非人に執られるがごとし！」〈環氏の〈国葬後言〉を引用〉1カ月の時間が経った。これを想うと悲しみ痛み恐れることを憂慮する。霊を守って以来、日夜なお父親に往時傍に付き添って仕えた生前のように、終身父の霊と伴にし、親孝行の思いを尽くしている。ひたすら国難に直面し、大きな責任が自分の身に在り、「父の喪に居るが力の限りを尽くすことを誓う事」の心情にどうしてもならざるを得ない。しばらくは父の霊を離れ、前途は遙遠であり、曲折は苦難に満ちており、自ら予想していた通りであった。しかし父親の遺訓に従って奮闘努力し、おこたらず、おろそかにせず、実は別の道は無い。故に決意して死中に生を求める精神を以て、国の為に忠を尽くし、党の為に犠牲になる。民の為に奉仕する。これを以て父の恩に報い、父の霊を慰める。今後只仕事に懸命になり、仕事を上手にやる。或いは心中の痛みをまねる、又自らの奮励のみで益が有るだけで、初めて同胞同士の大きな期待の千万分の1に答えることができる。

夕方士林に行き、母親を迎え慈湖に行き、父の霊に礼を行い哀悼の意を表した。母子は家人と皆悲痛な思いがつきない。

涙をぬぐって、歩き出して慈湖を離れ、振り返って父の霊に敬礼し哀悼の意を表し、率いて青空にたずねた。今後、ただ重荷を担いで前を向いて歩いて行こう……。

五、永遠と自然は同じように存在する

中華民国14年（1925年）、呉稚暉先生が北平に居た時、かって私に書を教えてくれていた。その時、私は宿泊して、読書はいつも彼と一緒にしており、今は既に30年近く経っているが、しかし先生は楽天的、質朴で、ユーモアがあり、謙虚で合わせて表情と自由の精神と態度で相変わらず私の頭の中で、はっきりして忘れ難い印象と啓発を留めてくれている。

ある日1輌の人力車を誰か知らないが先生に送ってきた。彼は受け取った後、客人が帰るのを待って、すぐ私に1丁ののこぎりを持って来て、私は老人がこの車の二本の棒をのこぎりで切り落するように言った。その時私は先生がからかっていると思い、敢えて着手しなかった。後で彼は言った、「私は君に切って欲しい。君が切ってくれ！」私は心中奇妙であると感じたけれども、しかし遂に彼の話に従って切った。先生は棒が切り落とされるのを見て、一方では座りながら、一方では私に「君は気分が好いかね？」と言った。「私は今一枚のソファーの椅子に座っている！」続けて先生は又言った。「2本の脚がある自分は道を歩くことができる、何の為に他人に引いてもらうのか？　君は車の上で座って人に引かせてどうして4本の脚にならないのかね？」

この1件の小さな出来事は、私は当時もまた何も感じなかった。しかし今日想い起こすと、確かに含蓄のある意味がある。

又1度の夕食後、1クラスの同級生が先生を囲んでよもやま話をした。彼は2件の物語を我々に聴かせた。1番目の話は、一隻の汽船がアメリカから上海に向かって来る。不幸にも途中で日本付近で沈没した船上の旅行客は大多数が救助された。ただ11人が海底に沈んで死んでしまった。先生はここまで話してすぐ我々に尋ねた。「皆さんはこの11人が何故死んだかわかりますか?」幾人かの同級生は言った。「泳げなかったからだ」また同じく数人が言った。「運が悪かった」先生は頭を振って言った。「みんな間違っている！　この11人はサンフランシスコから帰って来たのだ。彼等は大変多くの黄金を持っていたのだが、皆身体に巻き付けてね。だから水に入るとすぐ沈んでしまったのだ」

2番目の話は、1人の子供が街で遊んでいた時に、無意識に1枚の紙幣を拾った。最初彼は1枚の普通の紙であると思った。後にある人が彼にこの紙幣を持っていくと品物が買えると教えた。彼はやはり沢山飴を買った。この事以後、彼は頭を下げて道を歩くことが恩恵であった。その為毎回街頭に出ては頭を下げて紙幣を探した。その結果、間もなく彼が道路を歩いていた時、1輛の馬車にぶつかって死んでしまった。

この2つの例は、人に利欲に目が眩んではいけないことを諌めた寓話であった。とりわけ私の年代になって段々と立場が大きくなってくる時期には、更に先生があの頃後輩に教え諭していた気遣いを理解することになった。

民国14年（1925年）私はまだ15歳であったが、私がロシアに行く事を決心する前に、この件を先生に報告に行った事がある。彼は私に尋ねた。「君はロシアに行って何をするのだ？」私は言った。「革命に行くのです」先生は笑って語った。「革命とは謀反をすることだろう？　まさか君は怖くは無いのかね？」私は答えて言った。「怖くはありません」彼は重ねて言った。「革命はそんなに簡単なことではないよ！　君はもう一度考えてみなさい」２週間後、私は既にロシアに行く事を決めて、すぐ先生に会いに行った。彼は私がロシアに行く事を断固として決意したことを見て、すぐ言った。「君が行ってみることもいいだろう。若者は一度多く試みてみることは、すべて好い事だ」そうして、私は先生と別れ、南に下った。私が出発した時、先生は汽車の駅に来て見送ってくれ、私が無事に到着することを励ましてくれた。

14年間が経過して、私はソ連から帰国した。重慶で初めて彼を表敬訪問した。先生は私に会った。最初の１句は笑いながら質問した。「君が試してみた経過はどんなものであった？」その時、私は何から話したら好いか分からなかった。１カ月後、私は14年の経過を、１篇の報告に書き上げて、先生に拝読していただくように送った。２日目の午後先生はすぐ人を遣わして私に訪ねて来るようにと伝えた。彼は言った。「君の報告を私は既に完読した。君が体験したことは現実の社会に於いて最も苦い味であった。しかし君は運命を使い尽くしておらず、まあやって来られたことは好いほうだ」この日先生は特に穏やかで優しかったが、慈愛に満ちた笑顔には鋭利な眼差しが伴っていた。この老人の姿は私がいつまでも忘れることができないものである。この後私は江西から重慶に行くたびに、いつも彼に会い江西の産物を彼に届けた。

当日は日本軍が貴陽に進軍した時で、重慶もすでに非常に緊張していた。私はすぐ先生に成都へ引っ越したほうが良いと勧めた。その日、先生は非常に機嫌が悪く、私に当たった。「馬鹿な話だ！　君は私をどんな風に見ているのか？　私は行かない。私は逃げないのだ！」この話はなんと簡潔！、何と力強いことであったか！

抗戦に勝利した後、先生は上海に帰った。又彼が抗戦以前に住んでいたあのおんぼろの家屋に住んだ。ある時、東北から上海に来た時に、2尾の松花江の白魚（カワヒラ）を下げて行った。先生は言った。「私には1尾の魚はすでに多すぎる。もう1尾は君が別の人に持って行って上げてくれ。松花江の白魚は上海ではなかなか手に入らない。別の人にあげたらきっと大変喜ぶだろう。ともかく人が喜ぶことは好い事だ！」

民国37年（１９４８年）、私は上海に於いて経済管制の仕事をした。毎日、一人が1通の手紙を先生に持って来て、先生は又人を送って1通の手紙を持ってこさせた。私は当時手紙を受け取っていた。30分も経たないうちに、先生は又人を送って1通の手紙を持ってこさせた。手紙の意味は次のようなものであった。「先程の手紙は有効とは認められない。私は無理やり急かされて仕方なく書いた」彼は言った。「もし私が手紙を書くことができなければ、彼はここですぐ死ぬであろう。しかし君は彼にかまう必要はない。このように、もし人命の問題が出てくれれば、対応しなければならないというのだろうか？　その為私はそれを引き受けた。しかし君ならばどのように処理するべきであると考えるであろうか。いずれにしろ私はきっと非常に喜ぶであろう」

私が上海に居る時には、暇があれば他ならず先生に教えを請いに出かけた。後に経済管制の仕事が日増しに困難になった。ある日先生はユーモアを持って私に言った。「これは恐らく君が運命づけられているものだよ！」私が経済管制の職務を辞去して、杭州へ行く準備をしていた。出発するその日の午後、私は先生に会いに行った。彼は私の心情が非常に不愉快なのを見てすぐ私に言った。「君は多分北京時代に一段の出来事を覚えているだろうか？　ある日、学校へ来て食事をしようとしなかった。原因は君と別人が喧嘩をしたことだった。そして君は又別人と喧嘩をした。当時私は君に告げた。『食事をしなかったら、只君自身が損をする。君と喧嘩をした人は君が餓死することを切望している』。後に君はやっと食事をした。君は現在30数歳であり、何を急ぐのか？　よくよく考えて見たまえ、またもう1度やって来るよ」私は先生の指導に感謝し、又彼に「さようなら」と言った。

　後に、情勢は1日1日と悪化し、民国38年（１９４９年）初、私は総統に付き添って渓口の故郷に帰った後、上海に数回行った。毎回行った時、総統は皆私に命じて先生に早く台湾に行くよう勧めた。最初数回、先生の返答は全て、「ゆっくりやったら好い」であった。38年（１９３９年）４月人を通じて私に電話をして来て言った。「今は私が行く時期になった。君に私を台湾に送って欲しい」先生は台北に到着し、すぐ中山北路五条通りに住んだ。

　48年末と49年初めは、台湾情勢が最も緊張した時期であった。私は毎回先生を挨拶に伺った。彼はいつもニコニコしており、非常に嬉しそうであった。彼は私の内心の煩悩と苦痛を非常によく理解しており、彼の笑い顔を持って私を慰めて励ましてくれた。毎回別れを告げる時は、先生はいつも「大丈夫だ。大丈夫だ！」と笑って慰めてくれた。私が総政治部主任の引継ぎの前に行って先生に会うと、彼は私の新職務に対して賛同してくれた……。

　一度、私は心配で心がイライラしていたが、ある日曜日の午後、又五条通に行って先生に教えを請うた。私は先に、当面の政治環境と個人状況を詳細に一遍説明した。先生は言った。「私は多くの人が各種手段を用いて君に反対していると聞いている。又ある人が話をデッチ上げ中傷している。しかしこれらの事ははっきりすると思う。何も数えられない。君の父親の為に、君の同僚の為に、君は皆しっかりとやっていかねばならない。一人の人に攻撃されなかった人は、立派な人物になることができない。私は君が受けた打撃はやはり少な過ぎると感じている。君は現在自分の為の仕事だけでなく、しっかりと部下を見ること、例えば各種各様の敵でもしっかりとしなければならない。何となれば如何なる敵でも希望すれば君は思い切って任せ譲歩して、自分でやらない」しばらく休んで先生は又続けていった。「富貴栄華は皆空であり、一人の人が良心をよりどころとして事を成せば、それですぐ好くなり、その他全てに至って思い切りが好くなり、遠くを見ることができるようになり、自己煩悩を避けることができるようになる」

この一段の話は、先生が彼の小さな暗い客間で私に指示してくれたものであった。老人は厳粛且つ力のこもった語句で私に大変大きな勇気と力を与えてくれた。後に先生の健康状態が日増しに悪化したが、私は敢えて彼の見舞いに行かなかった。というのは私に会うと、一回毎に1～2時間話さねばならず、これは彼の身体に具合が悪かったからであった。

去年、先生の病気が重くなった時に、私は彼を台大病院に送り込んだ。その後、毎回彼の病状を訊くと好転しているということで、私は喜んだ。1度彼の病状が悪化したと聞いて、憂い悲しんだ。今年、私はアメリカへ行く前先生に暇乞いに行った。丁度彼は熟睡していたので敢えて騒がすこともしなかった。私が帰国した後、総統府から再び彼に会いに行った。彼はしっかりと私の手を握り、私に向かって笑った。その時、彼は長く話をする力が無くなっていた。先生が世を去る時、私は彼の傍らに立って、彼が穏やかに目をとじるのを見守った。1代の高潔無比の人であったが、静寂な真夜中に、人の世と永別して去っていった。

先生は1篇の遺言状を残していた、内容は全てが家事であったけれども、しかし教育意義に富んでいた。彼は数年来の帳簿を非常にはっきりと計算していた。台湾に来て以降、先生の全ての収入は、給料が1万4千元、総統府が配分した医薬費が4万9千元、事務収入の揮毫料が1万7千元。これらの収支以外に、元の剰余金があった。しかし社に幾らかの貯えをしていたが、結果は処理済みであり「適切」の2字が書き込まれていた。後に先生の身辺に残ったわずかな金銭があり、これは彼が遺言状を書いた後での少数の収入であった。彼はこの少しの金銭を親戚に送るように希望し、且つ遺言状に1句書き添えた。「生きてまだ持っていないのに死んで差配するのは、恥ずかしい事である」

●12月1日

先生の遺言に従い、彼の霊骨を金門に送った。1艘の漁船を雇い、水葬を行った。その日の正午、海面は風が強く波が激しく、和尚と同志達は霊骨を廈門の南海にゆっくりと安送した。縄が我々の手を離れた時に、心の中では本当に無限の感慨があった。頭を上げて遠くを眺めると、海は広大であり、空は無限に広がっている、一望して無限である。これは正に先生は一生度量が広く、考え方が伸び伸びしていたようであり、波濤が湧き上がり、海潮がやって来て、丁度先生の一生の強靭さと忠実さのようであった。先生の肉体は自然から来て又自然に帰った。しかし彼が残した精神は永遠と自然が同じように存在している。この国家が多くの苦難の時に、先生を南海に葬った、心の中の感覚は一筆では形容することができなかった。唯先生の天に在ることを黙祷し、我々が早く大陸を修復する事を願った。

（１９５３年12月９日新生報に掲載）

第八章　忘れ難い1年

●70歳誕生日の所感

光陰がどんどん経って、70年、たちまちすでに届いてしまった。今日は同胞同志の期待の重さを受け敢えて広げることは無かったけれども、身体が老いているのを忘れて、自分が立てた一生の志を、実は親の恩に応えることができず、又同胞同志の要望の千万分の1も報いていない。

この多年来を回想すると、1976年は一生の中で、最も苦しく。苦痛があり、最も苦難の多い1年であった。何となれば父親が突然世を去り、私を天に呼びかけ、地に頭をすりつけさせて、ひと時の間、気を失うような感じになった。そして国難、党責、困難な時局はこの事より日増しに深まり、この為私について言うなら、精神的な体験は、最も長い1年であった。その苦しみは、さらに忘れ難い1年であった。

今年4月4日……中正堂記念館が完成し、壮大で迫力のある会堂で式典は盛大で厳かであった。夜一人で座り、父親の生前の数々、優しい表情で温かく話していた。さながら目の前にいるようであった。1975年私が書いた日記をめくって見ると、父の喪、国事、感じて思う事、尚且ついまだに心に悲しく思っていることがこだまするに至らない。誠に当時如何にこの苦痛をすごしたかについて忘れ難い1年であった。

父親は生前、常々私を教えて諭した。「国家社会の建設に有利でありさえすれば、国を幸せにし民に利益を与える事業でありさえすれば、如何なる困難も、皆試練であり、如何なる責任も、皆忠告である。如何なる険しい事もその場所では断らない」多年に亘って、私は国家に対して、社会に対して、人に対して、自己に対して皆これを以て自信自勉である。まとめると身体で努力して、時どき気を緩める。一行一事、しばしば皆日記に書いた。これを見て、時々反省し、刻々と自分で励ます。

これにより日記を記録して深く感じて、多くは個人の心が曲がることがあるけれども、人に対して言う事ができない事は無い。とくに同胞同志の言の為にはできない。その為に１９７５年の日記には、関係の無い瑣事は削ることにした。公の国人は選択しない。日記で記録することはあるけれども、すでに古い記録になってしまっている、もとより同胞同志に個人の苦痛、体験を敢えて説明する必要は無い。我々国家の危急は既に報道しているが……万難を克服し、艱難と危険を免れて安定、開拓、発展、自強の新境地に入り、国家民族復興の為に、奮闘する意志を更に集中し、個人が人生の70歳の誕生日の時に、この1年の日記を公開し親恩、「試練、忠告、箴規（困難と危険を恐れない、労苦をいとわない）家訓」と同時に、同胞同志に期待することは、私の自省自励を配慮を知っていただき、私をして同胞同志達の誠実な相互交流をすることができ、義理人情を感じ合い、情念を交流し、観念を相通じ、心と心を互いに確認したい。父を想い、国事に尽力し、奮起して物事に集中し、誠実に行い、心をこめて誠意を尽くす。ここにそのことを記して告げる次第である。

１９８０年5月2日

蒋経国　謹記

一、元旦父親に向かって新年の挨拶を行う

●1月1日

元旦、父親に向かって新年の挨拶を行った。父親は睡眠中で、病状はすこぶる重く、息子の心はきわめて苦しい。新年が開始し、前途を眺めやると、苦難に満ちており、私は冷静に毅然として之に赴く。1年の過去は、新年が又やって来て、この一つの大変化の時代に私はいくつかの事故があって、多少苦痛であった。その中まだ過失と失言の処があり、共に私の記憶から消し去る方法が無かった。悔やんでも益は無かった。来る者は追うことができる。今後各方面の挑戦に対しては、私はともかく楽観的な態度で之を受けることにした。艱難と危険な時には、自分の心を堅固な堡塁に建てなければならない。

去年行政の中で経済問題が最も難しい処理であった。思うに変化の要素は我々が掌握するに非らずであったからである。我々は忠心から国の為に、そして敵は我々を焼き壊し禍をもたらすのを早くしようとした。私の生死はまだ計算してこだわったことは無い。

しかし国家は決して失敗することはできない。

外交面では今年は必ず非常に大きな衝突が発生する。アメリカは中国に対して屈服することがあり得る。我々はきっとこの残酷な現実に直面し、国家の生存を求めなければならない。経済上

では、民間は衣食に不自由しない。最大の努力をして、物価を安定させる。

●１月２日

早朝、東関兄の家から出発し、竹北の新埔に赴く。ここは１つの鎮であり、山に片寄り川が巡っていて、小さな橋が架かっており、水は清く底まで見える。すこぶる私の故郷に似ていた。新埔の野菜市場を通って、物産が豊富で民が豊かであり、民衆が楽しそうに一団は温和であり、非常に慰められた。

農民の友人李さんの家に行ってみるとその子女が皆高等教育を受けていた。彼の家には10人の子女がおり、その内６人が博士であった。農繁期が過ぎて、皆冬休み中であった。又一農家を訪ねた。家屋はやや劣るが、室内にはソファーの椅子があった。そのおいが工場で働いており、工員は私が修信養成の本を読んでいた時非常に感動した仕事をしていた。

又一平民の住宅は２階建ての新築であり、合わせてオートバイが２台あった。家主は主として建築業に従事していた。途中１台の「鉄牛」の車に出会った。その妻、子供が皆車に乗っていた。私はこの事で長い閒話をした。その子は８歳で顔は麗しく可愛かった。郷の間に新しい家屋が非常に多かった。

真昼に新竹栄民の家（軍隊で戦傷を受けその治療と回復後の再就職の為に就訓練に励んでいる集団訓練所）に行った。栄民達は私に会って、親しく感じてくれた。彼らは皆家の故郷から遠く離れた処から来ていた。今皆は貧困に甘んじて自ら信じる道を喜んで歩んでくれていた。得難い事であった。一人の栄民が私に告げた。「隊長！　数年お会いしていませんね。貴方の髪は白くなられた！」これを聞くと感激せざるを得なかった。その中でどれだけの辛酸を浴び、どれだけの悩みを感じているだろうか！

この栄民の家は山坂に建って在り、風が強く、老人の休養には好くない。別途改善の方法を考えなければならない。

昼過ぎに道端の食堂で2個のチマキと1碗の魚団子を食べた、味はおいしく値段は安かった。一路上の見聞は人情味が多かった。

●1月25日

夕方恒春に着いた、田畑は満面緑色の稲苗で生気が満ち溢れていた。車が南目を海が大空につながる境界へ引き込んだ。後で又熟知している漁民とその家族と話し合って、お互いに気持ちが溶け合った。

墾丁旅舎に着いた時、空の果てに一片の夕焼けを見た。海岸の幾重にも重なりあう波が大自然のリズムを表現していた。晩餐はアワ粥を食べて、外に出て月を観た。銀色の光が柔らかく海面に広がった。ベッドに上がると、静かに無声の様々な音を聞いた。時に鳥の啼き声が風に乗って聞こえてきた。静かな状況を壊したが、別に1番の風情であった。

深夜再び窓を開け、月を探したが既に烏雲に遮られ、やはり波の音はとまらず、私はやすらかに夢の世界に入った。

●1月26日
恒春、満州2郷公所を視察した。屏東東岸を遊覧し、合わせて漁民を訪問した。朝食後、恒春市場に行って民衆を訪問し、物産が豊富な事を見た。それは私の予想を超えていた。再び満州港口村で下車して、海に沿って歩いて行った、岩石が海浜に突き刺さって伸びており、海山が相映り、美しさは収めきれなかった。この地の名前は佳洛水であり、歩行で5時間程でこぼこ道を歩いたが、意外にも疲労はすっかり忘れていた。

佳洛水には滝があり、滝には大石があり、私は椰子水1杯とパン1塊を、県長、郷長、同行者と話し合いながら食べた。気持ちがすっきりした。滝は高山より直下し大平洋に流れ込んだ。まことに珍しい風景であった。

私はこれを「山海瀑」と名付けて長い間観賞した。もしここで1夜野宿をすれば、どんな光景になるのであろうか？　惜しむらくは享受するだけの冥利は無い。

佳洛水から帰る途中に1箇所の岩洞があり、海水がこの間を出入りしており、奇観とも謂え、私は「満福洞」と名付けた。帰路の途中で男女の青年グループに会い、皆で和やかに談笑した。

恒春市場では民衆が温かく親しみのある歓迎をしてくれた。一人の鶏卵を売る女性が私に1個卵を渡して言った。「院長に差し上げます」又一人の買い物をしている陸戦隊の戦士が彼の1冊の「論語」に私にサインするよう求めた。さらに一人の聾唖者の青年が私に寄ってきて、手で空を指し、次に親指で私を指した。その動作を繰り返し、満面の笑みを浮かべた。

海辺では一人の漁師が、彼が捕ったロブスターを私に渡し、金銭を払おうとしたが彼は受け取らなかった。何歩も歩かない中にすぐ彼がもっと大きなロブスターを持って来てくれた。このような素朴で温かい人情には深く感動した。

午後港口の一漁村で、全村がチガヤの屋根であったが、屋内の飾りつけは、尚良好であった。私はこれには不思議に思った。村人が私に告げた。「この村の土地権は、皆個人資産ではありません。それ故永久的な家屋を建てることができないのです。この状況はすでに半世紀たっています。関係の機関は回収する方法が無いのです」これは文字通り紋切型の見て見ぬふりをする役所の仕事ぶりであった。この問題は解決できないわけにはいかなかった。

満州郷を巡視して、倉庫は穀物で満杯であった。又民衆の談話も、麺食堂の田舎料理も値段が安く美味であり、みな和やかであった。

二、媽祖の古廟を参観する

●2月1日

林、北港、四湖、飛沙、三条崙等の処。

午後飛行機で嘉義に着き、先に北湖に行き媽祖古廟と民間の飾りをつけた灯篭を製作する状景を参観した。……ここから車に乗り四湖に行き、新しくできた海浜衛生保険サービスセンターを参観した。再び海辺に向かって出発し、先に飛沙郷に行って、この地は貧乏で苦しい地区で、住民を訪問し、中に退役軍人余亮清、四川人で豚を飼う仕事をしており、互いに一見して友人のようであった。街の民衆がきわめて打ち解けて、非常に慰めになった。

飛沙村から歩いて三条崙海濱に行き、魚市場を参観し設備はすこぶる好かった。この地の漁民と談話をし、親切であった。私に向かって苦難を訴える者は無く、しかし私は彼等の作業は非常に心身ともに苦しいことを了解していた。

三条崙から海神宮を参観して、晴天が続くことを祈り、線香や蝋燭の火が盛んに燃え、ここで台湾大学奉仕隊に出会った。

口湖郷を通った時に、林県長は私にここが全省で最も貧窮な郷であるが、しかし今なお多くの新しい建屋が建築中で、農民の生活は正に改善中であると告げた…

車が嘉義と雲林の海浜を行く時に、田畑の中は緑の稲や野菜が栽培されており、一望して限りが無く絵画のように美しく、胸の内が広々となった。

●２月４日

今日は立春、また農民節であり、私は高雄の澄清湖に行って農民代表大会で講話をして、公園を歩き農友達と奢侈を採り、まったく拘束されなかった。

高雄市に帰る時に花市を参観した。参観者は非常に多く、一般の民間生活の安寧さを見ることができた。

夜サウジアラビアの参謀総郷と宴席を持って、艱難中の我々に対する協力要請に誠意を以てもてなした。

●2月12日

早起きして小雨になり、新年の天気であった。雨を冒して厨房に行き料理人に新年の挨拶をし、謝意を表した。金門軍官と約束して共同朝餐会に参加し、合わせて簡略な報告を聴取した。朝餐後飛行機に乗って馬公へ飛んだ。先に林頭公園に行って陣に向かって亡き将士に敬意を表した。ここで多くの青年達に逢い、彼等は私を待って澎澎非常に親切であった。

又海軍軍区司令部及び澎湖県政府を慰問した。真昼鎮上の民衆を訪問して、新年の挨拶をした。民衆が安楽な事を見て、皆笑顔であった。

澎湖区の3軍の主管と県長と会食をし、皆が更に一層努力するよう希望した。会食後馬公監獄を巡視した。この地は環境が清潔で、受刑者の健康も又良好であり、私は受刑者一人づつと新年を祝い握手した。その中の一人は私の手を放さず、また泣いていた。犯罪問題は1つの大きな社会問題である。再び救済院の中の老人と精神病者を訪問した。その後、台北へ飛んで帰った。

三、上半年は比較的平穏であった

●3月1日

今年の上半年は多分比較的平穏な期間であり、多くの準備工作をしなければならない。今後の工作の発展の為にである。今後やや多くの時間を割いて元老及び学者に教えを請うためである。

アメリカ大統領フォードはアメリカの国会に対して警告を提出しており、カンボジアに無制限の軍事援助をした如く、勢いは必ず数週内に没落する……フォードの要求は惜しむらくは時すでに遅し、最も奇怪なのはキシンジャーが意外にも記者招待会上カンボジア援助、ベトナム援助を要求し、合わせてカンボジア軍将が数週内に投降すると云うことである。弱小国家は裏切り易い。我々は実際に適合し警戒心を緩めてはならない。

公明正大と廉潔な政治に従事する。人々初めて皆が政府と協力提携することを願い、則ち政治は安定することができる。我々は国家に対する貢献が一片の忠心であり、国民に対する貢献は一番の誠意であり、又何を憂慮し、何を恐れるのか。

四、ベトナムダナン港陥落

●４月２日

ベトナムのダナンが陥落した。テレビで難民が逃亡する姿を見ると、悲惨で忍び難い。そして台北報紙はまだドッグレース、老人の金持ちと交際した花嫁が結婚した事がニュースで、戦火が身に降りかかることは、思ってもいないようであった。私はこの種の状況に対して今から積極的に準備を開始しなければならない。

●4月5日

父親が夜11時50分士林官邸で病没した。私は苦痛で生きて欲しくなかった。想えば朝父親にご機嫌を伺う挨拶をした時に、父親は既に身を起こし車椅子に座り、息子を見ると、父親は顔に笑みを帯びて笑顔であったので、私の心は非常に安心した。何となれば既に久しく父親の笑顔を見ていなかったからであった。父親は合わせて清明節と張伯苓先生百歳の誕生日の事を尋ねた。息子が引き下がる時に、父親は言いつけた。「お前はちゃんと多く休まないといけない」息子はこの言葉の中に突然言い出せない感触があった。誰ぞ知る変化はこれが他でもなく私に対する最後の言いつけであった。私は1日中不安感があった。夕方再び父の病状を尋ねた。変化は無いようであった。ただいらだちを感じた。6時頃、少し休んだ。8時半、父の病室を訪ねた。時はすでに悪化が始まっていた。睡眠中心臓が微弱になり、呼吸停止が始まった。数時間後、救急処置も無効になった。

父親が深夜逝去後、死に顔はおっとりしており、熟睡しているようであった。当時すぐ知らせるべきであった要員と家族は士林官邸で死に顔を仰ぎ見て、あらん限りの悲しみを表した。私は頭がくらくらして、立っておれず跪いて哭いた。死亡確認員が来て遺言書に私が署名する時になり、私の手は震えて文字にならないような署名になってしまった。

●4月6日

朝2時、母親を待って一緒に父の霊をまつるために栄民総医院に太平一霊堂を設けた。父親が霊堂大門に移送され入門した時に、雷が大きく鳴って、それに続けて盥の水をひっくり返すような大雨が降った。……祭が終了後帰宅した。時は既に東方が明るくなっていた。少し眠りすぐ起きた。身体が調子が好くなく、体温は38・8度に上がっており、栄民総医院で父親の遺体を仰ぎ見た。霊堂は私自身がしつらえた。心は悲しく、意志は傷ついている。

私は政党員の身分で中常会に対し行政院長職を辞任することを申し出、心情を表明した。中常会は引き留めることを決定した。私は国難に対処する為に貢献し父親の遺訓と遺言をやりとげる為に中常会の決議により留任を継続し、党と国に貢献することにした。

●4月9日

栄民総医院に行って父親の着衣をする、これは最後の1回、私は父親の身辺のことのために整えることができた。農村部（郷）の例によると、7本のズボン、7枚のシャツ、長い中国服と短い上着（礼服）。遺体に貼り身を包む真綿、黒い靴下、黒い革靴、ぶらさげる勲章、合わせて平素父親が交読した書、〈三民主義〉、〈聖書〉、〈荒漠甘泉〉と〈唐詩〉、四部書が霊のひつぎの中。別にフエルト帽、お椀帽各1頂、手袋1対、ハンカチ1枚、杖1本。これは皆父親が平日常用していた物であった。納棺後、父親の遺体は慈悲深く優しく厳かであり、父親一生の人となりを代表できる。

11時、家族一同跪いて祈り、政府治葬会公祭後、すぐ移霊を開始した。霊車は天母、士林、圓山、中山北路、仁愛路、国父記念館……。

11時30分、国父記念館演台の中央に安霊された。ここの装飾は非常に厳かで静粛であった。夜は国父記念館に宿泊した。

●4月10日
8時、再び桃園慈湖へ赴き父親の霊柩の地を見た。
午前7時開始、民衆に父親の偉容を仰いで祈ってもらった。

4月8日以降5月5日までの記述は前記第七章「父の墓を1カ月守る記」をご参照下さい。

五、身は蒋氏の後継者になる

●5月22日
父親の逝去が国家の地位に与える影響は甚大であった。父親の徳望は代わる人が無かった。現在「台独」分子…アメリカ及びその他の国外地区の活動に於いて、日一日と不遜で無知であり、私はこれを慎んで防ぐべきであると考えている。今日の世界は是非が不明であり、白黒が分からない混乱した情勢であり、国家はここに於いて極端に命に代わる災難に在り、父親はそのことを再び見聞することは無く、幸運であったと言わざるを得ない。
私は只冷静な態度で、これをよくよく考慮する。

●5月28日
私は必ず目標の前題「堤」を失わない下で、逆境を甘んじて受け、失意の時には自重し、得意の時には大いに腕を振るい、奮闘して原則を把握し、負けることも気にしない。「台独」はいくつかの悪勢力の支持の下で、アメリカではデモ行進が行われた。私は大使館に痼癪を起こさないよう指示することとし、敵の罠に入らないよう気をつけた。

●5月28日
明盧の中に私が贈った「白雲思親」の絵が掛けられており、ある人が句をつけて言った。「太行山に登り白雲の一片が悲しみ悼み、吾が親はその下に住んでいる」太武山から北の雲の空を望み、この句を詠んで感じる処があった。朝起きて日の出を見た。その年親子で同時に日の出を見るのにここに来た。日の出の美しさを無意識に楽しんだ。

山外の市場を巡視して、民衆と触れ合って非常に慰められた。

太武山の公墓で拝礼した後、台中に飛んだ。台中港の建設を巡視した。山を移し、海に注ぐ大工事は進度が甚だ速かった。目下内政は経済が皆次第に軌道に乗り、ただ外交だけが大困難を被っている。とりわけフィリッピン、タイの2国が驚いて度を失って、共産党に投降した時は心づもりがあった。

六、ある人が警告してくれた

●6月

ある人が来信で警告して告げてくれた。「駐屯兵は用いず、長い間に失敗する」、これは警告であった。又云う。「外交には真友は無い、勢いを見て利に付くのみ」、これも又真実の言葉である。続いて云う。「政権者は知らず知らずに人を腐らせる」これも名言であり、熟慮しなければならない……。

西洋の哲学者が云う。「責任を咎めない自らの思いは、則ち真実の賛美ではない」私は多くの忠告を求め、権利を少なく使用するべきである。思うに権利は衆と分かち、人心を得る。民主の原則に合わせ、更に才能により権利を任せることができ、人々が勤勉になる。

人材問題について、無私無我を以て優先する。当面情勢が緊急であり、我鯤鵬は生き永らえ亡びず、成功して負けず、自分の心に光明さえあれば、将来各方面の誹謗中傷に対しては捨て置いて相手にしない、このように心を広く持つことができれば公事を務め事務を履行することができる。

●6月15日

台南地区新安平港に行って北堤工事を視察した。ここでは瑞峰営造工場の従業員と懇談した。

時間が既に昼過ぎになっており、彼等にどこで手軽な食事をする場所を尋ねた。彼等は自分達が石を運ぶ大きなトラックを使うよう勧めてくれ、付近の漁村まで送ってくれ、私は喜んだ。黄朝宗君が運転する石を運ぶ大きな古いトラックに乗って鯤湖餐庁は海岸の1軒の竹を組み立てて造られた小さな食堂で海鮮と焼蕎麦を食べた。合わせて漁民がサービスしてくれた潮吹き（バカガイ）料理は味が新鮮で美味であり、実際平素食べることができない物であった。今回は父の葬儀後初めての南行であった。帰途はタクシーに乗った。一人の女性の運転手が上手に埠頭に帰った。女性の運転手も初めての経験であった。再び運河に行って龍舟競技を見た。この事から国民生活の安定ぶりを見ることができた。昼からモーターボートに乗って新安平より台南に帰る時、運河の両岸に多くの市民が竹筏の上で釣りをしていた。このような乱世に在って、我々の国民はこのようにゆったりとした生活ができている。本当に得難い事である。これらの釣人達は私を見て、皆が手をたたいて挨拶をした。その中一人の釣り人が私を見て起立しようとしたが緊張し過ぎて、不用心に落水したが、まあ何とか竹籠に登り上がって、私はやっと安心した。しかし釣り具は多分損失しただろう。人に頼んでお詫びするつもりであったが、惜しむらくはその姓名を知らない事であった。

七、父親が13歳の時

●7月4日及び5日

父親が13歳の時、姚宗元氏が私の伯父に言った。「お宅の甥は理解力が非常に素晴らしい。もし教育することができれば将来は限りない可能性がある」父親が14歳で家を離れる時、祖母が諭して言った。「門を出る時は用心深く注意しなければならない、時々はらはらして意外な事に会う。先に危険で危ない処から避けなさい。ゆっくりとめでたい話をしなさい」父親は常にこの事を私に伝えた。それ故、この印象が深かった。父親は16歳で鳳麓学園に入学し、同級生百余人の中で父親は、体力が強靭で、精神は渙発としており、顔中が赤く、目は電気の如く注がれ、それ故にこれを称して「赤面将軍」と称されて、本名を呼ばれなかった。以上数段は父親の略伝から引用し、内容に意義があり、ここに再録した。

父親は24歳の時に、神武学校を卒業した。訓練は厳格で、生活は苦しく、天気は厳寒であり、雪は深く一丈（3・3m）余りになった。朝早く馬を洗い、夕方帰って靴を撫でつける。苦しんでいる一人の新兵に対し「今日が尋常であり、何を耐えるのが難しいのか」それ故歯を食い縛り、事ごとに先を争い、その苦しみを覚えず、そして日本兵営の階級の厳しさ、待っている虐待、室内の清潔、皆ここから見ることができる。

父親の留日は、私の留露、全て親子の生活の中で苦しみを受けた最大の時期であった。父親が総理に追随して革命に参加して以来、憂患無しで過ごす日々は全く無かった。

間も無く逝去の時になっても、また憂患の中にあり、国難は憂いであり、思うに憂いと艱難が信念を生むことができたのだと信じている。

●７月７日

章女（長女）が来信で西側の格言の一節に同感したので翻訳してみた。
もし生活に心配を無くし考慮しない事を求めるなら、
あなたに今朝を適切にとらえることを勧めます。
昨日の間違いと挫折を手放しなさい。
明日の暗雲や暗影を捨て去りなさい。
時間をいたずらに心配せず、或いは幻想しないこと。
しっかり覚えておくことは、どの時間も生命の一部分であること。
天地万物を創造した神の造化であることに応え、喜び、合わせて感激を留めること。
喜びと信念を以て人生を迎えること。

●７月17日

夜、軍艦に乗って基隆から出発した。夜風は平で波は静かで、睡眠は心地好かった。身を起こして指揮台に登った。旭日が東に昇り、艦はすでに東引島に接近していた。偶然カモメが１羽、空中を高くなったり、低くなったりして飛び、以前群を成して多く飛んでいたのに比べ孤独な感じがした。この島の軍民と天下の事を話し合い、彼等より勝っているのに得意になった。

東涌トンネル道を歩いて海上削壁屏に行って、高い処から海を望んだ。一片の静かな波が、カモメが群を成し低く飛び、高く大空で鳴いていた。すこぶる長く眺めた。中正堂に行って官兵に対して講話を行い、その後乗車し南沃に行き、路端で洗濯をしていた農村の婦女と話をした、すぐ南沃を訪問し民衆と話し合った……。

●7月18日

午後馬祖沃で東岸して、すぐその村の民衆を慰問した。私と同行者は一つの店で軽食を取った。うどん一杯5元、値段は安く味は好かった。その時すこぶる空腹であり、食べてみると大変美味しかった。ここから乗車して陽明館に行き簡単な報告を聴いた。又山隴村を訪問した。時期は半年しかたっていないのに村の景色は目覚ましく一新していた、一軒の写真館で同行者と一緒に記念写真を撮った。合わせて一軒の果物店で西瓜を食べ、冷たい物を飲んだ。

1分足らずで2輛の装甲車で前後援護し、坑道から陣地に入った。私は防衛のスピード体制に極めて満足した。後で頭角に行き、士官隊・官兵と夕食を共にした、士兵は平時四菜一汁の食事があり、さらに自分が植えたトウモロコシ、大麦と米粥があった。これは多年来得難い食事であり、私は限りなく味わうことが出来たというべきであった。士兵達は私に自分達が植えた南瓜をくれて、記念撮影をした後立ち去った。牛角から司令部を訪問した後、又馬祖幼稚園を巡視した。その建物は美しく実用的であった。非常に清潔で、元気な可愛い五十人の児童がいた、読書の成績も好く、質問にしっかり答えることが出来た。親切で行儀も好かった。馬祖廟の大楊樹の下で西を見ると夕日が大陸の山河に下っていった。一片の平静な大海を隔てて馬祖村を訪れると、村民の多くは漁業に従事していた、誰も皆笑顔であった。夜宿舎に着くと8時近かった。一人建物の前に座り、海上の月と雲を見た。実に得難いこの暇な夜であった。

●8月1日

3社のテレビ局の番組では、民衆のニュースと社会教育が重要になっており、その番組の内容は生活面で勤労、倹約質素、清潔、政治面では平等、博愛に重点を置き、社会面では本分を守ること、法を守ること、約束を守ることを強調するべきである。

政府と党はただ国家の利益を至上とすれば好く、全民衆の利益を先にする正確な方向とし、公を大きくし私を無にする精神は、やりぬく事を以て努力すれば、如何なる破壊力も皆役割を果たすことができない。

●8月16日

公務を終え、台中に飛んだ。正午、弁当を使って台湾省農会総幹事380数人を招待した。会後、埔里へ行って、約半時間弱で太平村に着いた。山紫水明、風景は人間世界のようでは無く、家々の暮らし向きが安定しており、清潔でけなげであり、近代的な家用設備があった。里長は謝春雄君と云い、若くて将来有望であった。創意に富み、貢献していた。又「事の成否は人のやり方次第である」の道理であった。にわか雨に逢って農家で休んだ。農民は私に深い情と友情を示し、私に冷たい飲み物を出してくれ、長い間忘れられなかった。村の中に大きな榕樹（ガジュマル）があり、1老人クラブの人達が碁を打ち、茶を飲んでいた。又児童がバドミントンをしており、この情景は今の世の人間の仙境であった。

その後筍と茶業加工場を見た。管理はきちんと整えられていた。

雨中牛眠山を経て埔里南光小学校を参観した。黄益記校長が丁度校舎の修理をしていた。

八、慈湖東廊で座った

●9月13日

慈湖に宿泊し、黄昏の薄暮の時に、独り東廊に座り、青山を見ながら、夕食に進み、1碗の卵焼飯、1盆の清湯、1片の西瓜、で簡単な味付けであった。私は生活上の贅沢は則ち浪費であり、他でもなく1分の多くの浪費は即ち1分の苦痛であり、生活上の質素は精神上の快楽である。

夜座っていると、暗雲が月を遮り、月は明るくなくなった、しかし暗雲の中に隠されているだけで政治上の暗雲を見破った。多くの煩悩をなくすことができ、私には既に憂慮する所は無い。多くの人が政治上の欲望を満足する為に、全てを計画しないことができ、すべてを顧みないことできる、私は実際これらの人の心理を推測することができない。

最近章女（経国の長女）と通信中、常々哲学上の多くの問題を話し合った。章女はかつて説明してくれた。「人生の価値は、人と共に歓楽を楽しむことに留まらず、さらに人と共に苦難を分かち合うことでもある」この両句は私の人生観を反映している。今後の歳月の中で、私はありったけの力を尽くす。苦難者の為に多くの仕事をする。

●９月27日

朝飛行機に乗って台東に行った。空は蒼く雲は無かった。志航飛行場に着陸した。黄鏡峰県長が随行した。泰源に至って台風後の災害状況を視察した。この地は元々俗世間を離れた別天地桃源郷と称されていた。今は既に面目がすっかり無くなってしまった。被災状況を慰問した時被災農民が丁度家の庭を再建していた。又歩いて１箇所の国民小学校に行った。半数の学生が授業を受けていた。もう半分は被災後の運動場を整理している処であった。特に慰め励ました。

ここから東河を経て成功鎮３千軒の被災地に着いた。沿路吹き倒された樹が非常に多かったが、幸いにも稲の損失は重大ではなかった。

その後再び魚市場を視察した。沿岸40数軒の漁民の家屋が波によって海中に巻き込まれた。その状況は甚だ悲惨で県長に迅速に漁村を再建する助力をするよう言い聞かせた。鎮より帰り新港を巡視した後、小さな食堂で昼食を取った。私と随員は各々麺を１碗食べた。１碗10元であった。食べて腹が一杯になった。群衆と別れた後、乗車して加路藍漁港に行った。記憶しているのは十数年前、かつて父親に随行して此処で軍艦に乗り蘭予を巡視した事があり、当時の状況がありありと目に浮かび感傷的になった。

この港は今年に入ってから非常に多くの進歩を遂げていた。ここから鹿野郷太平村に着いた。

全村皆台風で破壊されており、被災状況の損失はきわめて大きい。農民は皆再建に忙しい。しかし心配して苦しむ表情は無く、私は各家に慰問し、合わせてここを被災一新のモデル山地村にすることを決定した。壊れた家の中で農民を囲んで非常に長く話し合った。

●9月28日

朝日と共に起きた。その時陽光が初めて照り、半日真っ赤な色であり、白雲がこれを引き立て、海は平らで鏡のようであった。7時、海屋を離れると、見渡す限り田野屋であり、朝の空気と希望が充満していた。9時、屏東仁愛国中学に到着して、教師節慶祝大会に参加し、講話と表彰贈呈を行った後、潮州に着き農家を訪問した。3期稲作の試種状景を視察して、農民は喜び、私も又これを喜んだ。

帰途屏東公園付近の果物店で、顧客と児童は一緒に芋の子汁を飲んだ。
真昼、高雄で休憩し、午後陳啓川先生を訪問し、合わせて大信デパートに行き、この地で真実の民情を見てすこぶる自分を慰めた。旅社に帰る途中、道すがら以前訪問した澄清湖の青年活動センターを訪問した。

●9月29日

9時、青年商会に参加して10大傑出青年賞を授与し、講話を述べた。会場の青年達は毅然として困難を克服し、事業を創造した。

中鋼と中船を視察し、両工場の職員が皆非常に努力し、工程の進歩はきわめて速く、熱情と活気に溢れており、興奮した。午後台北に帰り、すぐ財経会談を開催した。石油価格の値上がりは10％になり、これは我が国が制御する方法が無いが、私には４点の原則があった。
1、大衆の生活に配慮すること。
2、物価を安定すること。
3、農工業の人員を増加しないこと。
4、対外貿易の競争力を増強し、その為自動車用のガソリン価格値上げを1リッター当たり2元以内に抑えることを決定した。

九、電器展覧会を参観する

●10月1日
先週電器展覧会を参観した。新商品が多く、我が国の国民は実に聡明、勤勉、倹約である、ただしっかり努力さえすれば、大いなる希望がある。

●10月5日
花蓮に飛んで台風の災害状況を視察した。国立学校、公共事業を処理する部門、病院、花蓮港、栄民と郷間の鉄道工事と養豚場等、合わせて女性タクシーの運転手と肉商、山胞、伝導師等、国民は皆難があれば同じ仲間であり、苦しみがあれば共に食べる情誼（よしみ）がある。

政治に従事すれば、まず先に学ばずして悟り得る知能である、大衆の利益は人々の満足をどうして得ることが出来ようか。原則を把握し変わらず、目標を定めて変えず、この様にやっていけば、それで充分である。

人民は愛すべきである。悪者は極少数である。もし政策を執行すれば、到るところでうわべだけでごまかし、成果も無く、少しもいい所が無い。

●10月12日

強烈な台風が境界線を通過し、幸いに重大な災害にならず、この事は最も喜んで安心した。私は心から民の為に祈り、民の為に喜んだ。

一度月中に旅行車に乗って、花蓮の郊外区を通り過ぎた。一群の制服を着た高中学生がオートバイに乗って通り過ぎる時に、私の満面の笑顔を見て、右手を上げ私に向かって会釈した。うっかりして対面から来たモーターバイクとぶつかった。車は傷がついたが、身体に怪我はしなかった。今事が過ぎて久しくなったが、この一幕は時々思い出し、終始不安になった。

十、今年は多事の秋になった

●11月1日
今年は多事の秋で、人物と判断に対して、必ずできるだけ冷静沈着に努め、憂いず、恐れ怖がらず、悩み煩わず、疑惑を持たず、誰もが自主独立の人格が無ければならない。私はこの言葉を以て同僚を励まし、また自から励ましてきた。

●11月20日
先週経済学者と個別に経済と管理問題を談論した。得たものは多かった……。

公用を終えるとすでに黄昏に近かった。一人車に乗って慈湖に赴いた。車が高速道路に入った時、日は既に観音山西下にあり、夕焼けが空の半分にかかっていた。

慈湖に着くと時はすでに空が暗かった。父の霊に向かって祈祷し、礼を行い、悲しさと痛みを深く想い、自分の不孝の罪が大きい事を感じた。

庭の一株の白椿の花がすでに開き、右の一株もつぼみが開く前であった。これを見ると益々慈湖の閑静な厳かさを感じた。しばらく後廊下に座り、山間の明月が照らし、四方は寂しく何の音もしなかった。わが心は真に四大空な李であった。夜間静かに霊堂に座った。

十一、個人の小さな私の存在

●12月22日

農歴の冬至であり、父親の霊に向かって敬礼を行った。

今日一片の扁額「人と豊年」を北港朝天宮に贈った。これは当地の人の依頼で寄贈したものであった。

冬至の午前、私は扁額を上げる儀式に参加した。その儀式が進行し、丁度郷里の縁日のようであった。これは又一つの大陸と台湾が不可分の明らかな見本であった。

ここから乗車して海浜に至り一般の人が謂う台湾で最も貧困な口湖村を巡視した。

一人の既に故人になった傑出した青年鄭豊喜君の家族を訪問した。この障碍者の青年の奮闘精神は人々を感動させた。合わせて墓前に行き敬意を表した。

口湖から転じて台西郷に行って海埔新生地を視察した。工事の規模は非常に大きくここで海防部隊を慰問し、官兵と握手し談話して、深く親しみを感じた。

ここを離れ五条港に到着し、古廟を巡視し、民衆とよもやま話をした。

北港に帰り、一軒の精進料理店に入り食事をした。値段は廉く、味はおいしくかなり大きな規模であった。又北港から民雄を経て嘉義に着き、永興農機廠を参観した。これは私立で、大規模であった。陳県長の家を訪問しご長老に挨拶した後、又一家の榕石圓に行き、奇岩と盆栽を参観し奇抜であった。帰途民衆と互いに挨拶した。

●12月25日

クリスマスには妻と同道して慈湖に行き、父の霊に向かって礼を行った。往年我が親子は皆一緒にクリスマスを過ごした。礼を行った時、父親が一人息子の気持ちを知ることが出来ることを希望した。

1年が終わった。1年の経過を回想すると、実際には過ぎしことを振り返る気にもなれないが、父親の長期間の病気の苦しみ及び臨終前後の数時間の情景、一刻も忘れることが出来ない。父親が逝去した後から、自分が持つすべてを捧げることを決心し、自分が成さねばならない仕事をしっかりやってきた。今後自分以外にも更に社会の為に人材を育成し、国力を総合的に強化する、これが最も困難で最も重要な仕事である。責任は重くなり、到る処で困難がある。私は信念を堅持し、慎重にして積極的に、憂慮することなく恐れずに、一歩一歩前に向かって進み、万難を克服し、矛盾を突破し、全国軍民同胞と力を合わせて奮闘し、国家民族の復興を以て父親の遺志を達成する。

（注）「忘れ難い一年」は1975年蒋経国が書いた日記である。父親蒋介石の病は重く87歳で世を去った。蒋経国は父が残した国民党の職位を引き継ぐ事を開始し「蒋経国の時代」になった。この1年の中で台湾の民主化の基礎がために奔走する姿を誇張することもなく実事求是として述べている。

完結

【著者紹介】

青木 俊一郎（あおき しゅんいちろう）

1940年生、神戸市出身。1963年大阪外国語大学外国語学部中国語学科卒、同年松下電器産業（現パナソニック）に入社。

台湾松下、インドネシア松下を経て1979年松下電器中国代表事務所所長、87年北京・松下カラーブラウン管有限公司営業部長、94年松下電器（中国）総経理。

2003年日中経済貿易センター理事長、16年同相談役、20年退任。

17年より神戸社会人大学学長。富藤外国語学院学院長。

著者に『朱鎔基総理の時代』（アジア・ユーラシア総合研究所）、翻訳書に『秦の宰相李斯 興亡夢の如し』『孔子の生涯』（共に東洋書院）、「中国文化漫談」（アジア・ユーラシア総合研究所）。

蒋《しょう》経《けい》国《こく》回《かい》想《そう》録《ろく》

2021年3月28日　初刷発行

定　価――本体2、500円＋税

著　者――蒋経国
　　　　　青木俊一郎

発行者――斎藤　勝己

発行所――株式会社東洋書院
〒160-0003　東京都新宿区四谷本塩町15-8-8F
電　話　03-3353-7579
FAX　03-3358-7458
http://www.toyoshoin.com

印刷所――株式会社平河工業社

製本所――株式会社難波製本

ISBN978-4-88594-543-4